2010년대편 1권

한국 현대사산책

2010년대편 **1**권

한국현대사산책

증오와 혐오의 시대

강준만 지음

인물과
사상사

증오와 혐오의 시대

'승자독식'에선 눈에 뵈는 게 없어진다

나는 그간 글과 말을 통해 소소하게나마 평온의 전도사 역할을 해왔다. 정말 어쭙잖은 일이었지만, 내 나름으론 작은 뜻이 있었다. 세계 최고의 자살률과 최저의 출산율, 많은 국민이 편을 갈라 치열하게 벌이는 증오·혐오의 싸움에 대한 해결의 실마리가 평온에 있다고 보았기 때문이다.

그런데 평온에 대한 거부감이 만만치 않았다. 평온은 노인이나 무기력한 사람들이 택할 수밖에 없는 것이라거나 배부른 사람들만이 누릴 수 있는 사치에 불과하다고 생각하는 사람이 의외로 많았다. 사실 평온은 그간 한국에선 전혀 환영받지 못한 개념이었다. 아니 의도적으로 평온을 방해하기 위한 국가·사회적 차원의 '음모'가 있었다고 보는 게 옳을지도 모르겠다.

세계 최빈곤 국가 중 하나였던 한국이 불과 반세기 만에 오늘의 번영을 이루는 데엔 평온을 적敵으로 여기는 정신상태가 필요했다. 아무리 가난해도 평온한 마음을 가진 사람들이 허리띠를 졸라매면서 전쟁하듯이 치열하게 살 리는 만무했다. '다이내믹 코리아'라는 슬로건이 말해주듯, 역동성을 핵심 가치로 여기는 사회에서 평온은 현실에 안주하는 게 으름이나 무기력으로 간주되었다.

그러나 세상 이치라는 게 밀물이 있으면 썰물이 있는 법이다. 미친 듯이 일하는 사람일지라도 지속 가능한 삶을 위해선 '휴식'과 '재충전'이 필요한 법이다. 집단적으로 전쟁하듯이 치열하게 살아온 사람들도 '평온의 휴전'을 누려야 한다. '저녁이 있는 삶'이란 슬로건이 많은 사람의 심금을 울린 것도 바로 그런 필요성에 공감했기 때문이 아닐까?

문제는 평온하게 살기 어려운 삶의 물질적 조건일 텐데, 이마저도 생각하기 나름이다. 내가 생각하는 평온의 핵심은 '나를 위한 삶'이다. 누구는 '나를 위한 삶'을 살지 않느냐고 반문할 수 있겠지만, 잘 생각해보시라. 남들의 눈치를 보고, 남들의 인정을 받으려고 몸부림치고, 남들 하는 대로 따라 하지 않으면 불안해하고, 남들보다 조금이라도 더 많이 갖거나 누리지 못하면 괴로워하고, 삶의 모든 영역에서 끊임없이 남을 의식하는 삶을 진정 '나를 위한 삶'이라고 할 수 있을까? 그건 나를 위한 것 같지만, 실은 '남을 위한 삶'이 아닌가?

나는 우리 정치가 국민적 원성의 대상이 된 것도 평온의 가치가 전혀 없기 때문이라고 본다. 욕망과 열정은 들끓지만, 소통과 상생은 없다. 소통과 상생은 평온의 차분함이 줄 수 있는 사색 없이는 이루어지기 어렵기 때문이다. 아예 평온을 죽이려는 제도와 관행도 있는데, 그게 바로

'승자독식'이다. 싸움에서 질 경우 모든 걸 다 잃는다고 하면 눈에 뵈는 게 없어진다. 누가 이겨도 다 갖진 못하고 반대편보다 조금 더 갖는 수준에서 나눠 먹어야 한다면, 싸움의 욕망과 열정이 좀 누그러들지 않을까?

화이부동和而不同과 역지사지易地思之

생각해보면 참 이상한 일이다. 여태까지 수많은 정치적 혈투가 있었지만, 승자건 패자건 '승자독식' 자체를 바꾸자는 말은 하질 않으니 말이다. 다 자기편이 이길 걸로, 아니 이겨야만 한다고 생각하기 때문이다. 우리는 정치판에 침을 뱉길 주저하지 않지만, 가슴에 손을 얹고 주변을 잘 둘러보시라. 정치가 위대하다는 걸 절감할 게다. 고등 실업자가 될 사람들에게 고급 일자리를 대규모로 마련해줄 수 있는 건 오직 정치뿐이다.

어떤 이는 "정치는 원칙의 경쟁으로 위장하는 밥그릇 싸움"이라고 했다. 그대로 다 믿을 말은 아닐망정, 선거를 전후로 전국이 밥그릇의 배분을 둘러싸고 몸살을 앓는 게 현실 아닌가? 그래서 정치를 욕하면서도 '정치 과잉'인 상태가 지속되는 것이다. 나는 밥그릇 지명권의 상당 부분을 시민사회에 돌려줌으로써 정치의 타락한 권능을 축소해야 한다고 생각한다. 예컨대, 선거 논공행상의 도구로 전락한 모든 공기업 임원진 구성을 시민사회의 힘을 빌려 투명하고 공명정대하게 한다면, 정치가 이권 투쟁과 지대추구의 도박판에서 비교적 자유로워질 수 있지 않을까?

미국도 우리와 처지가 비슷한 것 같다. 미국 제44대 대통령 버락 오바마Barack Obama는 2009년 1월 27일 취임 일주일을 맞아 경기 부양법안 처리에 반대하는 공화당을 설득하기 위해 의회를 방문해서 이런 말을 했다. "우리가 당면한 문제들을 해결하기 위해선 정치를 최소화해야 한다." 정치는 원래 문제해결을 위한 것이지만, 당파 싸움으로 전락한 정치는 최소화할수록 문제해결에 도움이 되지 않겠느냐는 뜻으로 한 말이다. 오죽 했으면 '정치의 최소화'를 부르짖었을까?

그런데 지식인들 중엔 타협을 저주하는 원칙주의자가 의외로 많다. 한국에서 "정치를 최소화해야 한다"고 말하면 펄펄 뛰면서 비난할 지식인이 많다는 뜻이다. 오히려 정치를 최대화해 세상을 바꿔야 한다고 역설할 게 틀림없다. 최대화해도 좋게끔 정치를 어떻게 바꿀 수 있느냐고 물어보면 "열심히 노력하자"는 말 이외엔 아무런 답을 내놓지 않는다. 물론 진심은 "우리 편이 이겨야 한다"는 게 답이겠지만 말이다.

그런 생각은 좋게 봐주면 '엘리트주의', 좀 좋지 않게 보자면 '근본주의'라는 게 내 생각이다. 정치가 세상을 바꾼다는 건 정치인들에게 기대를 걸겠다는 뜻인데, 내가 보기엔 그건 백년하청百年河淸이다. 그렇다고 해서 포기하자는 뜻은 아니다. 오히려 정반대다. 정치인과 정치의 변화를 위해서라도 우리가 가져야 할 정신상태가 바로 평온이라는 게 내 주장이다.

욕망과 열정으로만 치닫다 보면 '자기편'만 생각할 뿐 '우리 모두'를 생각할 겨를이 없어진다. 불평등 완화도 영영 기대하기 어렵다. '승자독식'이 '승자의 저주'가 되는 국가적 악순환에서 벗어날 수 있는 법, 나는 이걸 평온의 기술이라고 부르고 싶다. 평온 덕분에 '전쟁 같은 삶'이 좀 달라진다면, 다시 욕망과 열정의 시대로 돌아갈 수 있으니 너무 걱정은 하지 않아도 될 것이다. 평온의 실천적 방법론을 사자성어로 표현하자면, 화이부동和而不同이나 역지사지易地思之라고 할 수 있겠다. 이게 인기 없는 주제라는 걸 잘 알지만, 해결책은 인기와는 무관한 걸 어이하랴.

디지털 혁명이 키운 정치군수산업

정치 팬덤이나 정치·사회적 관심이 많은 사람들은 그 어떤 숭고한 뜻을 갖고 있다 하더라도 종국엔 그 뜻의 실현에 방해가 되는 사람이나 세력에 대한 증오와 혐오를 먹고산다고 해도 과언이 아니다. 증오·혐오의 가치를 무작정 부정하자는 게 아니다. 증오하지 않을 수 없을 땐 증오해야 마땅하고, 혐오하지 않을 수 없을 땐 혐오해야 마땅하다는 걸 누가 부정할 수 있으랴. 증오·혐오는 어쩌면 투표와 민주주의라는 제도의 본질적 구성 요소일 수 있다. 우리에게 현실적으로 필요한 건 '관리'이지 '제거'는 아니다. 우리가 늘 경계하면서 두렵게 생각해야 할 것은 정치적·전략적 목적으로 이루어지는 증오·혐오의 조직화다.

우리 시대의 유별난 특성이 있다면, 그건 디지털 혁명으로 인해 '증오의 조직화'가 대중에 의해 광범위하게 소용돌이처럼 일어나고 있다는 점이다. 과거엔 정치적 선전선동은 정치조직에 소속되었거나 고용된 이들이 하는 일이었지만, 오늘날엔 '유튜브 현상'이 말해주듯이 수많은 정치적 자영업자나 알바족의 주요 생계 수단이 되었다. 이들의 경쟁력은 누가 더 증오와 혐오를 잘 부추겨 사람들을 광기의 수준으로 몰아갈 수 있느냐에 달려 있다.

전 민주당 의원 표창원은 "극단적, 일방적으로 자기편에 유리한 선동을 하며 금전적 이익을 챙기는 언론이나 유튜버 등 소위 '진영 스피커'들"을 가리켜 '정치군수업자'라고 했는데, 정말 적합한 표현이다.¹ 디지털 혁명은 정치군수업을 신흥 성장산업으로 키웠다. 소셜미디어와 유튜브가 공론장을 같은 편끼리만 모이는 곳으로 재편성한 가운데, 이른바 '집단사고', '필터 버블filter bubble', '반향실反響室 효과' 등과 같은 현상이 대중의 일상적 삶을 지배하게 되었기 때문이다. 디지털 시대의 과잉 연결이 낳은 저주다. 증오와 혐오를 발산할 수 있는 더 많은 기회와 더 화끈한 콘텐츠를 제공해달라는 수요가 폭증하면서 스타급 정치군수업자들은 돈도 벌면서 소비자의 사랑과 존경까지 누리는 정신적 지도자의 반열에 오르게 되었다.

정치군수업자들의 이해관계와 이들이 추종하는 정치인의 이해관계는 대부분 일치하지만, 일치하지 않을 때도 많다. 군수업체에 평화 무드가 재앙이듯이, 정치군수업자들에게 대화나 타협의 무드는 재앙이다. 자신의 일자리를 잃게 되기 때문이다. 이들은 자신의 안전과 번영을 위해 음모론을 자주 구사한다. 음모론은 공포심을 부추겨 적에 대한 '증오의 정치'를 정당화하며 증폭시킬 수 있기 때문이다.

증오는 나의 힘이 아니다. 우리의 힘이다. 홀로 증오의 전사로 활약하는 사람은 거의 없다. 인터넷이나 소셜미디어나 유튜브 같은 미디어의 집단적 증폭 과정을 거치면서 익명의 거대한 규모의 동지들이 있다고 믿기 때문에 사나워지거나 악랄해지는 것이지, 그 어떤 열혈 전사라도 홀로 있으면 순한 양과 같다. 고로, 증오는 우리의 힘이다.

열정은 들끓고 눈에는 핏발이 선 시절

한 나라의 사람들이 둘로 편을 갈라 집단적으로 증오의 광기 대결을 벌일 때에 그 어느 편에도 속하지 않거나 속할 수 없는 사람들은 증오의 광기를 더 잘 보거나 느낄 수 있지만 그렇기 때문에 더욱 괴로워할 수밖에 없다. 싸우는 양쪽 모두 승리에 대한 희망으로 위로받을 수 있겠지만, 그런 승리의 허망함과 부질없음을 꿰뚫어보는 사람은 그 어떤 위로도 없이 양쪽 모두에게서 외면당하거나 비난받는 고독을 감수해야만 한다. 그러나 그 고독이 영원한 건 아니다. 세월이라는 거리두기가 만들어내는 반전反轉이 있기 때문이다. "미네르바의 부엉이는 황혼녘에 날아오른다"는 헤겔의 말은 무시해도 좋을 헛소리가 아니다. 한낮의 온갖 분주함과 부산스러움이 잦아드는 황혼녘의 생각은 얼마든지 달라질 수 있다.

이 책은 5권으로 구성된 2010년대사다. 시간적 거리두기를 말하기엔 너무 빨리 뛰어든 게 아니냐는 문제 제기도 가능하겠지만, "역사는 현재와 과거 사이의 끊임없는 대화"(E. H. 카)라는 말을 믿기로 하자. 거리두기의 올바른 시점이란 존재할 수 없으며, 늘 끊임없는 대화를 통해 수정의 가능성에 열려 있으면 그걸로 족하지 않겠느냐는 것이다. 역사서의 형식을 취하고 있을망정, 이 책은 화이부동과 역지사지를 지향하는 '편향성'을 갖고 있다. 좌우左右나 진보·보수 가운데 어느 한쪽을 편드는 편향성 대신 나는 화이부동과 역지사지를 중요하게 여기는 편향성을 갖기로 한 것이다. 그게 오늘날 한국 사회에 가장 필요한 가치이자 자세라고 생각했기 때문이다.

우리가 이제 보게 될 2010년대는 과거 그 어느 때 못지않게 '정치의 최소화'가 아닌 '최대화' 또는 '극대화'가 이루어진 시기였다. 진정한 정치는 없었기에 '정치'라는 말을 그런 식으로 써도 되느냐는 반론은 가능할 것이나, 나는 여기서 정치를 당위적 개념이 아니라 어떤 추악한 모습을 보였을지라도 정치인들이 하는 행위라는 현실적 의미로 쓰는 것임을 이해해주시기 바란다.

2010년대는 열정은 들끓고 눈에는 핏발이 선 시절이었다. 나는 2009년의 한국사를 관통하는 주제의 제목을 "노무현의 몰락과 부활"이라고 하면서, 2009년 5월 23일 노무현 서거를 다룬 글에 "'소용돌이 영웅'의 탄생"이란 제목을 붙인 바 있다. 2008년에 집권한 이명박 정권 사람들과 이전의 노무현 정권 사람들 사이에 흐르던 깊은 증오·혐오의 강은 노무현 서거를 계기로 건널 수 없는 거대한 바다가 되었으며, 이는 양진영의 지지자들까지 참여한 가운데 원한怨恨 관계로 발전한 최악의 적대적 대결 구도를 만들어내고 말았다.

3년이 지난 시점에서 이루어진 2012년 국민의식 조사에서 노무현의 죽음은 '검찰의 무리한 수사 때문'이라는 주장에 66.7%라는 압도적 다수가 공감했고, '미안한 마음이 든다'엔 53%가 수긍했지만, 동시에 '책임을 회피하려는 잘못된 행동이었다'는 주장에 동의한 사람도 48%나 되었다.[2] 이는 이후 노무현의 죽음을 둘러싸고 벌어지는 갈등이 크게 두 편으로 나뉘어 평행선을 달리면서 치열하게 벌어질 수밖에 없다는 것을 시사한 것이다.

노무현 서거가 만든 증오와 혐오의 시대

선거, 특히 대선의 의미도 이전과는 달라졌다. 『한겨레』 논설위원 이세영은 2022년 3월 "야당은 항상 집권 세력의 부패나 무능을 부각하며 '정권 심판'을 구호로 들고나왔다. 여당의 대응은 '심판자'를 자처하는 세력도 그들과 다름없는 무능한 세력임을 드러내거나, 가시적 국정 성과를 앞세워 '재신임'을 요청하는 것이었다"며 다음과 같이 말했다.

"그러나 2009년 노무현 전 대통령의 죽음을 계기로 이런 구도는 자취를 감췄다. '심판=보복'이란 등식이 만들어지면서 정권의 상실은 권력의 자연스러운 교대가 아닌 '반동과 멸절의 시간'을 도래시킬 재앙적 사건으로 재감각화됐다."[3]

문제는 집단적 심리상태 또는 트라우마였다. 『오마이뉴스』 기자 손병관은 2022년 12월에 출간한 『노무현 트라우마: 보복을 넘어 공존의 정치로』에서 노무현의 죽음에 대해 "수십 년을 관통하는 집단 트라우마를 낳은 1950년 한국전쟁, 1980년 광주민주화운동 이후 이 정도까지 사람들의 의식에 지속적인 영향을 준 사건이 있었을까?"라는 질문을 던졌다. 그는 "노무현의 죽음 이후 정권이 세 번이나 바뀌었지만 우리는 그의 죽음이 남긴 트라우마에서 여전히 벗어나지 못했다"며 "(그)를 지켜주지 못했다는 지지자들의 죄책감이 우상에 대한 열광과 적폐에 대한 단죄로 반복적으로 발현되면서 정치가 선악이 맞서는 아레나로 전락한 게 아닐까?"라고 했다.[4]

2010년대를 지배할 키워드라 할 '검찰'엔 문재인 진영의 증오와 원한이 서려 있었다. 『한겨레』 법조팀장을 지낸 기자 이춘재는 2023년 1월에 출간한 『검찰국가의 탄생: 검찰개혁은 왜 실패했는가?』에서 이렇게 말했다. "문재인 정권 사람들은 검찰을 싫어했다. 그들은 검찰에 대해 진보 성향 정치인이 가질 법한 평균적 거부감을 넘어 증오에 가까운 감정을 느끼고 있었다. 노무현의 비극적 죽음이라는 '원한' 때문이다."[5]

그랬다. 2010년대는 그렇게 증오와 원한이 흘러넘치던 시절이었다. 서로 마주 보며 적대감을 발산하면서 오직 자기편만이 옳다고 부르짖던 시절이었으며, 우리는 여전히 그런 대결 구도가 지속되는 세상에 살고 있다. 그런 싸움이 장기적으로 지속되면 처음엔 존재했을지도 모를 선악善惡의 경계는 흐려지고, 무대 위의 사람들도 바뀌면서 진영 간 이익 투쟁의 대결 구도로 전환되기 마련이다. 그러나 과거의 기억을 끊임없이 소환하면서 새로운 사람들, 새로운 세대의 피를 끓게 만드는 선전·선동 술은 앞서 말한 새로운 미디어의 축복을 누리면서 자기 진영 증강의 길로 치닫기 마련이다.

어느 한쪽의 편을 드는 대신 싸우는 양쪽을 향해 우리 제발 그러지 말자고 외쳐봐야 돌아오는 건 왜 어느 한쪽에 더 관대하냐는 시비이거나 더 나쁜 놈이라는 비난일 뿐이다. 그러면 어떤가. 싸움에 빠져든 사람들을 뜯어말리는 데에 그들의 불평과 욕설은 못 들은 척해도 무방하지 않은가. 양쪽의 몰매를 동시에 맞는다 한들 증오가 집단적인 우리의 힘이 되고 있는 현실을 바꾸는 데에 조금이라도 기여할 수 있다면 얼마든지 그걸 감수할 수도 있는 게 아닌가 말이다.

소셜미디어건 유튜브건 그 무엇이건 당신이 즐겨보거나 듣는 미디어 콘텐츠가 있다면 가슴에 손을 얹고 말씀해보시라. 당신이 그 콘텐츠나 그 콘텐츠의 주인공을 좋아하는 이유는 무엇인가? 화이부동이나 역지사지처럼 말은 그럴 듯하지만, 당신의 속을 후련하게 해주기는커녕 오히려 정반대로 답답하게 해주는 메시지 때문인가? 그럴 리 없다. 당신의 속이 후련해지려면 누군가를 증오하거나 혐오해야만 한다. 당신은 정의의 편이고, 그들은 불의나 악의 편이다. 고로 당신의 증오·혐오는 문제될 게 없으며 정의롭거나 아름다운 것이다.

『한국 현대사 산책: 2010년대편』은 바로 그런 생각에 대한 우회적인 반론이라고 할 수 있겠다. 늘 나의 고질병이긴 하지만, 혼자 잘난 척해서 미안하다. 영국 정치학자 제리 스토커Gerry Stoker가 했다는 다음 말이 가슴에 와닿는 그런 시절이다. "정치는 진실을 추구하거나 누가 옳은지 결정하는 것이 아니다. 더불어 살아가는 건설적 방법이다."[6]

2024년 11월
강준만

머리말 ── 증오와 혐오의 시대

제1부   2010년

제1장 ── SNS · 스마트폰 혁명 시대의 개막

역사 산책 1

제2장 ── 세종시 탄생을 둘러싼 갈등과 진통

역사 산책 2

제3장 ── 내전內戰이 된 천안함 피격 사건

2010년대편 2권

2010 『연합뉴스』 10대 국내 뉴스 ▼

1   천안함 폭침 및 연평도 포격 등 북한의 서해 군사도발

2   북, 김정은 후계 확정, 근·현대사상 초유 3대 세습

3   세종시 수정안 부결과 정운찬 총리 사퇴

4   6·2 지방선거에 따른 지방권력 교체

5   아이폰·갤럭시S 등 스마트폰 시대 본격화

6   G20 정상회의 성공적 개최

7   한미 자유무역협정FTA 추가 협상 타결

8   김연아, 밴쿠버 동계올림픽 피겨 금메달

9   북 우라늄 농축 시설 공개

10   코스피 2000시대

2010 『연합뉴스』 10대 국제 뉴스 ▼

1   칠레 광부 33명 매몰 69일 만에 기적적 구조

2   위키리크스, 미 외교전문 25만 건 폭로

3   미 중간선거. 공화 4년 만에 하원 다수당

4   유럽 재정위기 확산, 미 2차 양적완화

5   아이티, 칠레, 인니, 파키스탄을 휩쓴 자연재해

6   중中 류샤오보, 노벨평화상 수상

7   최악의 환경재해 멕시코만 원유 유출 사태

8   아웅산 수치 여사 7년 만에 연금 해제

9   중·일 댜오위다오 분쟁

10   김정일 5월·8월 두 차례 방중, 북중정상회담

제1장

SNS·스마트폰 혁명 시대의
개막

구글을 제친 페이스북

2010년 새해 첫날 개인들이 안부를 교환하는 사이트이자 세계 최대 소셜네트워크서비스SNS 페이스북이 검색사이트인 구글을 제쳤다. 시장 점유율 7.30% 대 7.29%. 안부 메시지를 클릭하는 사람들 손길이 인터넷 관문을 통해 온갖 검색어를 두드리는 숫자를 앞지른 것이다. 미국 인터넷 방문객 수를 조사하는 '히트와이즈Hitwise'는 이 새로운 기록이 2009년 크리스마스 이브(7.56% 대 7.54%)와 당일(7.81% 대 7.51%)에도 발생했다고 발표했다.[1]

이 기록은 특별한 날에만 머물지 않았다. 히트와이즈에 따르면 2010년 3월(6~13일) 미국 웹사이트 방문 횟수 집계에서 전체의 7.07%를 기록한 페이스북이 구글(7.03%)을 근소한 차이로 제쳤다. 페이스북은 지난 1년 동안 가입 회원수도 배 이상 늘어났다. 2009년 4월 회원 2억 명을 돌파한 데 이어 2010년 2월 4억 명을 넘어섰다. 세계 인터넷 이용자들의 2009년 12월 월간 소셜네트워킹사이트 이용 시간은 평균 5시간 30분에 달해 전년 동기 대비 82% 증가했다. 히트와이즈는 "정보를 얻는 개념도 익명의 공간에서 '검색'하는 데서 친구들과 '공유'하는 것으로 변하고 있다"고 설명했다.[2]

2010년 3월 페이스북의 설립자이자 CEO인 마크 저커버그Mark Zuckerberg가 40억 달러의 재산으로 세계 청년 억만장자 1위에 올랐다. 10대 시절부터 프로그래밍에 재능을 보였던 그는 2004년 하버드대학에 진학, 학생들의 정보 교류와 친목 도모를 위해 사진과 글을 올리고 친구도 찾을 수 있는 페이스북을 개발해 돈방석에 올랐다. 자수성가형 억만장자로는 최연소 타이틀까지 갖고 있었다.[3]

2010년 7월 페이스북이 6년 만에 사용자 5억 명을 돌파했다. 세계인구가 68억 5,000여 만 명인 것을 감안하면 지구촌 14명 중 1명이 페이스북 사용자인 셈이다. 한국의 페이스북 사용자도 110만 명을 넘어섰다. 『조선일보』(2010년 7월 23일)에 따르면, "최근 페이스북의 질주는 무서울 정도다. 지난 6개월 사이에 1억 명이 가입했다. 이런 기세라면 10억 명 돌파도 머지않아 보인다. 하루 사용자 2억 명, 올 1분기 광고가 1,760억 건 게재되며 '페이스북 경제생태계'란 말도 등장했다. 전문가들은 페이스북을 애플, 구글과 함께 뉴미디어 전쟁을 이끌 주역으로 꼽는 것을 주저하지 않는다".[4]

미국의 시사주간지 『타임』(2010년 12월 27일)은 2010년의 인물로 마크 저커버그를 선정했다. 이 기사는 "그가 발명한 소셜네트워킹 플랫폼에는 6억의 인구가 모여 있다"며 기존의 권위가 해체되고, 권력의 분

산을 통한 분권화가 진행되고 있는 변화의 중심에 저커버그가 서 있다고 선정 이유를 밝혔다.[5]

'손안의 PC' 스마트폰과 트위터

'손안의 PC'로 불리는 스마트폰의 출현은 이전의 모든 변화를 송두리째 압도할 만큼 강력한 '바람'을 몰고 왔다. 2009년 말 국내에 도입된 애플 아이폰이 돌풍을 일으키면서 2009년에 80만 대에 불과했던 스마트폰 시장 규모는 2010년 700만 대 정도로 급성장했다. 2010년에만 출시된 스마트폰은 30여 종에 달했다. 11월에는 애플 아이패드와 삼성전자 갤럭시탭이 나란히 출시되면서 태블릿PC 시대의 개막을 알렸다.

스마트폰과 함께 트위터 등 SNS가 급성장 추세를 보이기 시작했다. 트위터는 블로그의 인터페이스(사용자 환경)와 미니 홈페이지의 '친구 맺기' 기능, 메신저의 신속성을 갖춘 소셜네트워크서비스였다. 2006년 3월 미국의 잭 도시Jack Dorsey, 에번 윌리엄스Evan Williams, 비즈 스톤Biz Stone에 의해 개발되었는데, '지저귀다', '짹짹대다'는 뜻으로 재잘거리듯 하고 싶은 말을 140자 안에서 올릴 수 있도록 한 단순한 형태를 갖고 있었다. 이 짧은 메시지를 트윗tweets이라 했다. 그래서 트위터를 '미니 블로그' 또는 '한 줄 블로그'라고도 불렀다.

상대방이 나를 친구로 등록하면 내가 올리는 글을 받아볼 수 있고 그 반대도 가능했다. 웹에 접속하지 않더라도 스마트폰을 통해 언제, 어디에서든 실시간으로 글을 올릴 수 있다는 장점이 있었다. 트위터는 관심 있는 상대방을 뒤따르는 '팔로우follow'라는 독특한 기능을 중심으로

스마트폰의 출현은 강력한 '바람'을 몰고 왔다. 특히 트위터, 구글, 페이스북 등 SNS와 같은 소셜미디어가 급성장하는 계기가 되었다.

소통하는데, 상대방이 허락하지 않아도 일방적으로 '뒤따르는 사람' 곧 '팔로어follower'로 등록할 수 있다는 점이 가장 큰 특징이었다. 미국에선 2009년 트위터가 '올해의 단어'로 선정될 만큼 선풍적인 인기를 끌었다.[6]

트위터는 입소문의 업그레이드 버전이라 할 수 있었다. 2010년 들어 스마트폰 보급 확산과 함께, 기업들은 트위터, 페이스북, 미투데이 같은 소셜네트워크서비스 활용에 적극 나섰다. 대형마트 중 처음으로 트위터 서비스를 시작한 이마트는 '팔로어(친구)'로 등록한 고객에겐 할인쿠폰, 게릴라 특가 등을 제공했다. 기존의 입소문 마케팅이긴 하지만, 속도라고 하는 점에서 차원을 달리했다.[7]

"얼마 전부터 트윗팅을 시작했다. 재밌다. 시작한 지 한 3주 동안은 푹 빠져 헤어 나오질 못했다. 새로운 세상을 사는 기분이었다. 몇 번 오프 모임도 가졌다. 전혀 색다른 만남이었고, 설레임도 있었다. 나이 오십 중반에 접어들면서 설렘이라니."[8] 2010년 6월 언론학자 원용진이 한 말이다. 이즈음 트위터를 시작한 경영전문가 공병호는 "와, 정말 대단하네"라는 탄성을 내지르면서 며칠 후 트위터에 이런 글을 올렸다. "역사는 BTBefore Twitter와 ATAfter Twitter로 나누어진다."[9]

기존 언론이 느낀 충격과 딜레마

기존 언론은 스마트폰과 소셜미디어에 충격을 느끼는 동시에 딜레마 상황에 처하게 되었다. 한국사이버대학 교수 곽동수는 "기존에 많은 독자를 보유한 언론들은 자신들만의 철학을 중심으로 트위터 등 다양한 SNS를 활용하는 개방성을 가미해야 미디어 혁명을 주도할 수 있을 것"이라고 말했다. 영향력 있는 국내 블로거들의 콘텐츠를 관리하는 태터앤미디어의 대표 명성은은 "온갖 SNS가 널려 있는 기존 인터넷 사이트와 앞으로 태블릿PC들이 만들어가는 미디어 세상은 다를 것"이라며 "정론 저널리즘이 가지고 있는 편집 기능과 신뢰성에 SNS가 가미되면서 폭발적인 콘텐츠 경쟁력을 갖추게 될 것"이라고 강조했다.[10]

취재 일선 현장에선 트위터가 이른바 '경찰서 돌기'를 대체하면서 전통적인 '기자 근성' 대신 효율이 추구되기 시작했다. 마감 시간의 의미가 없어지다 보니, 정확한 취재는 뒷전으로 밀려났다. 『한국일보』 사회부 기자인 고찬유에 따르면, "가만히 앉아 있어도 필요한 자료나 통계를 얻을 수 있고 가끔 제보도 들어오는 이점이 있는 반면, 엄청난 정보량 때문에 정신을 못 차리겠다는 불평도 있다. 갈수록 현장과 멀어지고 취재원과의 인간적 유대가 약해지는 점도 안타까워한다. 경찰들은 '한마디로 기자들이 참 예의 바르게 변했다'고 표현한다".[11]

여러 언론사가 트위터를 적극 활용하기 시작했지만, 트위터는 언론사에 딜레마였다. 김광현은 "소셜미디어는 당장 기존 인쇄매체에는 위기"라며 "기존 신문사로서는 소셜미디어를 통해 온라인 트래픽을 늘릴 수 있겠지만 소셜미디어의 영향력이 커질수록 신문광고는 감소하기 때

문에 신문사 차원에서는 트위터를 장려하기가 쉽지 않은 상황"이라고 말했다.[12]

그래서 신문이 트위터의 문제점을 지적하면 '배가 아파서' 그러는 것이라고 비판받기 십상이었다. "성인정보 사이트, 트위터로 '비밀 영업'"(2010년 4월 22일). "천안함 비방 유인물, 트위터에서 최초 시작"(2010년 6월 4일). "전 세계 1억 명 이상이 사용하는 트위터가 온갖 '음담패설'과 '매춘 정보'를 주고받는 음란물 전파 통로로 이용되고 있습니다"(2010년 6월 14일). 모두 『조선일보』의 기사였다. 이에 대해 진보적 언론 전문지 『미디어오늘』의 독자 오승주는 "『조선일보』는 시도 때도 없이 트위터 폄하 트윗질을 한다"며 다음과 같이 주장했다.

"『조선일보』에서 트위터 폄훼 기사를 볼 때마다 이런 느낌을 받는다. '『조선일보』는 트위터를 무서워하는구나.' 나쁘지만은 않다. 지금의 『조선일보』가 달라져야 한다고 생각하거나, 『조선일보』가 못된 짓을 못하도록 하고 싶다면 지금 당장 트위터리안이 되자. 뉴미디어의 강력한 견제만이 우리나라의 올드미디어 폐해를 막을 수 있다."[13] 하지만 '올드미디어'엔 『미디어오늘』을 포함한 진보적 매체들도 포함되어 있었으니 마냥 소셜미디어를 예찬할 일은 아니었다.

증오·혐오를 키우고 퍼뜨리는 소셜미디어

2009년 5월에 개설된 지 1년 만에 40만 이용자를 돌파한 트위터를 두고 언론이 앞장서서 'TGiF 시대'라고 바람을 잡는데, 어찌 그걸 외면할 수 있으랴. "드디어 금요일! 신이여, 감사합니다Thank God, it's Friday!"

가 아니라, 트위터Twitter, 구글Google, 아이폰iPhone, 페이스북Facebook의 4가지 서비스를 일컫는 말이란다. 『조선일보』는 'TGiF 시대'의 새로운 풍경에 대해 다음과 같이 말했다.

"하루 중 단 한 번도 이 네 가지의 영향력을 실감하지 않고 살기란 쉽지 않다. 이를테면 이런 식이다. 몇 년 넘게 싸이월드Cyworld에 공들이던 우리 아내는 어느샌가 친구들을 따라 페이스북으로 자리를 옮겼다. 버튼 달린 휴대폰이 아니면 불편하다던 50대의 우리 부장님은 요즘은 2년 약정으로 장만한 아이폰을 틈날 때마다 자랑하고 다니느라 바쁘다. 네이버밖에 몰랐던 나도 요즘은 보고서에 넣을 통계 자료를 찾기 위해 무의식적으로 구글에 접속한다. 요즘은 명함에 '@'로 시작하는 트위터 ID를 적는 사람들이 그렇게 많다. 심지어 우리 부사장님은 잭 웰치나 박용만 두산 회장과 트위터로 경영 고민을 주고받는다며 무게를 잡는다."[14]

세명대학교 교수 김기태는 『교수신문』(2010년 7월 12일) 칼럼에서 "트위터 이용자들이 '지저귀는' 혹은 '재잘거리는' 내용이란 게 일본의 '하이쿠'처럼 촌철살인의 경지를 보여준다거나 오랜 생각의 결과를 조심스레 털어놓는 수준이 아니라 순간적인 '즉흥'을 퍼뜨리는, 그리하여 감정의 과잉을 부추기거나 상념의 찌꺼기를 거르지 않은 채 흘려보내는 하수구에 불과하다면 이로 인한 선의의 피해자들이 생겨날 수밖에 없다"며 다음과 같이 말했다.

"한 번 퍼져나간 메시지를 주워담을 만한 장치가 없다는 점에서, 경쟁적으로 글을 올리는 잘못된 습성이 고착화함으로써 하지 말아야 할, 하지 않아도 될 말들이 난무하는 트위터의 세계는 또 다른 공해公害가 될지도 모른다는 우려는 지나친 것일까. 그렇지 않아도 신중하기보다는 자유분방하기만 한 신세대들에게 스마트폰은 끝없는 방종의 터널을 제공해주지는 않을까 염려스럽다. '스마트폰'에 익숙해지기에 앞서 '스마트한 사람'이 돼야 한다는 점을 가르치는 일이 중요하지 않을까. 그럼에도 아직 스마트폰이 없어 망설이다 어떤 모델이 좋을까 고민해야 하는 내 처지가 민망한 요즈음이다."[15]

소셜미디어의 공습이 놀랍긴 했지만, 아직까진 TV의 영향력은 건재했다. 그래서 정권의 공영방송 장악 시도 역시 건재했다. 2010년 2월 MBC 대주주인 방송문화진흥회는 MBC 사장 엄기영을 사퇴시키고, 대통령 이명박과 오래전부터 친분이 두터웠던 김재철을 신임 사장으로 선출했다. 그 직후인 3월 2일, 국가정보원은 'MBC 정상화 전략 및 추진 방안'이라는 13페이지짜리 문건을 만들어 청와대에 보고했다. 이 문건은 신임 사장 취임을 계기로 근본적인 체질 개선이 필요하다며 간부진 인적쇄신·편파 프로 퇴출(1단계), 노조 무력화·조직개편으로 체질 변화 유도(2단계), 소유 구조 개편 논의로 언론 선진화 동참(3단계) 등 세부 추진 방안을 담고 있었다. 이 방안은 대부분 그대로 실행되었다.[16]

역대 정권들의 공영방송 장악과 그로 인한 후유증의 한복판엔 증오·혐오가 도사리고 있었지만, 소셜미디어는 그걸 키우고 퍼뜨리는 메커니즘이 된다. 처음엔 SNS의 부작용이나 역기능으로 정보 인권과 프라이버시 문제만 지적되었지만, 머지않아 SNS는 증오·혐오를 키우는 온상이자 그걸 퍼뜨리는 채널로 우뚝 서게 된다.

아이티 대지진과
소셜미디어

2010년 1월 12일 카리브해의 섬나라 아이티에서 발생한 규모 7.0의 대지진으로, 약 50만 명의 사상자(사망자 25만 명)와 전체 인구의 3분의 1인 300만 명의 이재민이 발생하는 대참사가 일어났다. 한국은 1,000만 달러의 지원과 더불어 119 구조대를 보내고, 유엔 평화유지군으로 이루어진 단비부대를 파병하는 등 재난 구호에 참여했다.[17]

아이티 대지진은 다른 의미에서 기존 언론에도 큰 충격으로 다가왔다. 이 재난에서 소셜미디어의 위력이 유감없이 발휘됨으로써 기존 언론인들은 갈 곳 몰라 헤매는 어린 양처럼 보일 정도였다. 『한국경제』 기획부장 김광현은 "트위터를 통해 접한 속보는 신문에 보도된 하루 전 상황도 아니고 TV에 나오는 서너 시간 전 상황도 아니다. 실시간(리얼타임)에 가까운 현재 상황이다. 트위터에서 'Haiti'를 검색하면 전 세계 트위터 사용자들이 올린 아이티 관련 트윗이 실시간으로 뜬다. 너무 많아 원하는 걸 찾기가 어려울 정도다"며 다음과 같이 말했다.

"아이티 지진이 30년 전에 발생했다면 어땠을까? 20만 명이 죽은 대참사란 사실이 일주일 뒤에야 알려졌을 테고 사고 현장이 무법천지로 변한 뒤에야 구원의 손길이 미치기 시작했을 것이다. 광주민주화운동이 지금 터졌다면 어땠을까? 아무도 모른 사이에 광주 시민들만 외롭게 싸우진 않았을 것이다. 미디어 환경이 급변하고 있다. 아이폰과 트위터가 보급되면서 언론계 사람들조차 제대로 알지 못할 정도로 많이 달라졌다. 이제 궁금한 것은 당장 확인해야 직성이 풀리고 당장 확인할 수 있는 세상이 왔다. 이른바 '나우 미디어 시대the era of now media'다. 이제 신문과 방송은 어떻게 변해야 할까?"[18]

세종시 탄생을 둘러싼
갈등과 진통

제2장

'행정중심복합도시' 대 '교육과학중심경제도시'

2010년을 맞는 한국 사회의 최대 현안은 노무현 정권이 추진했던 세종시(행정중심복합도시) 문제였다. 이는 2005년 3월 확정된 9부 2처 2청의 행정 부처 이전 계획이었다. 약 1개월 전인 2009년 11월 27일 밤 대통령 이명박이 서울 여의도 MBC에서 열린 특별생방송 프로그램 〈국민과의 대화〉에서 세종시 원안을 백지화하겠다는 뜻을 밝힌 이래로 이 문제는 뜨거운 갈등의 진원지가 되었다. 이명박이 세종시 원안 백지화 입장을 밝히고 있는 동안, 충남 연기군청 앞 광장에선 세종 시민이 될 걸 기대하고 있던 지역 주민들이 "행정도시 백지화를 규탄한다"며 촛불집회를 열고 있었다.[19]

1월 1일 국정원은 세종시 수정안에 반대하는 주민들을 회유했다는 의혹에 휩싸였다. 임 아무개 연기군 의원 등은 "국정원 충남지부 직원 2명이 지난해 말 연기 지역의 면장, 농협조합장 등을 만나 '지역 주민들이 세종시 원안을 주장해도 이명박 대통령이 사과까지 표명했기 때문에 원 안이 수정될 것', '원하는 게 뭐냐. 필요한 게 있으면 다 주겠다'며 수정 안 지지를 요청했다"고 폭로했다. 국정원은 "사실무근"이라고 주장했지 만 지역 주민들은 매우 구체적인 증언을 내놓았다.[20]

1월 6일 국무총리 정운찬은 이명박에게 세종시를 9부 2처 2청이 옮겨가는 행정중심복합도시 대신 '첨단교육과학중심경제도시'로 성격 을 완전히 바꿔 개발 완료 시점을 기존의 2030년에서 2020년까지 10년 앞당기겠다고 보고했다. 닷새 후인 1월 11일 이명박 정부는 행정 부처 이전 계획을 전면 백지화하는 대신 기업·대학 등을 유치해 자족 기능 비 율을 높인 '교육과학중심경제도시'로 성격을 바꾸는 내용을 담은 수정 안을 확정 발표했다.

그러자 민주당과 충청권 보수정당인 자유선진당 등 야당은 즉각 전 국적인 반대 투쟁에 나섰다. 민주당은 발표 당일 국회의사당에서 정부 규탄대회를 가진 데 이어 12일 경남 김해를 시작으로 전국을 돌며 장외 집회를 열어 '정권심판운동'을 벌이기로 했다. 자유선진당도 같은 날 '불 복종운동'을 전개하겠다며 원내대표·정책위의장·사무총장 등 당 3역을 포함한 의원 5명이 삭발했고, 12일엔 대전에서 장외 집회를 열었다.

이에 『조선일보』는 사설을 통해 "세종시 정부 수정안을 놓고 국민 과 충청도 사람들이 찬반으로 갈려 있으니 야당으로선 반대 의견을 자 기네 당黨 중심으로 결집시킬 필요를 느꼈을 것이다"며 "현재 한나라당 안에서는 50~60석에 달하는 친박계가 똘똘 뭉쳐 세종시 수정을 반대하 며 야당을 도와주고 있다"고 개탄했다.[21]

정당한 홍보인가, 여론조작인가?

1월 12일 서울 세종로 정부중앙청사에서 열린 국무회의에서 정운찬은 "모든 부처는 비상한 각오를 갖고 국민의 이해를 구하는 데 적극협력해달라. 혹시 세종시 발전 방안과 직접 관련이 없다고 하는 부처도 있을 수 있으나 세종시 문제는 일부 부처의 업무가 아니라는 점을 강조한다"며 '내각 총동원령'을 내렸다. 이명박은 이날 청와대에서 시·도 지사들과 오찬 간담회를 갖고 "작은 이익을 앞세우는 소아적 사고", "지역분할의 정치 논리" 등의 표현을 동원해 세종시 수정안 반대론자들을 강하게 비난했다. 그러면서 "국가 백년대계와 나라 전체를 먼저 생각하는 성숙한 국민 의식"을 강조했다.[22]

『한겨레』가 1월 13일 보도한 '세종시 수정안 홍보 계획'에 따르면, 이명박 정부는 방송과 신문, 인터넷, 대면 접촉을 망라한 전방위적 홍보 계획을 세워 실행하고 있는 것으로 드러났다.[23] 이에 대해 『한겨레』는 사설을 통해 다음과 같이 비판했다.

"도저히 통상적인 정책 홍보로 볼 수 없는 내용이다. 여론몰이가 빗나가도 한참 빗나가 공작에 가깝다.……이명박 정부는 전임 정부 시절 과잉홍보의 폐해가 심했다면서 국정홍보처를 폐지했다. 그런데 지금 자신은 과잉홍보 정도가 아니라 직접 언론통제에 나선 듯하다. 비슷한 문건이 이전 정부 때 나왔으면 당장 국회 청문회 소집이 거론됐을 것이다."[24]

세종시 수정안으로 친이계와 친박계의 갈등도 격화되었다. 박근혜는 2월 1일 "(현행) 세종시법은 수도권 과밀 해소와 국토균형발전이 법의 취지"라고 했다. 박근혜는 "수도권 과밀 해소와 국토균형발전을 근본

© 연합뉴스

이명박 정부는 '세종시 원안 백지화'를 추진하기 위해 '세종시 수정안 홍보 계획'을 만들어 여론몰이에 나서기도 했다. 민주당과 자유선진당 등 야당은 반대 투쟁에 나섰다.

취지로 법을 만들어 통과시켰고, 그 취지대로 실현하겠다고 한나라당이 선거 때마다 약속했었다"며 "너무나 당연해서 따로 말할 필요도 없다"고 강조했다. 박근혜의 발언은 자신의 '원칙과 신뢰론' 등에 대해 여권 주류가 "원칙이나 신뢰보다 국가 백년대계가 더 중요하다"는 논리로 반박한 것을 재반박한 것으로 풀이되었다.[25]

2월 3일 국무총리실장 권태신은 친이명박계(친이계) 의원 모임인 '함께 내일로' 회원들과 만나 "신뢰라는 것은 올바른 결과가 나온다는 전제하에 해야 하는데 저런 것(세종시 원안)을 갖고 신뢰를 말하는 것은 지도자나 국가 운영하는 사람의 태도로는 잘못된 것"이라며 박근혜의 '신뢰론'을 공격했다. 또 그는 박근혜의 균형발전론에 대해서도 "균형발전을 위해 정부 부처를 분산해야 한다면 진짜 낙후된 강원도, 경기북부, 전남 등으로 옮겨야 한다"고 말했다. 그는 "미국 텍사스주의 7분의 1도 안되는 나라에서 자꾸 분열하는 게 안타깝다"며 "도시전문가들 말로는 '원안대로 하면 사회주의 도시가 된다'고 한다. 세종시 원안은 그 자체가 수도 분할로 50년, 100년 뒤에 (나라가) 망할 수도 있다"고 극단적인 논리를 폈다.[26]

2월 4일 충남 연기군 조치원역 광장에서 열린 '세종시 원주민 생계 및 재보상 비상대책위원회 2차 집회'에 참가한 사람들 중 상당수가 3만 원의 '일당'을 받고 동원된 것으로 알려져 수정안 지지 세력이 여론을 바꾸기 위해 시민들을 동원한 집회를 열었다는 의혹이 일었다. 연기군 주민 등 세종시 원안 지지자들은 "정부가 세종시 수정안을 관철시키기 위해 여론조작에 나서고 있다"고 비난했다.[27]

이명박 대 박근혜의 대결 구도

2010년 2월 9일 이명박은 충북도 업무보고를 받는 자리에서 세종시 수정안에 대한 여권 내 갈등을 두고 이른바 '강도론'을 폈다. 이명박은 "세계와의 전쟁에서 이기려면 힘을 모아야 한다"면서 "우리끼리 싸울 시간도 없고 여력도 없다"고 강조했다. 그러면서 "잘되는 집안은 강도가 오면 싸우다가도 멈추고 강도를 물리치고 다시 싸운다"며 "강도가 왔는데도 너 죽고 나 죽자 하면 둘 다 피해를 입을 수밖에 없다"고 말했다. 이 발언은 세종시 원안 고수 입장을 펴고 있는 박근혜를 겨냥한 것이었다. 세계와의 경쟁에서 이기기 위해서는 여권이 힘을 모아야 하는데, 박근혜가 협조는커녕 세종시 원안을 고집하면서 국정의 발목을 잡고 있다는 의미였다.

다음 날 박근혜는 이에 대해 "집 안에 있는 한 사람이 갑자기 마음이 변해 강도로 돌변하면 어떡하냐"면서 "일 잘하는 사람이 누군지는 국민이 판단할 것"이라고 했다. 박근혜는 또 2004년 총선 때 당대표로서 세종시 공약을 한 것과 관련해 "당이 커다란 위기에 처한 상황에서 마지막 기회를 달라고 호소하고 약속을 지키겠다고 해서 정권교체를 했다"며 "그런데 이렇게 당이 약속을 어긴 것으로 비쳐지는 데 대해 국민에게 면목이 없고 죄송스럽다"고 말했다.[28]

설 연휴 직후인 2월 16일 『동아일보』가 여론조사 기관인 코리아리서치센터에 의뢰해 전국의 성인 남녀 1,000명(표본 수 충청 300명, 비충청 700명)을 대상으로 실시한 긴급 전화 조사 결과에 따르면, 세종시를 행정중심복합도시가 아닌 교육과학중심경제도시로 건설하겠다는 정부의 수정안이 다소 동력을 잃고 있는 것으로 나타났다. 이 조사에서 세종시 수정안을 지지한다는 응답은 45.0%, 원안대로 행정중심복합도시를 건설해야 한다는 응답은 40.9%였다. 정부가 세종시 수정안을 발표한 직후인 1월 11일 조사에서는 수정안 지지가 54.2%, 원안 지지가 37.5%였다. 세종시 문제가 해결되지 않는 가장 큰 책임이 누구에게 있느냐는 물음에는 이명박 38.3%, 민주당 등 야당 19.1%, 충청 지역 정치인과 여론 주도층 13.0%, 박근혜 10.2% 등의 순이었다.[29]

2월 28일 청와대 홍보수석 이동관이 2월 28일 "세종시 문제가 지금처럼 아무 결론을 못 내리고 지지부진하면 적절한 시점에 중대 결단을 내릴 수도 있을 것"이라고 밝히면서 국민투표론이 정치권의 이슈가 되었다. 이명박은 제91주년 3·1절 기념사를 통해 "지금 우리가 국가 백년대계를 놓고 치열하게 논쟁하고 있지만 이 또한 지혜롭게 극복할 것이라고 굳게 믿는다"고 말해 논란을 빚고 있는 세종시 수정안을 강행할 뜻을 내비쳤다. 이명박은 또 3월 2일 수석비서관회의를 주재한 자리에서 세종시 국민투표론과 관련해 "세종시 문제에 관해 여러 얘기들이 나오고 있다"며 "현재 국민투표는 검토하고 있지 않다"고 밝혀 국민투표를 통해 세종시 문제를 해결할 뜻이 없음을 밝혔다.[30]

캐나다 밴쿠버에서 개최된 동계올림픽에서 김연아가 피겨 여자 싱글에서 금메달리스트가 되면서 세계선수권대회, 4대륙선수권대회, 그랑프리 파이널까지 모두 석권해 여자 선수로는 역대 최초로 그랜드슬램을 달성했다.

2010년 2월이 그렇게 답답한 갈등으로만 얼룩진 건 아니었다. 2010년 2월 14일부터 3월 1일까지 캐나다 밴쿠버에서 개최된 제21회 동계올림픽에서 한국은 금메달 6개, 은메달 6개, 동메달 2개로 종합 5위의 성적을 거두었으며, 특히 '피겨퀸' 김연아가 피겨 여자 싱글 역대 최고점(228.56점)으로 금메달리스트가 되면서 한국 올림픽 역사에 굵은 획을 그었다. 한국인으로는 최초로 동계올림픽 피겨에서 금메달을 따낸 김연아는 세계선수권대회, 4대륙선수권대회, 그랑프리 파이널까지 모두 석권하며 여자 선수로는 역대 최초로 그랜드슬램을 달성한 주인공이 되었다.

'행정중심복합도시'의 승리

세종시 문제를 둘러싼 갈등은 이후 한동안 지속되다가 6·2 지방선거에서 여당이 패배하면서 정리 국면으로 들어갔다. 6월 14일 이명박은 국정연설에서 "세종시 문제로 국론 분열이 지속되고 지역적·정치적 균열이 심화되는 것을 더는 방치할 수 없다"면서 "이제는 국회에서 결정해줄 것을 요청한다"고 말했다. 이명박은 "국회가 표결 처리를 해주면 정부는 그 결정을 존중할 것"이라며 세종시 원안과 수정안의 선택을 국회에 맡길 것임을 밝혔다. 이는 그간 이명박이 고수해왔던 '한나라당 당론 결정→국회 상임위 통과→본회의 표결'이라는 처리 방식 대신 곧바로 국회에서 표결로 처리해줄 것을 제안한 것으로 이 문제를 조기에 매듭짓겠다는 의사를 담은 것이었다.[31]

6월 16일 여야는 세종시 수정안을 6월 임시국회 회기 내 해당 상임위에 상정, 표결 처리하기로 합의했다. 세종시 수정안이 폐기될 운명에 처했지만 정부·여당은 여전히 수정안에 대한 미련을 버리지 못하고 있었다. 한나라당 비상대책위원 박해춘은 6월 17일 "원안으로 가면 충남 경제는 망한다"고 말했으며, 청와대 국정기획수석 박재완은 6월 20일 "국회에서 세종시 수정안이 부결되면 플러스 알파는 없다"고 말했다. 그는 또 "6·2 지방선거는 심판이라고 보고 겸허하게 받아들여야 한다"면서도 "여전히 대통령께서는 '수정안이 충청 지역의 발전에 더 좋은 안'이라는 확신에 변함이 없다"고 덧붙였다.[32]

6월 22일 국회 국토해양위는 전체회의에서 세종시 수정안을 상정해 찬성 12명, 반대 18명, 기권 1명으로 부결시켰다. 이로써 9개월여를 끌어온 세종시의 행정중심도시 성격 변경 논란은 일단락되었다. 하지만 한나라당 내 친이계 주류를 중심으로 한 지도부는 '상임위에서 부결된 법안도 의원 30명이 요구하면 본회의에서 다시 논의할 수 있다'는 국회법 87조 1항에 의거해 세종시 수정법안을 오는 28~29일 본회의에 부의附議하겠다고 밝혀 논란이 일었다.

결국, 6월 29일 전체 국회의원 291명 중 275명이 출석한 가운데 105명이 찬성, 164명이 반대, 6명이 기권해 세종시 수정안이 부결되었다. 사실상 '박근혜의 힘' 덕분이었다. 이에 이명박은 "국정 운영의 책임을 맡고 있는 대통령으로서 심히 유감스럽게 생각한다"고 말한 후, "나는 국회의 결정을 존중할 것"이라며 "이제 우리 모두는 오늘 국회 결정에 대한 평가는 역사에 맡기고, 세종시를 둘러싼 갈등을 넘어서서 국가 선진화를 위해 함께 나아가기를 바란다"고 말했다.

국무총리 정운찬은 6월 30일 세종시 수정안 국회 부결과 관련해

"이번 안을 설계했던 책임자로서 수정안을 관철시키지 못한 데 대해 전적으로 책임을 지겠다"고 밝혀 사실상 사의를 표명했다. 그러면서도 정운찬은 "아무리 옳은 일이라 할지라도, 국민 과반수의 지지를 등에 업고도 현실정치의 벽을 넘지 못하면 이룰 수 없다는 사실을 뼈저리게 확인했다"며 "과연 우리 역사와 미래의 후손들은 국회 결정을 어떻게 평가할지 걱정되고, 정략적 이해관계가 국익에 우선했던 대표적인 사례로 역사에 기록될 것으로 우려된다"고 말해 여전히 세종시 수정안이 옳다는 기존 입장을 고수했다.[33] 7월 29일 정운찬은 세종시 백지화의 소임을 다하지 못한 채 국무총리직 사퇴 의사를 공식 발표해 재임 10개월 만에 물러났다.

"어디 사세요?" 질문은 '현대판 호패'

자신이 사는 아파트 옆에 임대주택이 지어질 경우 집값 하락 등을 이유로 손해배상을 청구할 수 있는가? 이 말도 안 되는 것 같은 일을 실제로 실천에 옮긴 어느 아파트 주민들이 있었다. 서울의 한 아파트 같은 동에 사는 주민들이 서울시와 구청, 재개발조합, 건설회사를 상대로 제기한 소송에 대해 2010년 1월 27일 서울중앙지법 민사14부는 다음과 같은 판결을 내렸다.

"임대주택은 도심 지역의 재개발사업과 함께 반드시 건설되어야 하는 것으로 그 공익적 성격이 매우 높다. 기존 거주자들이 어느 정도 불편함을 느낀다거나 경제적 손실이 수반된다 하더라도 사회의 구성원으로서 당연히 감수해야 하며, 따라서 그 어떤 이유를 들어서라도 그로 인한 주장이 정당화될 수 없다."[34]

원칙은 그렇지만, 그건 어디까지나 이상일 뿐이었다. 2010년 3월

23일 『경향신문』은 "어디 사세요?"라는 질문은 '현대판 호패'인 양 우리를 불편하게 한다고 했다.[35] 달동네 인상을 줄 수 있다며 서울시 관악구가 2008년 신림4동을 신사동, 신림6·10동을 삼성동으로 변경한 일이나, 양천구 신월·신정동을 '신목동'으로 바꾸려다 기존 목동 주민들의 반발로 무산된 일 등은 이미 '사는 동네'가 계급 지표가 되었음을 반영했다. 서울 서초구 방배1동의 한 공인중개사는 다음과 같이 말했다.

"강남에선 중학생부터 회사원들까지 자기 사는 동네를 엄청 내세워요. 자식이 자꾸 그러니 부모가 빚을 내서 오는 경우도 있고, 강남에 산다는 과시 욕구와 교육 문제로 이사 오는 사람들이 10명 중 6~7명쯤 되는 듯합니다."[36]

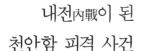

내전(內戰)이 된
천안함 피격 사건

제3장

46명의 생명을 앗아간 천안함 침몰 사건

2010년 3월 26일 밤 해군 초계함 '천안함'이 서해 백령도 근해에서 침몰했다. 104명이 타고 있던 천안함의 침몰로 장병 46명이 숨지거나 실종되었으며, 구조 과정에서 군인 1명과 민간인 9명도 희생되었다. 천안함 침몰 원인을 둘러싸고 한국 사회가 큰 갈등을 겪게 될 것을 암시한 것이었을까? 이날 자정 즈음부터 일부 방송사는 미확인 정보를 근거로 '북한 도발' 가능성을 언급해 주말을 앞두고 휴식을 취하던 시민들을 충격에 빠져들게 했다.[37]

애초 이명박 정부는 천안함 침몰 원인과 관련해 신중한 모습을 보였다. 청와대는 26일 밤 "북한과의 연계 여부는 아직 확실치 않다는 게 정부 공식 입장"이라고 발표했다. 천안함이 침몰한 지 사흘째인 3월 28일에도 정부와 군 당국은 1,200톤급 초계함이 순식간에 두 동강이 날 정

도로 강력한 폭발이 일어난 만큼 기뢰에 의해 배가 침몰되었을 가능성
이 가장 크다고 추정하면서도 "북한이 연루된 단서는 없다"고 같은 입장
을 내놓았다.[38] 이명박도 28일 "원인에 대한 섣부른 예단과 그에 따른 혼
란이 생겨서는 안 된다"고 밝혔다.[39] 3월 30일 침몰 사고 현장에서 선체
수색 작업을 벌이던 해군 특수전UDP 요원인 준위 한준호가 숨지면서 정
부의 무능을 비판하는 목소리들이 터져 나오기 시작했다.[40]

4월 15일 참사 20일 만에 인양된 천안함 함미艦尾 선체 안에서 실
종자 44명 중 36구의 시신이 발견되었다. 천안함 함미 인양은 가뜩이나
교착상태에 놓여 있던 남북 관계를 더욱 경색시키는 계기가 되었다. 4월
16일 천안함 침몰 원인을 조사 중인 민·군 합동조사단은 "내부 폭발보
다는 외부 폭발의 가능성이 크다고 판단한다"고 발표했으며, 국방부 장
관 김태영은 "국가안보 차원의 중대한 사태"로 규정했다.[41]

4월 17일 천안함 침몰 사태에 침묵으로 일관하던 북한은 처음으로
공개 반응을 내놓고 북한의 공격으로 천안함이 침몰했으리라는 '북한
관련설'은 "날조"라고 주장했다. 북한 관영 조선중앙통신 군사논평원은
이날 "남조선 괴뢰군부 호전광들과 우익보수 정객들을 비롯한 역적패당
은 함선 침몰 원인을 규명할 수 없게 되자 불상사를 우리와 연계시켜 보
려고 획책하고 있다"며 "최근에는 외부 폭발이 어뢰에 의해 일어났으며
그 어뢰는 우리 잠수정이나 반잠수정에 의해 발사됐을 가능성이 크다는
'북 관련설'을 날조해 유포하고 있다"고 비난했다.[42]

4월 20일 이명박은 한나라당 정몽준, 민주당 정세균, 자유선진당
이회창 등 여야 3당 대표와 만나 오찬 간담회를 갖고 천안함 침몰 사고
원인에 대해 "최종 물증이 나오기 전에는 뭐라고 대답할 수 없다"면서

"신중하게 가는 것이 좋다고 본다"며 정치권의 협조를 당부했다. 이명박은 특히 6·2 지방선거를 앞두고 '천안함 사건'을 놓고 정치적인 계산을 하지 않겠다는 뜻을 밝혔다. 이명박은 "정치권 일부에서 북풍北風 이야기를 하는 분이 있더라"면서 "그러나 내가 북풍을 하겠다고 하면 처음부터 북한 소행 같다고 하지 않았겠느냐. 정치적으로 이 문제를 안 하려고 신중히 하고 있으니 야당 쪽에서도 그 점을 분명히 인식해주기 바란다"고 강조했다.[43]

"천안함 사태는 북한의 군사도발"

2010년 4월 24일 선체 함미와 함수艦首 인양 작업을 통해 전사자 46명 중 40명에 대한 시신 수습을 마무리한 군과 유가족들은 나머지 장병 6명은 산화한 것으로 추정하고 수색을 종료했다. 4월 25일 정부는 천안함 순국 장병에 대한 해군장 장례 기간인 25일부터 29일까지 5일 간을 '국가 애도 기간'으로 정했으며, 영결식이 열리는 29일을 '국가 애도의 날'로 지정·운영하기로 했다. 이날 민·군 합동조사단은 2차 현장 조사 결과 발표를 통해 천안함의 침몰 원인과 관련해 파공破空이 없고, 선체의 변형 형태로 볼 때 '폭발물이 천안함 밑 수중에서 폭발했고, 외부 폭발물은 어뢰 또는 기뢰로 판단된다'고 발표했다.

4월 26일 미국의 CNN은 미군 당국자를 인용해 "북한의 어뢰 공격이 천안함 침몰의 가장 큰 원인인 것 같다the most likely cause"고 보도했다. CNN에 따르면 이 당국자는 "천안함이 수중 폭발에 의해 침몰했으며, 폭발장치는 천안함 선체에 닿지는 않은 것으로 미국은 판단하고 있다"

민·군 합동조사단은 북한에서 만든 중어뢰에 천안함이 피격되어 침몰한 것이라고 발표했고, 이명박도 "천안함 사태가 북한의 군사도발"이라며 "단호한 대응 조치를 취할 것"이라고 말했다. 천안함 함미 부분 인양 작업.

고 말했다. 그간 미국 정부는 천안함 침몰 원인에 대해 공개적인 입장 표명을 자제하는 신중한 자세를 견지해오고 있었다.

4월 29일 오전 10시 천안함 희생 장병 46명의 넋을 위로하는 합동 영결식이 경기 평택시 해군 2함대사령부 내 안보공원에서 해군장으로 엄수되었다. 영결식에는 이명박, 대법원장 이용훈, 국회의장 김형오 등 3부 요인과 국무위원, 전군 주요 지휘관, 유가족 등 2,800여 명이 참석했다. 이명박은 46명의 영정 앞에 화랑무공훈장을 직접 추서하면서 거수경례를 했다. 이날 해군장의위원장인 해군참모총장 김성찬은 조사弔辭에서 "3월 26일 백령도에서의 일은 일어나서는 안 되는 일이었다. 우리는 이

를 결코 용서할 수 없으며 용서해서도 안 되며 잊어서도 안 된다"고 말했다.[44]

5월 20일 민·군 합동조사단은 천안함은 북한에서 만든 중重어뢰에 피격되어 침몰한 것이라고 발표했다. 합동조사단은 그 증거로 백령도 근해 조류를 분석해본 결과, 어뢰를 활용한 공격에 제한을 받지 않을 것으로 판단된 점, 침몰 해역에서 어뢰로 확증할 수 있는 결정적인 증거물로 어뢰의 추진동력부인 프로펠러를 포함한 추진모터와 조종장치 등을 수거한 점을 들었다. 합동조사단은 특히 이 수거 어뢰 부품이 북한에서 제조된 것이라고 판단했다.[45]

합동조사단의 조사 결과가 나오자 이명박은 "천안함 사태가 북한의 군사도발이란 사실이 국제조사단의 과학적·객관적 조사를 통해 분명히 드러났다"면서 "북한에 대해 단호한 대응 조치를 취할 것이며 강력한 국제공조를 통해 북한이 잘못을 인정하고 국제사회에 책임 있는 일원으로 돌아오도록 해야 한다"고 했다. 청와대는 "대통령이 곧 북한의 책임을 묻는 단호한 조치를 결심할 것"이라고 했다.[46]

합동조사단의 발표에 대해 야당과 시민·통일단체들은 논리적 비약이 크며, 결과 발표가 6·2 지방선거를 앞두고 이루어진 "짜맞추기 조사"라고 지적하며 이 발표의 정치적 의도에 의혹의 눈길을 거두지 않았다. 민주당 대표 정세균은 "북한의 공격에 의한 것이라면 안방에서 당한 안보 무능을 그냥 넘어갈 수 있느냐. 군통수권자인 대통령이 책임져야 한다"면서 대통령의 사과와 내각 총사퇴를 요구했다.[47]

"천안함 정부 발표 신뢰" 71%

그간 북한 개입의 직접적인 근거가 없다고 지적해왔던 진보 언론도 합동조사단이 내놓은 조사 결과를 근거로 북한의 천안함 공격을 사실상 인정했다. 5월 21일 『한겨레』는 「한반도 위기 키우지 않을 냉정한 대응을」이라는 사설에서 "합조단은 침몰 해역 바닥에서 북한산 어뢰의 추진 동력부로 보이는 프로펠러와 추진모터 등을 수거해 북쪽의 공격 근거로 제시했다. 이제 북쪽의 무관함을 주장하기 힘들게 됐다"면서 "이제는 북한이 국제사회에 책임 있는 답변을 해야 한다"고 말했다.[48]

『경향신문』은 「충격적인 천안함 진상조사 결과」라는 사설에서 "조사단이 이날 물증인 어뢰추진기와 함께 제시한 각종 조사 내용은 비록 모든 의문을 해소하기에는 미흡했지만 현재로선 조사단의 결론을 일단 존중하지 않을 수 없다"면서 "조사단의 결론대로 천안함 사고가 북한의 소행이라면 이는 그야말로 충격적이며 엄중한 사태다. 북한이 우리 군을 대상으로 대규모 인명 살상을 노린 행위는 어떤 이유로도 정당화할 수 없는 군사적 도발이자 반민족적 만행이기 때문이다"고 했다.[49]

『경향신문』과 한국사회여론연구소KSOI가 5월 21~22일 진행한 여론조사 결과에 따르면, 응답자의 71.3%가 민·군 합동조사단의 조사 결과를 '전적으로 신뢰'(25.1%)하거나 '신뢰하는 편'(46.2%)이라고 답해 '신뢰하지 않는다'(27.3%)는 응답 비율보다 44%포인트나 높았다. 계층, 연령, 직업, 지역을 불문하고 정부 조사 결과를 '신뢰한다'는 답변이 높은 가운데, 세대 간 차이가 두드러진 게 특징으로 분석되었다. '신뢰한다'는 평가는 60세 이상(90.3%)에서 압도적인 반면, 20대에서는 '신뢰하지 않는다'(46.0%)와 '신뢰한다'(54.0%)는 답변이 근소한 차이를 보였다. 실제 '신뢰한다'는 답변은 30대(61.0%), 40대(69.9%), 50대(85.5%)로 연령이 올라갈수록 높았다.

하지만 정부의 안보 업무 수행에 대해선 '잘못한다'(48.6%)는 부정적 평가가 '잘한다'(46.2%)보다 약간 높아 천안함 사고 조사 결과에 대해선 신뢰하면서도, 천안함 사고 과정 대응에 대해선 부정적 여론이 만만치 않음을 보여주었다. 또 천안함 이슈는 상대적으로 여권 지지 성향 표의 결집에 작용하고 있는 것으로 나타났다.[50]

합동조사단의 조사 결과를 믿지 못하겠다는 사람도 많았다. 예컨대 김용옥은 5월 23일 오전 서울 봉은사에서 열린 '부처님 오신 날 특별 대법회'에서 '코뿔소의 외뿔처럼 홀로 가거라-동서남북 회통의 깨달음'이라는 주제로 강연을 하면서 "정부의 조사 결과를 지켜봤지만 0.0001%도 납득할 수 없었다"고 말문을 연 뒤 "패잔병들이 마치 개선장군처럼 앉아 국민들에게 겁을 주는 모습에서 구역질이 났다"면서 "노태우 정권 때도 선거 직전에 김현희가 들어왔다. 이건 사기다. 세상이 허위로 돌아가고 있다"고 맹비난을 가했다. 김용옥은 "천안함 침몰 당시 서해에 머물고 있던 미국 이지스함 2대와 13척의 함대를 뚫고 들어와 어뢰를 쏘고 달아났다는 게 말이 되느냐"면서 "정부는 천안함 사태의 진실을 위장하고 있다. 권력자들의 말에 속으면 안 된다"고 주장했다.[51]

'햇볕정책'의 틀을 바꾼 '5·24 조치'

2010년 5월 24일 이명박은 용산 전쟁기념관 호국추모실에서 천안함 사태와 관련한 대국민 담화를 통해 2000년 6·15 남북공동선언으로 집약되는 대북 '햇볕정책'의 패러다임(틀)을 완전히 바꾸는 이른바 '5·24 조치'를 내놓았다. 이명박은 "지금 이 순간부터 북한 선박은 남북 해운합의서에 의해 허용된 우리 해역의 어떠한 해상교통로도 이용할 수 없다"고 선언했다. 이명박은 또 "남북간 교역과 교류도 중단될 것"이라며 "천안함을 침몰시키고 고귀한 우리 젊은이들의 목숨을 앗아간 이 상황에서 더이상의 교류·협력은 무의미한 일"이라고 지적했다.[52]

같은 날 오후 정부는 국방부·외교통상부·통일부 장관의 천안함 관계 부처 장관 합동기자회견을 통해 천안함 후속 대응 조치의 일환으로 올 하반기 대량살상무기 확산방지구상PSI에 따른 역내외 차단 훈련을 실시하고 북한 선박의 우리 해역에 대한 운항을 전면 금지하고 개성공단을 제외한 남북간 교역을 중단하는 한편 이 사건을 유엔 안전보장이사회에 회부, 새로운 대북 결의안을 채택하는 방안을 추진하기로 했다고 밝혔다.

정부 내에서는 개성공단도 제재 항목에 포함해야 한다는 견해가 우세했지만, 이명박은 회고록 『대통령의 시간 2008-2013』(2015)에서 "나는 한 바구니에 모든 달걀을 담아서는 안 된다고 생각했다"며 다음과 같이 말했다. "여기에는 무질서하고 방만하게 이루어져왔던 남북 교역에 비하면, 그나마 개성공단은 좀더 체계적으로 운영할 수 있겠다는 판단도 작용했다. 결국 5·24 조치에 개성공단은 포함되지 않았다."[53]

5월 25일 북한의 대남기구인 조국평화통일위원회(조평통)는 전날 국방부·외교통상부·통일부 장관의 천안함 관계 부처 장관 합동기자회견과 관련해 "우리와 끝까지 대결해 전쟁도 불사하겠다는 것을 공식 선언한 것"이라면서 남한 당국과 모든 관계를 단절하고, 이명박 대통령 임기 기간 당국 간 대화와 접촉을 하지 않을 것이라고 밝혔다.

조평통은 "이제부터 북남 관계 전면 폐쇄, 북남 불가침 합의 전면 파기, 북남 협력사업 전면 철폐의 단호한 행동 조치에 들어간다는 것을 정식 선포한다"면서 남한 당국과 관계 단절, 이명박 임기 내 비접촉을 포함한 8개항을 1단계 조치라고 밝혔다. 조평통은 또 1971년 적십자회담에서 시작된 "판문점 적십자 연락대표의 사업을 완전 중지한다"면서 "개성공업지구에 있는 북남경제협력협의사무소를 동결·철폐하고 남측 관계자들을 즉시 전원 추방한다"고 말했다.[54]

정부와 참여연대의 갈등

이명박 정부가 대북 심리전을 재개하는 등 대북 강경 정책을 전개하면서 한반도의 긴장은 극도로 고조되었다. 5월 26일 북한은 남북 장성급회담 단장 명의의 대남 통지문을 통해 "확성기 설치는 북·남 군사 합의에 대한 노골적인 파기, 우리에 대한 군사적 도발"이라면서 "남측이 (대북 심리전) 방송 재개를 위해 전연(군사분계선) 일대에 확성기까지 설치한다면, 우리 측은 확성기가 설치되는 족족 조준 격파 사격으로 없애버리기 위한 군사적 조치를 취하게 될 것"이라고 밝혔다.

5월 29~30일 제주도에서 열린 한중일 3국 정상회담에서 3국은 천안함 사태에 대해 "3국 정상은 역내 평화와 안정을 유지하기 위해 지속적으로 협의하고 이 문제를 적정하게 대처해 나가기로 했다"는 공동언론 발표문을 채택했다. 이명박은 정상회담에서 "우리는 전쟁을 두려워하지도 않지만 전쟁을 원하는 것이 아니다. 그러나 북한의 이번 군사적 도발에 대해서는 재발 방지를 약속할 뿐만 아니라 잘못을 인정하고 적절한 조치를 취해야 한다. 북한이 바른길로 가기 위해서는 적당히 넘어가서는 안 된다"고 했다.[55]

6월 10일 감사원은 '천안함 침몰 사건 대응 실태' 감사 결과 중간발표를 했다. 감사원 발표에 따르면, 천안함 침몰 사고와 관련한 군 당국의 대응은 한마디로 '총체적 부실', '종합부실세트'라고 할 만했다. 군사대비태세, 상황보고와 전파 등 지휘보고체계, 초동조처, 상황발생 뒤 위기대응 등 곳곳에서 문제점이 숱하게 드러났기 때문이다.

감사원은 군이 북의 잠수함에 의한 피격 가능성을 보고받고도 경계 실패와 초동대처 잘못에 대한 비난 등을 피하려고 천안함 사고 시각을 임의로 수정했으며, 잘못 발표한 사고 시각을 정당화하기 위해 열상감시장비TOD 동영상의 일부만 편집해 언론에 공개하는 등 증거를 조작했다고 밝히면서 합참의장 이상의를 비롯한 국방부·주요 군 지휘부 25명에 대해 징계 등 적정한 조처를 하도록 국방부에 통보했다고 밝혔다.[56]

6월 14일 참여연대는 사흘 전인 11일 정부의 천안함 조사 결과에 의문이 있다는 내용의 문건을 이메일과 팩스 등을 통해 유엔 안보리 의장국인 멕시코에 보냈다고 밝혔다. 참여연대는 이 문건에서 '어뢰 폭발이라면 생존자·사망자가 화상을 입거나 고막이 파열되어야 하는데 그렇지 않았다', '천안함 절단면엔 폭발보다 침수 등으로 절단될 때 나타나는 흔적이 남아 있다'는 식의 8가지 의문을 담았다.

6월 14일 청와대는 대변인 브리핑에서 "국제전문조사 인력까지 함께한 과학적·객관적 조사를 통해 결론이 났고 이미 50개가 넘는 나라에서 신뢰를 보냈다"면서 "도대체 이 시점에 무슨 목적으로 이런 일을 벌이는 것인지 정말 묻고 싶다"고 말했다. 같은 날 국회에 출석한 국무총리 정운찬은 "정부가 객관적이고 과학적인 원인을 규명해 55개 국가와 5개 국제기구가 이를 지지하는 마당에 일부 철 없는 사람들이 '정부의 조작'이라고 주장하고 있다"며 "깊은 우려를 표명하지 않을 수 없으며, 그분들이 어느 나라 국민인지 의문이 생겼다"고 했다.[57]

천안함 사건은 아직 끝나지 않았다

천안함 침몰 원인을 둘러싼 온갖 음모론마저 난무하면서 천안함은 내전內戰이라고 해도 좋을 정도로 격렬한 내분의 상징이자 소재가 되었다. 이는 잠시 존재했던 내분도 아니었고 일반 시민들에게만 국한된 것도 아니었다. 보수 정권이냐 진보 정권이냐에 따라 천안함 사건을 보는 시각이 달랐다.

미리 말하자면, 2020년 3월 26일 대통령 문재인은 서해수호의 날 추모사에서 '북한'의 '북'자도 꺼내지 않으면서 코로나19 방역을 잘했다는 자화자찬으로 추모사를 메워 참석자들을 어리둥절하게 했다. 답답한 마음에 유족 윤청자(천안함 폭침 사건으로 순국한 고故 민평기 상사의 어머니)가 문재인에게 다가가 절규했다. "사람들이 천안함이 누구 짓인지 모르겠다고 한다. 가슴이 무너진다. 대통령께서 늙은이의 한을 꼭 좀 풀어달라." 그러자 문재인은 작은 목소리로 "북한 소행이란 정부 공식 입장에 변함이 없다"고 했다.

천안함 폭침에 대해 문재인은 당대표로 취임한 2015년에 처음 "북

2020년 3월 26일 문재인은 서해수호의 날 기념식에서 고故 민평기 상사의 어머니인 윤청자가 천안함 사고가 누구 짓인지 묻자, "북한 소행이란 정부 공식 입장에 변함이 없다"고 말했다.

한 소행"이라고 발언했지만 그 이후로 천안함의 '천'자도 꺼내지 않다가 대통령에 취임한 지 3년 만에 공개 석상에서 유족의 추궁을 받은 끝에 "북한 소행"이라고 말한 것이다. '북한 소행'은 당시 중계 영상자막에 나온 말이었는데, 윤청자는 나중에 언론 인터뷰에서 이렇게 말했다. "문 대통령은 '우리 정부 입장이 변함없다'고만 했지, '북한 소행'이란 말은 안 했다. (확실한가?) 그렇다. '북한 소행'이란 말 안 했다."[58]

문재인 정권은 2021년 3월 26일 서해수호의 날 행사와 천안함 폭침 11주기 추모식에 정치인들의 참석을 불허했다. 달랑 5당 대표와 국회 국방·정무 위원장 등 7명만 초청했다. 범여권이 5명이었고, 야당은 국민의힘 비상대책위원장 김종인과 국민의당 대표 안철수 등 2명에 불과했다. 문재인은 집권 뒤 서해수호의 날 행사를 2번 패싱한 전력이 있어 문재인 정권이 어떻게 해서건 천안함 행사를 축소하려 한다는 의심을 확인시켜준 것처럼 보였다.

이즈음 미국 버지니아대학 물리학 교수 이승헌은 또다시 폭침을 부정하는 듯한 글을 언론에 기고했다. "당연히 있어야 할 직접 증거가 전무하고 간접 증거뿐"이라며 "어뢰설은 거짓"이라고 했다. 서울대학교 명예교수 백낙청도 이승헌의 기고문을 SNS에 공유하며 "침몰의 진짜 원인이 무엇인지 충분한 자료를 갖고 말할 수 있는 과학자는 없다"고 했다.

이렇듯 '좌초설', '미군 오폭설', '암초 충돌설', 6·25전쟁 때 살포한 기뢰가 폭발한 거라는 '유실 기뢰설' 등과 같은 음모론도 11년 넘게 살아남아 유족들을 괴롭혔다. 천안함 유족회장 이성우는 "미국 정부와 한국 정부가 조작을 해서 북한에다가 뒤집어씌우는 거라고 하면서, 그런 얘길 들었을 때 자식을 잃은 부모 입장에서는 너무 마음이 아프고"라고 말했다. 유족 봉순복은 "아직도 좌초니 뭐니 그런 얘기가 나올 때마다 너무너무 가슴이 미어지는 것 같아요. 본인들은 그냥 한마디 던지는 말일 수도 있겠지만 우리 가족들에게는 정말 피눈물나는 그런……"이라고 말했다. 천안함 함장 최원일 예비역 해군 대령의 인터뷰 기사엔 "밀폐 공간에서 폭침을 당했는데 생존자 누구도 고막에 문제가 없다니 이해불가", "역사에 길이 남을 경계 실패를 자랑이라고 이야기하느냐"는 조롱까지 악의적 댓글이 넘쳐났다.[59]

이런 갈등과 괴롭히기는 2024년에도 건재하며, 앞으로도 한동안 계속 그럴 것이다. 그런 의미에서 천안함 사건은 아직 끝나지 않은, 현재진행형 사건인 셈이다.

제4장

6·2 지방선거와
성남시장 이재명

'쩐錢의 전쟁'으로 전락한 지방선거

"상당수의 기초단체장 후보는 지역구 국회의원 등에게 3~7억 원의 공천 헌금을 내야 한다. 평소 조직 관리비까지 합치면 선거운동에 들어가는 비용은 10~20억에 이르는 경우도 많다." 6·2 지방선거를 앞두고 현장 분위기를 잘 아는 정당 관계자가 2010년 3월 9일 시장, 군수, 구청장 후보 등의 선거 비용에 대해 『한국일보』 기자에게 한 말이다.

하지만 정치자금을 모으는 방법은 이 선거부터 허용된 후원회 모금밖에 없었다. 정치자금 수요에 비해 합법적 조달 규모가 너무 적기 때문에 결국 지방선거는 구조적으로 자치단체장들을 비리 범죄자로 만들기도 했다. 특히 기초단체장 선거 출마자들은 대단한 각오가 없으면 비리의 사슬을 벗어나기가 어렵게 되어 있었다. 실제로 임기가 2006년 7월 1일~2010년 6월 30일인 민선 4기 전국 230개 시장, 군수, 구청장 등

기초단체장 가운데 비리 등의 혐의로 기소된 단체장은 40.9%인 94명이나 된 것도 결코 우연이 아니었다.[60]

그럼에도 공직사회의 줄서기는 날이 갈수록 극성을 부리고 있었다. 공직선거법상 공무원 선거 개입 금지 조항(60조·85조·86조)은 공무원이 특정 후보 당선이나 낙선을 위해 활동하지 못하도록 하고 있지만, 2010년 3월 선관위는 "음성적으로 벌어지는 공무원 줄서기는 상상을 초월하는 수준"이라며 "후보 등록과 함께 선거운동이 본격화되면 공무원 선거 개입이 노골화될 것"이라고 말했다. 공무원들이 선거철 줄서기를 하는 것은 자치단체장이 승진과 보직 등 인사의 전권을 행사하기 때문이다. 서울의 한 구청 관계자는 "구청장이 바뀌면 직원 1,000~1,200명(동사무소 포함) 중 70~80명이 한꺼번에 물갈이되는데, 주요 보직인 총무·감사·기획·공보팀은 거의 예외 없이 바뀐다"고 말했다.[61]

6·2 지방선거를 40여 일 남기고 각 당 후보 윤곽이 드러나면서 '돈공천' 등 공천 비리가 여기저기서 터져 나오고 있었다. 일부 국회의원 보좌관들은 "7억 원을 내면 기초단체장 공천을 받고, 6억 원이면 못 받는다는 뜻의 '7당當6락落'이란 말도 나돈다"고 했다. 2006년 5·31 지방선거 때 '5억 원'보다 1~2억 원 많아진 것이다. 광역지방의원 공천은 3억 원 정도라고 했다.

전략공천이나 인재 영입 역시 '쩐錢의 전쟁'이란 비판이 많았다. 각 정당 홈페이지에는 "○○는 공천헌금 2억 원을 주고 후보 등록도 안 했으면서 공천을 받고, ○○는 부패한 공천위원장에게 돈 안 내 공천 못 받았다", "솔직히 ○○보다 더 구린 짓을 실컷 하고도 돈이 많아 전략공천으로 내려온 사람도 있던데", "인재 영입한다는데 과연 인재 영입인지,

아니면 '쩐의 전쟁'인지 알 수가 없네요" 등의 글이 올라오고 있었다. 그래서 "전략공천은 낙하산 공천이고, 낙하산 공천은 돈 공천"이란 말이 상식처럼 통용되고 있었다.[62]

'북풍北風' 대 '노풍盧風'의 대결인가?

누가 이기고 지느냐 하는 전쟁에서 누가 더 깨끗한지를 따지는 건 별 의미가 없었다. 전반적으로 어떤 이슈가 선거를 지배하는가?『경향신문』이 지방선거 'D-50(4월 13일)'을 맞아 한국사회여론연구소KSOI에 의뢰해 4월 12~13일 전국 성인 남녀 1,000명을 대상으로 실시한 전화 여론조사(표본오차 95% 신뢰수준에서 ±3.1%포인트) 결과에 따르면, '정권 견제론'은 45.7%, '국정 안정론'은 37.2%였다. 이에 대해『경향신문』은 3월 23일『경향신문』·KSOI 정기 여론조사에서 '정권 견제론'(44.3%)과 '국정 안정론'(41.4%)의 격차가 2.9%포인트였다면서 정권 심판론이 확산되고 있는 것으로 분석된다고 진단했다.[63]

SBS와『중앙일보』, 동아시아연구원이 공동으로 여론조사 기관 한국리서치에 의뢰해 5월 4~6일 전국 성인 남녀 1,200명을 대상으로 진행한 정례 패널 여론조사에서도 '정권 심판론'에 공감한다고 밝힌 응답자는 49.9%에 달했다.[64]『내일신문』과 한길리서치가 5월 8~9일 전국 성인 남녀 800명을 대상으로 한 전화 면접 여론조사에서도 정권 견제론은 42.9%로 '이명박 정부 집권 후반기 힘을 실어주는 선거'(30.1%)라는 응답을 크게 앞질렀다.[65]

『서울신문』이『시티신문』과 함께 여론조사 전문기관인 '에이스리서치'에 의뢰해 5월 6~7일 이틀에 걸쳐 실시한 수도권 유권자 여론조사에 따르면, 6·2 지방선거에 영향을 끼칠 변수로 응답자의 38.2%는 천안함 침몰 사건을 꼽았다. 이어 4대강 사업이 25.1%였으며, 무상급식 9.8%, 세종시 이전 문제 7.2%, 노무현 추모 4.2% 등이었다. 특히 천안함 사건을 주요 변수 1순위로 꼽은 응답자는 보수 성향 41.2%, 진보 성향 36.1%로 정치 성향과는 별 상관이 없는 것으로 가장 큰 변수로 될 것으로 예측되었다.[66]

5월 23일 노무현 서거 1주기를 맞아 전국에서 추모 열기가 달아올랐다. 추도식을 하루 앞둔 22일 봉하마을에는 종일 내린 빗속에도 이른 아침부터 추모객의 발길이 이어졌으며, 22~23일 이틀 동안 전국에서 25만여 명(주최 측 추산)의 추모 인파가 모였다. 23일 오후 서울시청 앞 광장에서 열린 시민 추모 문화제에는 약 5만 명의 인파가 몰리는 등 밤늦은 시간까지 뜨거운 추모 열기가 이어졌다.

특히 한명숙·유시민·송영길 등 6·2 지방선거에 출마한 수도권 지역 야권 후보들을 비롯해 민주당 대표 정세균, 전 총리 이해찬, 전 법무부 장관 강금실, 민주노동당 대표 강기갑 등 야당 지도부와 '친노親盧(친노무현)' 인사들이 총집결해 '노풍盧風'을 끌어모았다. 이날 시민 추모 문화제 발언대에 오른 야4당 경기도지사 단일후보 유시민은 "노 전 대통령의 죽음은 정치 보복이자 인격·명예 살인의 결과"라며 "정치적 보복의 악순환을 막아야 한다"고 말했다. 유시민은 "한나라당 정권이 참여정부를 다시 심판하겠다고 말하는 것은 노 전 대통령의 무덤을 다시 파헤치겠다는 선언"이라며 한나라당을 맹렬하게 비판했다.[67]

5월 24일 『한겨레』는 「빼곡한 '천안함 일정' 속 보이네」라는 기사

5월 23일 노무현 서거 1주기 행사에서 유시민은 "노 전 대통령의 죽음은 정치 보복이자 인격·명예 살인의 결과"라며 한나라당을 맹렬하게 비판했다.

에서 '노풍'의 반대편에 '천안함'이 가져온 '북풍北風'이 있음을 시사했다. 이 기사는 "천안함과 관련한 이명박 대통령과 정부의 움직임은 공교롭게도 6·2 지방선거 일정과 정확히 맞물려 돌아가고 있다. 정부가 천안함을 정치적으로 이용하려 한다고 야당이 비판하는 것도 이런 일정과 무관하지 않다"며 다음과 같이 말했다. "민·군 합동조사단이 지방선거 공식 선거운동 시작일인 지난 20일 조사 결과를 발표한 것으로 시작으로, 이명박 대통령의 국가안전보장회의 주재(21일), 이 대통령 대국민 담화(24일), 이 대통령-원자바오 중국 총리 회담(28일) 등 천안함 일정이 빼곡하다. 특히 23일 노무현 전 대통령 서거 1주기는 천안함 조사 결과 발표(21일)와 이 대통령 담화(24일) 사이에 끼어 추모 분위기조차 틀어막힌 모양새다."[68]

"죽은 노무현이 산 이명박을 이겼다"

선거 직전까지 실시된 각종 여론조사에서 한나라당은 호남을 제외한 서울·인천·경기 등 전국에서 강세를 보이는 것으로 조사되었지만, 6·2 지방선거 결과는 예상과는 달리 여당의 참패로 끝이 났다. 한나라당은 전국 16개 광역단체장 중 서울(오세훈)과 경기(김문수) 등 수도권 '빅3' 중 2곳에서 승리했지만, 세종시 수정 추진 논란으로 주목받은 충청권 3곳을 전부 내주며 6곳의 승리에 그쳤다. 반면 민주당은 인천시장 선거(송영길)에서 승리하는 등 7곳의 광역단체장을 가져갔다. 자유선진당은 1곳, 무소속은 2곳에서 승리했다.

기초단체장 228개 선거구에서 민주당이 91곳에서 승리한 반면 한나라당은 83곳에서 승리했다. 무소속이 36곳, 자유선진당은 13곳, 민노당은 3곳, 국민중심연합과 미래연합이 각각 1곳에서 승리했다. 특히 관심을 모았던 서울에서 민주당은 25개 구청장 가운데 21개를 가져갔다. 반면 4년 전 지방선거에서 25개 구청장을 싹쓸이했던 한나라당은 강남권 3곳과 강북의 중랑구 등 4곳에서만 이겼다.

처음 실시된 전국 동시 교육감 선거에서는 진보 성향 후보들이 전국 16개 시·도 교육감 중 경기도, 서울, 강원도, 전남, 광주, 전북 등 6곳을 차지했다. 이로써 진보 성향 교육감은 지난 2006년 선거 당시의 1명에서 6명으로 늘어났다. 6·2 지방선거의 투표율은 54.5%를 기록했다. 1995년 지방선거가 시작된 이후 두 번째로 높은 투표율이자 2008년 제18대 총선의 전국 투표율 46.1%보다 8.4%포인트나 높아진 것이었다.

지방선거에서 한때 '폐족廢族' 위기에 몰렸던 이른바 친노 세력이

화려하게 부활했다. 한명숙(서울시장)·유시민(경기지사)·김정길(부산시장) 등은 패배했지만, 이광재(강원지사)·김두관(경남지사)·안희정(충남지사) 등이 당선되며 친노 세력의 정치적 복권을 알렸다. "이명박 정부 탄생의 1등 공신"이라는 비아냥거림을 들었던 친노 세력이 이명박 정부 심판의 선봉에 서며 화려하게 부활하자 "죽은 노무현이 산 이명박을 이겼다"는 평가까지 나왔다.[69]

진보언론들은 정부·여당의 패배는 정권 심판론이 작용한 결과라고 해석했다. 『한겨레』는 "이명박 정부의 오만과 독선에 대한 뿌리 깊은 실망감과 분노의 표시다"고 했다. "민주주의와 인권의 후퇴, 밀어붙이기식 국정 운영, 남북 관계의 파탄 등 현 정부의 실정이 유권자들의 뇌리에서 잊힌 듯했지만 결코 그렇지 않았다.……이번 선거 결과는 이명박 정부의 홍보지상주의적 국정 운영 행태에 대한 유권자들의 명백한 거부의 몸짓이기도 하다."[70]

보수언론들은 이명박 정부와 한나라당의 오만함과 불통 행보가 패배를 불러왔다고 해석했다. 『조선일보』는 국민과의 소통과 여권 내부 소통 필요성을 강조했다.[71] 『중앙일보』 논설위원 김진국은 「일격 당한 MB식 무소통 정치」에서 다음과 같이 말했다.

"이 대통령은 취임 이후 기자회견다운 기자회견 한 번 하지 않았다. 박근혜 전 대표의 손도 잡지 않았다. 온건파라는 정세균 민주당 대표조차 끝없이 장외場外로 나서게 했다. 국민에게는 가르치려고만 했다. 재·보선 패배 후 정무 기능을 보완한다고 했지만 달라진 게 없다. 당내에서조차 동의를 얻지 못한 세종시 계획을 어떻게 바꾸겠다는 건지 알 수가 없다. 4대강을 청계천처럼 일단 밀어붙이면 된다는 생각이라면 큰 착각이다."[72]

서울대학교 정치학과 교수 김세균은 "이명박 정부는 2010년에 들어와 '공정사회론'을 제기했지만, 그의 공정사회론은 국민을 우롱하는 희화적인 제스처 이상의 것으로 받아들여지지 않았다"며 "6·2 지방선거 결과는 민심이 이명박 정부로부터 떠났음을 공개적으로 알린 최초의 가장 중요한 사건이었다"고 평가했다.[73]

반면 두문정치전략연구소장 이철희는 이런 평가를 내렸다. "2010년의 지방선거 승리도 이명박 대통령의 실정과 노무현 전 대통령의 서거 등으로 운 좋게 주어진 것이지 스스로 뼈를 깎는 혁신에 의한 성과가 아니었다. 이런 점에서 민주당은 만성적 패배와 고질적 정체의 정당이라고 해도 결코 과언이 아니다."[74]

네 번째 도전에서 당선된 성남시장 이재명

6·2 지방선거 당선자 중엔 당시에 주목받지 못했으나 불과 수년 후 대통령 후보로 급성장한 인물이 있었으니 그는 바로 이재명이다. 이재명은 2005년 열린우리당에 입당해 2006년 지방선거에서 단수 공천으로 성남시장 후보로 출마했지만, 전 시장인 한나라당 후보 이대엽에게 밀려 낙선했다. 그는 2007년 대선에선 대통합민주신당 후보 정동영의 비서실장이자 팬카페인 '정통들(정동영과 통하는 사람들)'의 공동대표를 맡아 활동했다.

'정통들'은 경선 1년 전부터 200여 명이 7회 이상 합숙을 하며 조직을 다졌다. 국회의원 1명이 국민경선단에 200명 정도 동원할 때 정통 회

6·2 지방선거에서 성남시장 선거에 출마해 당선된 이재명은 '초호화 청사'라는 눈총을 받은 성남시청을 시민들에게 전면 개방했다. 이것은 이재명에 대한 호평을 이끌어내는 데에 큰 기여를 했다.

원들은 8,000명을 모았다고 한다. 이재명은 "노사모가 분기탱천한 농민군이라면 정통들은 정예 기병부대"라며 특히 경선 과정에서 이른바 '천지인 운동'을 펼쳐 큰 성과를 보았다고 했다. 천지인 운동은 "아는 사람 1,000명을 찾아내자"는 것으로 이 운동을 통해 정동영이 대통령 후보로 선출되는 데에 일조했다는 것이다. 정동영의 대선 패배 이후 모두 캠프를 떠날 때 이재명은 마지막까지 전국을 돌며 조직을 챙겼는데, 이게 나중에 경기지사, 대선후보, 야당 대표로 성장하는 데 큰 기반이 되었다.[75]

그간 세 차례나 낙선의 고배를 마신 이재명은 2010년 6·2 지방선거에서 민주당 소속으로 경기도 성남시장 선거에 출마해 51.2%의 득표율을 얻어 당선되었다. 초인적인 투쟁의 결과였다. "나는 명함을 거의 60만 장 가까이 돌렸고, 성남시 전역을 세 바퀴 이상 돌았다. 골목골목을 다니며 그야말로 팔다리가 쑤시도록 유권자와 악수하고 인사를 나누었다."[76] 명함을 너무 열심히 돌린 탓에 선거 당시 산성역(8호선)에서 명함 300장을 배포해 선거법 위반 혐의로 벌금 50만 원을 받기도 했다.

이재명은 성남시장 취임 직후인 2010년 7월 비공식 부채 7,285억 원을 상환하기 어렵다며 모라토리엄(채무 지급 유예)을 선언했다. 비공식 부채란 재무제표에 기재된 부채는 물론이고 재무제표상에 잡히지 않았지만 지급해야 할 실질적인 빚을 말한다. 이는 이재명이라는 이름을 전국적으로 알린 파격 조치였지만, '무책임한 정치쇼'라는 등 두고두고 많은 논란을 불러일으켰다.

이재명에 대한 2가지 시선

성남 시민들에게 모라토리엄보다 더욱 실감 나는 변화는 '초호화 청사'라는 성남시청을 시민들에게 전면 개방한 것이었다. 그는 시청 9층에 있던 시장실을 시청사 현관에서 에스컬레이터를 타면 곧바로 다다를 수 있는 2층으로 옮겼으며, 청사 안 공무원 전용 체력단련장(헬스클럽)도 시민에게 돌려주었다.[77]

시장실 이전에 대해 직원들이 반대한 건 물론이고 관찰 중원경찰서장도 시장실이 점거라도 당하게 된다면 직위 해제된다면서 애걸복걸하다시피 하며 반대했다고 한다. 하지만 이재명은 "절대 점거 안 당한다. 만약 점거하려는 사람이 있다면 내가 자리 펴주고 이불 내주면서 동의해주겠다. 승낙하면 점거가 아니니 걱정하지 말라"며 안심시켰다.

실제로 점거되는 일이 벌어졌지만, 이재명은 농성자들의 민원 요구에 "법률상 불가능합니다. 안 됩니다"는 뜻을 단호하게 밝히면서 그들에게 시장실 열쇠를 주고 나왔다. 상황이 이렇게 돌아가자 막상 농성을 하겠다던 사람들은 10시쯤 농성을 풀고 집으로 다 돌아갔다. 이후 수차례의 집단 농성 사태가 빚어졌지만 법에 저촉되는 일에는 일체 타협하지 않겠다는 뜻을 분명히 하자, 시장실을 점거하는 집단 민원들이 점점 줄어들더니 나중에는 말끔하게 사라지게 되었다.

이재명이 "시장실은 언제나 개방되어 있습니다"는 안내문을 붙이고 시장실을 전면 개방한 건 결코 쇼가 아니었다. 시민들은 아무런 절차 없이 언제건 불쑥 들어와서 이것저것 물어볼 수도 있고, 원한다면 시장실 안에서 이재명과 함께 사진도 찍을 수 있었다. 어린이들이 몰려들었다. 시장실엔 하루에 대략 10팀 정도가 방문했다.[78] 당시 나온 언론의 인터뷰 기사들은 시장실에서 놀고 있는 어린이들의 풍경을 전하면서 이재명에 대한 호평을 이끌어내는 데에 큰 기여를 했지만, 다른 시각도 존재했다.

2011년 11월 25일 성남시의회 본회의 5분 자유발언에 나선 시의원 이덕수는 "금년 10월 모 봉사단체 행사에 사모님이 관용차를 이용해 오셨는데, 공무원이 약 20여 명은 도열을 했습니다. 이를 목격한 주민들이 얼마나 욕을 퍼부었는지 본 의원조차 낯이 뜨거웠다"면서 "사모님 홀로 관용차를 이용하는 것은 시민들은 반기지 않을 것이며 적절한 처신인지 되돌아보아야 한다"고 말했다. 그는 "사모님께서 관용 차량을 이용한다는 의혹과 관련해 시장 관용차 운행일지를 요구했는데 제출을 거부했다"면서 "시정을 감시 견제하라고 선출해준 의원이 자료를 요구하는데 무엇이 두려워 공개를 기피하는 것"이냐고 비판했다.[79]

이재명과 더불어 성남 시민운동의 '쌍두마차'로 불린 신상진은 이재명과 함께 시민운동 하던 시절 시를 상대로 '투명 시정'을 요구했지만, 정작 이재명이 시장에 당선된 이후에는 달라진 모습을 보였다고 지적했다. 이재명은 성남시에 "투명하게 정보를 모두 공개하라"고 자주 말했지만, 정작 자신이 시장이 된 후에는 그러지 않았다는 것이다.[80] 이재명이 외친 개방성과 투명성이 책략적이었다는 이야기인 것 같은데, 이런 이중적 성향은 이후로도 계속 쟁점이 된다.

여배우 김부선 '나비 효과'의 시작

2010년 11월 11일 뜻밖의 일이 일어났다. 브라질에 있는 나비의 날갯짓이 미국 텍사스에 토네이도를 발생시킬 수도 있다고 했던가? 이 사건은 이재명에게 큰 타격을 주진 못했지만, 이후 10년 넘게 그를 괴롭히면서 그의 '태도' 문제를 드러내게 한 사건이었다는 점에서 가볍게 넘길 수 있는 일은 아니었다. 이른바 '나비 효과'라고 부르기에 족할 정도였다.

그날 배우 김부선이 『한겨레』의 '김어준이 만난 여자'에서 변호사 출신 정치인과 데이트를 즐겼고 잠자리를 함께했다고 털어놓았다. "총각이라는데 그 인생 스토리가 참 짠하더라. 인천 앞바다에서 연인들처럼 사진 찍고 지가 내 가방 메주고 그러면서 데이트했다. 그러고서는 같이 잤지 뭐. 며칠 안 가서. 난 그때 급했으니까. 그렇게 나한테 적극적인 남자는 없었어. 진짜 행복하더라"고 말했다. "'여우 같은 처자와 토끼 같은 자식이 있는 유부남'이란 사실을 뒤늦게 알았다"고도 했다.

이 인터뷰에서 김어준은 "결국 그 '남자'가 지난 지방선거에 출마해 당선됐단 걸로 맺음된다. 듣고 보니 유명 정치인이다. 하지만 실명은 내지 말란다. 그가 가진 권력으로 자신을 괴롭힐 거라고. 그저 말하지 않고선 억울해 견딜 수 없을 것 같아 했단다"고 설명했다.[81]

당사자로 이재명이 지목되자 김부선은 11월 15일 자신의 공식 팬카페에 "실명 거론된 분 아니예요"라고 해명하며 "소위 황색언론, 증권사 지라시 수준의 매체가 네티즌들의 루머와 거의 동급 수준으로 놀고 있다"고 비판했다. 이재명도 11월 16일 자신의 페이스북에 '참을 수 없는 가벼운 존재들…조선일보, 한나라당, 자유선진당'이라는 제목의 글을 올렸다.

"한 여배우의 지나가는 독백을 가지고 소설 쓰는 조선일보, 기자회견 준비하는 한나라당 성남시 의원들, 공식 논평 내는 자유선진당. 가벼움과 재미를 즐기는 네티즌들은 이해되지만, 최소한의 공식성과 책임성을 가져야 할 그들의 그 경박스러움이란……최소한의 법적 조치는 필요하다는 의견에 동의하시나요?"[82]

11월 17일 자유선진당 부대변인 윤혜연이 전화 협박에 시달린 직후 실신하는 사건이 벌어졌다. 윤혜연은 15일 '정치인의 성모럴이 위험 수준'이라는 논평을 발표하고, 김부선이 지목한 유부남 정치인을 향해 "해당 지자체장은 이제 그만 정치권을 떠나라"고 경고했다. 논평을 작성한 다음 날, 윤혜연은 한 지방자치단체장에게서 항의 전화를 받고 10분간 막말에 시달렸던 것으로 알려졌다(이때까지만 해도 언론은 이재명이라는 실명을 거론하지 않은 채 보도했다).

자유선진당 대변인 박선영은 16일 국회 브리핑에서 "김(부선)씨와 낯뜨거운 말들이 오고가는 한 지방자치단체장이 오후 4시 30분께 윤 부대변인에게 전화를 했다"고 상황을 전했다. 이어 "무려 10분 동안이나 막말과 반말짓거리를 했다"며 "어떻게 대명천지하에 대한민국에서 이런 일이 일어나느냐"고 분통을 터뜨렸다. 설명에 따르면 이 지방자치단체장은 전화 통화에서 자신을 변호사라 밝히며 "네가 얼마나 더 크는지, 잘 크는지 지켜보겠다"며 윽박을 지른 것으로 전해졌다.[83]

자유선진당 대표 이회창은 18일 "최소한의 상식도 양심도 없는 지방자치단체장이 변호사임을 내세우며, 어린 부대변인에게 반말과 막말로 협박한 행위는 어떤 이유로도 용서받을 수 없는 파렴치한 행위"라고 비판했다. 그는 "반말과 고성으로 항의한 것은 언어폭력"이라며 "순간의 잘못으로 인해 상처를 준 것에 대해 사과하고 용서를 구하는 것이 정도正道일 것"이라고 덧붙였다.[84] 김부선 사건은 이후 이재명의 정치 활동과 관련해 수시로 제기되는 이슈가 된다.

제5장

"노무현 정신"을 외친
유시민의 국민참여당

국민참여당은 '유시민 정당'

6·2 지방선거에서 화제가 되었던 인물 중의 하나는 경기도지사 야권 후보로 출마했던 유시민이었다. 비록 낙선했지만, 그는 이후 전개될 범민주당 진영 정치의 주요 인물이기에 그가 창당한 국민참여당과 더불어 낙선 이후 그의 활동을 살펴보는 게 좋겠다.

2010년 1월 17일 친노 세력 내 신당파를 주축으로 하는 국민참여당이 창당 대회를 열고 공식 출범했다. 국민참여당은 이날 3,000명 남짓한 당원들이 참석한 가운데 서울 장충체육관에서 창당 대회를 열어 단독 출마한 전 통일부 장관 이재정을 초대 대표로 뽑았다.[85] 한국 정치의 본질이 '스타 정치'인 상황에서 유시민은 '스타'였던 반면, 민주당은 '스타 파워 부재'로 시달리고 있었다. 그런 점에서 국민참여당은 '유시민 정당'이라고 해도 과언이 아니었다.

1월 17일 친노 세력 내 신당파를 주축으로 하는 국민참여당이 창당 대회를 열고 출범했다. 국민참여당은 노무현의 정신을 계승하는 걸 목적으로 삼은 '인물 정당'이었다.

행사 말미에 등장한 유시민이 연설을 끝내자 당원 3,000여 명이 대부분 자리에서 일어나 '유시민'을 연호했다. 유시민이 "모든 이들이 이익을 탐할 때 홀로 올바름을 추구했던 노무현 정신으로 돌아가자"고 외쳤을 때 청중의 환호는 절정에 달했다. 그러나 국민참여당 창당에 줄곧 반대해온 전 국무총리 이해찬·한명숙과 민주당 최고위원 안희정 등 주요 친노 인사들은 이날 창당 대회에 불참했다.[86]

민주당이 국민참여당의 창당에 고운 시선을 보낼 리는 만무했다.[87] 『한겨레』와 『경향신문』 등 진보언론의 시각도 곱진 않았다. 『한겨레』는 사설을 통해 "정책 노선으로 볼 때 굳이 독자 정당을 만들 명분이 뚜렷한지는 다소 의문스럽다"고 했고,[88] 『경향신문』은 "또 하나의 야당이 왜 필요한지는 여전히 알 수가 없다"며 다음과 같이 말했다.

"당의 실질적 지도자인 유시민 전 의원이 얼마나 노무현 정신에 충실한지도 알 수 없다. 서울시장 출마 의사를 비치고 있는 그는 경기 고양에서 대구로, 대구에서 서울로 지역을 옮겨다니는 행적만으로 이미 국회의원 배지를 버리고 부산으로 가서 낙선한 노 전 대통령과는 다르다. 국민참여당과 유사한 개혁당을 만들었다가 해체하고 열린우리당으로 당적을 옮겨 출마, 국회에 입성하는 정치적 수완 역시 노 전 대통령과 다르다."[89]

모두 다 진보 진영의 분열을 우려했지만, 사실 문제는 '분열'이니 뭐니 하는 것보다는 국민참여당의 성격이었다. 창당 선언문에 "대한민국 16대 대통령 노무현의 삶을 당원의 삶과 당의 정치적 실천을 규율하는 거울로 삼을 것"이라는 문구를 담은 국민참여당은 특정 인물의 정신을 계승하는 걸 목적으로 삼은 '인물 정당'이었기 때문이다. 따라서 어떤 정당이 다른 모든 공적 이슈에서 생각이 같더라도 노무현에 대한 생각이 다르면, 그것 하나로 그 정당과 갈등을 빚을 수 있는 그런 묘한 정당이었다. 이 원리에 대해 유시민은 다음과 같이 설명했다.

"누구든지 노무현의 유산을 받아갈 수 있다. 지난 대선 때 문국현 후보가 상당 부분 가져갈 수도 있었다. 당시 창조한국당은 진보 리버럴 정당으로 비쳐졌기 때문에 노무현을 지지했던 유권자를 상당히 흡수했다. 그런데 문국현은 '참여정부 석고대죄론'을 펼치면서 이 유산을 거부해버린 거다. 민주당도 혁신하면 얼마든지 받아갈 수 있다. 민노당과 진보신당도 마찬가지다. 그런데 아무도 이 유산을 상속하려 하지 않는다. 그래서 국민참여당을 창당한 거다."[90]

정치인과 지식인의 경계에서

유시민은 국민참여당 창당의 당위성을 역설하기 위해 민주당의 문제와 한계를 열심히 지적했다. 그 문제와 한계는 도저히 민주당 안에 들어가 개혁을 할 수 없을 정도의 수준이며, 따라서 별도의 정당을 만들지 않을 수 없다는 게 그의 주장이었다. 그의 민주당 비판 내용에 동의하긴 쉬웠지만, 동의하기 쉽지 않은 것은 그가 '정치인'과 '지식인'의 경계를 넘나들면서 자신의 유·불리에 따라 그 어느 한 가지 자세를 취하는 편의주의였다.

유시민은 『국민일보』(2009년 3월 23일) 인터뷰에서 "지식인과 정치인, 둘 중 자신의 정체성이 어디에 있다고 생각하세요?"라는 질문에 이렇게 답했다. "그중 하나만 해야 하나요? 지식인으로 있다가 정치인 하다가, 또 끝나면 다시 지식인 하면 왜 안 되죠? 저는 정치를 하면서도 끊임없이 썼어요. '아침편지'라고 홈페이지에 썼죠. 당의장 선거 출마하면서는 거의 논문 분량의 글을 써서 돌렸어요. 대선후보 출마할 때는 '대한민국 개조론'이라는 책 한 권을 냈고요. 저는 정치할 때도 지식인이었어요. 그렇지만 정치하는 동안은 아무도 지식인으로 안 봐주죠. 정상적인 사회라면 왔다갔다 하는 거라고 봐요."[91]

왔다갔다 하는 게 좋은 점도 있겠지만, 문제는 그 '왔다갔다'가 자신도 모르는 사이에 자신에게 미칠 수 있는 영향이었다. 남을 비판할 땐 지식인 자세를 취하고 자신을 평가할 땐 정치인 자세를 취하게 되면, 독선과 오만, 아니 나르시시즘으로 빠지기 십상이기 때문이다. 실제로 그런 일이 유시민에겐 자주 일어나고 있었다.

유시민이 비판의 근거로 삼는 정당의 이상은 기성 정치를 혐오하고 저주할 정도로 순수한 젊은이들을 열광시킬 순 있을망정 현실 세계엔 존재하기 어려운 이상이었다. 이때에 그는 '지식인'이 된다. 그것도 세상의 더러움을 혐오하는 '멸균 지식인'이다. 그러나 그가 노무현의 정치적 경호실장 노릇을 했을 때나 이후 선거에 임할 때 그는 '정치인'이 되었다. 두 유시민 중 어떤 유시민이 유시민의 참모습이었을까? 2010년 6·2 지방선거에서 나타난 모습은 어떤 것이었을까?

유시민·김문수가 맞붙은 경기도지사 선거

2010년 6·2 지방선거의 경기도지사 선거에서 야당의 후보 단일화가 이루어지기 전인 3월 유시민은 "민주당은 '노무현 정신'과 관계없다"고 주장했다. 그렇다면 민주당에 몸담고 있는 친노 인사들은 '노무현 정신'을 거부했다는 것일까? 이에 대해 『한겨레』 논설위원 박창식은 "노무현 정신은 특정 정파가 독점할 대상이 아니다. 노무현 정신의 선양을 바란다면 좀더 많은 사람들이 공유하도록 권장하는 게 마땅하다"고 했지만,[92] 유시민이 그런 '사태'를 원할 것 같진 않았다.

5월 유시민은 민주당과 각을 세우는 벼랑 끝 전술을 구사하는 등 우여곡절 끝에 야4당(민주당·민주노동당·국민참여당·창조한국당)의 단일 경기도지사 후보 자리를 쟁취하는 승리를 거두었고, 이어 민주당 원내대표 박지원에게 공동선대위원장직을 맡아달라고 요청해 성사시켰다.[93] 6년 전 고양덕양갑 재선거 때 정동영이 유시민의 간청으로 선대위원장을 맡은 사건의 재판이었다.

민주당은 공식 선거운동 첫날인 5월 20일부터 국회부의장 문희상을 위원장으로 하고 박상천, 김충조, 박선숙, 신낙균, 이석현, 유선호 의원 등 전 대통령 김대중과 인연이 깊거나 옛 민주계에 몸담은 인사들로 이루어진 '초록물결 유세단'을 꾸렸다. 이들은 서울, 경기, 인천 등을 돌면서 수도권 호남층의 표 이탈을 막기 위해 구성된 전략적 유세단이었다. 민주당 중앙선대위 공동선거대책본부장 김민석은 『한겨레』와의 통화에서 "경기도 호남향우회의 이해를 구하기 위한 별도의 팀을 꾸려서 향우회 쪽과 만나 대화를 해나가고 있다"고 말했다.[94]

유시민은 이미 하루 전인 19일 민주당 부천시장 후보인 김만수의 선거사무실 개소식에서 "과거 국민의 정부를 그런 식으로 비판하지 말았어야 했다"며 호남 등 민주당 전통 지지자들에게 사과했다.[95] 유시민은 24일엔 서울 동교동의 김대중도서관을 찾아 이희호 여사를 만나 또 사과했다. 유시민은 이희호에게 "시사 평론할 때 몇 차례 비판했던 것이 늘 마음에 걸렸다. 사과 말씀드리고 싶었다"며 "정부에 있어 보니 김대중 대통령님이 얼마나 힘든 과정을 뚫고 거기까지 이루셨는지 알 것 같았다"고 말했다. 그는 또 "김 전 대통령이 살아 계셨으면 지금의 야권연대를 보고 좋아하셨을 것"이라고도 했다.[96]

김문수의 반격도 만만치 않았다. 유시민이 이희호를 방문한 날 전 의원 안동선·이윤수 등 옛 민주당 출신 인사 23명의 지지 선언을 끌어냈다. 23일에는 TV토론에서 "영산강 사업에 찬성한 단체장들이 저도 마땅치 않다"는 유시민의 발언을 겨냥, 김문수 측은 "유 후보는 호남 주민들의 젖줄이 썩어가도 괜찮다는 것이냐"고 공격했다.[97] 선거 결과는 김문수 52.2%, 유시민 47.8%의 득표율로 김문수의 승리로 끝났다.

"'놈현' 관 장사를 넘어라" 사건

6·2 지방선거가 끝난 지 9일 후인 6월 11일 『한겨레』에 게재된 「한홍구-서해성의 직설: DJ 유훈 통치와 '놈현' 관 장사를 넘어라」 기사가 '놈현', '관 장사'라는 표현을 써 논란이 되었다. 유시민은 '놈현'이라는 표현 등을 쓴 것을 지적하며 23년째 구독해온 『한겨레』 절독을 선언하는 동시에 『한겨레』의 사과를 촉구했다. 도대체 무슨 내용이었길래 '절독 선언'까지 해야 했단 말인가? 기사 본문에 등장한 문제의 직설은 다음과 같았다.

서해성 선거 기간 중 국참당 포함한 친노 인사들이 써 붙인 "노무현처럼 일하겠습니다"라는 플래카드를 보면서 쓴웃음이 나왔어요. 이명박이 가진 폭압성을 폭로하는 데는 '놈현'이 유효하겠지만, 이제 관 장사는 그만둬야 해요. 국참당 실패는 관 장사밖에 안 했기 때문이에요. 그걸 뛰어넘는 비전과 힘을 보여주지 못한 거예요.

한홍구 지금 노무현을 이야기하는 건 그가 추구한 가치이지 치적이 아니죠. 이번 선거로 친노 세력이 부활했는데, 이들 역시 민주당 무력화에 책임을 져야 할 집단이에요. 예컨대 충남지사에 당선된 안희정 씨가 "우리는 폐족"이라고 울부짖었단 말이에요. 옛날식으로 말하면 주군을 죽게 한 신하로서의 뼈아픈 회한이죠. 노무현이 무얼 잘못했고 반성해야 하는지 성찰하면서 그걸 새로운 정책으로 제시해야 합니다.

『한겨레』는 6월 15일 신문 1면 제호 아래에 편집국장 성한용 명의의 '독자 여러분께 사과드립니다'는 사과문을 게재했다. 성한용은 "정치·사회적 쟁점의 솔직한 토론을 솔직하게 다뤄보자는 것이 기획 목적인데 노 전 대통령을 비하하는 표현이 여과 없이 그대로 보도됐다"며 "원래 취지는 민주당과 국민참여당 인사들이 김대중 전 대통령과 노무현 전 대통령을 뛰어넘는 비전을 보여주고 새로운 정책을 제시해야 한다는 것이었다"고 해명했다.

　성한용은 "당사자는 '핍박받던 노 전 대통령을 상징하기 위해 그런 표현을 그대로 사용했던 것'이라고 하나 그런 표현을 신문에서 정리하고 편집할 때는 좀더 신중하게 처리했어야 하는데 그렇게 하지 못했다"며 "그 표현을 그대로 제목으로 실었고, 이에 대해 많은 독자들이 불쾌감을 전달해왔다. 저희의 불찰"이라고 시인했다. 이어 성한용은 "표현을 그대로 제목으로 실었고, 이에 대해 많은 독자들이 불쾌감을 전달해왔다. 우리의 불찰이다. 부적절한 표현을 사용해 노 전 대통령을 아끼고 사

『한겨레』의 「DJ 유훈 통치와 '놈현' 관 장사를 넘어라」 기사가 유시민의 강력한 항의로 편집국장이 사과하고 제목이 'DJ와 노무현의 유훈 통치를 넘어서라'로 수정하는 일이 벌어졌다.

랑하는 분들과 독자 여러분께 마음의 상처를 드린 데 대해 깊은 사과 말씀을 드린다"고 사과했다.

이에 유시민은 자신의 트위터를 통해 "오랜 친구와 절교하지 않아도 되어 다행"이라는 글을 올리며 『한겨레』의 사과를 받아들였고, 이를 보도한 『한국일보』는 "한겨레가 편집국장 명의로 1면에 사과문을 낸 것은 이례적인 일이다"고 했다.[98]

유시민의 오랜 친구 한홍구의 사과문

한홍구는 문제의 '직설'을 한 서해성과 더불어 자신의 과거와 진정성을 알아달라는 눈물겨운 호소를 함으로써 성한용의 공식 사과보다 한걸음 더 나아갔다. 그는 "곤혹스러운 한 주였다. 10만 안티를 한 큐에 얻었고, 한마디 말 때문에 평생 얻어먹을 욕을 한번에 다 먹었다. 많은 분들께 상처를 드린 것이 분명 잘못됐고, 우리의 이야기가 큰 상처가 될 수 있다는 사실을 헤아리지 못했다. 분명히 사과드린다. 그리고 우리 때문에 덩달아 욕먹은 한겨레 구성원들, 특히 애꿎게 전화 받아야 했던 분들께 정말 미안하다"며 다음과 같이 말했다.

"몇 년 전, 386들이 유시민에게 뭇매를 가할 때, 나는 나의 오랜 친구 유시민도 기억 못하는 옛날 일을 떠올리며 글 한 편(『한겨레21』 제554호, 2005년 4월 12일치, 유시민처럼 철들지 맙시다) 썼다가 『한겨레』와 『한겨레21』에 근 200편 글 쓰는 동안 제일 많이 (물론, 이번 빼고) 욕먹었다. 내가 유시민을 옹호한 글은 '유시민 지지자'들에게 젊은 날의 유시민을 소개한 '경전'이 됐다. 노무현 대통령 돌아가셨을 때, 울면서 쓴 글(추모 심포지엄)을 보고 내로라하는 '노무현 지지자'들이 내 손 잡고 같이 울먹였다. 어떤 분은 이번 일을 노무현을 좋아하는 사람들과 노무현을 '너무너무' 좋아하는 사람들의 갈등이라고 위로했다. 내 입으로 이런 말 하기 구차하지만, 그분이 돌아가신 다음다음 날부터 시작해서 몇 달간 몸이 부서져라 추모 강연 하고 다녔다. 너무 슬펐고, 너무 분했고, 복수해야 한다고 다짐했다."

이어 한홍구는 "기왕에 덧붙이자면 서해성은 노무현 전 대통령 추모 행렬을 일러 '국상이 아니라 민상'이라 쓰고, '담배 한 대 주소'라는 조시도, '국상이 끝난 밤'이라는 다큐도 만들었다. 노무현과 관련된 새 다큐도 준비하고 있다"며 다음과 같이 말했다.

"단언하건대 슬픔과 분노는 한홍구나 서해성이나 마찬가지다. 우리는 그래서 '직설'을 만들었다. 노무현처럼 거침없이 말하자고. 그리고 깨달았다. 노무현의 죽음을 슬퍼하는 방식이 사람마다 다르다는 것을. 이번 일로 상처 받은 분도 많지만, 이 문제를 '표현의 자유' 문제로 받아들인 분도 많았다. 그리고 이 문제와는 다른 차원에서 노무현 유산 계승 문제가 남아 있다. 나는 분명히 노무현의 유산을 계승해야 한다고 믿지만, 그의 유산을 계승하려 한다면 그가 남긴 부정적인 유산까지도 책임져야 한다. 이 문제를 머리 맞대고 이야기하자. '직설'은 열려 있다."[99]

『한겨레』 출신 언론인 김선주의 반론

그러나 모든 『한겨레』 독자가 『한겨레』의 공식 사과문에 동의한 건 아니었다. 이 문제를 '표현의 자유' 문제로 받아들인 사람들은 사과까지 하는 건 지나치다고 생각했다. 그런 사람들 중엔 노무현이 생전에 가장 좋아한 언론인이었다는 김선주가 있었다. 『한겨레』 출신인 김선주는 『한겨레』(2010년 6월 28일)에 「말조심 글조심…어렵네」라는 칼럼을 기고했다.

김선주는 이 칼럼에서 "노빠였던 적도 없고 노사모인 적도 없지만 나는 노무현을 나 나름대로 사랑해왔다. 그가 이루고자 했던 모든 것을 좋아했고 대통령 재임 때 그의 정책이나 태도를 비판한 적은 있지만 그가 추구한 가치에 대해서는 한 점의 의심도 없이 공감해왔다. 그러나 때때로 나는 '놈현'이라고도 말한다. 노무현 전 대통령을 비하하는 쪽에서 놈 자와 현 자를 합해서 악의적으로 만든 말이라 할지라도 그런 것을 따지지 않았다. 나 나름의 애칭일 뿐이다"며 다음과 같이 말했다.

"재론되는 것을 어느 쪽도 원하지 않겠지만 나로선 이 사건의 발단에서 마무리까지가 적절했다고 볼 수 없다. 그 기사를 읽었을 때 이런 반응을 전혀 예상치 못했다. '정곡을 찔렀네…제목 잘 뽑았네' 했던 것이 첫 느낌이었다. 이런 말을 들어 마땅한 사람들이 뜨끔하게 여기겠군 싶었다. 야권이 지방선거에서 재미보았다고 김대중과 노무현을 계속 팔지 말기를 바라는 마음에서, 두 명의 전 대통령의 그늘에서 벗어나기를 바라는 마음에서, 쟁이근성인지는 모르겠지만 참으로 '똑 부러지는 제목'이라고 보았다."

이어 김선주는 "절독 선언이 얼마나 이어졌는지, 신문사가 어떤 논의를 거쳐 사과문을 실었는지는 알 수 없다. 그러나 1면에 사과문을 실은 것이 적절했는지, 유시민이나 노사모 등이 공개적으로 절독 선언을 한 것이 적절했는지는 시간을 두고 각기 내부적으로 논의를 해야 한다고 본다"며 다음과 같이 말했다.

"원래 구어체로 우아 떨지 말고 말과 글살이를 일치시키자는 취지에서 만든 난인데 피차에 정면으로 대응하는 것이 아닌가 싶었다. 기사는 몰라도 제목은 너무했다는 비난도 동의하기 어렵다. 특히 앞으로 이와 유사한 일이 벌어졌을 때 과연 한겨레가 1면에 사과문을 쓸 수 있을지, 전례가 될 수도 있다는 점을 염두에 두었어야 한다. '놈현'과 '관 장사'가 사과해야만 하는 수준이라면 '…쥐는 못 잡고 독부터 깨트렸다'는 등 '직설' 코너에 나오는 여러 정치 풍자 표현은 어떻게 보아야 할까. 그걸 사과해야 했으면 그런 표현들도 사과해야 한다는 점에서 신중했어야 한다.……한 번도 글을 쓰면서 이런 느낌이 없었는데 글을 쓰면서 벌써 쪼는 기분이 드는 것이 영 불편하다."[100]

이 사건에 대해 모든 이가 '쪼는 기분'에 겁을 먹고 굳게 침묵한 가운데, 심지어 언론자유를 생명으로 아는 업계 전문지 『미디어오늘』마저도 입을 꽉 다문 가운데, 『한겨레』로선 김선주가 있었다는 게 불행 중 다행이었다. 김선주가 잘 지적했듯이, 핵심은 바로 이것이었다. '사과'의 원칙을 반대편에도 적용할 수 있겠느냐 하는 것이다. 아니면 반대편에 대해선 '중상모략'을 해도 괜찮지만, 아니 그건 애독자들이 열광할 것이기에 매우 바람직하지만, 우리 편에 대해선 '직설'이나 '풍자'도 어렵다는 것이었을까?

아무래도 그런 것 같았다. 물론 이는 『한겨레』만 탓할 일은 아니었다. 보수·진보를 막론하고 준수되는 한국 신문들의 철칙이었던 건지도 모르겠다. '『한겨레』 사과 사건'은 조중동은 물론 『한겨레』나 『경향신문』도 특정한 성향을 강하게 갖고 있는 애독자들을 불쾌하게 만들어선

안 된다는 굴레에서 자유롭지 못하다는 점을 드라마틱하게 보여줌으로써 한국 언론의 한계를 노정시킨 불행한 사건이었다.

유시민을 지지하고 사랑하는 독자의 반론

유시민을 지지하는 『한겨레』 독자가 『한겨레』(2010년 6월 19일)에 기고한 '독자칼럼'도 인상적이었다. 서울 강동구 암사동에 사는 독자 김선영은 "유시민 씨, 당신을 지지하고 사랑하는 지지자로서 한 말씀 드리고 싶습니다. 이번 지방선거 때 저는 서울 시민이기에 당신께 투표를 드릴 수는 없었지만 당신을 진심으로 지지했고 당신이 하는 연설은 빼놓지 않고 동영상을 찾아보았습니다. 그러나 저는 이번 선거 때 비례대표 의원을 뽑는 투표에서 국민참여당을 뽑을 수 없었습니다"라면서 다음과 같이 말했다.

"선거홍보용 책자나 다른 여러 홍보에서도 국민참여당은 '노무현'을 너무나 강조하고 노무현으로 온통 도배되어 있었습니다. 저 역시 노무현을 좋아하고 노무현이 지키고자 했던 민주주의의 가치를 존중합니다. 하지만 국민참여당을 보면서 제가 그토록 좋아하는 '노무현'과 '유시민'인데도 어째서인지 지지하고 싶은 마음이 들지 않았습니다. 스스로의 이미지와 비전을 제시하기보다는 '노무현에 대한 사람들의 존경과 사랑'으로 먹고사는 당이라는 이미지가 더 강하게 느껴졌기 때문입니다. 11일치 『한겨레』 '직설'의 지적은 국민참여당의 그러한 홍보 전략과 이미지 메이킹이 '노무현을 좋아하는 국민들'에게조차도 설득력을 가지지 못한다는 뼈아픈 비판인 것이고 국민참여당이 마땅히 새겨들어야 할 말입니다."

이어 김선영은 "물론 국민참여당이 아직 지지층이 확고하지 못하고 앞으로 더 크게 자라나야 할 당이라고 저 역시 생각하기에, 『한겨레』마저 국민참여당에 비판을 한다면 국민참여당의 그나마 조그맣게나마 남아 있던 지지 기반마저 사라지는 것이 아닐까 하는 조마조마한 마음이 저 역시 듭니다. 『한겨레』의 지적에 수긍하면서도 『한겨레』에도 무조건적인 지지를 보낼 수 없는 이유가 여기에 있습니다"라면서 다음과 같이 말했다.

"하지만 유시민 씨, 당신이 늘 주장해 오셨듯이 이번엔 당신이 '손가락'이 아닌 '달'을 봐 주셨으면 좋겠습니다. '노무현 계승자'로서의 이미지로만 밀고나가는 것은 국민참여당에도 장기적 안목으로 봤을 때 해가 된다고 생각합니다.……유시민 씨와 국민참여당에 지지를 보내줄 수 있는 사람들은 깨끗하고 정의를 위해 소신껏 일하는 개혁적인 정당을 원하는 젊은 유권자층이 대부분입니다. 그런 유권자층의 마음을 사로잡기 위해서는 네거티브 전략이나 죽은 대통령을 전면에 앞세우는 전략보다는, 스스로의 긍정적인 이미지를 내세우며 정의롭고 민주적인 사회를 만들려는 의지를 보여주는 전략이 더 효과적이라고 생각합니다."[101]

유시민은 이런 호소에도, 또 "오랜 친구와 절교하지 않아도 되어 다행"이라고 말은 했으면서도, 『한겨레』에 대한 불편한 감정을 내내 간직하고 있었던 것으로 보인다. 그는 4개월여 후인 10월 19일 창원대학교에서 열린 경남민주언론시민연합 주최 시민언론학교 강좌에서 "국민참여당이 창당되던 날 창당 기사가 『한겨레』에 단 한 줄도 나오지 않았다. 『한겨레』만 보던 사람은 국민참여당이 창당되었다는 사실을 모른다"고 주장했다. 그는 이어 "저는 최근 언론에서 투명인간 취급을 받아왔다. 존재 하나 보이지 않았다"며 "정치하는 동안 끊임없이 언론을 비판했더니 그런 것 같다"고 말했다.

이걸 『오마이뉴스』가 보도했으니 『한겨레』로선 가만히 있을 수가 없게 되었다. 『한겨레』는 「'한겨레'가 참여당 창당 기사 안 다뤘다? 유시민의 사실과 다른 발언」이라는 기사를 통해 『한겨레』는 1월 17일 국민참여당 창당 사실을 18일자 8면(정치면)에 창당 대회 현장 사진과 함께 「"노무현 정신 계승" 국민참여당 창당」이라는 머리기사로 다루었다고 반박했다. 이 기사는 유시민이 "지난해 11월 참여당 창당준비위원회 발족식이 열린 것을 『한겨레』가 싣지 않았는데, 이를 창당 때 보도와 착각해 말한 것이다. 미안하다"고 말했다고 밝히면서, 『한겨레』는 2009년 9월 20일 창당준비위원회 발족식과 유시민의 국민참여당 입당 등 창당과 관련한 소식도 여러 차례 보도한 바 있다고 덧붙였다.[102]

홍세화의 '진보의 경박성' 비판

『한겨레』 기획위원 홍세화는 이 사건을 '진보의 경박성'이라는 관점에서 이해했다. 그는 『한겨레』(2010년 10월 11일)에 쓴 「진보의 경박성에 관해」라는 칼럼에서 "자본력이 약한 신문은 이른바 진보세력에게도 만만한 동네북인가, 얼마 전에는 해학과 풍자를 담는 한홍구-서해성의 직설 난에 쓰인 '놈현 관 장사'라는 표현에 반발하여 국민참여당 유시민 씨가 '한겨레 절독'을 말하더니, 최근에는 북한의 3대 세습 문제에 관한 민주노동당의 입장을 비판한 신문 사설을 문제삼아 민주노동당 울산시당이 '경향 절독'을 선언하고 나섰다.……홍미로운 일은 스스로 진보라고 말하는 사람의 『경향신문』이나 『한겨레』를 절독하겠다는 소리는 종종 듣는 데 반해 스스로 보수라고 말하는 사람의 '조중동'을 절독하겠다는 소리는 듣기 어렵다는 점이다"며 다음과 같이 말했다.

"이 점에 대해 '진보는 분열로 망한다'는 말이 적용될 듯싶지만, 나는 그보다 한국의 이른바 진보의식이 성찰과 회의, 고민 어린 토론 과정을 통해 성숙하거나 단련되지 않고 기존에 주입 형성된 의식을 뒤집으면 가질 수 있는 데서 오는 경박성, 또는 섬세함을 통한 품격의 상실에 방점을 찍는다. 신문 논조가 마음에 들지 않으면 조용히 끊으면 그만일 터인데 소문내거나 선언하는 모습이 딱 그렇다. 이런 경박성에는 진보를 택한 자신에 대한 반대 급부 요구도 담겨 있다. 경향이나 한겨레가 자기들 요구에 반드시 부응해야 한다는."[103]

정리하자면, 노무현의 대통령 재임 시절 그의 정치적 경호실장 노릇을 했던 유시민은 이 사건을 통해 노무현의 사후에도 계속 경호실장 노릇을 하겠다는 의지를 만천하에 밝힌 셈이었다. 그 뜻은 가상할망정 문제는 그의 방법론이었다. 불행히도 유시민은 나중에 노무현·문재인 지지자들 사이에서 더 큰 규모의 '진보 신문 불매운동'으로 번져나가는 사태에 일조하게 된다.

제6장

'민간인 사찰'과 '정치 사찰' 파동

국무총리실의 '민간인 불법사찰'

2010년 6월 21일 국회 정무위에서 야당 의원들은 국무총리실 공직윤리지원관실이 이명박 대통령을 비방하는 동영상을 개인 블로그에 옮겨 게재한 한 시민(전 KB한마음 대표 김종익)을 내사하고 사무실을 불법 '압수수색'한 것으로 드러났다고 폭로했다. 이 사건의 핵심은 민간인에 대한 감찰을 할 아무런 권한이 없는 기관에서 국민을 상대로 사찰의 칼날을 들이댔다는 것이었다.[104]

6월 22일 민주당은 "압수수색의 권한이 없는 총리실이 공무원의 신분도 아닌 일반인까지 불법적으로 월권 내사를 하며 무소불위의 오만한 권력을 휘두른 것"이라고 비난했다. 민주당은 또 "공직윤리지원관실에서 시민 김씨의 원청업체인 모 시중은행에 찾아가 거래 중단의 압력까지 행사한 정황이 있고 이로 인하여 김씨는 재산상의 심각한 피해를 본 것으로 알려졌다"며 "총리실이 부당한 권력을 이용하여 국민의 재산권까지 심각하게 해치는 매우 중한 범죄행위"라고 비난했다.[105]

이 '민간인 불법사찰' 파문은 공무원 사조직인 '영포회' 문제로 확산되었다. 직제상 공직윤리지원관실은 국무총리실장의 지휘를 받도록 되어 있었는데, 그럼에도 공직윤리지원관 이인규가 이런 불법사찰 내용을 국무총리실장 권태신에게 전혀 보고하지 않은 것으로 드러났기 때문이다. 권태신은 불법사찰 사실을 까맣게 모르고 있다가, 파문이 불거지기 직전에야 보고를 받은 것으로 알려졌다. 이 과정에서 떠오른 것이 바로 '영포회'였다.

민간인 사찰을 벌인 이인규는 같은 영포회 출신인 청와대 인사에게 관련 내용을 보고한 것으로 알려졌다. 영포회는 지난 1980년 결성된 경북 포항·영일 출신 중앙 부처(산하기관 포함) 5급 이상 공무원들의 친목 모임으로 만들어졌다. 애초 포항·영일 지역의 발전과 장학금 사업을 논의하는 성격의 모임이었지만 점차 회원 100여 명의 향우회로 발전했다. 이명박의 형인 의원 이상득 등이 고문으로 있었고, 법조·언론·경영 등 각 분야의 지역 출신 인사들이 참여하면서 덩치가 커졌다.[106]

영포회는 포항 출신인 이명박이 대통령으로 당선되면서 권력의 전면에 나서기 시작했으며, 이명박 정권 출범 원년인 2008년 11월부터 정치권에 본격적인 논란을 일으켰다. 서울 세종호텔에서 열린 영포회 송년 모임에서 당시 포항이 고향인 방송통신위원장 최시중은 "이대로"를 선창한 뒤 "나가자"는 구호로 답하는 건배사를 제의했다. 당시 포항시장 박승호는 "이렇게 물 좋을 때 고향 발전을 못 시키면 죄인이 된다"고 했고, 포항시의회 의장 최영만은 "어떻게 하는지 몰라도 예산이 쭉쭉 내려온다"고 말했다. 포항에서 시의원과 도의원을 하다 경북 영양·영덕·봉화·울진에서 공천을 받아 당선된 한나라당 의원 강석호는 "속된 말로 동해안에 노났다. 우리 지역구에도 콩고물이 떨어지고 있다"고 했다.[107]

6월 30일 야당은 영포회를 향해 '5공 때 하나회 같은 이 대통령 친위 사조직'이라고 비난하며 수사를 촉구했다. 민주당 원내대표 박지원은 평화방송 인터뷰에서 "이명박 정권의 인권 무시와 국민 탄압의 실상이 또 하나 드러난 것"이라며 "영포회에 소속되지 않은 공무원은 서러워서 살겠느냐. 포항 출신끼리 왔다갔다 했다는데 주식회사냐"고 비판했다.[108]

2년 전 의혹을 제기했던 정두언의 개탄

2010년 7월 2일 민주당은 민간인 불법사찰을 "영포 게이트"로 규정하고 이명박을 향해 "영포회 해체"를 요구했다. 이런 상황에서 이명박 정부의 '포항 인맥'이 다시 주목받았다. 사찰 파문 당사자인 이인규는 범 포항 인맥에 속했으며, 그가 공식 지휘 계통을 배제하고 직보한 것으로 알려진 청와대 고용노사비서관 이영호 역시 포항 출신이었다. 사찰 논란의 배후로 지목받은 국무차장 박영준도 고향은 경북 칠곡이지만, 이상득과 이명박 형제를 연이어 15년간 보좌한 인연으로 사실상 '포항 인맥'으로 분류되었다.[109]

7월 5일 국무총리실에서 또 다른 민간인을 불법사찰한 정황이 드러났다. 한국노총에 따르면, 한국노총 산하 공공연맹 위원장 배정근이 3개월 전인 4월 비공개로 진행된 공공연맹 중앙위원회에서 '지난해 말 총리실 직원과 총리실에 파견된 경찰관에 의해 미행을 당했다'고 말했

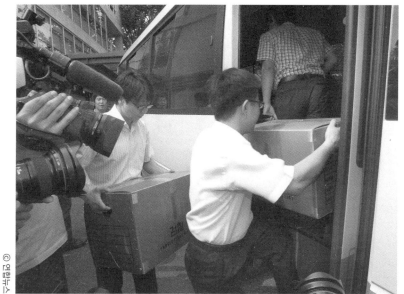

민간인에 대한 감찰을 할 아무런 권한이 없는 국무총리실 공직윤리지원관실이 국민을 상대로 사찰의 칼날을 들이댔다. 그 중심에는 영포회가 있었다. 서울지검 특별수사팀이 공직윤리지원관실을 압수수색하고 있다.

다.[110] 또 이날 2008년 대선 때 이명박 후보 지원 외곽 조직인 '선진국민연대' 관련 인사들이 국내 최대 금융그룹인 KB금융지주 회장 선임 과정에 개입한 의혹이 있다는 증언들이 금융권에서 잇따라 터져 나왔다. 이에 따라 민간인 불법사찰 사건이 권력 핵심과 연결된 특정 인맥의 '국정농단' 사건으로 변질 조짐을 보이기 시작했다.[111]

선진국민연대는 2007년 대선 당시 이명박의 선거운동을 외곽에서 지원했던 단체였다. '선진국민연대'는 2007년 박영준과 전 민주평화통일자문회의(민주평통) 사무처장 김대식이 주축이 되어 지역·직능·지식인 단체 수백 곳을 하나로 조직화해 탄생했다. 대선 당시 공로로 2009년

2월 핵심 인사 250여 명이 이명박과 청와대 만찬을 갖기도 했으며, 개국공신 지분을 바탕으로 대통령직인수위원회를 거쳐 청와대와 내각, 공기업 등 요직에 대거 입성했다.

정권 출범 초 청와대만 해도 박영준(당시 기획조정비서관), 법무비서관 권성동, 이영호 등 15명 정도가 포진했다. 국토해양부 장관 정종환과 전 노동부 장관 이영희, 전 보건복지부 장관 김성이 등도 '선진국민연대' 출신이었다. 친이 직계 의원은 "TK(대구·경북)정권, 고려대 정권이라는 말이 있었는데 선진국민연대 정권이라는 말이 더 정확하다"고 할 정도였다.[112]

7월 5일 이명박의 핵심 측근인 한나라당 의원 정두언은 "2년 전 의혹을 제기했던 사람 입장에서 통곡하고 싶은 심정"이라고 말했다. 그는 2008년 6월 이상득과 그의 측근인 박영준 등을 지목한 '권력 사유화' 발언으로 사전 경고를 보냈지만, 적절한 예방조치에 실패해 야당이 제기하는 '영포 게이트'라는 권력형 비리 의혹으로 파문이 번졌다는 것이다. 당시 그는 "대통령 주변 일부 인사들에 의한 권력의 사유화가 근본 문제"로 "일부 인사가 국정 수행에 집중한 게 아니라 전리품 챙기기에 골몰하고 있다"며 특정 인맥의 중용에 대한 정권의 문제점을 지적했다가 박영준 등과 정면으로 대립했다.[113]

"갈 데까지 간 '비선 조직의 국정농단'"

2010년 7월 8일 『경향신문』은 「형님 권력·선진연대 고리 '왕차관' 몸통 논란 핵으로」라는 기사에서 "국무총리실 박영준 국무차장의 직책 앞에는 늘 '왕'이란 수식어가 따라붙는다. 이명박 정부 초기 청와대에선 '왕비서관'으로, 지금은 '왕차관'으로 불린다. 하지만 정권 실세의 상징과도 같은 '왕'이란 접두사는 매번 '권력 사유화' 논란의 원인이기도 했다"면서 "야당은 '권력 게이트'로 진화 중인 이번 사건의 '몸통'으로 박 차장을 겨냥하고 있다. 이명박 정부 창업과 초기를 떠받친 포항과 '선진국민연대' 인맥 모두의 연결점에 그가 위치한 데다, 권력 사유화 논란의 정점인 '형님 권력'으로 가는 사다리이기 때문이다"고 했다.[114]

이날 민주당은 '선진국민연대'가 이른바 '메리어트 모임'을 만들어 국정 전반은 물론이고 공기업 인사도 관여하는 등 인사 전횡까지 했다고 말했다. 정책위의장 전병헌은 고위정책회의에서 "총리실 박영준 국무차관, 정인철 청와대 기획관리비서관, 이영호 고용노사비서관, 유선기 전 선진국민연대 사무총장 등이 정기적으로 서울 강남의 ㅁ호텔에 모여 공기업은 물론, 정부 내 인사를 논의했던 것으로 안다"고 말했다. 그는 『경향신문』과의 통화에서 "영포회와 선진국민연대가 결합된 ㅁ호텔 모임은 정 비서관이 공기업 CEO들과 정례 회동했다는 것과는 또 다른 별도의 모임으로, 김대식 민주평통 전 사무처장도 구성원이었고, 가끔 한나라당 의원들도 참석했다"고 말했다. 전병헌은 "ㅁ호텔 모임이 일종의 권력 이너서클 역할을 한 것으로, 사조직에 의한 국정농단이고 월권행위"라고 비판했다.[115]

『경향신문』 7월 9일자 사설 「고구마 줄기처럼 나오는 비선 라인」은 "정권 초기부터 이 단체 출신들은 청와대와 정부, 국회, 공기업 간부 자리를 싹쓸이하다시피 해 여권 내부에서조차 '해도 너무한다'는 손가락질을 받았다고 한다"면서 다음과 같이 말했다.

"지난 정부 때 임명된 공기업 간부들에 대한 집요한 사퇴 압력도 이들에게 나눠줄 논공행상용 자리를 마련하기 위한 것이란 의혹은 계속 제기돼왔다. 이제 보니 공직윤리지원관실 같은 사찰기관을 사적으로 가동하고, 이를 통해 특정 인사를 쳐내면 그 빈자리를 자기들끼리 나눠 챙겨왔던 셈이다. 말이 좋아 논공행상이지, 노략질해온 전리품을 분배한 것과 진배없다."[116]

『한겨레』 7월 9일자 사설「갈 데까지 간 '비선 조직의 국정농단'」은 "여러 정황을 살펴보면 이들의 국정농단 행태는 상상 이상이었던 것으로 보인다"면서 다음과 같이 말했다.

"비선 조직이 활개를 치면 공조직은 마비되고 국정 운영 질서는 엉망이 돼버린다. 그런 징후는 이미 곳곳에서 드러나고 있다. 민간인 사찰이나 사기업 인사 개입 등은 그 단적인 예다. 청와대 안의 '실세 비서관'들이 수석 알기를 우습게 안다는 이야기도 그동안 파다했다. 나라 꼴이 말이 아닌 셈이다. 이제 비선 조직의 실체와 행태가 드러나고 있다. 그 배후로 '형님 권력'까지 거론되고 있다. 따라서 그 진상을 파헤치고, 환부에 메스를 들이댈 사람은 대통령밖에 없다. 이 대통령은 비선 조직 논란을 반대세력의 일방적 공세쯤으로 치부해서는 안 된다. 이런 잡음이 터져 나오는 것 자체가 이미 상처가 곪을 대로 곪았음을 방증한다."[117]

"대통령은 측근들의 '추한 권력 게임' 보고만 있나"

2010년 7월 9일 민주당은 선진국민연대가 "공기업은 물론 국민은행과 포스코 등 민간 기업에까지 영향력을 행사한 정황이 있다"고 공격의 수위를 더 높였다. 이날 정두언은 "박영준이 SD(이상득 의원)보다 더 세"다면서 "선진국민연대의 (국정농단) 문제는 KB금융지주(인사 개입 의혹) 건 곱하기 100건은 더 있다"고 말했다.[118]

『동아일보』 7월 10일자 사설 「대통령은 측근들의 '추한 권력 게임' 보고만 있나」는 "선진국민연대 출신과 정 의원 중심의 일부 친이(친이명박) 소장파 그룹 간에 추한 권력 게임이 점입가경이다"면서 다음과 같이 말했다. "친이-친박 싸움만으로도 지겨운데 친이끼리 치고 받고 있으니 참으로 한심하다. 국민은 대통령 측근 그룹이 이권 다툼 같은 추한 권력 게임이나 하라고 이명박 정권을 선택한 게 아니다. 소수의 측근이 정부와 권력을 쥐락펴락한다는 인상을 주게 됨으로써 정권에 대한 불신도 커질 수밖에 없다."[119]

『동아일보』 논설위원 김순덕은 7월 12일자 칼럼 「어떻게 잡은 정권인데 말아먹나」에서 "MB 동향 비공식 라인의 민간인 사찰, 선진국민연대의 인사 개입설이 꼬리를 물면서 막장드라마 같은 권력투쟁 폭로전이 계속되고 있다. 그러나 사안의 본질은 청와대 비선 조직의 존재와 불법 행태이고, 측근의 인사 개입임을 직시해야 한다고 본다"면서 다음과 같이 말했다.

"다른 나라와 달리 반정부세력이 김정일 북한 정권과 함께 국가 안보와 체제를 위협하는 처지에선 측근 발호도 사실상 이적利敵행위다.……좌파정권으론 잘살게 될 수 없다는 국민적 각성에서 당선된 대통령이 우파의 이명박이었다. 정권 재창출만 해내도 MB 정부는 성공이다. 선진국의 문턱에 다가섰는데 어설프게 기회를 놓친다면, 설령 그가 대통령이라도 용서받기 힘들다."[120]

7월 12일 청와대 대변인 박선규는 브리핑에서 이명박이 7월 9일 정두언과 박준영, 박준영과 가까운 선진국민연대 인사들에게 경고의 메시지를 전달했다고 밝혔다. 그는 "이 대통령은 여권에서 진행되는 일들이 권력다툼으로 비쳐지는 데 대해 깊은 유감을 표명하고 화합을 당부한 것으로 안다"면서 "국민의 눈을 의식하고 국민의 입장에서 문제를 풀어야 한다는 점에 대해 강조한 것"이라고 말했다. 이는 월권 논란이 여권의 내분이나 권력투쟁으로 번져서는 안 된다는 의미로 해석되었다.[121]

하지만 정두언은 7월 12일 "권력투쟁으로 몰고 가는 것은 사태 본질을 흐리는 것"이라고 반박했다. 그는 '권력투쟁' 논란과 관련, "사태의 본질은 청와대와 정부 내 비선 조직의 존재와 불법 행태이고 (대통령) 측근의 부당한 인사 개입"이라고 말하며 거듭 여권 내 '비선 사조직'과 '권력 사유화'의 문제를 제기했다.[122]

"5공 시절로 시간여행을 온 것 같은 착각"

7월 21일 국무총리실 산하 공직윤리지원관실이 '민간인 불법사찰'에 이어 여당 중진 의원인 남경필의 부인을 사찰한 것으로 밝혀져 민간인 사찰은 정치 사찰 논란으로 확산했다. 남경필 부인에 대한 사찰은 민간인 불법사찰에 나섰던 점검1팀이 한 뒤 이인규의 결재를 거쳐 하명 사건을 담당하는 공직윤리지원관실 기획총괄과로 넘어간 것으로 알려졌다.[123]

7월 22일 남경필은 기자회견에서 "민간인 사찰에 이어 국회의원 사찰까지 있었다는 것은 그냥 넘어갈 일이 아니다"면서 "어떤 선에서, 누구의 지시로 이런 일이 벌어진 것인지 검찰이 명명백백히 가려주길 바란다"고 했다. 그는 "고분고분하게 정치를 하지 않은 아들과 남편을 둔 어머니와 집사람에게 송구스럽다. 그동안 마음을 졸이고 생활해왔다"고 말했다.

『조선일보』7월 23일자 사설 「총리실 여당 중진까지 사찰했다면 뭘 못했겠는가」는 "남 의원의 회견은 과거 70~80년대 군사정권 시대에 정보기관과 사정기관에 쫓기고 탄압받는 야당 의원의 모습을 떠올리게 한다. 법질서 선진화를 외쳐온 정권 아래서, 다른 사람도 아니고 여당 중진 4선 의원의 입에서 이런 말이 나오는 현실을 어떻게 받아들여야 하는가"라고 개탄했다.[124]

7월 23일 『한겨레』는 여권 내부 사정에 정통한 핵심 인사의 증언을 통해 주요 사정기관이 정두언과 정태근 등 다른 여당 의원들에 대해서도 전방위로 뒷조사를 벌였다고 보도했다.[125] 수도권 한 중진 의원은 정두언·정태근은 이명박 정부 출범의 '공신'이었지만, 이상득의 월권에 저항함으로써 그런 일을 당했다고 해석했다.

남경필은 당시 경북 포항에 단신으로 내려가 "수도권 민심이 위험하다"며 이상득에게 제18대 총선(2008년 4월 9일) 불출마를 요청했으며, 며칠 뒤 정두언·정태근 등은 한나라당 수도권 총선 출마자 55명과 함께 이상득의 불출마를 촉구하는 성명을 발표하면서 "이런 요구가 관철되지 않으면 공천장을 반납하겠다"고 선언했다. 당시 이상득은 이들의 잇따른 불출마 요구를 일축한 채 총선에 입후보해 6선 의원이 되었으며, 이후 남경필·정두언·정태근은 여권에서 '반이상득 라인'의 상징적 인물로 자리 잡았다.[126]

『중앙일보』는 7월 24일자 사설 「국정농단하는 음성적 통로가 존재하는가」에서 "정보정치가 횡행橫行하던 폭압 정치 시절로 되돌아가겠다는 건가"라고 물었다. "정권 내에서도 일개 계파의 사조직이 정부 공조직을 능멸凌蔑한 꼴이다.……2010년 7월의 한국 정치판은 마치 타임머신을 타고 5공 시절로 시간여행을 온 것 같은 착각이 들 정도다."[127]

"국가 범죄, 검찰은 덮고 언론은 눈감나"

2010년 8월 11일 민간인 불법사찰 사건을 수사해온 서울중앙지검 특별수사팀은 중간 수사 결과를 발표하면서 이인규와 전 점검1팀장 김충곤 등 2명을 강요와 직권남용, 업무방해와 방실수색 혐의로 구속기소하고, 전 사무관 원충연을 불구속기소했다고 밝혔다. 검찰의 중간 수사 발표는 총리실이 7월 5일 수사 의뢰한 내용에서 거의 한 걸음도 나아가지 못한 것으로 윗선 규명이 전혀 이루어지지 않아 부실 수사 논란을 낳았다.[128]

한나라당은 검찰의 중간 수사 발표를 '수용'하겠다고 말했지만, 남경필·정두언·정태근 등 본인과 부인 등 주변 인사들이 불법사찰을 당한 '피해 의원'들은 '깃털'만 건드린 검찰 수사에 강한 분노를 표출했다.[129] 정두언은 8월 12일 열린 당 최고위원회에서 "이 정부 탄생에 참여한 사람으로서 심히 부끄럽고 창피한 일이다. 쥐구멍이라도 있다면 들어가고 싶은 심정이다"고 말했지만 다음 날 이명박은 '불법 민간인 사찰'의 배후 의혹을 받고 있는 박영준을 지식경제부 제2차관으로 기용했다.[130]

그러나 한나라당 내에서는 '권력 사유화' 논쟁이 더 증폭되고 있었다. 8월 31일 정태근·남경필은 충남 천안 지식경제부공무원교육원에서 열린 한나라당 의원 연찬회에서 이상득의 실명을 직접 거론하며 사찰 연루 가능성을 제기했다. 정태근은 "이상득 의원이 청와대, 국정원에 의해 사찰이 이뤄진 것을 알고 있었다"면서 "지난 8월 1일 청와대 민정수석실에 이 의원과 대통령에게 (불법사찰을) 분명하게 전하고 (이를) 바로잡아 달라고 요청했다"고 말했다. 남경필은 비공개 자유토론에서 "조지 오웰의 『1984년』에 보면 빅브라더가 등장한다. 미국 드라마 〈24시〉 보면 군산복합체가 등장해서 각 기관에 퍼져서 사조직을 만들고, 급기야 대통령까지 살해를 한다"면서 "지금 이와 비슷한 일이 대한민국에서 벌어지고 있다"고 말했다.[131]

남경필·정태근 등이 사찰의 배후로 이상득을 공개 거명하자 9월 1일 청와대는 불만을 표출하고 한나라당 내에서는 "패륜"이라는 비난이 나왔다. 이에 정태근은 최고위원·중진의원연석회의에서 "청와대에 (박정희 전 대통령 경호실장을 지낸) 차지철이 살아온 것 아니냐는 우려를 하지 않을 수 없다"면서 "부실 인사의 책임을 의원들에게 떠넘기고 사찰을 정당화해 계속하겠다는 의도를 드러낸 것"이라고 비판했다. 그는 "청와대 일부 인사들의 작태는 국회·여당을 부정하고 협박하는 것"이라며 청와대에 해당 인사의 문책을 촉구했다.

그러자 선진국민연대 출신 의원 장제원은 트위터를 통해 "정확한 근거와 증거 없이 공개 석상에서 새까만 후배가 20여 년간 한나라당을 지켜온 선배에게 정면공격하는 것은 패륜적"이라며 "자신만이 선이라는 근본주의에 빠져 상대의 인격도 짓밟는 언행은 전형적 포퓰리즘, 구태"라고 공격했다.[132] 『한겨레』는 사설을 통해 "이 사안은 우리 사회를 떠받치는 가치인 자유와 인권에 관한 문제다"며 "비선세력의 권력 사유화, 국정농단의 문제를 그냥 덮어둬서는 아무리 공정한 사회 운운하는 구호를 외쳐봐야 구두선에 불과하다"고 했다.[133]

"청와대가 대포폰 만들어 '민간 사찰' 윤리관실에 지급"

2010년 11월 1일 청와대 고용노사비서관실이 민간인 불법사찰을 한 국무총리실 공직윤리지원관실에 일명 '대포폰(명의를 도용한 휴대전화)'을 5개 만들어 지급하고, 지원관실 직원들이 이를 사용한 것으로 밝혀졌다. 이날 민주당 의원 이석현은 국회 대정부질문에서 "믿을 만한 위치에 있는 사람의 증언에 따르면, 검찰은 공직윤리지원관실 장모 주무관이 사찰 기록이 담긴 컴퓨터 하드디스크를 영구 삭제하기 위해 경기 수원의 한 컴퓨터 전문업체를 찾아갔고 그 과정에서 '대포폰'으로 통화했다는 사실을 알아냈다"고 밝혔다. 이어 "검찰이 해당 업체를 조사하는 과정에서 '대포폰' 5개를 발견했고, 이는 청와대 고용노사비서관실 최모 행정관이 공기업 임원 명의를 도용해 만들어 공직윤리지원관실에 지급한 것"이라고 말했다. 법무부 장관 이귀남은 "(이 의원의 이야기가) 다 사실"이라고 확인했다.[134]

청와대가 대포폰을 지급한 게 알려지면서 민간인 불법사찰 의혹 재수사를 요구하는 목소리가 거세졌다. 야당은 "검찰이 청와대 관련설을 감추기 위해 조직적인 은폐를 시도했다"며 특검을 요구했으며, 그동안 국정원과 공직윤리지원관실의 사찰을 받았다고 주장해온 남경필·정두언·정태근 등도 "특검 수사로 갈 수밖에 없는 이유가 더욱 명확해졌다"고 말했다.[135]

11월 7일 검찰이 국무총리실 공직윤리지원관실의 민간인 불법사찰 수사 기록을 법원에 넘길 때 '청와대 대포폰'의 통화 내역을 제외한 관련 수사 기록을 전부 누락한 사실이 확인되었다. 검찰이 당시 법원에 낸 증거 자료에는 지원관실 장모 주무관이 제3자 명의로 휴대전화를 사용했다는 사실과 그 휴대전화의 통화 목록 정도만 포함된 것으로 드러났다.[136]

11월 8일 '청와대 대포폰'을 개설한 청와대 고용노사비서관실 최모 행정관이 민간인 불법사찰 증거인멸 이후 대포폰을 되돌려받아 전 총리실 공직윤리지원관실 기획총괄과장 진경락과 통화한 것으로 확인되었다. 이로 인해 불법사찰 증거인멸 과정에 최모 행정관 등 청와대가 개입한 정황이 갈수록 뚜렷해졌다.[137]

『조선일보』편집국 부국장 양상훈은 11월 10일자 칼럼「참을 수 없는 검찰의 국민 농락」에서 다음과 같이 말했다. "지금 여권 어딘가에선 국회에서 차명 휴대폰 추궁을 받고 사실을 시인한 법무장관 탓을 한다고 한다. 설마 국회에서 왜 거짓말을 못했느냐는 얘기는 아닐 것이다. 그렇다면 '왜 능숙하게 받아넘기지 못했느냐'는 것인가? 왜 검찰처럼 청와대 행정관 휴대폰 얘기를 국민에게는 숨긴 채 1,000쪽이 넘는 기소장 어느 구석에 슬쩍 한 줄 집어넣고 끝내지 못했느냐는 것인가? 둘 다 사실상 거짓말이고 국민 농락이다."[138]

11월 15일 민간인 불법사찰을 저지른 총리실 공직윤리지원관실 직원들에 대한 선고공판이 열렸다. 전 공직윤리지원관 이인규에게는 징역 1년 6월, 전 점검1팀장 김충곤에게는 징역 1년 2월, 사무관 원충연에게는 징역 10월이 선고되었다. 이날 법무부 장관 이귀남은 "새로운 자료가 나오면 재수사를 하겠지만 이미 수사했던 것을 반복해봤자 똑같은 결론이 나올 것이기 때문에 (재수사는) 불필요하다"고 말했다.[139]

"국민의 인내력을 시험하는 이명박 정권"

2010년 11월 17일 국회 예산결산특별위원회에서 민주당 의원 이석현은 "국정원 직원 출신인 청와대 이모 행정관이 김성호 전 국정원장 등 국정원 관계자와 여야 유력 정치인을 직접 사찰했다"면서 "경북 포항 태생으로 박영준 당시 기획조정비서관 밑에 있던 이 행정관이 (정권 출범 초기) 김성호 당시 국정원장과 전옥현 국정원 1차장, 한나라당 정두언 의원의 부인을 직접 사찰했다"고 폭로했다. 그는 이와 함께 공직윤리지원관실 점검1팀 소속 경정 권중기와 사무관 원충연의 수첩을 입수·공개하며 총리실의 민간 사찰이 알려진 것보다 훨씬 광범위하게 이루어졌다고 밝혔다.[140]

이날 민주당은 국회 예산심사를 거부하며 검찰과의 전면전을 선언했다. 청목회 입법 로비 의혹을 수사해온 검찰이 전날 저녁 강기정·최규식 의원 측 관계자 3명을 체포한 데 대해 강력 반발한 것이다. 민주당은 "민간인 불법사찰을 덮으려는 정치 수사"라고 규정짓고, '대포폰' 국정조사와 특검을 재차 요구했다. 비상최고위원회의에서는 '강경 대응'을 요구하는 목소리가 주를 이루었고, 의원총회에서도 "야당을 죽이려면 깡그리 다 죽이라"(박주선 최고위원)는 초강경 발언이 쏟아졌다. 민주당의 불참으로 이날 예산심사를 벌일 예정이던 예결특위와 상임위는 파행했다.[141]

11월 22일 민주당은 국회 예산심사와 '원외투쟁'을 병행하기로 결

© 연합뉴스 　원충연의 '포켓 수첩'에는 친노무현·친박근혜계 인사들의 활동 내역과 서울시장 오세훈의 대선 행보, 언론·노동·공기업 등의 움직임이 기록되어 있었다. 민주당은 국정조사와 특검을 요구했다.

정하고 국회에 복귀했다. 민주당은 이날 최고위원회와 의원총회를 거듭 열어 국회 예산결산특별위원회와 상임위별 예산심사에는 참여하되, 서울광장에서 '청와대 불법사찰 의혹 규명을 위한 국정조사 및 특검 쟁취와 4대강 대운하 반대 국민서명운동'을 벌이기로 했다. 민주당 대표 손학규는 이날부터 29일(4대강 사업 저지 결의대회)까지 서울광장 천막농성에 들어갔다.[142]

이날 서울중앙지법 형사35부(정선재 부장판사)는 총리실의 민간인 불법사찰 의혹이 제기되자 관련 증거를 없앤 혐의(증거인멸·공용물건손상)로 기소된 전 국무총리실 기획총괄과장 진경락에게 징역 1년의 실형을 선고했다. 진경락의 지시를 받아 직접 컴퓨터 하드디스크를 손상시킨 주무관 장진수에게는 징역 8월과 집행유예 2년을 선고했다. 재판 과정에서 '장 주무관이 청와대 행정관이 만들어준 대포폰을 사용했다'는 내용이 증거로 제출되었으나 재판부는 '윗선 가능성'에 대해선 따로 언급하지 않았다.[143]

이날 검찰은 지원관실 점검1팀 전 사무관 원충연의 108쪽짜리 '포켓 수첩'은 크게 친노무현·친박근혜계 인사들의 활동 내역과 잠재적 대권주자인 서울시장 오세훈의 대선 행보, 언론·노동·공기업 등의 움직임을 낱낱이 기록하고 있는 것으로 확인되었다고 밝혔다. 이와 관련, 『경향신문』은 사설을 통해 다음과 같이 말했다.

"수첩에 적힌 내용은 충격적이다. 사찰이 정권에 반대하거나 방해되는 세력을 대상으로, 사회의 거의 모든 분야에 걸쳐 조직적 지속적으로 자행됐음을 보여주고 있다. 특히 한 회의 메모에는 '첩보 입수, 공직 기강·정책 점검, 하명 사건'이라는 문구 뒤에 '방해 세력 제거'라고 적혀 있다.……1990년 10월 보안사의 민간인 사찰 때도 정권이 이처럼 막무가내로 조사를 거부하지는 않았다는 얘기가 나온다. 국민의 인내력을 시험하다가는 정권 자체가 흔들릴 수 있다는 것을 청와대와 여권 지도부는 명심해야 한다."[144]

폭로 전문 사이트
'위키리크스'의 활약

2010년 7월 25일, 전 세계를 깜짝 놀라게 만든 사건이 터졌다. 호주 국적의 줄리언 어산지Julian Assange가 주도하는 폭로 전문 사이트 위키리크스WikiLeaks가 9만 1,731건(2004~2009년 작성)의 아프가니스탄 전쟁 관련 미군 기밀 문건을 공개한 사건이다. 영국 BBC는 "미군 역사상 최대 규모의 기밀 누출 사건이 터졌다"고 했다.[145]

그게 끝이 아니었다. 위키리크스는 11월 28일부터 미군의 아프가니스탄전과 이라크전 기밀 공개에 이어 25만여 건에 이르는 대량의 미국 외교 전문電文을 공개함으로써 메가톤급 파장으로 전 세계를 뒤흔들었다. 이 폭로로 미국 외교 활동의 숨겨진 이면은 물론 각국 정부 지도자와 정치인들의 치부도 드러났다.

전 세계를 떠들썩하게 만든 이 기밀 누출 사건의 제보자는 미군 일병인 브래들리 매닝Bradley Manning이었다. 그는 폭로 뒤 군법회의에 회부

되어 징역 35년형을 선고받았다. 스웨덴 여성 2명에게 성범죄를 저지른 혐의로 영국 경찰에 체포된 어산지는 시사주간지 『타임』의 독자가 선정하는 '올해의 인물' 온라인 투표에서 1위에 오르는 등 가장 주목받는 인물로 떠올랐다.[146]

이 내부고발과 관련, '펜타곤 기밀 문서' 사건의 주인공 대니얼 엘즈버그Daniel Ellsberg, 1931~2023는 2011년 6월 13일 영국 일간지 『가디언』에 기고한 「왜 펜타곤 페이퍼가 지금 중요한가」라는 글에서 "내가 한 실수를 되풀이하지 마라"며 내부고발을 촉구했다. 기밀 자료를 너무 늦게 공개하는 실수를 범하지 말라는 것이다. 엘즈버그는 "정보 공개로 인해 개인이 감수할 위험은 엄청나지만 전쟁에 따른 인명 희생은 막을 수 있다"고 말했다.[147]

"민주당 심판" 7·28 재보선, "영남 편중" 8·8 개각

한나라당이 승리한 7·28 재보선

2010년 7월 28일 전국 8곳에서 실시된 국회의원 재보선에서 한나라당은 5곳, 민주당은 3곳에서 각각 당선되었다. 한나라당은 초미의 관심사였던 서울 은평을과 충청에서 완승을 거두어 사실상 재보선에서 승리했다. 재보선 결과 한나라당은 180석, 민주당은 87석이 되었다.

이상한 일이었다. 이 재보선은 민주당에 유리한 구도였다. 8곳 재보선 지역 가운데 강원도 원주를 제외한 7곳이 야당 의원들의 지역구였으며, 6·2 지방선거에서 한나라당이 승리한 곳도 강원도 철원·화천·양구·인제 1곳뿐이었다. '정치인 사찰', '강용석 의원의 성희롱 파문' 등여당에 불리한 악재도 잇따랐다. 그럼에도 패배했으니 민주당으로선 충격이 컸다.[148]

『한겨레』 7월 29일자 사설 「이번에는 민주당이 심판받았다」는 "재보선 결과는 민주당의 완벽한 참패다"면서 다음과 같이 말했다. "국무총리실의 민간인 불법사찰, 선진국민연대 및 '영포 라인' 출신 인사들의 국정농단 의혹, 성희롱 추문 등 한나라당에 불리한 갖가지 악재가 쏟아진 점까지 고려하면 민주당으로서는 변명할 여지가 전혀 없다. 무엇보다 재보선의 최대 격전지였던 서울 은평을에서 패배한 것은 민주당에는 뼈아픈 대목이 아닐 수 없다. 민주당은 맥빠진 공천, 무기력한 선거운동으로 일관하다 스스로 패배를 자초했다. 여권의 최고 실세인 이재오 후보에게 패배함으로써 민주당이 외쳐온 정권 심판론도 무색해졌다."[149]

『경향신문』도 7월 29일자 사설「변화 없는 민주당을 심판한 재·보선」에서 "민주당은 여러 가지 유리한 조건에도 불구하고 패배했다는 점에서 한마디도 변명할 자격이 없다"면서 다음과 같이 말했다. "민주당이 지방선거 이후 어떤 자세를 보였느냐를 살펴보면 이번 패배의 원인을 찾을 수 있다. 민주당은 순전히 이명박 정권이 실정했다는 반사이익으로 선거 승리를 거머쥐었지만, 대안 세력으로 거듭나기 위한 어떤 노력도, 움직임도 보여주지 못했다. 민주당이 잘한 것이 하나도 없지만, 정권 심판을 위해 어쩔 수 없이 이명박 정권 반대의 의미로 투표한 사실을 모르지 않았을 텐데, 변화 노력도 전혀 없이 안주해왔던 것이다."[150]

『중앙일보』도 7월 29일자 사설「이번에는 민주당의 오만을 심판했다」에서 "민주당은 오만했다"며 다음과 같이 말했다. "정권의 사찰 의혹을 조사하는 특위 위원장에 불법 도청으로 유죄판결을 받았던 전직 국정원장을 임명했다. 6·2 지방선거에서 효과를 보았다고 해서 이번에도 후보 단일화를 급조하고 남발했다. 부재자 투표에서 유권자들이 이미 표를 던졌는데도 후보 단일화를 해서 사표死票를 양산했다. 유권자가 정권

의 실수보다는 민주당의 오만과 민주당으로 인해 초래된 혼란에 더욱
화를 냈다고 봐야 한다"고 했다.[151]

이재오의 복귀, 탄력받은 4대강 사업

재보선에서 승리한 정부·여당은 국정 운영의 탄력을 얻었다. 6월 지
방선거에서 당선된 경남도지사 김두관과 충남도지사 안희정 등은 "4대
강 사업을 반대하는 입장에서 위탁 사업을 수행하는 것은 모양새가 좋
지 않다"며 사업권 반납을 검토해왔으며, 지자체가 대행하는 일부 공사
에 대해 사업 재검토와 공사 중단 등을 선언한 상태였다.

하지만 'MB맨', '친이 군기 반장'으로 불리며 '대운하 전도사'로 통
한 이재오가 복귀하면서 4대강 사업에 속도가 붙을 것으로 예상되었다.
이재오는 2008년 제18대 총선에서 한나라당 후보로 서울 은평을 선거
구에 출마했으나 창조한국당 후보 문국현에게 11.21%포인트 차이로
밀려 낙선했다. 낙선 후 제2대 국민권익위원회 위원장을 맡아 일하다
가 문국현이 정치자금법 위반으로 국회의원직을 상실함에 따라 치러진
7·28 재보선에서 다시 출마해 민주당 후보 장상을 18.43%포인트 차이
로 크게 누르고 4선에 성공했다.

7월 29~30일 국토부 4대강추진본부는 부산과 대전지방국토관리청
장 명의로 김두관과 안희정에게 4대강 사업 공사를 계속할지, 대행사업
권을 반납할지 8월 6일까지 답변해 달라는 공문을 발송했다. 8월 1일에
는 "정부와 계약을 맺고 사업을 위탁받은 일부 지방자치단체에 대해 공
사를 계속할 것인지, 중단할 것인지를 공식적으로 확인해 정당한 사유 없

'MB맨', '친이 군기 반장', '대운하 전도사'로 통하는 이재오가 7·28 재보선에서 민주당 후보 장상을 18.43%포인트 차이로 크게 누르고 4선에 성공했다.

이 공사 진행을 거부하면 민사상 손해배상을 요구할 것"이라고 밝혔다.[152]

이에 안희정과 김두관은 국토해양부를 강력히 비판하고 나섰다. 안희정은 8월 1일 밤 자신의 트위터에 올린 글에서 "정부의 태도는 참으로 무례한 처신으로, 대화에 응하겠다던 대통령의 화답이 무색해질 따름"이라고 강하게 비난했다. 8월 2일 충남도의 '4대강(금강) 사업 재검토 특별위원회'는 비상회의를 열어 "충남도는 공사를 중지하겠다고 밝힌 적이 없으므로 정부의 질문 방식은 애당초 잘못됐다"며 "4대강 위탁사업권의 반납 여부를 군이 회신할 필요가 없다"고 의견을 모았다. 특위의 한 위원은 "정부가 지방정부를 상대로 4대강 사업의 주도권을 쥐기 위해 선제공격 삼아 공문을 보낸 것 아니냐는 생각이 든다"고 말했다.

김두관은 8월 2일 오전 전체 직원 조회와 기자간담회를 잇따라 열어 "정부가 최후통첩 하듯 공문을 보낸 것은 (4대강 사업을 논의할) 테이블에 앉기를 거부한 채, 할 테면 하고 말 테면 말라는 것"이라며 "우리는 (정부와 달리) 속도전을 펼치지 않기 때문에 정부가 요구한 대로 오는 6일까지 답을 할 수 없다"고 밝혔다. 그는 또 정부 요구에 대해 "설사 사업을 반납하게 되더라도 이 사업과 관련해 우리가 바라는 바를 정부에 요구할 것"이라며 "만약 정부가 우리의 요구를 수용한다면 경남도가 계속할 수도 있다"고 덧붙였다. 김두관은 "10조 원에서 6개월 만에 20조 원이 됐고, 실행 과정에서 30조 원이 될지도 모르는 이런 사업을 어떻게 이해할 수 있느냐"고 재차 4대강 사업을 비판했다.[153]

『동아일보』는 8월 3일자 사설 「김두관 안희정 지사 강江 살리기 안할 거면 손떼라」에서 "두 지사가 '절대 반대'에서 한걸음 물러서 4대강 사업을 보완해 추진하는 쪽으로 방향을 바꾼다면 구체적인 문제점에 대해서는 정부에 시정을 건의해 반영시킬 수 있을 것이다. 그것이 주민을 위하는 길이다"면서 다음과 같이 말했다.

"민주당은 6·2 지방선거를 통해 국민이 4대강 사업을 거부했기 때문에 중단해야 한다고 주장했다. 그렇다면 7·28 재·보궐선거에서 패배한 원인에 대해서는 뭐라고 설명할 것인가. 지역 주민이 찬성하고 경제와 환경에도 도움이 되는 4대강 사업을 무리하게 정치적 타산에 연결시키려고 했지만 이번 재·보선에서 유권자들은 냉랭했다. 4대강 사업의 내용을 들여다보면 도지사와 시장 군수들이 먼저 정비 계획을 세워 중앙정부에 해달라고 졸라야 할 것들이다."[154]

8월 4일 민주당 '4대강 사업 저지 특위'는 국회에서 기자회견을 열고 강 생태계 보전 4대 원칙과 사업계획 추진 4대 원칙을 담은 이른바

'4+4원칙'을 기조로 한 '진짜 강 살리기' 대안을 발표했다.[155] 이렇듯 4대 강 사업을 둘러싼 양측의 공방은 이명박 정권 내내, 아니 그 이후에도 오랫동안 지속된다.

"영남 편중 인사로 어떻게 소통·화합하나"

2010년 8월 8일 이명박은 신임 국무총리에 전 경남지사 김태호를 내정하고 장관급 9명을 교체하는 집권 3기 개각을 단행했다. 8월 9일 민주당은 8·8 개각을 "영남 편중 인사"로 규정했다. 민주당 원내대표 박지원은 비상대책위 회의에서 "헌정사상 최악의 개각"이라고 비난했다. 그는 "인사권은 대통령 고유 권한이라지만 이건 고유 권한의 남용이 아닌가 생각된다"면서 "이명박 정권의 간판도, 권력도, 핵심도 전부 영남 출신으로 채워져 지나친 편중 인사"라고 말했다. 그는 MBC 라디오 인터뷰에서도 "대한민국이 '영남민국'이 아닌가 착각할 정도"라고 거듭 비판했다.[156]

『한겨레』 8월 10일자 사설 「영남 편중 인사로 어떻게 소통·화합하겠다는 건가」는 "8·8 개각을 통해 대통령을 비롯해 국무총리, 국회의장, 한나라당 대표 등 나라의 최고지도자들이 모두 영남 출신들로 채워졌다. 거기에 권력의 핵심 요직인 국세청장마저 이명박 정권의 실세 라인 인맥 창고인 '티케이'(대구·경북) 출신 인사로 바뀌었다"며 다음과 같이 말했다.

" '끼리끼리 인사'는 필연적으로 다른 지역 출신 인사들을 소외시켜 분열과 갈등을 부추기기 마련이다. 관료사회의 특성상 윗자리를 특정 지역 출신들로 채우면 아래로 내려갈수록 쏠림 현상은 더욱 심해진다. 공무원 사회의 동요와 불만은 잠복 상태에 있는 일반 국민의 지역감정에까지 불씨를 댕기면서 대립과 분열은 더욱 증폭될 수밖에 없다. 이 대통령이 이런 폐해를 모르고 영남 편중 인사를 했다면 인사권을 행사할 자격이 없는 것이요, 알고도 강행했다면 망국병을 스스로 부추긴 것이나 다름없다."[157]

8월 13일 이명박 정부는 현 정권 출범 후 최대 규모인 23명의 차관급 인사를 단행했다. 이명박은 업무 연속성과 소통 강화를 제시했지만 역시 지역 편중 인사였다. 23명의 차관급 인사에서도 영남 편중 현상이 나타났다. 23명 중 절반에 가까운 11명이 영남 출신이었으며, 서울·강원·충청·호남 출신 인사가 각각 3명씩이었다.[158]

『경향신문』이 8월 25일로 집권 반환점을 맞는 이명박 정부의 장·차관급(후보자 포함) 103명과 청와대 비서관 이상 59명 등 고위공직자 162명을 분석한 결과에 따르면, 장·차관급 인사의 영남·고려대 편중 현상은 여전했으며, 청와대 비서관 이상 참모진과 4대 권력기관의 영남·고려대 편중은 더욱 심화된 것으로 나타났다.

장·차관급 인사 중 영남 출신은 대구·경북TK 19명(18.4%), 부산·경남PK 20명(19.4%) 등 모두 39명(37.8%)으로, 이명박 정부 첫해인 2008년 TK와 PK 각각 18명 등 36명(37%)에서 3명이 늘었다. TK와 PK에 이어 서울이 17명(16.5%), 대전·충남 13명(12.6%), 광주·전남 13명(12.6%), 강원 7명(6.8%) 등의 순이었다. 장·차관급 가운데 영남·고려대 출신은 49명(47.6%)으로 전체의 절반 가까이를 차지했다.[159]

"돈 좋아하면 장사를 해야지 왜 장관을 하려고 하나"

이즈음 인문서로서는 이례적으로 종합 베스트셀러 1위를 차지하는 등 서점가에 돌풍을 일으킨 책이 있었다. 미국 하버드대학 교수 마이클 샌델Michael Sandel의 『정의란 무엇인가』라는 책이었다. 하버드대학 교수라는 타이틀이 적잖은 영향을 미쳤겠지만, 이 책은 신드롬이라고 해도 좋을 정도로 큰 반향을 불러일으켰다. 하계 휴가 때 이 책을 읽은 이명박은 광복절 경축사에서 "공정한 사회야말로 대한민국 선진화의 윤리적·실천적 인프라"라며 "기득권자가 '공정한 사회'를 만들기 위해 노력해야 한다"고 말했다.

그러나 8·8 개각에 따른 국회 인사청문회에선 후보자들을 둘러싸고 온갖 의혹이 쏟아져 나와 이른바 '죄송 청문회'가 되었다. 위장전입과 부동산 투기, 논문 표절, 재산 신고 누락 등 각종 불법과 부도덕한 행위와 관련해 후보자들의 입에서 "죄송하다", "반성한다", "불찰이다" 등의 말이 쏟아졌지만 한 명도 스스로 물러나겠다고 말한 사람은 없었기 때문이다.

이명박은 훗날 김태호 지명 이유에 대해 "사회 전체에 세대교체 바람을 불어넣고 싶었다"고 했지만,[160] 김태호에게 먼저 닥친 건 각종 의혹 바람이었다. 그는 8월 24일 국회에서 열린 인사청문회에서 불투명한 재산 증식, 채무 관계 누락 등과 관련해 "재산등록에서 누락돼 매년 그대로 흘러오면서 문제가 됐다는 점을 시인한다"며 "이유 여하를 불문하고 세심하게 살피지 못한 것은 불찰"이라고 사과했다. 그는 도지사 시절 도청 직원을 가사도우미로 활용한 것과 관용차를 아내가 사적으로 이용하는

이명박 정부의 집권 3기 개각은 '영남 편중 인사'로 얼룩졌다. 특히 국무총리로 지명된 김태호는 불투명한 재산 증식, 채무 관계 누락, 도청 직원 가사도우미 활용 등 '공정한 사회'와는 거리가 먼 인사였다.

등의 '직권남용 의혹'에 대해서도 사과했다. 그러나 그는 이명박이 강조한 '공정한 사회'를 거론하며 "대통령의 철학을 뒷받침하기 위해 국민과의 소통에 힘쓰겠다"며 자진 사퇴할 뜻이 없음을 분명히 했다.

문화체육관광부 장관 후보자 신재민도 다섯 차례의 위장전입에 대해 "당연히 법을 지켰어야 하는데, 그렇지 못했던 것에 대해 깊이 사과드린다"며 고개를 숙였다. 그러나 위장전입과 부인의 허위 취업, 부동산 투기 의혹, 스폰서 차량 이용과 이에 따른 정치자금법 위반 등을 거론하며 사퇴를 요구하는 야당 의원들을 향해 "제 불찰을 반성하고 있다는 말씀 외엔 드릴 말씀이 없다"며 버텼다.

이에 민주당, 민주노동당, 진보신당 등 야당 의원들은 "8·8 내각이 죄송 내각이냐"며 "잘못을 인정한 부적격 후보들에 대해 청와대는 지명을 철회하라"고 촉구했다.[161] 전 국회의장 이만섭은 이날 평화방송 '열린세상 오늘'에 출연해 "후보자들이 나와서 매일 절하고 죄송하다고 하는데 그럴 바에는 그만둬야 한다"며 "이번 청문회는 '죄송 청문회'"라고 비판했다. 그는 "후보자들이 청문회만 모면하면 된다고 해서 적당히 넘어가려 한다"며 "죄송하다는 말은 하는데 뭐가 죄송한지도 모르겠다"고 꼬집었다. 이어 그는 "돈을 좋아하는 사람은 장사를 해야 하는데 왜 청문회에 나와서 국민을 괴롭히는가. 어떤 후보자는 부동산 투자를 노후 대책이라고 했는데 국민은 죽든지 말든지 자기 혼자 잘살겠다는 것이냐"고 목소리를 높였다.[162]

『중앙일보』가 청문회 속기록으로 확인한 결과에 따르면, 김태호는 도청 직원을 가사도우미로 활용한 것 등에 대해 12번의 사과 발언을 했다. 신재민은 24일 다섯 차례의 위장전입에 대해 14번 사과를 반복했다. 경찰청장 후보자 조현오는 23일 '노무현 전 대통령의 거액 차명계좌' 발언과 관련해 "송구스럽다"는 말을 22번, "죄송하다"는 말을 5번이나 했다.[163]

'공정사회'의 전도사로 나선 이명박

결국 2010년 8월 29일 김태호, 신재민, 이재훈(지식경제부 장관 후보자)이 사퇴했다. 『한겨레』는 8월 30일자 사설 「고개 숙여 사과해야 할 사람은 바로 이 대통령」에서 "이번 사태를 통해 가장 반성하고 성찰해야 할 사람은 다름 아닌 이명박 대통령이다"고 했다. "청와대는 이들 후보 자의 흠결 내용을 미리 알고 있었으나 이 대통령이 '일만 잘하면 된다' 고 하자 그냥 밀어붙였다. 이런 이 대통령의 아집이 결국 내각 인선안을 누더기로 만들어버린 것이다."[164]

그럼에도 이명박은 자신이 져야 할 책임엔 전혀 아랑곳하지 않고 9월 5일 청와대에서 열린 '2010 장·차관 워크숍'에서 공정사회 구현을 위한 국정 운영 방향에 대해 참석 장·차관들에게 당부의 말을 하는 등 '공정사회'의 전도사가 되기로 작정했던 것 같다. 이명박의 그런 이율배반과 유체이탈 화법에 대해 여론은 싸늘하다 못해 냉담했다. 『월간조선』 기자 김태훈은 1년 후 "MB 정부가 추진하는 '공정한 사회 구현'에 국민이 냉담한 이유는 어디에 있을까"라는 질문으로 장문의 기사를 썼다.

이 기사에서 고려대학교 철학과 교수 이승환은 "'법'의 적용, 경제적 '몫'의 분배, '인사권'의 행사 등 국가의 주요 영역이 대단히 편파적으로 돌아가고 있기 때문"이라며 "정부는 말로는 공정사회를 내세우지만, 실제로 '공정한 법 적용', '공정한 경제정책', '공정한 인사정책'을 찾아보기란 어렵고, 그 결과 '공정사회'라는 구호에서 진정성을 느끼는 국민이 거의 없다"고 잘라 말했다.

강원대학교 윤리교육과 교수 신중섭은 "이 대통령이 후보 시절 지나치게 구설에 올라 이미 공정성과 관련해 대단히 손상을 입었다. 이것은 대통령의 실제 과거 행위와 무관하게 형성된 일반인의 인식"이라고 분석했다. 여기다 공정성과 거리가 먼 정부로 각인刻印된 상황에서 '공정사회 구현'을 외치고 나온 것은 1980년대 초 전두환 정권의 구호인 '정의사회 구현'을 연상시키기에 충분했다고 분석했다.[165]

제8장

북한의
연평도 포격 사건

북한의 '3대 세습 체제' 구축

북한 국방위원장 김정일의 셋째 아들 김정은은 2010년 9월 27일 인민군 대장 칭호를 받은데 이어 다음 날인 28일 30년 만에 소집된 당 대표자회에서 중앙군사위원회 부위원장에 올라 권력 승계자 지위를 공식화했다. 이로써 북한은 '김일성→김정일→김정은'으로 이어지는 근·현대사상 초유의 '3대 세습 체제' 구축에 본격 착수했다.

이 권력 세습은 남한에서도 뜨거운 논쟁을 불러일으켰다. 민주노동당이 권력 세습에 대해 우호적인 입장을 표명하자, 『경향신문』은 10월 1일 「민노당은 3대 세습을 인정하겠다는 것인가」는 사설에서 "북한의 3대 세습은 민주주의는 물론, 사회주의와 아무런 인연이 없다. 북한의 가족 통치는 사회주의 이념을 배반하고, 사회주의적 가치를 훼손하는 것이기 때문"이라며 "그런 결정을 한 김정일 정권의 문제를 올바로 인식하고 바로잡기 위해 노력하는 것이 한반도 민중의 고통을 덜기 위해 헌신해온 진보세력의 과제"라고 말했다.

사설은 "그런데 민주노동당은 3대 세습을 공식화한 당 대표자회가 긴장 완화와 평화통일에 긍정적 영향으로 작용하기를 희망한다고 밝혔다"며 "북한은 무조건 감싸주어야 한다는 생각이라면 그것이야말로 냉전적 사고의 잔재이고, 한국 진보세력이 그렇게 냉전시대에 갇혀 있는 한 냉전적 보수세력의 발호를 차단하는 것도 어려워진다"고 말했다. 또 사설은 "진보는 동시대의 모순을 올바로 이해해야 하며, 항상 눈을 부릅 뜨고 시대의 최전선을 지켜야 한다. 북한의 3대 세습 때문에 한국 진보가 다시 몰락해서는 안 된다"며 "민노당이 입장을 바꿔 진보의 진짜 모습을 보여주기 바란다"고 촉구했다.

이 사설에 대해 민노당 울산시당은 10월 4일 『경향신문』 영남본부장 앞으로 보낸 절독 통지문에서 "북한의 3대 세습을 비판하지 않는다고 하여 '북한 추종세력'으로 단정짓고, 자신의 잣대를 상대방을 규정하고 그 잣대에 어긋난다고 하여 '종북'이나 '냉전 잔재'니 딱지를 붙여, 언론사의 공식 논평으로 게재한 『경향신문』에 대하여 우리 시당은 강력한 문제 제기를 한다"며 "울산시당은 『경향신문』을 구독하지 않기로 결정했다. 적절한 조치가 없으면 전당적으로 절독 사업을 진행할 예정"이라고 밝혔다.

『경향신문』 논설위원 이대근은 민노당의 이 같은 주장에 대해 10월 7일 『경향신문』 홈페이지 경향닷컴 '오피니언 X'에 반론을 올렸다. 그는 북한 주민들이 3대 세습을 당연하게 받아들일 수 있다는 주장에 대해 "북한 사람은 우리와 달리, 봉건적 통치 체제를 당연하게 생각하는 사

김정은은 인민군 대장에 이어 중앙군사위원회 부위원장에 올라 권력 승계자 지위를 공식화했다. 이 '3대 세습 체제'는 남한에서도 뜨거운 논쟁을 불러일으켰다. 제3차 노동당 대표자회 참가자와 기념 촬영을 하고 있는 김정일(앞줄 중앙)과 김정은(앞줄 왼쪽 두 번째).

람들이라고 주장하는 것이나 다름없기 때문에 북한 주민에 대한 대단한 모독"이라고 말했다. "그들은 자기 지도자를 스스로 선택하는 것을 좋아하지 않고, 세습을 당연시 하는 어리석은 백성들이니, 보편적 기준으로 평가해서 안 된다는 것인가"라고 반문했다.

이대근은 또 "내정간섭 배제 논리는 국가의 권위는 절대적이어서 그 국가가 시민과 어떤 관계를 맺든, 국가가 시민들을 어떻게 학대하든 외부세계는 절대 개입할 수 없다는 논리이자 국가 주권을 절대시하는 위험한 사고"라며 "자기 시민에 대한 비인간적 행위, 비인도주의적 행태, 반인권적 국가에 대해 누구나 어떤 외부인이든 인간이라는 자격으로, 인류라는 동류의식으로, 민주주의라는 이름으로 비판하고 지적하고 시정을 요구할 권리가 있다"고 말했다.[166]

이후 각계의 진보 진영 인사들이 한마디씩 거들면서 논쟁은 점점 확산되었는데, 한 가지 분명한 사실은 남한의 진보 진영엔 북한의 세습 체제에 대해 우호적이거나 비판적이지 않은 사람이 의외로 많다는 점이었다. 싱가포르를 끌어들여 세습이 꼭 절대악인 것만은 아니라는 주장도 나왔는데, 이에 대해 문화평론가 최태섭은 다음과 같이 말했다.

"싱가포르라는 권위주의적인 국가에서 하나로 합쳐지는 자칭 보수와 자칭 진보는 박정희와 김일성이라는 두 통치자에 대한 환상이 사실상 별 다를 바 없는 방식으로 작동하고 있다는 것을 보여준다. 후속 세대로서 나는 묻고 싶다. 대체 그럴 거면 민주화는 왜 했나?"[167]

4명의 목숨을 앗아간 북한의 만행

북한은 미국 스탠퍼드대학 국제안보협력센터 소장 지그프리드 헤커Siegfried Hecker의 11월 9~13일 방북 기간 현대식 제어실에 1,000개가 넘는 원심분리기가 설치된 영변의 우라늄 농축시설을 공개했다. 북한은 헤커에게 연간 1~2개의 핵무기를 생산할 수 있는 수준인 원심분리기 2,000개가 이미 설치되어 가동 중이라고 밝혔다. 헤커가 11월 20일 미국 『뉴욕타임스』와 인터넷 홈페이지를 통해 이 같은 사실을 공개하면서 북한 비핵화를 추구하던 국제사회에 작지 않은 파장을 몰고 왔다.

그로부터 며칠 후인 11월 23일 오후 북한이 서해 연평도 인근 해역에서 쏜 100여 발의 해안포 가운데 수십 발이 연평도 안에 떨어져 해병대 장병 2명(서정우 하사와 문광욱 일병)이 숨지고 10여 명이 중경상을 입고, 민가와 상가가 불타는 등 큰 피해가 발생했다. 우리 군도 즉각 80발의 대응 사격을 했는데, 남북이 1960년대 말까지 휴전선 일대에서 간헐적으로 포격전을 벌인 적은 있지만, 1970년대 이후 포격전은 이게 처음이었다. 이날 오후 연평도 주민 2명도 숨진 것으로 확인되어 사망자 수는 군인 2명을 포함해 모두 4명으로 늘었다. 북한의 포격에 민간인이 희생된 것은 1953년 6·25전쟁 휴전 이후 처음이었다. 주민들은 한목소리로 "6·25전쟁이 한창이던 60년 전으로 돌아간 것 같았다"고 말했다.[168]

북한이 왜 그런 만행을 저질렀는지 그 명확한 이유는 지금도 알 수 없지만, 김정은 후계 체계를 공고히 하기 위한 일종의 무력시위일 수 있다는 가능성이 제기되었다. 이명박은 포격 직후인 오후 2시 40분쯤 외교안보수석 천영우에게서 연평도 사태를 보고받고 즉각 외교안보 관련 참모들과 청와대 별관의 지하벙커로 자리를 옮겨 수석비서관들과 각군 사령관에게 "확전되지 않도록 만전을 기하라"고 지시했다. 이처럼 이명박 정부는 확전되지 않도록 신중한 모습을 보였지만 차차 강경한 대응으로 선회했다.

이명박은 오후 4시 30분쯤 지하벙커에서 긴급 외교안보장관회의를 열었다. 저녁 6시 청와대 홍보수석 홍상표는 대통령이 긴급 수석비서관회의에서 '확전 방지'를 지시했다는 설명은 와전이라며 기존의 브리평을 뒤집었다. 그는 또 대통령이 "상황이 악화되지 않도록 만전을 기하라"고 말했다는 것도 사실이 아니라면서 "이 대통령은 단호하게 응징해야 한다는 자세를 초지일관 유지했다"고 강조했다.

이명박은 회고록 『대통령의 시간 2008-2013』(2015)에서 "알고보니 언론의 브리핑 요구가 빗발치는 상황에서, 회의에 참석한 한 인사의 사견이 잘못 전달되어 언론에 나간 것이었다"며 "나는 즉시 언론 보도가 시정될 수 있도록 조치를 취하라고 지시했다. 그러나 한 번 잘못 나간 보도는 쉽게 고쳐지지 않았다. 이후 확전 자제 보도는 큰 후유증을 낳았다"고 썼다.[169]

이명박은 오후 8시 40분쯤 용산의 합참 지휘통제실을 방문해 북한의 추가 도발시 강경 대응을 주문했다. 그는 "군은 성명이 아니라 행동으로 대응해야 한다"고 말했다. 또 "아직도 북한이 공격 태세를 갖추고 있음을 볼 때 추가 도발도 예상된다"면서 "몇 배의 화력으로 응징한다는 생각을 가지라. 다시는 도발할 수 없을 정도의 막대한 응징을 해야 한다"고 강조했다.[170]

11월 24일 오전 국회에서 열린 한나라당 의원총회에선 곧바로 북한을 강력히 응징해야 한다는 격한 발언이 꼬리를 물었다. 한나라당 대표 안상수는 "북한이 천안함 폭침 이후 불과 8개월 만에 만행을 저질렀다"며 "경악과 분노를 금할 수 없다"고 격분했다. 그러면서 "추가 도발시 몇 배의 응징을 가해서 다시는 도발할 생각이 없도록 해야 한다"고 목소리를 높였다. 원내대표 김무성도 "이 상황은 준전시 상태"라고 말했다.[171]

11월 25일 이명박은 북한의 연평도 포격에 따른 후속 조치로 국방부 장관 김태영의 사의를 전격 수용했다. 경질의 원인은 이명박의 '확전 자제' 발언과 관련해 24일 오전엔 "대통령으로부터 '단호하지만 확전이 되지 않도록 하라'는 최초 지시가 있었다"고 했다가 오후 답변에선 "듣지 못했다"고 번복해 논란을 키운 발언 때문인 것으로 알려졌다. 김태영은 청와대에 해명하는 과정에서 "확전 자제를 둘러싼 논란을 잘 몰랐다"고 밝혀 청와대에선 이에 대한 불만이 컸다는 것이다.[172]

"이명박 정권은 병역 미필 정권"

이명박 정부의 안보 무능론이 대두되면서 이명박을 비롯한 국무위원 등의 병역 면제가 또다시 도마 위에 올랐다. 중앙대학교 법대 교수 이상돈은 11월 26일 평화방송 '열린세상 오늘 이석우입니다'와의 인터뷰에서 "정권 상층부가 이렇게 현 정권처럼 온통 병역 면제라서 심지어 병역 면제 정권, 군 면제 정권 이런 말 듣는 경우가 참 없지 않나"라면서 "이런 정권은 일단 국민의 신뢰를 얻을 수가 없다"고 지적했다. 그는 이어 "내가 보기에는 우리나라 국군 장교단도 아마도 병역 면제 정권이라는 말을 들으면 정권에 대한 불신이 클 것이다. 이런 것이 참 문제"라고 지적했다.[173]

이날 인터넷 포털사이트 등에는 청와대 지하의 국가위기관리센터에서 열린 벙커 회의 참석자들 중 이명박과 국무총리 김황식, 국가정보원장 원세훈 등이 군 미필자인 점을 꼬집는 글들이 잇따라 올라왔다. 한 네티즌은 "한마디로 군 미필 정권"이라며 "이런 사람들이 모여 있으니 급박한 교전 상황에 '확전 자제'라는 엉뚱한 말이 나온 것"이라고 꼬집었다. 야당도 가세했다. 민주당 원내대표 박지원은 "도대체 병역 미필 정권이 언제까지 허울 좋은 안보를 내세울 것인지 정권의 책임을 묻지 않을 수 없다"고 비판했다. 자유선진당 의원 박선영은 "(이 대통령은) 청와대 벙커에 들어갈 때마다 입는 전투기 조종사 같은 점퍼부터 벗어던지고 국민 앞에 사과하라"고 요구했다.[174]

한나라당 최고위원 홍준표는 11월 29일 열린 한나라당 최고위원회 회의에서 "병역의무 이행 여부가 대북 정보 능력 척도가 되는 것은 아니지만 이 정부의 안보 관계 참모만이라도 이번 기회에 병역 면제자는 정리해달라"고 주장했다. 이는 사실상 이명박을 비롯해 국무총리 김황식, 외교통일부 장관 김성환, 국정원장 원세훈 등을 여당 내부에서 직접 겨냥한 것이었다. 이 밖에도 국무위원 중에서 대통령 특별보좌관 강만수, 기획재정부 장관 윤증현, 국토부 장관 정종환, 환경부 장관 이만의, 방통위원장 최시중(일병 귀휴) 등이 병역 미필자였으며, 한나라당 대표 안상수도 병역 면제자였다.[175]

11월 30일, 안상수가 11월 23일 연평도 방문 당시 불에 그슬린 보온병을 들어 보이며 포탄이라고 말하는 장면을 찍은 YTN의 '돌발영상'이 공개되면서 정부·여당의 병역 미필을 둘러싼 논란은 더욱 확산했다. 돌발영상에 방영된 내용은 이랬다. 안상수는 포격으로 폐허가 된 민가를 둘러보며 쇠로 만든 통 2개를 들고 "이게 포탄입니다. 포탄"이라고 말했다. 옆에 있던 대변인 안형환은 "이게 몇 밀리미터mm 포냐"고 물었고 육군 중장 출신 의원 황진하는 "작은 통은 76.1밀리미터 같고, 큰 것은 122밀리미터 방사포탄으로 보인다"고 답했다. 이어 안상수 일행이 자리를 뜬 뒤 현지 주민으로 보이는 사람이 통을 살펴보면서 "상표 붙은 것 보니까 포탄이 아니야…보온병!"이라고 말했다. 이 영상이 나간 후

11월 23일 연평도를 방문한 안상수는 불에 그슬린 보온병을 보고 "이게 포탄입니다. 포탄"이라고 말해 정부·여당의 병역 미필을 둘러싼 논란을 불러일으켰다.

인터넷에는 "아무리 군대를 안 갔다 왔다지만 너무하다", "이건 군 면제 당이 아니라 개콘(개그콘서트)당이다" 등의 글들이 올라왔다.[176]

12월 1일 자유선진당 최고위원회의에서 최고위원 변웅전은 안상수를 향해 "정부·여당이 아무리 군 미필자 모임이라고 해도 보온병을 들고 포탄이라고 하느냐"며 "소총도 안 쏴본 사람이 대포 한 대 맞더니 정신을 못 차리고 있다"고 했다.[177]

"국민의 군대인가, '영포 라인 군벌'인가"

2010년 12월 1일 국정원장 원세훈은 국회 정보위에 출석해 "지난 8월에 북측에 대한 감청을 통해 서해 5도에 대한 공격 계획을 확인했다"면서 당시 이명박 대통령에게도 이러한 사실이 "보고됐다"고 말했다. 또 북한의 공격 계획을 사전에 인지하고도 대비하지 못한 데 대해 "북한이 상시적으로 그런 위협적 언동을 많이 해왔으므로 민간인 포격에 이르기까지는 예상하지 못했다"면서 "포격 당일에 (북한이) 유선으로 작전을 수행해 (미리) 파악하기 어려웠다"고 답변했다. 이 발언은 3월 26일 천안함 침몰 사건이 발생한 후 군과 정부가 비상한 각오로 북의 도발에 대처하겠다고 했던 대국민 약속과 달리 안일하게 대응했다는 것을 시인한 것이어서 이명박 정부의 안보 무능론에 다시 불을 지폈다.[178]

12월 4일 이명박은 청와대에서 신임 국방부 장관 김관진에게 임명장을 수여한 뒤 "모든 것을 한꺼번에 개혁할 수는 없지만 필요한 개혁, 시급한 개혁을 단호하게 해야 한다"면서 "새 장관이 국방 개혁을 통해 군을 군다운 군대로 만들어야 하고, 내가 직접 챙기겠다"고 말해 대폭적인 군 인사를 단행할 것을 예고했다.[179] 12월 6일 김관진은 야전을 중심으로 한 군사 전문성, 인사 청탁 배제, 정상적인 인사 등을 군 인사 3대 원칙으로 제시했다.

하지만 12월 15일 내정된 군 인사에서마저 영남 편중 인사라는 비판이 쏟아져 나왔다. 경북 출신 김상기 대장의 육군총장 내정으로 김성찬 해군총장(해사 30기·경남 진해), 박종헌 공군총장(공사 24기·포항) 등 육·해·공군 수뇌부가 모두 경북·경남 출신이 맡게 되었기 때문이다. 또 군의 대장 총 8명 가운데 경북 3명, 경남 1명 등 4명이 영남 출신으로 채워졌다.

『한겨레』12월 16일자 사설 「국민의 군대인가, '영포 라인 군벌'인가」는 "대장급 8명 가운데 포항 2명(김상기 육군총장, 박종헌 공군총장), 경북 김천(이홍기 3야전군사령관), 경남 진해(김성찬 해군총장) 등 영남 출신이 네 자리나 차지했다"며 다음과 같이 말했다.

"육해공군 참모총장을 모두 영남 출신으로 채운 것은 창군 이래 유례가 드물다. 영포 라인(이 대통령의 고향인 영일·포항 지역 인맥) 군벌을 확실하게 만들겠다는 모양새다. 이런 인사는 필연적으로 다른 지역 출신 인사들을 소외시키고 군의 단합을 해친다. 전력을 심각하게 좀먹을 것도 분명하다. '내 맘대로 인사' 행태가 우려를 넘어 두려울 정도다."[180]

『한국일보』12월 17일자 사설「이런 인사를 해놓고 군다운 군을 만든다니」는 "언뜻 봐도 한심한 지역 편중, 무책임 인사다"고 개탄했다. "김상기 육군참모총장은 경북 포항 출신에 이명박 대통령의 고교 후배다. 그의 임명으로 3군 참모총장이 모두 영남 출신으로 구성된 것만 해도 기막힌데, 그중 둘이 포항 출신이다. '영포인사'라는 개탄이 나오지 않을 수 없다.……그 희생과 수모를 겪고도 도무지 정신 못 차리는 이 정부와 군을 어찌해야 하나."[181]

『한겨레』는 12월 17일자「3군총장 '영남 싹쓸이' 17년간 없었다」에서 1993년 이후 임명된 육군총장 13명과 공군총장 11명, 해군총장 9명의 재임 기간과 출신 지역을 뽑아 분석한 결과, 영남이든 호남이든 특정 지역 출신이 육해공군 총장을 싹쓸이한 적은 단 한 차례도 없었다고 보도했다. 육해공군 수뇌부가 모두 영남 출신으로 채워진 것은 1993년 문민정부 출범 이후 처음이라는 것이다. 문민정부 출범 이후 역대 정권은 육해공군 총장 가운데 2곳이 영남 등 특정 지역 출신에 쏠리면, 나머지 1곳은 의식적으로 다른 지역 출신을 임명해왔다.[182]

예측 불허 상황으로 흐른 남북 '치킨 게임'

병역 미필 정권과 안보 무능 정권이라는 비판이 계속 나왔기 때문일까? 12월 16일 합동참모본부는 "북한의 연평도 포격 도발로 중지했던 해상 사격훈련을 18일부터 21일 사이 하루에 실시할 것"이라고 말했다. 이에 북한은 12월 17일 남측에 보낸 통지문에서 "(포사격 시) 2차, 3차의 예상할 수 없는 자위적 타격이 가해질 것"이라고 말한 데 이어 18일 북한 매체인 '우리민족끼리'는 "무분별한 전쟁 연습이 실전으로 이어지지 않는다는 담보는 어디에도 없다"고 위협했다.[183]

남북 관계가 치킨 게임 양상으로 흐르자 12월 19일 야당과 시민·사회단체, 연평도 주민들은 사격훈련의 연기·철회를 요구하고 나섰지만, 12월 20일 북한군의 포격으로 중단된 연평도 해상 사격훈련이 27일 만에 실시되었다. 이날 이명박은 우리 군의 연평도 사격훈련에 대해 "군사적으로 대치하고 있는 분단국가에서 영토 방위를 위해 군사훈련을 하는 것은 주권국가로서 당연한 일이다"고 말했다.[184]

12월 29일 오전 국내 6대 종단(가톨릭·개신교·불교·원불교·천도교·성균관)과 시민사회의 원로·지도자들 137명은 서울 중구 프레스센터에서 기자회견을 열고 "한반도에서 더이상의 전쟁은 안 된다"며 '한반도 전쟁 방지와 평화 정착'을 위한 남과 북의 노력을 촉구하는 호소문을 발표했다. 이들은 "지금 필요한 것은 평화를 지키겠다는 우리 사회의 굳건한 각오와 노력"이라며 남과 북의 서로를 자극하는 일체의 공격적 군사행동과 도발적 언동의 중지, 굳건한 안보태세 확립과 한반도 평화를 위한 근본적 대책 마련 등을 촉구했다. 이들은 또 "한반도 평화를 위한 근본 대책 마련은 남북대화의 복원에서 시작될 수밖에 없다"며 "남과 북은 서해의 군사 충돌을 예방하고 평화를 정착시키는 방안을 대화를 통해 함께 모색해야 한다"고 권고했다.

이날 호소문에는 진보 쪽뿐만 아니라 보수 쪽에서도 대거 참여했다. 특히 개신교에선 진보 쪽의 한국기독교교회협의회NCCK 김영주 총무뿐만 아니라 보수 쪽의 한국기독교총연합회CCK 이광선 대표회장과 길자연 차기 대표회장, 김명혁 한국복음주의협의회 회장, 이영훈 여의도순복음교회 담임목사 등이 참여했다. 김명혁 회장은 "지금은 희망을 말할 때가 아니라 통곡하고 울 때"라며 "개신교의 양대 기둥인 한기총과 엔시시가 평화를 이룰 뜻을 함께 모을 수 있다는 게 다행"이라고 말했다. 이날 인명진 우리민족서로돕기운동 상임공동대표는 "평화는 총칼만으로 지킬 수 없으며, 남북의 다양한 교류와 대북 인도적 지원은 평화를 지키는 가장 중요한 방법"이라며 "정부는 잘못을 인정하고 고치기 바란다"고 말했다.[185]

2011년 1월, 1987년 KAL기 폭파범 김현희는 월간 『머니』와 가진 인터뷰에서 "지난해 북한이 두 차례나 남한을 도발한 것은 (북한이) 어려워진 경제난 때문에 모험을 감행한 것"이라고 말했다. 그는 "천안함과 연평도 사건은 국민의 한 사람으로 울분을 토했다. (남한이) 보복을 못해 화가 났었다"며 "자작극을 주장하는 일부 종북從北주의자들과 싸우는 게 내 운명이 아닌가 싶다고 생각한다"고 말했다.[186]

제9장

12·8 예산 파동과
12·31 인사 파동

한미 FTA 추가 협상 타결, 예산·인사 파동

G20(주요 20개국) 정상회의가 2010년 11월 11~12일 신흥국으로는 최초로 서울에서 열렸다. G20 국가 외에도 5개 초청국과 7개 국제기구가 참석한 가운데 각각 정부 대표단 6,000여 명, 언론인 4,000여 명, 비즈니스 서밋business summit에 참여할 글로벌 기업의 CEO 120명 등이 방한한 역대 최대 규모였다. 한국이 의장을 맡은 서울 정상회의에선 환율과 경상수지 불균형, 글로벌 금융 안전망, 개발, 무역자유화, 금융기구 및 규제 개혁, 반부패 등 주요 현안이 합의되어 국제공조의 틀을 공고히 했다.[187]

12월 3일엔 한미 FTA 추가 협상이 미국에서 열린 한미 통상장관회의에서 타결되었다. 이로써 2007년 6월 30일 협정문 서명식을 한 뒤 미국 내 일부의 반발로 진척이 없었던 한미 FTA가 국내 비준 절차에 들어갈 수 있는 기반이 마련되었다. 한국은 자동차 분야에서 관세 철폐 기한 연장 등 일부를 양보하는 대신 미국산 쇠고기 수입 확대 요구는 막았으며 미국산 돼지고기 관세 철폐 기간 연장 등을 얻었다.

이명박은 회고록 『대통령의 시간 2008-2013』(2015)에서 "자동차 부분은 양보했지만 우리 자동차업계는 오히려 한미 FTA 추가 협상 타결을 환영하는 분위기였다"며 "당시 정부는 현대자동차를 비롯한 국내 자동차업계의 입장을 물었다. 그러자 정몽구 현대자동차그룹 회장은 강한 자신감을 표했다"고 썼다.[188]

서울 정상회의는 국격을 높이는 계기가 되었지만, 12월에 일어난 예산 파동과 인사 파동은 국격을 말하기엔 한국이 아직 가야 길이 멀다는 걸 말해주었다. 12월 8일 한나라당이 오후 본회의장 의장석을 점거하고 있던 야당 의원들을 밀어낸 뒤 단독으로 국회 본회의에서 2011년도 예산안을 강행 처리했다. 예산안은 166명이 투표해, 찬성 165명, 반대 1명으로 통과되었다. 한나라당, 미래희망연대(친박연대)가 찬성표를 던졌고, 창조한국당 의원 이용경이 유일하게 반대했다. 민주당, 민주노동당, 진보신당 등 야당은 '3년 연속 예산안 날치기 통과'를 감행하고 있다며 '독재정권', '의회 폭거'라고 비판하며 표결에 참여하지 않았다.[189]

이날 통과된 예산안은 정부안(309조 5,518억 원)보다 4,951억 원 줄어든 309조 567억 원 규모였다. 이명박 정부 들어 2008년부터 3년째 계속되고 있는 새해 예산안의 여당 단독 처리였다. 부실 심사 끝에 사실상 여당 단독으로 예산안을 주물러버리면서 깎아야 할 곳은 놔두고 엉뚱한 곳에 예산을 배정한 경우가 적지 않았다. 예컨대 민주당이 6조 7,000억 원의 삭감을 요구했던 4대강 사업 예산은 2,700억 원 삭감에 그쳤다. 지방자치단체 지원을 위한 지방교부금 257억 원과 지방교육재정교부금 229억 원도 삭감되었다. 혁신도시 관련 예산(140억 원)과 행복도시 인근 도로 사업비(190억 원)도 깎였다. 남북협력기금도 30억 원 삭감되었으며, 자유무역협정FTA 국내 대책 추진 예산도 7억 5,000만 원줄었다.

반면 의원들의 각종 민원성 예산은 대폭 불어났다. 도로·철도 부문에서 증액된 것만 수천 억 원 규모에 달했다. 대구 시민 안전테마파크 전시시설 확충 예산에 정부는 2억 5,800만 원을 올렸으나 국회는 6배 넘는 16억 5,000만 원을 증액시켰다. 경기 일산경찰서 사격장(6억 원), 부산 사상경찰서 개축 청사 진입로(14억 원) 등도 신규 반영되었다. 한식세계화 지원 예산 1억 5,000만 원이 늘어났고, 행정안전부의 새마을운동 세계화 예산은 50억 원이 추가되었다. 국회의원 공무수행 출장비, 헌정회 지원 예산 '밥그릇 챙기기'성 증액도 빼먹지 않았다.[190]

『경향신문』이 단독 입수해 한나라당 증액 요구 사항 자료를 실제 내년 예산과 비교한 결과에 따르면, 한나라당이 막판에 요청해 증액된 151개 사업의 4,613억 원에서 영남 지역 예산은 전체의 66.8%인 3,084억 원인 것으로 나타났다. 'PK 예산'은 경남 700억 원(38건), 부산 293억 원(12건), 울산 29억 원(4건) 등 1,012억 원이었고, 'TK 예산'은 대구 277억 원(11건), 경북 1,795억 원(13건) 등 2,072억 원에 달했다.

특히 증액 예산 규모에서 상위 21위 안에 영남 예산은 14건이나 들어 있었다. 한나라당 관계자는 PK 예산의 급증에 대해 "2012년 총선·대선을 앞두고 부산·경남 지역이 중요하다는 판단 때문에 당 지도부에서도 이 지역을 적극적으로 배려한다는 차원에서 계수조정소위 인원 구성부터 신경을 썼다"고 밝혔다. 반면 서울은 141억 원(9건), 경기·인천은 각각 451억 원(20건)과 178억 원(13건), 호남의 증액 사업은 2건 55억 원, 충청은 1건 5억 원에 불과했다.

한나라당이 막판 밀어넣기로 증액된 사업 태반은 사회간접자본SOC 과 건설 예산이었다. 증액 예산 상위 21위 안에서 13건이 SOC 예산인 것으로 집계되었고, 이들 대부분이 영남권에 집중되었다. 특히 포항-삼 척 철도(700억 원)와 포항-울산 복선전철(520억 원)이 1·2위를 차지하 는 등 이명박 대통령의 친형인 이상득 의원과 관련된 '형님 예산' 3건이 증액 예산 규모 상위에 올랐다. 이 밖에 경북도청 신청사(200억 원), 수인 선 광역철도(150억 원), 인천도시철도 2호선(100억 원), 진주-마산 고속 도로(100억 원) 등도 막판에 증액된 '토건 예산'들이었다.[191]

"이상득 '형님 예산' 3년 동안 1조 원 이상 챙겼다"

한나라당에선 지역구 예산을 두둑이 챙겨 실속을 차린 이들이 적지 않았다. 본회의장 내 질서 유지권에 이어 경호권까지 발동해 한나라당의 예산 강행 처리에 필요한 조처를 모두 내려 야당 의원들에게서 '날치기 주범'으로 지탄받은 국회의장 박희태(경남 양산)는 총 288억 5,200만 원 을 받았다. 이에 야당 의원들은 박희태를 향해 "청와대의 거수기라고 망 신당하면서도 예산안과 쟁점 법안을 직권상정한 대가가 288억 원이냐" 며 비아냥거렸다. 예산결산특별위원장인 한나라당 의원 이주영(경남 마 산)도 최대 수혜자 중 한 명이었다. 무려 1,742억 6,700만 원이 이주영 의 지역구로 돌아갔다.[192]

예산안 날치기 통과의 최대 수혜자는 이명박 대통령의 형인 한나라당 의원 이상득(경북 포항시 남구·울릉군)이었다. 울산-포항 고속도로건설(정부안 900억 원+100억 원), 오천-포항시계 국도건설(20억 원 신설), 포항-삼척 철도건설(700억 원 신설), 울릉도 일주 국·지도건설(정부안 20억원+50억 원) 등을 포함해 이른바 '형님 예산'은 총 1,790억 원에 달했다. 이는 북한의 연평도 포격을 이유로 증액된 국방 예산(1,223억 원)보다 많은 액수였다.[193]

그러니까 '형님 예산'으로 불리는 이상득 관련 예산 증액분은 충청도 전체 예산 증액분 5억 원의 268배에 이르는 셈이었다.[194] 이 과정에서 민생 예산이 대폭 삭감되었다. 이와 관련해 민주당 정책위의장 전병헌은 "날치기 처리 중 야당이 요구했던 방학 중 결식아동 급식비 285억원이, 영·유아 어린이 예방접종 예산 400억 원이 결국 0원이 됐다"며 "'형님'이 모두 깡그리 훔쳐간 것"이라고 말했다. 이명박 대통령의 친형 이상득 의원의 지역구인 포항 지역 예산이 증액 심사 과정에서 1,430억원 늘어난 것을 빗댄 것이다.[195]

한나라당이 이명박 정부 들어 3년 연속 예산안을 단독 강행 처리하면서 이상득은 2009년 4,370억 원, 2010년 4,359억 원, 2011년 1,790억원 등 3년 동안 총 1조 원이 넘는 지역구 예산을 챙긴 것으로 나타났다. 이명박 정부 출범 첫해인 2008년 12월 13일 여당이 강행 처리한 2009년도 예산안에서 이상득의 지역구인 포항 관련 예산은 4,370억 원이나 배정되었는데, 이는 전년도 대비 95%나 증액된 것이다.

당시 이상득은 울산-포항 고속도로 예산(360억 원), 포항-영일 산단진입도로(243억 원), 포항-삼척 복선전철(855억 원) 등 굵직한 예산을 땄다. 특히 포항항만 정비사업 예산 등 500억 원은 여야의 삭감 합의를 무시한 채 최종안에서 다시 살아나 '형님의 힘'을 과시하는 상징이 되었으며, 이때부터 이른바 '형님 예산'이라는 말이 본격적으로 사용되기 시작했다.[196]

"형님 예산 다 집행하려면 10조 2,000억 필요"

12월 14일 코스피지수가 2007년 10월 31일 이후 3년 1개월여 만에 2,000선을 돌파했다. 코스피지수는 외환위기 이후 10년이 지난 2007년 7월 25일 처음으로 2,000을 돌파했다가 미국발 금융위기로 938.75까지 추락한 후 다시 2000선을 회복했다. 한국 증시는 유럽 재정위기와 북한의 연평도 도발, 중국의 긴축이라는 3대 악재를 딛고 강한 회복력을 보이면서 한국 경제의 토대가 굳건함을 방증했다.[197]

그렇지만 경제 수준과는 따로 노는 정치적 갈등은 여전했다. 2010년 12월 9일 민주당은 5시간여에 걸친 의원총회에서 장외투쟁을 결정하고, 이날 밤부터 '4대강 날치기 예산 무효화'를 위한 100시간 서명운동을 시작했다. 12월 10일 민주당 대표 손학규는 서울광장 대국민서명운동 발대식에서 "의회를 짓밟고 야당을 탄압하는 데 급급해 꼭 지키겠다고 했던 예산마저 놓친 것이 이명박 정부 국정 운영의 현주소"라며 대정부 투쟁을 선포했다.[198]

『경향신문』 정치·국제에디터 김봉선은 12월 13일자 칼럼 「형·님·본·색」에서 얼마 전 "여당 의원들이 '형님 예산'만 건드리지 않으면 야당 민원을 챙겨주겠다고 하더라"는 한 야당 의원의 폭로가 괜한 소리는

한나라당은 3년 연속으로 예산안을 단독으로 강행 처리했다. 특히 '형님 예산'으로 불리는 이상득 관련 예산 증액분은 충청도의 268배에 이르렀다. 12월 20일 의정부역 앞에서 손학규 민주당 대표와 참석자들이 날치기 통과를 규탄하고 있다.

아니었다면서 다음과 같이 말했다. "'형님 본색'이고, 'MB 본색'이자 '정권 본색'이다. 힘없는 유권자들은 실세 형님이 여러 분이 아니라 한 분이어서 다행이라고 자위해야 하나. 아니면 잊지 말고 총선, 대선 때까지 기억하자고 되뇌어야 하나."[199]

이명박 정부 출범 뒤 대통령의 형인 이상득의 지역구에 배정된 '형님 예산'의 전체 규모(미래 투자액 포함)가 10조 원에 육박하는 것으로 나타났다. 14일 민주당 정책위원회가 발표한 자료를 보면, 2009년 이후 시작된 사업의 총사업비(4조 8,070억 원)에, 이명박 정부 출범 전 시작되었으나 타당성이 부족하다는 감사원 지적에 따라 중단했다가 날치기 과정에서 끼워넣은 사업의 총사업비(5조 1,606억 원)를 합치면 9조 9,676억 원에 이르렀다. 이상득이 최근 3년간 챙긴 지역구 예산(1조 1,159억 원)의 9배에 이르는 규모였다. 민주당은 "지금까지 거론된 형님 예산이 '빙산의 일각'에 불과하다는 점이 명확해지고 있다"며 "형님 예산이 투입된 사업 전반에 대해 전면적인 타당성 조사를 벌일 필요가 있다"고 지적했다.[200]

왜 이런 어이없는 일들이 잇따라 벌어지는데도 야당은 무력하기만 했던 걸까? 여야를 막론하고 정치가 단지 밥그릇 싸움 그 이상도 그 이하도 아닌 승자독식 전쟁으로 변질된 탓은 아니었을까? 2010년 11월에 출간된 『진보집권플랜: 오연호가 묻고 조국이 답하다』엔 서울대학교 교수 조국의 의미심장한 발언이 등장했다. 그는 다음과 같이 '야당 의원 영주론'을 제기했다.

"386세대 운동권 출신도 국회에 많이 들어갔지만, 선수選數가 쌓이고 당 고위 간부가 되다 보니까 자기가 갖고 있는 지분과 세력을 확보하는 데 급급한 것 같아요. 그러면서 '투사'가 '영주'로 변모하는 현상이 나타납니다. 영주는 왕에게 받은 봉토가 있고, 자신에게 속한 농노도 있고, 일정한 조건 아래 중앙의 왕과 교섭할 수도 있잖아요. 왕과 맞서기보다는 그냥 영주로 사는 것이 안전하고 행복하죠."[201]

이는 고려대학교 명예교수 최장집의 프랜차이즈 정당론, 즉 "민주당은 정당으로서의 리더십 정점, 즉 구심력 없이 의원 1인 각자가 정당의 이름을 갖고 활동하는 '프랜차이즈 정당'"이라는 주장과는 좀 다른 의미이긴 하지만,[202] 자신의 지분과 세력에만 신경쓰는 '각자도생 정치'라고 하는 점에서는 통하는 말이기도 했다. 바로 그런 정치 환경에서 "누가 뭐래도 내 갈 길 가겠다"는 이명박식 정치와 통치도 기승을 부렸던 게 아닐까? 이명박 정부는 2010년 마지막 날 전격 단행한 측근 중심의 보은 인사와 회전문 인사로 2011년의 출발을 또다시 인사 파동으로 장식하게 된다.

"정부 인사, 측근들 불러모아 측근끼리 등 부딪칠 판"

2011년 연초부터 이명박 정부는 2010년 마지막 날 전격 단행한 인사 파동에 휩싸였다. 야당과 언론은 '12·31 인사'는 측근 중심의 보은 인사 혹은 회전문 인사의 특징이라고 공격했다. 이명박은 '12·31 인사'에서 대통령직인수위원회 법무·행정분과 간사를 거쳐 청와대 민정수석을 지낸 정동기를 감사원장, 인수위 출신으로 청와대 경제수석을 지낸 최중경을 지식경제부 장관, '왕의 남자'로 불리는 박형준 전 정무수석과 이동관 전 홍보수석을 각각 상근직 대통령 사회특보와 언론특보로 임명했다.[203]

청와대는 2010년 8월 국무총리 후보자 김태호의 낙마 후 "'공정한 사회'에 걸맞게 역량·경력·도덕성·평판 등에 관해 실질적이고도 질적인 검증이 이뤄져야 한다"며 인사 검증 시스템 개혁을 다짐한 바 있었지만 이게 하나도 지켜지지 않은 것이다. 언론은 진보와 보수를 막론하고 모두 어이없다는 반응을 보였다.

『경향신문』은 "'회전문 인사'의 반복이고, '끼리끼리, 돌려막기' 인사"라며 "여론이나 평판보다는 충성도 위주의 인사를 하기 때문"이라고 비판했다.[204] 『한겨레』는 "이 대통령의 이런 폐쇄적인 인사는 집권 후반기 권력 누수에 대한 불안감, 국정 주도권에 대한 집착의 결과로 여겨진다. 하지만 그 폐해는 막중하다"며 다음과 같이 말했다.

"대통령 주변에 오직 충성 발언을 일삼는 '예스맨'들만 득실거리는 것은 국민뿐 아니라 정권에도 불행이 아닐 수 없다. 권력을 에워싼 '인의 장막'은 가뜩이나 민심에 귀막은 대통령을 더욱 귀머거리로 만들어 소통 부재를 더욱 심화시킬 것도 불을 보듯 뻔하다. 이번에 기용된 몇몇 인사들에 대해선 대통령과 운명을 함께하는 '순장파'라는 이야기까지 나온다."[205]

『조선일보』는 「정부 인사, 측근들 불러모아 측근끼리 등 부딪칠 판」이라는 사설을 통해 "대통령이 한 번 썼던 사람을 이리 돌리고 저리 돌려 계속 쓰다 보니 이제는 청와대 안에서 측근들끼리 등이 부딪칠 판이 돼버렸다. 여러 정권을 다 보아왔지만 인사에 있어선 정말 특별한 정권이다"고 개탄했다.[206]

1월 3일 열린 한나라당 지도부 공식 회의에서도 이명박 대통령의 12·31 개각을 두고 '측근 인사 돌려막기'란 비판이 나왔다. 이날 최고위원 홍준표는 여의도 당사에서 열린 최고위원회 비공개 회의에서 "지난 정권 10년 내내 우리가 청와대 인사를 '돌려막기', '회전문', '측근 인사'라고 욕을 했는데 이번 개각을 보니 우리가 똑같이 그 전철을 밟고 있다"며 "청와대와 정부가 잘못할 때는 당이 눈치를 보지 말고 각을 세울 땐 각을 세워야 한다"고 말했다.[207]

강남좌파 조국의 '진보집권플랜'

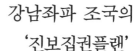

조국의 강남좌파 이미지

2010년 11월 『오마이뉴스』 대표기자 오연호가 묻고 서울대학교 법학전문대학원 교수 조국이 답한 『진보집권플랜』이 출간되었다. 책 소개에 따르면, 이 책은 오연호가 조국과 함께 2010년 2월 초부터 9월 초까지 7개월간 10번에 걸쳐 진행한 대담을 엮은 것이며, '잃어버린 10년'을 되찾겠다면서, 표현의 자유 보장의 수준 등 한국 사회를 10년 전으로 되돌려 놓아버린 이명박 정권의 무도함에 대한 비판과 분노 표출을 넘어 김대중 정권과 노무현 정권 등 두 민주정부를 공정하게 평가하는 동시에 진보의 집권 플랜을 구상한 대담집이라고 한다.

조국은 누구인가? 조국은 1965년 부산 출생으로 혜광고, 서울대 법대 최연소 입학(1982), 동 대학원 법학 석사(1989), 최연소 울산대 법학과 교수(1992~1994, 1999~2000), 국가보안법 위반 혐의로 구속 6개월 복역, 미국 버클리대학 로스쿨 법학 박사(1997), 동국대 법대 교수(2000~2001), 서울대 법대 교수(2001~), 참여연대 사법감시센터 소장(2002~2005), 서울대 대외협력부본부장(2007~2008), 국가인권위원회 위원(2007~2010) 등의 이력을 갖고 있는 진보적 지식인이었다.

이 대담은 오연호의 제안으로 이루어졌다. 조국의 반농담에 따르자면 "오 대표의 '꾐'에 빠져 얼떨결에 수락한 프로젝트"였다.[208] 왜 『오마이뉴스』의 오연호가 다시 나섰을까? 3년 전 실패로 돌아간 '문국현 띄우기'의 재탕인가? 더욱 흥미로운 건 문국현과 조국 모두 강남좌파의 이미지가 매우 강하다는 것이었다.

조국은 『경향신문』 인터뷰에서 자신에게 쏟아지는 '강남좌파'라는 딱지를 굳이 거부하지 않았다. 진보를 외치지만 기득권층임을 부인할 수 없다는 것이다. 말과 행동 사이에서 갈등을 느낄 때도 많다고 했다. 겉(말)과 속(행동)이 다 빨간(일치하는) '토마토'가 되면 좋겠지만 겉만 빨갛고 속은 하얀 사과일 때가 많다고 솔직히 고백했다. 그의 딸은 외고를 거쳐 대학 이공계에 진학했는데, "나의 진보적 가치와 아이의 행복이 충돌할 때 결국 아이를 위해 양보하게 되더라"고 자신의 한계를 인정했다. 그렇게 언행일치의 토마토가 되지 못한다고 해도 각성과 추구, 그 자체만으로 의미 있다는 것이다.[209]

조국에게 강남좌파 딱지가 붙은 데엔 서울대학교 법학전문대학원 교수라는 타이틀과 더불어 그의 삶의 철학도 한몫했다. 강남좌파의 장점이자 강점은 여유와 너그러움이다. 삶을 즐기라는 뜻의 라틴어인 "카르페 디엠carpe diem!"의 원리에 충실하다. 2008년에 출간된 조국의 칼럼집 『성찰하는 진보』엔 이런 이야기가 나온다. "2005년에는 개인 홈페이

조국과 오연호의 『진보집권플랜』은 한국 사회를 10년 전으로 되돌려 놓아버린 이명박 정권의 무도함에 대한 비판과 분노 표출을 넘어 동시에 진보의 집권 플랜을 구상한 대담집이다.

지를 개설하면서 오랫동안 컴퓨터 속에 잠자고 있던 조각글과 사진 파일을 정리해 공개했고, 이후 순간순간 떠오르는 상념도 계속 홈페이지에 올려놓았다. 내 나름의 '카르페 디엠'이었다."[210]

　　첼로 사건도 기여하지 않았을까? 『한국일보』(2011년 2월 26일)의 '강남좌파 형성사'에 따르면, "강남좌파는 권영길 민주노동당 원내대표의 1997년 대선 출마, 2000년 민노당 창당 및 대표 취임 과정에 정치·사회 무대에서 본격적으로 거론되기 시작했다. 지난해 지방선거 직전 공개된 노회찬 당시 서울시장 후보의 첼로 연주 사진은 강남좌파 이미지를 대중에 인식시키는 데 일조했다. 그는 이 사진을 표지에 담은 책에서 '모든 국민이 악기 하나쯤은 연주할 수 있는 나라'가 그의 꿈 중 하나라고 밝혔고, 조국 서울대 법학전문대학원 교수는 이를 받아 언론 칼럼에서 '아무리 가난한 집안에 태어났어도 소질만 있다면 아마추어 첼리스트가 될 수 있는 사회는 한낱 꿈이 아니어야 한다'고 설파했다".[211]

키 크고 잘생긴 것도 죄인가?

조국의 잘생긴 외모도 강남좌파 이미지 형성에 일조했다. 2010년 12월 조국과 인터뷰를 한 이종탁도 그런 느낌을 받은 것 같다. 그는 "학문의 세계에서 수려한 외모는 불리하게 작용할 때도 있다. 얼굴 잘생긴 학자, 탤런트 같은 교수를 상상해본 적이 있는가. 영화 속의 멋있는 학자는 작은 키에 커다란 뿔테 안경을 쓴, 뭔가 허술해 보이지만 놀라운 예지력을 가진 사람일 뿐 장동건 같은 외모의 소유자는 결코 아니다. 외모와 학문은 아무 상관관계가 없지만 전문성이 뛰어난 학자는 외모가 뛰어나지 않을 것이라는 막연한 선입견이 우리 머릿속에 들어 있는 것이다"며 다음과 같이 말했다.

"서울대 조국 교수가 자신의 외모에 대해 '부담스럽다'고 하는 것은 그런 점에서 충분히 이해할 만하다.……본인이 결코 유쾌해하지 않을 외모 이야기를 이처럼 장황하게 늘어놓는 것은 그와 대면하는 순간 받은 첫 느낌 때문이다. 언젠가 그가 연구실 문을 박차고 나가 대중 앞에 선다면 외모에서 주는 부드러운 이미지만으로도 뜨거운 바람을 일으킬 것 같다는 예감이 들어서다.……그의 연구실에서 이뤄진 인터뷰에서 나의 첫 질문은 몸身에 관한 것이었다. 얼굴생김은 신문에 종종 실리는 사진으로 꽤 알려져 있지만 신장을 궁금해하는 사람이 많을 것이란 판단에서다."

이 　실례지만 키가 얼마입니까.

조 　180센티미터입니다. 이렇게 말하면 또 한 번 야유를 받을지 모르겠습니다. 키도 크다 이거지? 하는. 대학 때부터 외모 얘기만 나오면 저는 뭐라 말해도 얻어터지게 돼 있습니다.

이 　남들이 부러워하는 용모를 타고났잖아요. 젊은 시절 여난女難도 많았겠습니다.

조 　제가 대학 때 학생운동을 했는데요, 내 활동이나 생각에는 관심이 없고 외모에만 관심을 두는 여학생들이 적지 않았습니다. 처음에는 가볍게 생각했는데 자꾸 반복되니까 힘들어집디다. 선배들이 저 보고 '너는 너무 눈에 띄어 우리에게 피해를 준다'고 해요. 경찰의 검문검색에 걸리기 딱 좋다는 거예요. 또 제가 이국적이고 도회적 분위기여서 당시 활발하던 농활이나 빈민 활동에 안 어울린다는 거예요. 그 때문에 갈등을 많이 했죠. 나중에 받아들였습니다. 어떡하겠습니까. 성형수술을 할 수도 없잖아요. 그래서 기왕 이럴 바엔 외모를 활용하자고 생각하게 됐죠.

이 　외모를 활용한다는 게 무슨 뜻이죠?

조 　나의 외모만 보고 좋아하는 사람, 내가 쓴 글을 안 읽고 그냥 멋있다고 생각하는 사람에게도 내 생각을 전달하자는 거죠. 운동이라는 게 사회적 영향을 미치려고 하는 건데, 대중민주주의에서는 대중의 변화가 가장 중요하거든요. 저와 아무 인연이 없지만 외모에 호감을 가진 대중들이 저의 말에 귀를 기울여 생각까지 바꾸게 된다면 좋은 일 아닙니까.[212]

조국은 그런 '외모 자본' 덕분에 행복한 고민을 하기도 했다. 조국은

『프레시안』(2011년 2월 19일) 인터뷰에서 "최근에 조국 교수에 대한 세간의 관심을 보자면, '조국 현상'이라고 이름을 붙여도 이상할 게 없어 보입니다. 대중의 관심을 실감하십니까?"라는 질문에 다음과 같이 답했다.

"일단 온갖 언론에서 인터뷰 요청을 받고 있습니다. 얼마 전에는 남성들을 상대로 한 패션 잡지라는 데서 인터뷰 요청이 왔어요. 또 미용실에 비치되어 있을 법한 영어 제목의 패션 잡지에서도 인터뷰를 하고 싶다고 하더군요. 물론 인터뷰를 거절했어요. 많이 당혹스럽더군요. 10년 전에 서울대학교 교수가 막 되고 나서, 한 유명한 남성 양복 회사에서 양복 모델을 제의한 적이 있었어요. 그때 아주 당혹스러웠었는데……(웃음) 10년 만에 비슷한 당혹감을 느꼈습니다."[213]

왜 하필 조국이란 말인가?

조국을 강남좌파로 부르는 게 온당하건 부당하건, 가장 궁금한 건 『오마이뉴스』의 '조국 띄우기'가 갖는 정치사회학적 의미였다. 왜 2007년에 한동안이나마 문국현이 부상할 수 있었는가? 노무현 정권의 정권 재창출 가능성은 사실상 '완전 불가'였다는 점이 중요하다. 『경향신문』정치·국제에디터 이대근이 "대통합민주신당은 무덤이다"며 "'올바른 패배'도 준비해야 한다"고 역설했던 걸 상기할 필요가 있다.[214]

무언가 전혀 새로운 카드가 필요했다. 김대중 정권이 사실상 몰락했을 때 기성 정치권에서 늘 이단자였던 노무현 카드가 먹혀들었던 것처럼, 이제 그런 기대 속에 출범했던 노무현 정권이 또 한 번 몰락함으로써이전보다 더욱 충격적인 카드가 필요하게 된 상황이었다.

노무현에겐 분노 어린 아웃사이더의 모습이 두드러졌다. 그렇다면 좌파적 성향을 갖고 있되 노무현의 그런 이미지와는 정반대되는 이미지를 가진 인물이 필요했고, 그 결과 문국현이 발탁된 것이다. 이는 『오마이뉴스』뿐만 아니라 당시 문국현에 기대를 걸었던 사람들이 가졌던 공통된 생각이었다고 보아야 하지 않을까?

그렇다면 왜 제18대 대선을 앞두고 하필 조국이란 말인가? 이명박 정권이 여태까지 해온 것처럼 계속 실정을 할 가능성이 높은바, 진보 쪽에선 그 누가 나온다 해도 쉽게 당선될 수 있지 않을까? 천만의 말씀이었다. 박근혜는 적어도 이미지상으론 이명박 정권의 실정에서 비교적 자유로웠다. 이명박 측의 '배신'에서 비롯된 것이긴 하지만, 그간 꾸준히 이명박과 날카로운 각을 세워온 덕분이다. 친이계의 몇몇 정치인은 "박근혜가 대통령이 되면 우리는 죽은 목숨"이라며 "박근혜가 되기보다는 차라리 야당이 집권하는 것이 낫다"고 할 정도였다.[215] 그런 '각 세우기' 효과 덕분인지 심지어 박근혜가 대통령에 당선되면 '정권교체'로 받아들이는 국민이 과반수라는 여론조사 결과마저 나왔다. 2011년 5월 14일 경북 구미에서 국제과학비즈니스벨트 유치본부가 주최한 궐기 대회에선 이런 현수막마저 내걸렸다. '이명박에게 또 속았다! 박근혜로 당장 바꾸자!'[216]

반면 진보 쪽은 노무현 서거로 인한 '노무현의 부활'이라는 축복과 저주의 덫에 갇혀 있었다. '노무현의 부활'은 일단 이명박 정권에 타격을 주었다는 점에선 축복이었겠지만, 진보 진영이 노무현 시대에서 한 걸음도 더 나아가지 못한 채 노무현 정신의 계승을 외치는 자승자박自繩自縛을 저지르는 결과를 초래하고 말았다. 노무현 시대는 계승할 것 못지않

『오마이뉴스』는 2007년 '문국현 띄우기'에 이어 조국이라는 새로운 카드를 띄우기 시작했다. 그만큼 조국은 발군의 경쟁력을 갖고 있었다.

게 극복할 것도 많았을 텐데, 후자에 대해선 아무런 말이 없이 그냥 '노무현의 부활'을 동력 삼아 이명박 정권에 대한 적대와 증오만으로 정권 창출을 꿈꾸었으니 그게 가능했겠는가?

이런 상황이 또 기성 정치권 밖에서 새로운 인물을 찾아야 할 배경이 되었다고 볼 수 있다. 문국현의 실패로 기업인 카드의 약발이 크게 떨어진 상황에서 학계로 눈을 돌린 것은 당연한 일이었는지도 모른다. 한국은 교수들의 정관계 진출이 세계에서 가장 활발하거니와 서울대학교 총장이면 거의 무조건 국무총리 자리가 예약된 '대학공화국'이 아닌가? 손학규처럼 교수 출신으로 정치판에서 큰 성공을 거둔 이도 있는 터에, 조국이라고 해서 대통령 자리를 넘보지 말란 법이 어디에 있단 말인가?

여성 유권자들의 표를 끌어들이는 데에도 유리하지 않겠는가?

민주화 이후 엘리트주의의 키워드는 '매력'이며, 이 점에 관한 한 조국은 발군의 경쟁력을 갖고 있었다. 오연호가 주목한 것도 바로 그 점이었던 것 같다. 오연호는 자신의 연세대학교 선배인 작가 공지영과 저녁 식사를 하면서 이런 질문을 던졌다고 한다. "진보를 이야기하면서도 대중을 사로잡을 수 있는, 매력 있는 진보는 정치 쪽에서 불가능한 걸까요? 노무현 이후 누가 그런 사람이 될 수 있을까요?" 누구의 입에서 그런 말이 나왔는지 기억나지 않을 정도로 두 사람은 "조국 교수는 어떨까요?"라는 데에 의견의 일치를 보았고, 그러고 나서 며칠 후 오연호는 조국을 접촉했다는 이야기다.[217]

조국의 '전략적 사고' 또는 '그랜드 디자인'

오연호는 대담의 후일담으로 조국의 '긍정적 사고'를 이렇게 칭찬했다. "그는 촛불 시민의 힘을 믿었다.……그는 김대중·노무현 정권의 한계를 분명하게 지적하면서도 왜 그런 한계가 있을 수밖에 없었는지 애정을 가지고 조명했다. 두 민주정권의 한계만을 난도질하듯 냉소적으로 지적하면서 자기는 그 책임과 무관하다는 식의 태도를 보여온 일부 진보 정치인이나 교수들과는 달랐다."[218]

단지 '긍정적 사고'뿐이었을까? 혹 '전략적 사고'가 가미된 건 아니었을까? 책의 제목은 '진보집권플랜'이다. 전략적 사고 없이 집권할 수는 없는 법이다. 집권을 위해서는 '플러스 게임'이 필요하다. 더 많은 세력을 끌어안아야 한다. 바로 그런 전략적 사고 때문에 이 책에선 이전의 조국과는 다른 변화가 감지된다.

2008년 6월 조국은 진보적 지식인들이 이구동성으로 극찬했던 촛불집회에 대해 냉정한 자세를 보여주었다. "촛불시위는 진보정치세력 전체의 지도력 부재가 다 드러난 사건이다. 촛불 대중에 대한 찬양으로만 흐르면 자신이 왜 무능했는지 답이 안 나온다. 그렇게 되면 대중은 다시 보수로 회귀한다."[219] 당시 촛불집회를 찬양하지 않으면 '수구꼴통' 동조자쯤으로 비쳐지던 상황에서 소신과 강단이 있는 발언이었다. 그러나 조국은 『진보집권플랜』에선 "나는 낙관과 희망을 말하고자 한다. 전국의 거리에서 촛불을 들었던 주권자를 믿기 때문이다"고 말한다.[220] 물론 두 발언 사이에 모순은 없다. 다만 강조점이 달라진 것이지만, 눈여겨볼 만한 가치는 있다.

진보 집권을 위해선 친노를 포용해야 한다는 '그랜드 디자인' 심리가 가동한 걸까? 노무현과 노무현 정권에 대한 평가에서도 그런 강조점의 이동이 눈에 띈다. 2009년 5월 6일 조국은 『중앙일보』에 쓴 칼럼에서 "노무현 전 대통령은 도덕과 청렴을 기치로 내세우고 집권했기에 검찰 수사를 계기로 드러난 그의 가족과 측근의 비리는 국민에게 더 큰 실망감과 허탈감을 안겨주었다. 노무현 정부 출범 직후 필자는 노 대통령에게 한비자의 '팔간八姦'을 빌려 '동상同床', 즉 잠자리를 같이하는 친인척, 그리고 '재방在旁', 즉 대통령의 속마음까지 헤아리는 최측근을 경계하라는 공개편지를 보낸 바 있다. 그러하기에 쓸쓸한 마음이 더하다"며 다음과 같이 말했다.

"법적으로는 부인·아들·측근의 비리를 노 대통령이 알았는가가 핵심이다. 검찰은 노 전 대통령이 알고 있다고 보는 것이 '상식'이라고 주장하는 반면, 노 전 대통령 측은 그 혐의를 강하게 부인하며 물증 없이 혐의를 흘리는 검찰 수사에 반발하고 있다. 무엇이 진실인지는 법정에서 밝혀지겠지만, 지금까지 밝혀진 사실만으로도 노 전 대통령에게는 '정치적 사망선고'가 내려졌다. 향후 법적 절차에서 공방이 있겠지만, 이러한 정치적 결과를 바꿀 수는 없을 것이다. 기소 후 재판이 진행되는 기간 내내 노 전 대통령은 검찰·언론, 그리고 대중의 비판에 노출될 것이고, 판결이 날 때 즈음에는 정치·사회적으로 '거열형車裂刑'을 받은 상태가 되어버릴 것이다. 최종적으로 그에게는 무죄판결이 내려진다고 하더라도 말이다."

이어 조국은 "노 전 대통령의 부패 혐의에 대한 수사는 엄정히 이루어져야 한다. 그러나 엄정함이 불필요한 과도함이나 가혹함이 되어서는 안 된다. 이에 필자는 몇 가지 제안을 하고 싶다. 먼저 검찰총장은 노 전 대통령에 대해 불구속기소의 결정을 내려야 한다. 현시점에서 구속을 해 새로운 증거가 나올 가능성이 작은바, 굳이 구속해야 할 이유가 없다. 이는 인신구속 자제라는 형사소송법의 대원칙에도 부합한다. 과거 구속이 이루어진 전두환·노태우 두 전 대통령과는 혐의 내용도, '뇌물' 액수도 현격히 차이가 있다. 이상의 점에서 노무현 전 대통령에게 수의를 입히고 포승줄로 묶어 법정에 출두시키는 것은 실체적 진실 발견을 위해서라기보다는 정치적 망신 주기의 의미를 가질 뿐이다"며 다음과 같이 말했다.

"노 전 대통령은 재판의 진행과 별도로 국민에게 통절한 사과를 해야 한다. 그는 자신의 가족과 측근 문제로 한때나마 노무현이라는 이름과 동일시되었던 시대정신과 가치마저 하수구에 버려지는 현실에 대해 무거운 책임을 느껴야 한다. 조갑제 씨는 '노무현은 진보가 보수에게 주는 선물'이라고 비아냥거리고 있지 않은가. 이제 노 전 대통령은 과거 '바보 노무현'의 모습으로 돌아가야 한다. 노동운동 지원을 위해 투옥도 불사하던 모습, 지역주의 정치 타파를 위해 희생을 감수하고 출마하던 모습은 아름다웠다. 권력도 영향력도 사라진 지금, 그가 낮은 곳에서 묵묵히 '바보'의 길을 걷길 기대한다. 노무현의 시대는 끝났다. 그의 일은 법적 절차에 맡겨두자. 노 전 대통령이 어느 정도의 법적 책임을 질 것인지는 법률가들이 결론을 낼 것이다. 현 시기 정치인·언론, 그리고 국민들이 노 전 대통령에 대한 '부관참시剖棺斬屍'보다 더 많은 관심과 열정을 쏟아야 할 일은 따로 있다. 노 전 대통령 재판에 관심이 쏠려 경제위기, 자산·소득·교육의 양극화, 남북 관계의 경색 등의 문제가 잊힐까 걱정이다."[221]

검찰을 적敵으로 돌린 조국의 변신

그러나 『진보집권플랜』의 톤은 달랐다. 검찰에 대한 맹비난 일변도였다. 그는 검찰이 노무현을 '산 송장'으로 만들려고 했다며, 이렇게 말했다. "법률가의 시각에서 보면 노 대통령이 부엉이바위에 오른 심정이 이해됩니다. 그는 최후에 무죄판결이 난다 하더라도 수사, 기소, 재판의 전 과정에서 자신은 물론, 자신의 지지자들까지 정치적 생명줄이 끊어질 것을 직감한 겁니다."[222]

조국의 선의를 십분 감안하자면, 이 발언은 그만큼 검찰과 언론이 큰 잘못을 했다는 걸 강조한 것으로 이해할 수 있겠다. 그렇게 이해하도록 하자. 그러나 사실의 왜곡, 그것도 매우 중요한 문제에 대한 사실 왜곡은 자제했더라면 하는 아쉬움이 있다. 이는 포용보다 훨씬 더 중요한 문제이기 때문이다. 비슷한 거대 과오를 또 반복해서야 쓰겠는가? 조국의 다음과 같은 주장을 들어보자.

"'코드 인사'는 나쁜 게 아닙니다. 정권을 잡았으면 자신의 정책을 펼치기 위해 소신과 배짱이 맞는 사람끼리 호흡과 손발을 맞추는 것이 당연합니다. 집권 후 반대파를 요직에 임명하라는 요청은 정당하지도 않고 기대할 수도 없는 거죠. 참여정부 당시 코드 인사라는 말이 나돈 것은 조중동의 프레임이 먹힌 겁니다. 그런데 조중동은 이명박 정권에 대해서는 코드 인사라고 비난하지 않죠. 자기가 하면 코드 인사가 아니고, 반대파가 하면 코드 인사라고 비난하는 것은 앞뒤가 맞지 않는 정파적 비난이에요.……코드 인사가 아니라고 할 것이 아니라 '코드 인사가 왜 나쁜가?'라고 적극 대응해야 했다는 것입니다."[223]

조국을 포함해 많은 이가 노무현 정권의 한계를 극복해야 한다, 넘어서야 한다, 성찰해야 한다고 말은 하면서도, 이런 일들을 구체적으로 하면서 책임 소재까지 따지는 경우는 거의 없었다. 아니면 조국의 주장처럼 반드시 극복하고 넘어서고 성찰해야 할 일까지 옹호하기 일쑤였다. 노무현 정권의 문제들 중 심각한 것 중의 하나가 바로 인사 문제였는데도, 이렇게까지 생각이 다를 수가 있다는 게 신기했다.

조중동에 관한 한 조국의 주장은 옳을망정 이 세상엔 조중동과 한나라당만 있는 게 아니었다. 이전투구泥田鬪狗를 벌이는 양 극단 사이에 국민이 존재했다. 민심을 얻으려는 정치인이나 정치세력에 가장 중요한 건 바로 그 국민의 존재를 의식하는 것이다. 그래야 시야가 넓어지고 사태를 객관적이고 공정하게 볼 수 있는 법이다. 조국의 이 발언은 그 점에서 실패했다. 왜 그런가?

우선 "코드 인사가 아니라고 할 것이 아니라 '코드 인사가 왜 나쁜가?'라고 적극 대응해야 했다"는 말은 사실과 전혀 달랐다. 노무현 정권이 취한 행동은 시종일관 "코드 인사가 왜 나쁜가?"라는 적극 대응이었기 때문이다. 조중동이 워낙 정략적 공세를 전방위적으로 퍼부어대니까 그게 보기 싫어 침묵을 한 사람이 많긴 했겠지만, 노무현 정권의 코드 인사 비판은 조중동과 한나라당만 한 게 아니었다. 또 '코드'의 의미가 "자신의 정책을 펼치기 위해 소신과 배짱이 맞는 사람끼리 호흡과 손발을 맞추는 것"의 의미로만 쓰였던 것도 아니다. 조국이 긍정 평가하는 '코드'에 정략과 정실이 뒤섞인 경우가 대부분이었으며, 이게 민심 이반을 초래한 주요 이유 중의 하나가 되었다는 걸 직시할 필요가 있었다.

'소신과 배짱'도 그 범위가 문제였다. 노무현의 어려운 시절 동고동락同苦同樂했던 386 그룹에 국한되어야 하는가, 아니면 범민주 세력으로까지 보아야 하는가? 노무현 정권의 선택은 전자였다. 노무현 스스로 386에게 자신을 도구로 써줄 걸 요청했던바, 사실 노무현 정권의 실세는 노무현이라기보다는 386이었다. 이 점을 감안한다면, 노무현 정권의 '소신과 배짱'이 386 그룹과 이에 추종하는 사람들에 국한되었다는 건 당연한 일이었는지도 모른다. 조국은 이게 옳았다고 주장한 걸까?

'양반 증명서'는 건재하다

한국에서 가장 치열한 계급투쟁은 노동운동이 아니라 대학입시 전쟁이기 때문에 강남좌파는 다분히 학벌좌파의 성격을 갖고 있었다. 2011년 3월 조국이 대선후보로까지 거론되는 것에 대해 비판적이었던 사회디자인연구소장 김대호는 조국이 울산대학교 교수에서 서울대학교 교수로 옮겨간 것과 관련해 다음과 같이 말했다.

"탁월한 실력이 있으나 줄이나 운이 없어서 50이 넘도록 시간 강사나, 이름도 들어본 적이 없는 지방대학을 전전하는 사람들을 좀 알아서인지 모르겠지만, 어쨌든 조국 교수의 대중적 매력의 상당 부분이 '서울대 교수'라는 자리에서 나온다는 사실도 불편했다. 서울대 교수가 아닌 울산대 교수였으면 매력이 반감되어버리는 것은 비록 현실일지라도, 인정하고 싶지 않았기 때문이다."[224]

조국이 울산대학교 교수였으면 매력이 반감되어버리는 정도가 아니다. 오연호가 『진보집권플랜』을 쓰기 위한 파트너 후보로 조국에게 아예 눈길조차 주지 않았을 것이다. 어쩌겠는가? 그것이 현실인 것을. 인정할 건 흔쾌히 인정하는 선에서 이야기를 해보자.

모든 한국인이 다 그런 건 아니었지만 상당수 한국인들은 어린아이들 딱지놀이하듯 '대학 서열 따지기'에 목숨을 걸다시피하는 경향이 있었다. 학력 위조 특히 미국 대학 학력 위조 논란에 대해선 괜한 정의감을 앞세우며 분노하는 묘한 문화도 바로 그런 맥락에서 이해할 수 있는 일이었다. 2010년 여름과 가을 한국 사회를 뜨겁게 달구었던 힙합그룹 '에픽하이'의 리더 타블로(본명 이선웅)에 대한 미국 스탠퍼드대학 학력위조 논란도 그렇게 보지 않으면 도무지 이해할 수 없는 사건이었다.[225]

타블로가 억울한 피해로 고통을 받은 현실은 대학이라고 해서 다 같은 대학이 아니듯이, 교수라고 해서 다 똑같은 교수가 아니라는 걸 시사해준다. 2000년대 초반 어느 유력 일간지의 기획회의에선 "서울대 연고대 이대 서강대 안에서 가급적이면 필자를 구하라"는 주문이 나왔다는데, 그럴 만도 했다. 예컨대, 2001년 한 해 동안 7개 중앙일간지에 칼럼을 실은 외부 기고자의 73%가 SKY(서울대·고려대·연세대) 대학 교수였기 때문이다.[226] 사정이 그런 만큼 좌파건 우파건 비명문대에 몸담고 있는 교수들은 명문대로 옮기려고 치열한 투쟁을 벌이고 있었다. 계급투쟁은 학생들 사이에서만 벌어지는 건 아니라는 걸 말해준다.

사회디자인연구소장 김대호는 「한국 사회에 대한 새로운 통찰과 모색」이라는 글에서 조선 말기에 나타난 양반의 폭발 현상이 오늘날에도 지속되고 있다고 보았다. 오늘날의 '양반 증명서'는 고시 합격증, 일류 대학 졸업장, 전문직 자격증 등이며, 1997년 이후 공무원·공기업 사원증, 교사 자격증, 언론사 사원증 등이 추가되었다는 것이다. 82%가 넘는 세계 최고의 대학 진학률, 한국 학생이 미국에서 공부하는 외국 학생의 14%가 넘는 세계 최고의 미국 유학률(인구 대비 일본의 5배, 중국·인도의 30~40배)을 기록한 것도 양반 증명서를 쟁취하려는 몸부림이라는 게 그의 주장이다.[227]

훗날 조국이 아름다운 진보적 가치를 역설하면서도 자기 자녀들의 더 나은 교육을 위해선 불법을 서슴지 않았던 것도 일단 '양반 증명서' 만큼은 갖고 있어야 사람 대접을 받을 수 있다는 평소의 경험이나 소신 때문이었을 게다. 이런 현실은 그대로 두면서 진보가 집권하느냐 보수가 집권하느냐를 놓고 싸우는 건 그 얼마나 한심하고 우스꽝스러운가?

제11장

제2한류는
SNS가 한국에 준 선물

안정화 단계에 접어든 일본에서의 한류

1997년 무렵부터 시작된 한류는 2006년 무렵을 정점으로 조금씩 하락하다가 2008년 이후로 급속히 쇠퇴했다. 그러다가 한류의 지속화에 대한 노력과 더불어 새로운 콘텐츠 개발, 때마침 대중화 단계에 접어든 소셜미디어의 영향 덕분에 2000년대 말부터 한류가 TV드라마와 대중음악 등 대중문화를 넘어서 한국어, 음식, 게임, 패션, 문학 등 한국의 다양한 문화로 범위가 확산되면서 확대된 현상을 가리켜 신한류 또는 제2의 한류라고 부르게 되었다.[228]

일본에선 2003년 〈겨울연가〉 방영 이후 시작된 한국어 학습 붐은 이제 통계로 확인할 수 있을 정도가 되었다. 한국어 검정시험 응시자는 2004년 4,000명대, 2006년 8,000명대에서 2009년 1만 900여 명에 이르렀다. 1993년 이 시험이 시작된 이래 1~5급까지 18만 7,899명이 응시, 10만 8,857명이 합격했다. 일본 문부과학성이 추산한 일본 전국의 한국어 학습자는 200만 명가량이었으며, 1990년대까지 한 달에 수천 부밖에 팔리지 않던 NHK 한국어 강좌 교재가 2009년엔 20만 부 안팎 나가고 있었고, 사설학원도 도쿄 시내에만 107개나 되었다. 한국어를 제2외국어로 선택하고 있는 고교가 1999년 131개교였으나 2008년에는 426개교로 급증했다.

2010년 들어 한식韓食의 인기도 화제가 되었다. 『마이니치신문每日新聞』 기자 사와다 가쓰미澤田克己는 "한국 음식은 붐의 단계를 지나 정착의 단계"라면서 "대중성으로 보자면 중국 식당과 비슷한 수준이 된 것 같다"고 말했다. 그는 "'오늘은 한국 식당 갈까'라고 말하는 친구들이 점점 많아지고 있고 바쁠 때 한식 도시락을 시켜먹는 일도 자주 있다"고 했다.[229]

한국콘텐츠진흥원 일본사무소가 2009년 8월 일본인을 대상으로 조사한 결과 '한류가 축소되었다'는 의견은 6%에 그쳤다. 90%는 한류 팬이 증가했거나, 고정 팬 위주로 안정화되었다고 답했다. 한국콘텐츠진흥원 일본사무소장 홍정용은 "동방신기 등 아이돌 가수들의 인기로, '한류 오바상'(한류 아줌마 팬)을 넘어 한류가 다변화됐다"고 말했다.[230]

일본 중장년 여성의 전유물이던 한국 드라마에 매료되는 일본 남성들도 갈수록 늘어났다. 2010년 4월 문화콘텐츠 기업 쓰타야Tsutaya는 "최근 일본 내 한국 TV드라마의 호조는 〈주몽〉이나 〈대조영〉 등 한류 사극의 인기에 따라 한류의 기본 지지층인 50세 전후 여성에 중장년 남성이 더해진 결과"라며 "일본 남성의 한류 붐 시대가 올 것"이라고 전망했다.[231]

2010년 5월 일본 『아사히신문朝日新聞』 계열의 시사주간지 『아에라 AERA』(5.3~5.10)는 일본 내 한국 드라마 붐과 이에 따른 현상들을 5페이지에 걸쳐 분석하면서, "한국 드라마가 일본에 정착한 것은 드라마 자체의 재미 때문이기도 하지만 일본이라는 나라가 정체돼 있다는 증거인지도 모른다"면서 "한국 드라마는 점점 일본인에게 없어서는 안 될 약이 될지도 모른다"고 했다.[232]

드라마가 주춤하면 아이돌 그룹이 나선다

일본에서 한국 드라마의 인기가 주춤해지면 아이돌 그룹이 새 한류를 이끌기도 했다. 그래서 "40~50대 여성 중심으로 확산돼 '찻잔 속 태풍'이라는 평가를 받던 한류가 비로소 일본 대중문화의 핵심 소비층인 10~20대와 접점을 찾으며 더욱 보편적인 힘을 갖게 될 채비를 차린 것"이란 평가가 나오기도 했다.[233]

『경향신문』(2010년 5월 20일)은 "일본 음악시장에 일고 있는 한국 가요 붐이 심상치 않다. 일시적 한류로 바람을 타는 것이 아니라 일본 음악(J팝)시장에서 'K팝'이라는 장르로 안착하며 존재감을 드러내기 시작한 것이다. 이 같은 움직임은 국내 아이돌 그룹이 주도하고 있다"고 했다. 한국 유니버설뮤직 상무 박진은 "보아만 해도 데뷔 당시부터 일본 가수로 받아들일 정도로 현지화됐지만 이후 진출한 동방신기, 빅뱅 등은 한국의 아이돌 톱스타라는 인식이 일본 팬들에게 각인된 상태에서 활동했다"면서 "노래, 춤, 퍼포먼스 등 다방면에서 수준 높은 모습을 보여준 것이 한국 가요를 일본 소비자들이 새롭게 받아들이는 계기로 작용한

일본에서 한국 드라마의 인기가 주춤해지면 아이돌 그룹이 새 한류를 이끌었다. 특히 동방신기, 빅뱅 등 아이돌 스타는 노래, 춤, 퍼포먼스 등 다방면에서 수준 높은 모습을 보여주었다. 일본 도쿄 시부야의 HMV에 마련된 동방신기의 음반 코너.

것 같다"고 분석했다.[234]

　　그룹 빅뱅은 2010년 2월 일본 골드디스크 대상 시상식에서 '더 베스트 5 뉴 아티스트상'을 받은 데 이어, 5월 말 일본 요요기 내셔널 스타디움에서 열린 MTV '월드스테이지 비디오 뮤직 어워드 재팬' 시상식에서 '최고 팝 비디오상' 등 3개 부문을 수상했다. 2PM·2AM·샤이니·비스트·엠블랙 등도 10~20대 일본 팬들의 지지로 적극적인 활동을 벌였다. YG엔터테인먼트 홍보팀장 황민희는 "앞서 인기를 얻었던 비와 세븐의 팬 중에는 30~50대 여성이 많았지만 빅뱅을 비롯한 요즘 아이돌 그룹은 일본 10대에게 주목받고 있다"고 했다.[235]

2010년 5월, 걸그룹 카라는 8월로 예정된 일본 정식 데뷔를 앞두고 일본에서 기자회견과 미니콘서트를 겸한 팬클럽 창단식을 가졌다. 4,000여 명의 팬과 주요 TV, 음반사 관계자들을 비롯해 오기 도오루尾木徹 일본음악협회장까지 참석해 큰 관심을 끌었다. 유니버설뮤직을 통해 시장에 발매된 카라의 히트곡 패키지 앨범은 오리콘 데일리 차트 7위를 차지했다. 소속사인 DSP 관계자는 "시부야 타워레코드, HMV 등 주요 음반 매장마다 카라 음반 판매대가 큰 규모로 따로 마련될 정도로 현지에서 큰 관심을 얻었다"고 설명했다.

또 다른 걸그룹 포미닛도 5월 초 일본 유니버설뮤직을 통해 음반을 발매하고 성황리에 단독 콘서트를 열면서 일본 시장에서 공식 활동을 시작했다. 남성 그룹 유키스도 일본 최대 포털사이트 중 하나인 야후재팬과 제휴를 맺고 일본 활동을 본격화했다. 이외에도 이미 활동을 시작했거나 준비 중인 아이돌 그룹은 SS501, 샤이니, FT아일랜드, 초신성, 티아라 등이었다.[236]

한국 음악을 소개하는 채널 Mnet 재팬 본부장 민병호는 "AKB48 외에는 일본 걸그룹의 활동이 눈에 띄지 않는다"며 "현재 일본 내 한국 걸그룹 팬의 80~90%가 10~20대 여성이라는 점에서 미래가 더욱 밝다"고 말했다. Mnet 재팬의 가입 가구수는 2008년 1월 5만여 명에 불과했지만 2년 만인 2010년 2배 가까운 9만 명으로 늘어났다.[237]

아이돌 그룹만 일본에서 각광받는 건 아니었다. 차분한 발라드로 일본 중장년의 감성에 호소하는 가수들은 이미 자리를 잡았다. 대표적인 그룹이 SG워너비였다. 지난 4년간 100여 회 공연을 성공적으로 마친 이들은 2010년에 발표한 싱글 음반 타이틀곡 〈프레셔스, 너만이 내가 돌아갈 곳〉을 오리콘 차트 5위에 올려놓았다. SG워너비 소속사 IS 엔터미디어그룹은 "SG워너비 공연의 관객 중 70%는 40~50대"라고 말했다.[238]

소셜미디어의 힘

2010년 8월 25일 일본 도쿄 하네다 공항. 일본 첫 '쇼케이스(홍보공연)'를 위해 이곳을 찾은 걸그룹 '소녀시대' 멤버들의 입이 딱 벌어졌다. 일본 열성팬 800여 명이 공항 로비를 점거하다시피 한 것이다. 쇼케이스 현장인 도쿄의 아리아케 콜로세움 공연장 모습은 더 놀라웠다. 2만 2,000여 명의 일본 팬들이 전국에서 구름처럼 몰려들었다. 그룹 멤버 윤아는 "일본 땅을 밟은 게 처음이고, 데뷔도 안 했는데 2만 2,000여 명이 운집해 어안이 벙벙했다"고 말했다. 일본 팬들은 어떻게 현지에서 음반 한 장 낸 적 없는 이들의 노래를 어떻게 척척 따라 부르고, 춤·의상까지 흉내낼 수 있었을까? 한국 TV를 많이 봐서일까? 답은 소셜네트워크서비스SNS였다. 유튜브와 트위터·페이스북 등등.[239]

또 하나 놀라운 건 쇼케이스 관객 중 80%가 10~30대 여성들이었다는 점이었다. 소녀시대 복장으로 차려 입은 코스프레 팬들이 객석을 뒤덮었다. 소녀시대보다 먼저 일본 시장에 데뷔한 포미닛, 카라, 브라운아이드걸스도 마찬가지였다. 소녀시대 멤버 써니는 놀라움을 이렇게 표현했다. "한국에서는 공연을 하면 '우와' 하는 남자들 환성이 크게 들렸는데 일본에서는 '꺄악' 하는 소리에 압도됐어요. 우리 또래 여자들이죠. 그분들에게 저희가 멋있게 보이나 봐요."[240]

일본 데뷔 싱글 〈지니Genie〉 발표를 앞두고 2010년 8월 25일 도쿄 아리아케 콜로세움에서 열린 소녀시대의 첫 일본 쇼케이스를 보기 위해 일본 팬들이 줄을 선 채 입장을 기다리고 있다.

일본에서 새 음반이나 신인 가수를 관계자에게 알리기 위한 '쇼케이스'는 보통 레코드점에서 간단한 행사와 악수회를 하는 게 일반적이고, 많이 모여봐야 수천 명이었다. 일본 음반업계 관계자는 "DVD만 나왔을 뿐 정식 데뷔도 하기 전인 쇼케이스에 2만 명이 넘는 팬들이 몰린 것은 외국인 가수로는 최초"라고 놀라움을 표시했다.[241] 이날 일본 NHK는 9시 뉴스 톱 기사로 5분간 한국 걸그룹을 다루었다.

일본 언론은 소녀시대와 카라 등 한국 걸그룹의 일본 진출을 '코리안 인베이전(한국 침공)'으로 불렀다. 『조선일보』는 "이 말 속에는 긴장과 열광의 감정이 엉켜 있다"고 했다. 이 기사는 "2004년 '욘사마'와 드라마 〈겨울소나타〉가 1차 '코리안 인베이전'이었다면 올해 8월부터 시작된 한국 걸그룹들의 일본 '침공'은 2차에 해당한다"며 다음과 같이 말했다.

"그사이 보아와 동방신기 등 일부 한국 가수들이 일본 음악 차트에서 성공을 거두긴 했지만, 일본에서의 한류韓流는 '욘사마'로 대표되는 정적인 이미지였다. 일본 젊은이들에게 한류는 그저 '아줌마 문화' 정도로 치부됐었다. 그러나 소녀시대와 카라의 진출로 한류 팬층과 이미지는 크게 달라졌다. 한 일본 네티즌은 '소녀시대 공연은 아빠와 내가 함께 보고 싶은 것'이라고 했다. 아버지도 소녀시대를 좋아할 이유가 있고, 딸도 소녀시대에 열광할 이유가 있다. 2차 침공은 일본의 전 세대에 영향을 주고 있다."[242]

소셜미디어의 힘은 일본에만 그치지 않았다. 미국 시사주간지 『타임』(2010년 8월 26일)은 한국 가요가 유튜브, 페이스북 등 소셜미디어를 타고 미국과 캐나다 등 북미 시장을 파고들고 있다고 보도했다. 인기그룹 빅뱅의 멤버인 태양은 7월 첫 솔로앨범 《솔라Solar》를 온라인으로 발표했는데, 이는 예상을 뒤엎고 태평양을 건너 북미에서 반향을 일으키며 미국 아이튠스 R&B 차트에서 2위, 캐나다에서 1위에 올랐다. 아시아 가수 중에서는 처음이었다. 이 앨범은 한국과 일본의 팬들을 겨냥한 것으로 북미에서는 어떤 홍보 활동도 하지 않았기 때문에 의외의 결과로 받아들여졌다. 태양은 『타임』에 "처음에는 그렇게 멀리 떨어진 곳에 내 앨범을 사는 팬들이 있다는 걸 믿기 어려웠다"고 말했다.[243]

"'귀여움'이 '카리스마'를 당해낼 수는 없다"

소녀시대와 카라 등 한국 걸그룹의 강점은 탄탄한 실력이었다. 『경향신문』(2010년 9월 2일)은 "'아이돌고시'라는 말이 나올 정도로 국내 시장 경쟁의 문이 좁다 보니 아이돌 그룹은 라이브 실력과 춤 등 퍼포먼스까지 갈고 다듬어 경쟁력 있는 콘텐츠를 자랑한다. 여기에다 주먹구구식 접근이 아니라 현지의 대형 기획사나 음반사와 손잡고 마케팅을 펼치면서 시장에 안착하는 데도 큰 도움을 받고 있다"며 다음과 같이 말했다.

"다양한 음악 장르가 발전한 일본이지만 한국식 걸그룹과 같은 형태가 없다는 점도 인기 요인이다. 일본의 걸그룹으로는 모닝구무스메, AKB48 등이 명맥을 유지하고 있지만 지나치게 마니아층 중심으로 접근해왔으며 완벽하게 갖춰진 모습 대신 성장 과정을 보여주는 데 주력했다. 이 같은 상황에서 실력이나 대중 친화력이 훨씬 뛰어난 한국 걸그룹의 등장은 일본 대중을 매료시키며 신선한 충격을 주고 있다는 분석이다."[244]

대중음악평론가 김작가는 "일본 걸그룹의 춤이 율동 수준이었다면 한국 걸그룹은 군무를 통해 훨씬 뛰어난 비주얼 퍼포먼스를 보여줄 뿐 아니라 라이브 실력, 외모까지 경쟁력을 자랑하며 문화적인 경쟁력과 생산력이 강해졌다"고 평가했다. 또 "걸그룹의 인기와 활동 영역의 정도는 단순히 한류를 좋아하는 소비계층에 머무는 것이 아니라 일본 대중문화 전반에 더 넓고 큰 영향력을 미칠 것으로 보인다"고 덧붙였다.[245]

『조선일보』(2010년 9월 7일)도 "한국 걸그룹은 기본적인 춤과 노래 실력에 있어서도 일본 걸그룹과 비교해 우위에 있다"며 이렇게 말했다. "한국은 연습생 기간이 3~6년에 달하지만 일본은 6개월~1년 사이다. 일본 아이돌 기획사들은 최근 '누구나 아이돌이 될 수 있다'는 모토를 앞세우며 물량 공세에 집중하고 있다. '서민庶民 아이돌'이라는 표현까지 나올 정도다. 멤버 수가 48명인 AKB48은 도쿄 아키하바라의 소극장에서 매일 공연을 열고 팬을 만나왔다. 일단 데뷔를 시켜놓고 이런 무대를 통해 실전 훈련을 시키는 방식으로 아이돌이 양성되는 것이다."[246]

일본 내 최초 한류 잡지를 펴낸 『코리아 엔터테인먼트 저널』 한국 연예 담당 기자 사이토 미즈키는 『한겨레』 인터뷰에서 "외국인 가수가 단번에 이렇게 인기를 얻는 것은 일본에서도 처음 있는 일이다. 이유가 뭔가?"라는 질문에 이렇게 답했다. "그들은 일본 걸그룹과 전혀 다른 매력을 가지기 때문이다. 춤, 노래가 되는 것은 기본이고, 새로운 곡을 낼 때마다 새로운 콘셉트를 만들어낸다. 귀엽고 깜찍한 소녀들이 갑자기 섹시 여전사로 돌아오는 등 팬들은 지루할 틈이 없다. 일본 걸그룹은 남성 팬을 의식한 귀여운 콘셉트로 밀고 가기 때문에 뭔가 부족함을 느끼고 있던 일본인들이 한국 걸그룹의 매력에 빠지는 것 같다."

그는 "한국 걸그룹 인기 원인을 실력이 뛰어나기 때문이라고 말하는데, 일본 아이돌도 혹독한 연습 기간을 거치지 않는 것인가. 차이가 있는 이유는 무엇인가?"라는 질문엔 이렇게 답했다. "물론 일본도 연습 기간이 있지만, 한국처럼 몇 년 동안 심하게 연습을 시키지 않는다. 팬들은 조금 부족한 듯한 아이돌이 성장하는 과정을 지켜보면서 수십 년을 함께하기 때문이다. 게다가 일본 여성 아이돌은 무엇보다 남성 팬을 사로잡는 '귀여움'을 제일 중요하게 생각해왔다. 그에 비해 한국 걸그룹은 실력이 없으면 금세 퇴출당하고, 이성은 물론, 동성까지 사로잡는 카리스마를 요구받는다. 이 때문에 차이가 있는 것이라고 생각한다."[247] "일본 귀여운 것들 비켜!"라는 재미있는 기사 제목처럼, '귀여움'이 '카리스마'를 당해낼 수는 없는 일이었다.[248]

'소녀시대 지수'와 '소녀시대 경영론'

2010년 9월 4일 미국 로스앤젤레스 테이플스센터에서 4시간여 동안 진행된 'SM타운 라이브 월드 투어' 공연은 보아, 소녀시대, 슈퍼주니어 등 SM 소속 가수 40여 명이 총출동한 가운데 성황리에 끝났다. 이런 활동 등에 힘입어 K-팝의 글로벌 지명도는 높아졌으며, 특히 소녀시대의 인기가 두드러졌다. 9월 12일 기준으로 1,000만 명 이상 조회한 유튜브 동영상이 3편(〈지Gee〉 2,255만 명, 〈오Oh!〉 1,950만 명, 〈런 데빌 런Run Devil Run〉 1,029만 명)이나 되었다(SM엔터테인먼트 전체로는 1억 9,000만 명).

이 통계를 제시한 『시사IN』의 분석에 따르면, 소녀시대 데이터에서 흥미로운 건 소녀시대 뮤직비디오 동영상을 가장 많이 보는 나라는 한국이 아니라 타이였다는 점이다. 한국이 소녀시대 동영상을 441만 번 플레이할 때, 타이는 무려 그 3배에 육박하는 1,237만 번이나 플레이했다. 타이 다음으로 조회수가 많은 나라는 930만 번 조회한 미국이었다. 이후 조회 순서는 대만(660만 명), 필리핀(612만 명), 베트남(564만 명), 일본(526만 명), 한국(441만 명), 싱가포르(380만 명), 말레이시아(367만 명), 홍콩(329만 명)으로 이어진다. 10위권 밖으로는 캐나다·오스트레일리아·브라질 등이 뒤를 이었다.

『시사IN』은 인구 대비 소녀시대 동영상 조회 비율을 환산함으로써 맥도날드 '빅맥지수'처럼 일종의 '소녀시대 지수'를 산정했는데, 결과는 이렇게 나타났다. 한국은 인구 100명당 9명이 유튜브에서 소녀시대 동영상을 조회했는데, 싱가포르는 무려 100명당 83명이 조회했다. 홍콩은 47명, 대만은 29명, 타이는 19명, 말레이시아는 15명이었다. 한국보

단 적지만 캐나다(7명)·필리핀(7명)·베트남(7명)도 충성도가 높았다. 소녀시대가 이제 막 활동을 시작한 일본은 100명당 4명(오스트레일리아 역시 4명), 아직 제대로 활동을 시작하지도 않은 미국에서도 3명이나 되었다.『시사IN』은 '글로벌 한류'가 시작된 것이라고 평가했다.[249]

인기 걸그룹 소녀시대가 일본 시장에 신新한류 돌풍을 일으킨 가운데, 일본의 유력 경제주간지인『닛케이비즈니스』는「제2의 삼성이 여기에 있다: 숨겨진 한국의 급성장」이라는 기사에서 주목할 만한 한국의 차세대 기업과 소녀시대의 공통점을 비교하기도 했다. 한국 경제계에는 '소녀시대 경영론'까지 등장했다. 오랜 연습을 통해 기량을 축적한 뒤, 당차고 적극적인 글로벌 경영으로 만족스러운 결과를 만들어내고 있는 소녀시대의 성공 비결을 국내 기업들도 본받자는 주장이었다.

삼성경제연구소는 10월 14일「아이돌 그룹이 이끄는 신新한류시대」라는 보고서를 내고 "자원의 절대적인 열세 속에서도 한국 아이돌 그룹이 세계적인 인기를 구가하는 것은 글로벌 경쟁을 하는 한국 기업에 시사하는 바가 크다"면서 소녀시대, 슈퍼주니어, 카라 등 인기 가수의 성장 과정을 유심히 살펴보라고 지적했다. 삼성경제연구소 선임연구원 정태수는 "새로운 변화를 모색하는 기업들 역시 도전 정신을 발휘하되 치밀한 계획과 준비를 통해 위험 관리를 하면서 성공 경험을 축적해나가는 것이 중요하다"고 밝혔다.[250]

10월 26일 소녀시대는 해외 여성 그룹으로는 30년 만에 일본의 대표적 대중음악 순위인 오리콘 차트 1위에 올랐다. 10여 년 전만 해도 미국의 빌보드 차트와 마찬가지로 감히 넘볼 수 없는 차트였다. 소녀시대가 국내 최고의 걸그룹으로 자리매김하고 일본에 진출해 현지에서 선전하면서 브랜드 파워가 공고해지는 동안 SM 주가도 빠르게 치솟았다. 11월 2일 현재 소녀시대 소속사인 SM의 주가는 2만 1,450원을 기록했다. 2010년 말 4,495원으로 마감되었던 데서 377%나 올랐다. 같은 기간 코스피지수가 13.9% 오른 것과 비교하면 30배나 높은 성장률이었다.[251] 이제 곧 소녀시대의 자산가치는 1조 원이 넘는다는 평가마저 나오게 된다.[252]

"제2한류는 SNS가 한국에 준 선물"

2010년 10월 8~11일 트위터에선 인기 그룹 '슈퍼주니어' 멤버 김희철의 이름이 나흘 내내 주요 검색어에 오르는 이변이 일어났다. 세계 팬들이 11일을 '김희철의 날'로 정해 각국 언어로 관련 '멘션(140자 미만으로 작성하는 트위터 글)'을 일제히 쏟아낸 덕분이었다. 이와 관련, 『중앙일보』는 "시장도 몰라보게 커졌다"며 다음과 같이 말했다.

"인터넷이 되는 곳이면 어디든 한류 팬이 생겨난다. 얼마 전 사우디아라비아의 한 가장이 여섯 명 딸의 성화에 못 이겨 KBS 음악 프로그램 '뮤직뱅크'를 방청하러 내한해 화제가 됐다. 음원이 팔리는 나라도 늘었다. 동남아시아뿐 아니라 미국·유럽 등지에서 인터넷을 통해 국내 뮤지션의 음원을 구입하는 일이 잦아진 것이다. SNS는 무엇보다 글로벌 시장 진출에 필요한 마케팅 비용을 크게 줄였다. SNS의 사이버 공간에서 홍보와 마케팅의 주력 부대는 기업이 아닌 일반 네티즌이다."[253]

SM엔터테인먼트 대표 김영민은 "독이던 인터넷이 약으로 변했다"고 말했다. 콘텐츠 불법 복제의 온상이던 온라인이 한류의 글로벌 도약대 역할을 하게 되었다는 뜻이다. 그는 "유튜브·페이스북·트위터 같은 보편적 SNS 플랫폼이 활성화하면서 시간·공간의 제약을 뛰어넘어 세계 팬들과 실시간 소통할 수 있게 됐다"고 말했다.

YG엔터테인먼트 팀장 황민희는 "과거엔 국내 최고 스타라도 해외에 진출하려면 많은 스태프가 현지 숙소를 잡고 바닥부터 새로 시작해야 했다. 이젠 온라인으로 미리 반응을 체크한 뒤 각 시장에 맞는 세부 전략을 세울 수 있어 위험 부담이 줄었다"고 말했다. 대우증권의 애널리스트 김창권은 "스마트TV·태블릿PC까지 대중화하면 한류와 국내 엔터테인먼트 산업이 더 힘을 받을 것"이라며 "제2한류는 SNS가 우리나라에 준 선물"이라고 평했다.[254]

물론 아무 노력 없이 거저 받은 선물은 아니었다. SM, JYP, YG 등은 일찌감치 유튜브에 공식 채널을 개설하고 자사 소속 가수들의 홍보 마케팅 창구로 이용해왔다. SM은 2006년 유튜브 채널을 개설한 이후 2010년 11월 4일 현재 채널 조회수는 611만 명, 총 업로드 조회수는 2억 4,400만 명을 넘어섰다. 구독자 수도 17만 명에 달했다. JYP도 2008년 유튜브 채널을 개설해 조회수만 120만 명, 총 업로드 조회수는 2,870만 명, 구독자 수는 62만 명을 기록했다. JYP의 원더걸스와 2PM도 유튜브 채널을 개설했는데, 채널 조회수와 총 업로드 조회수 등이 소속사 채널보다 3배 정도가 높았다. YG도 유튜브 채널(2008년 개설) 조회수 390만 명, 총 업로드 조회수 1억 9,400만 명, 구독자 수 16만 명을 넘겼다.[255]

스토리가 드라마의 성패를 좌우한다

2010년 10월 '영상미의 대가'로 불린 '원조 한류 드라마 연출가'인 윤석호(윤스칼라 대표)는 『조선일보』 인터뷰에서 "한류 드라마가 가능했던 건 우리나라 특유의 세련된 연출력 때문이었죠. 하지만 스토리가 받쳐주지 못하면 그 인기도 단명하고 맙니다. '반짝반짝 빛나는 원작'을 발견해야 진정한 중심을 잡을 수 있죠"라고 말했다.

윤석호는 "현재 우리나라 드라마는 극적인 강도強度를 높이는 데만 치우쳐 있고 밀도密度를 높이는 데는 소홀하다"며 "최근 일본 만화를 원작으로 한 드라마가 넘치고, 막장·대작 드라마만 나오고 있는 것이 단적인 예"라고 했다. 그는 호흡이 짧고 빠른 우리나라 드라마 제작 여건상 스토리의 중요성은 더욱 크다며 이렇게 말했다. "스타 PD가 작가에게 개략적인 기획을 던질 수는 있겠죠. 하지만 캐릭터를 구체화하고 안타까운 대사와 상황을 만드는 건 결국 스토리를 만드는 작가의 힘이에요. 게다가 영화처럼 드라마는 대본을 다 써놓고 시작할 수 없기 때문에 후반부로 갈수록 작가에 대한 의존도가 심해지죠."

윤석호는 '요즘 한류 열풍이 한풀 꺾였다'는 일각의 지적에 대해 "오직 '수익'을 목적으로 만든 드라마가 늘고 있기 때문"이라고 답했다. 〈겨울연가〉의 엄청난 성공 신화를 노린 '맞춤형 드라마'들이 잇따라 제작되면서 오히려 한류 경쟁력을 깎아 먹고 있다는 것이다. 그는 "〈겨울연가〉를 만들 때까지만 해도 '어떻게 하면 더 감동을 줄까'라는 일차적인 고민만 했다"며 "하지만 지금 제작사들은 '해외에 먹히려면 누굴 캐스팅해야 하나', '어떻게 만들어야 투자를 이끌어내나'에만 집중하고 있다"고 일침을 놓았다.

하지만 그는 '제2의 한류'에 대해선 비교적 긍정적인 답변을 내놓았다. '한국인의 감성'만큼 드라마틱한 힘은 없다는 이유였다. "우리 민족은 희로애락이 강한 민족 아닙니까. 쉽게 흥분하고 쉽게 슬퍼하는 감정의 진폭이 큰 사람들인데, 이게 바로 드라마에서 터지면 엄청난 힘이 되죠." 그는 "최근 '한류 드라마가 없다'는 지적이 나오는 것은 기존에 있는 소재를 너무 편하게만 발굴하려고 하는 안이함도 한몫했다"며 "개인적으로 최근 방송된 〈제빵왕 김탁구〉처럼 긍정의 에너지와 창작의 힘을 동시에 보여준 스토리를 높이 평가한다"고 했다.[256]

그렇다면 한국 드라마(한드), 일본 드라마(일드), 미국 드라마(미드)의 차이는 과연 무엇일까? 『시사IN』 기자 고재열이 트위터에 평가를 부탁했더니 '짧고 굵게' 분석한 촌철살인 멘트들이 쏟아져 나왔다. 날카로운 안목이 번득이는 멘트들을 소개하자면, 다음과 같다.

"한드는 막장, 일드는 과장, 미드는 긴장." "한드 맵고, 일드 심심, 미드 느끼." "한드는 막판에 대화합, 일드는 행불행이 분명, 미드는 궁금하면 시즌2 기다리시든가." "한드는 쓸데없이 흥분, 일드는 쓸데없이 열심, 미드는 쓸데없이 진지." "한드는 가족사, 일드는 사회사, 미드는 지구사(?)." "한드는 성질나서 악 받쳐서 억울해서 혼자 엉엉, 일드는 소속감 느끼고 감동받아 친구 직장 동료들이랑 떼로 엉엉, 미드는 일 해결하고 가족·연인이랑 얼싸안고 엉엉." "한드는 뜨면 CF, 일드는 뜨면 영화화, 미드는 뜨면 시즌2." "한드는 안 봐도 스토리 알고, 일드는 봐도 모르겠고, 미드는 끝까지 봐야 안다."

"한드는 재벌과 연관된 출생의 비밀을 가진 주인공, 일드는 근면 성실한 가난뱅이지만 마지막엔 운이 좋은 주인공, 미드는 추리력과 관찰력이 좋은 똑똑한 주인공." "한드는 아이들에게 망상을 심어주고, 일드는 일상을 심어주고, 미드는 공상을 심어준다." "한드는 욕하면서 보고, 일드는 비웃으면서(만화 같은 설정에) 보고, 미드는 감탄하면서 본다." "한드는 사람 냄새가, 일드는 생활 냄새가, 미드는 화약 냄새가 난다." "한드는 남편이 웬수, 일드는 찌질한 내가 웬수, 미드는 범죄와 테러가 웬수." "한드는 사랑이 우릴 구원할 거야, 일드는 상상력이 우릴 구원할 거야, 미드는 보험이 우릴 구원할 거야."²⁵⁷

한국콘텐츠진흥원의 「2010년 방송 콘텐츠 수출입 현황과 전망」에 따르면, 방송 콘텐츠 수출액 1억 5,000만 달러 가운데 드라마가 차지한 비중은 전체의 87.6%인 1억 3,000만 달러에 이르렀다. 지역별 방송 콘텐츠 수출 현황은 일본 53.9%, 대만 13.2%, 중국 8.8%, 홍콩 3.2%, 필리핀 2.7%, 태국 2.3% 순이었다.²⁵⁸

"한류 스타 너무 건방져요"

전국 온라인 쇼핑몰과 오프라인 소매점의 음반 판매량을 집계한 한터 차트에 따르면, 2010년 음반 판매 순위 20위 안에 아이돌 그룹(출신 솔로 가수 포함)이 17팀 포함되었다. TV 예능 프로그램, 드라마, 뮤지컬, 영화판에서도 2010년의 핵심 키워드는 '아이돌'이었다. 이런 쏠림 현상 못지않게 심각한 건 음반시장의 비대칭적 성장이었다. 문화체육관광부의 『2009 콘텐츠 산업 백서』에 따르면, 2008년 국내 음반시장 매출액은 811억 원에 그친 반면 디지털(음원) 시장 매출은 5,264억 원에 이르

2010년 음반 판매 순위 20위 안에 아이돌 그룹이 17팀이나 포함될 정도로 아이돌의 강세가 이어졌다. 위에서부터 음반 판매 1위를 차지한 슈퍼주니어의 정규 4집 앨범 《미인아》, 2위를 차지한 소녀시대의 정규 2집 앨범 《오oh!》, 3위를 차지한 소녀시대의 미니 3집 앨범 《훗Hoo》.

렀다. 음원을 팔아 번 돈은 대부분 유통사에 귀속되었고, 한 곡당 가수에게 돌아가는 돈은 기껏해야 수십 원, 심지어 채 5원이 되지 않는 경우도 있었다.

이런 현상에 대해 음악평론가 임진모는 "주류나 인디를 구분할 것 없이, 음악을 만들어봐야 돈이 되지 않는 상황이 심화되고 있다"고 말했다. 그는 "특히 올해 온라인 시장에선 단 한 곡도 1주일 이상 다운로드 순위 톱을 지키지 못했다"며 "2010년은 대중문화 상품으로서 음악의 수명이 한층 더 짧아지고, 음악인들의 양극화가 심화된 해"라고 분석했다.[259]

그런 양극화의 와중에서 "한류 스타 너무 건방져요"라는 말도 나왔다. "힘들게 표를 구해서 팬 미팅 현장에 가면 우리를 돈벌이 도구로만 보는 것 같아 화가 나요." 2010년 12월 1일 한국문화산업교류재단이 서울 프레스센터에서 주최한 '한류의 새로운 도약' 토론회에서 나온 말이었다. 베트남의 문화전문기자 당티에우응언, 중국의 문화평론가 마쉐馬雪, 일본 마이니치방송 아나운서 야기 사키八木早希, 태국 피사누룩 나레수안대학 한국어과 교수 쭈타맛 분추 등이 패널로 등장해 동아시아 각국에서 한국 문화 콘텐츠가 차지하고 있는 위상이 어떤 것인지, 문제는 뭔지를 솔직하게 전했는데, 『조선일보』는 "솔직히 낯이 뜨거울 지경이었다"고 했다.

쭈타맛은 "팬 미팅은 팬과 스타가 즐겁게 만나는 자리인데 한국 스타들은 10만 원 이상 입장료를 받는데다 함께 사진을 찍거나 포옹을 하려면 5만 원·10만 원씩 돈을 더 받는다"며 "그런 모습을 볼 때마다 정말 실망스럽다"고 말했다. 마쉐는 "중국에서는 ○○○의 형, ○○○의 사촌동생이라는 등 한류 스타와 혈연관계라는 이유로 무작정 연예인으로 데뷔

하는 사람들이 있다"며 "그런 실력 없는 사람들 때문에 한류가 침체된다는 걸 알고 있느냐"고 물었다. "일부 한류 스타들은 노래를 2~3곡만 부르고 가버리는 행사를 주최하면서 콘서트라는 이름을 붙이고 고액의 입장료를 받아 비난을 받기도 한다"고 덧붙이기도 했다.

이들은 모두 한국의 드라마·음악·영화에 대해 깊은 애정을 갖고 있는 사람들이었지만 반짝 인기를 타고 한몫 챙기려 눈이 벌게진 일부 한국 연예인과 기획자들의 상혼商魂에 넌더리를 냈다. "순수한 마음을 가진 동아시아 팬을 상대로 돈 버는 비즈니스만 하려 한다", "한류 스타들은 너무 건방지다"는 이야기가 쏟아졌다.[260]

오디션에 134만 명이 몰리는 '아이돌 고시 열풍'

정말 한류 스타가 건방진 건지, 아니면 애초에 공연 기획이 건방지게 보일 수밖에 없게끔 이루어진 것인지는 알 수 없으나, 적어도 3대 기획사의 아이돌 관리는 철저히 '인성교육'에 맞춰져 있었다. JYP 대표 정욱은 2010년 9월에 가진 인터뷰에서 다음과 같이 말했다.

"우리가 강조하는 건 '무조건 좋은 사람이 돼라'에요.……실수를 할 확률이 적은 좋은 사람이 되어야 해요.……어떤 사람들은 연예인에게 너무 높은 도덕성을 요구하지 말라고도 하지만, 그건 한국의 특수성을 생각해보면 다른 나라와는 다르다고 생각해요. 연예인은 공적 영역에서 활동하는 개인이고 책임을 져야 할 부분이 있다고 봅니다."[261]

이런 생각은 JYP뿐만 아니라 SM과 YJ에서도 통용되는 철칙이었다. 이건 별도의 연구 주제이겠지만, 한국은 연예인을 '공인'으로 간주하면서 공인이 가져야 할 도덕성을 요구하는 유별난 나라다. 게다가 연예인에겐 '좋은 성격'과 '유쾌하고 명랑한 표정'까지 요구했다.[262] 시장 풍토가 연예인의 그런 '감정노동'을 당연시하고 있으니, 그 기준을 맞추지 못하는 연예인은 퇴출 대상이었다. 따라서 기획사로서는 무슨 고결한 뜻이 있어서라기보다는 애써 키운 연예인의 '지속가능성'을 위해서라도 '인성교육'을 강조하지 않을 수 없었다.

'인성교육' 못지않은 한국적 특수성은 아이돌의 스파르타식 훈련과 사생활 관리에 대해서도 잘 나타났다. 이에 대해 인권침해 논란이 있기는 했지만, 사실 한국에선 그게 큰 문제가 되진 않았다. 여기서 또 작동하는 게 바로 '과로過勞'를 미덕으로 보는 한국적 풍토와 문화였다. 앞서 인용한 정욱이 그 점을 잘 지적했다.

"한국이 좀 특이한 게 있어요. 일단 물리적으로 일을 많이 하잖아요. 기업으로 봐도 이 작은 한국에서 글로벌 대기업이 나오는 것이 신기하지 않나요? 한국의 글로벌 대기업과 한국의 초국적 아이돌 사이의 관계도 생각해볼 수 있을 것 같아요.……우리는 일요일 새벽 2시에도 믹싱을 합니다(웃음)."[263]

사회 전 분야에 걸쳐 나타나는, 더 높은 곳을 향해 질주하는 한국형 상향 경쟁이 '모험 산업'이나 '도박 산업'에 가까운 대중문화 영역에서 나타나는 건 너무도 당연한 일이었는지 모른다. 2009년 JYP엔터테인먼트에서 연습생 3명을 공채하는 데 모두 2만여 명이 몰려서 약 7,000대 1이라는 경쟁률을 기록했고, Mnet에서 제작한 오디션 프로그램 〈슈퍼스타K 시즌2〉(2010년)에 134만 830명이 몰렸다. 이런 '아이돌 고시 열풍'이 말해주듯이, 연예기획사의 연습생으로 뽑혔다는 것만도 엄청난 행운으로 여겨지는 풍토가 자리 잡았다.[264] 4인조 여성 그룹 JQT가 말했듯이, "김연아·박태환 선수, 그리고 여러 프로 선수의 그것과 다르지 않다".[265]

134만 명이란 수치는 전 국민 40명 가운데 1명이 UCC(사용자 제작 콘텐츠)나 ARS 전화를 통해 오디션을 받은 셈이라는 이야긴데, 이런 나라가 지구상에 또 있을까?[266] 여기저기 음악학원에 "오디션 프로그램 대비 단기 속성 과외"라는 플래카드가 내걸리는 건 한국에선 당연한 일이었으며, 이런 희한한 '아이돌 고시 열풍'의 모태는 한국인 절대 다수가 지지하는 '코리안 드림'이었다. 〈슈퍼스타K 시즌2〉에서 "수리공 출신 허각의 우승은 불평등한 세상에서 유일하게 실력으로 평가하는 공정한 방법이 오디션이라는 사회적 메시지를 전하며 많은 이를 감동시켰고, 사회적 반향도 대단했다".[267]

'한류 낭인'과 '아이돌 7년차 징크스'

2010년 10월 18일 KBS 국정감사에서 한나라당 의원 안형환은 "KBS 〈뮤직뱅크〉를 보며 경악하지 않을 수 없었던 것이 카라, 티아라 등 미성년자들이 소속돼 있는 여성 그룹이 섹시 콘셉트로 짧은 치마나 바지 속이 훤히 보이는 옷 등을 입고 춤추며 노래하고 있었다. 또 오락 프로그램의 사회자들은 어린 여자 가수들에게 '섹시 댄스', '섹시 표정' 등을 주문한다"고 지적했다. 이어 "이런 모습이 자꾸 방송에 나오다 보니 많은 학생들이 흉내를 낸다. 우리나라 초등생 42%가 가수, 8%가 탤런트를 꿈꾸는 데 이는 정상적인 나라가 아니다"고 주장했다.

안형환은 또 "어린 청소년들이 너무나 많은 연예 활동을 하며 착취를 당하고 있다"면서 "2TV 〈스폰지〉는 17세의 '씨스타' 멤버를 자정까지, 〈해피투게더〉는 '원더걸스' 안소희, 혜림을 새벽 3시까지 녹화를 하도록 했다. 이러니 (미성년 연예인들이) 고등학교 자퇴를 하는 등 학업을 제대로 못하는 게 아니냐"고 문제를 제기했다. 이어 "어린 나이에 연예계 데뷔가 많이 이뤄지고 있는 일본도 오후 10시 이후에는 (미성년의) 방송 출연을 허용하지 않고 있으며, 미국의 대부분 주에서도 미성년 연예인의 노동 시간을 제한하고 있다"며 관련 법·제도 개선의 필요성을 주장했다.[268]

더욱 큰 문제는 이른바 '한류 낭인'이었다. 어린 시절부터 춤, 음악, 연기 이외의 일반적인 학습을 하지 않았던 이들이 선택받지 못했을 때 어떻게 살아갈 수 있을 것인가 하는 문제였다.[269] 선택되고 나서도 성공의 문제가 기다리고 있었고, 성공 후엔 '아이돌 7년차 징크스'라는 말이 시사하듯 수명의 문제가 기다리고 있었다. 평범한 10대들도 입시 전쟁의 벼랑으로 내몰리고 있던 상황인지라,[270] 그게 큰 이슈가 되긴 어려웠던 것일까? 아니면 그게 바로 누구나 겪어야 할 한국적 삶의 문법이기에 체념했던 것일까?

이런 경쟁의 열풍 속에서 '듣는 음악'에서 '보는 음악'으로 전환을 주도한 MTV 혁명은 그 정신에 가장 철저한 한국에 의해 한 단계 업그레이드된 단계로 접어들게 된다. 휴대전화에 인터넷 통신과 정보검색 등 컴퓨터 지원 기능을 추가한 스마트폰이 국내에 첫선을 보인 건 2009년이었지만, 이후 놀라운 속도로 보급률이 높아지면서 3년 만인 2012년에 67.6%로 보급률 세계 1위를 기록하게 된다. '대중문화 공화국'다운 폭발력이라고 할 수 있다.

2011 『연합뉴스』 10대 국내 뉴스 ▼

1 김정일 사망
2 '안철수 돌풍' 정치권 강타
3 한미 FTA 비준안 국회 통과
4 저축은행 사태
5 2018 평창 겨울올림픽 유치
6 복지 논쟁
7 종편·신규 보도채널 출범
8 우면산 산사태
9 한진중공업 정리해고와 장기 고공 농성
10 SLS 이국철 폭로 사건

2011 『연합뉴스』 10대 국제 뉴스 ▼

1 아랍의 봄
2 동일본 대지진과 후쿠시마 원전 사고
3 유럽 재정위기
4 오사마 빈 라덴 사살
5 스티브 잡스 사망
6 월가 점령 시위
7 리비아 독재자 카다피의 비참한 최후
8 러시아 선거 부정 시위
9 태국 대홍수
10 본격화한 중국의 대국굴기大國堀起

제1장

이명박 정권의
'부패 스캔들'

이명박 측근 4명의 비리 스캔들

2010년 12월 15일 사측의 정리해고 통보와 같은 달 20일 노조의 총파업으로 촉발된 한진중공업 노사 갈등은 2011년 1월 6일 민주노총 지도위원 김진숙의 고공농성 돌입과 다섯 차례 걸친 '희망버스' 행사로 뜨거운 사회적 이슈가 되었다. 이는 9개월 후인 10월 7일 국회 환경노동위원회가 한진중공업에 대한 청문회를 열어 권고안을 내자 회장 조남호가 이를 수용하고, 노조도 '1년 내 재고용'이라는 사측 제안을 받아들여 한진중공업 사태는 11개월 만에 마무리된다.

한진중공업 정리해고와 장기 고공농성은 전 경찰청장 강희락과 전 해양경찰청장 이길범 등 전직 경찰 수뇌부의 수뢰 의혹으로 시작된 건설 현장 식당 비리 의혹이 눈덩이처럼 커지면서 큰 대비 효과를 낳아 이명박 정권에 큰 타격을 주었다.

2011년 1월 7일 서울동부지검 형사6부는 강희락을 비롯해 전·현직 경찰 최고위급 간부들에게 로비를 한 혐의로 구속기소된 급식업체 대표 유상복에게서 "현직 광역자치단체장을 비롯해 차관급 기관장, 전직 장·차관과 공기업 전·현직 사장들에게도 수천만 원에서 수억 원에 이르는 금품을 전달했다"는 진술을 확보했다.[1]

1월 9일 검찰은 유상복이 강원랜드 "최영 사장에게 수천만 원의 금품을 제공했다"는 진술까지 확보하면서 검찰 수사가 현 정권의 심장부로 접근할 것인지가 관심사로 떠올랐다. 최영은 이명박의 '서울시 인맥' 가운데 핵심 인사로, 서울시 공무원들 사이에선 'MB를 가장 닮은 서울시맨'으로 불린 인물이었기 때문이다. 그는 2003년 서울 강서구청 부구청장을 지낸 뒤 시청으로 옮겨와 2007년 1월까지 산업국장과 경영기획실장을 맡으며 승승장구했는데, 당시 서울시장은 이명박이었다.[2]

1월 27일 강희락이 구속되었다. 2009년 4월부터 12월까지 유상복에게서 공사 현장 민원 해결과 경찰관 인사 청탁 등의 명목으로 1억 8,000만 원을 수수한 혐의(특정범죄가중처벌법상 뇌물)였다. 전·현직 경찰청장의 구속은 2001년 말 '수지김 피살 사건'의 내사 중단을 주도한 혐의로 이무영이 구속된 이후 처음이었다.[3]

2월 15일 검찰은 최영도 구속수감했다. 2월 16일 MB 최측근인 방위사업청장 장수만이 함바 비리에 연루되어 청와대에 사의를 표명했다. 정통 관료 출신인 장수만은 영남 출신에 이명박의 고려대학교 후배이자 소망교회를 다닌 대표적인 '고·소·영(고려대·소망교회·영남)' 인맥으로, 대선 때부터 경제정책을 도운 핵심 측근이었다. 2007년 대통령 선거 당시 고교 선배인 전 기획재정부 장관 강만수와 함께 이명박의 대선공약

밑그림을 그린 것으로 알려졌다.[4]

이렇게 해서 2010년 12월 이후 석 달 사이에 이명박의 측근 4명이 비리 의혹으로 물러나거나 구속되었다. 그럼에도 2월 17일 이명박은 청와대에서 제1차 공정사회 추진회의를 열어 "국민 71%가 우리 사회가 공정하지 않다고 생각한다고 한다"며 "공정사회는 앞으로도 초당적으로 초정권적으로 실행돼야 한다"고 말했다. 이에 여야를 가리지 않고 비판과 경고의 목소리를 내놓았으며, 일반 국민은 유체이탈 화법의 극치를 보는 것 같다며 어이없다는 반응을 보였다.[5]

"이명박 참모들은 '정치적 동지'가 아닌 '동업자'"

2011년 7월 4일 열린 한나라당 전당대회에서 친이계가 몰락하고 비주류·중립 후보와 친박계 등 쇄신파가 약진했다. 대표엔 비주류인 4선 의원 홍준표가 선출되었고 친박계 의원 유승민도 2위로 최고위원에 당선되었다. 반면 당내 최대 계파인 친이계의 지원을 받았던 원희룡은 4위에 그쳤다. 홍준표는 7월 5일 『중앙일보』 인터뷰에서 "현재 청와대·정부의 문제는 무엇이라고 생각하나"라는 질문에 이렇게 답했다. "이명박 대통령의 참모들은 '정치적 동지'라기보단 '동업자' 성격이 강하다. 자기 이익을 챙기면 언제든 떠날 준비가 돼 있는 사람들이다. 일을 열심히 하지 않고 무책임한 경향도 있다."[6]

7월 12일 이명박이 청와대 민정수석 권재진을 법무부 장관으로 사실상 내정한 것으로 알려져 야당에서 비판이 제기되었다. 여당 내부에서도 소장파를 중심으로 정치적으로 공정해야 할 법무부 장관 자리에 대통령 측근인 민정수석을 임명한 전례가 없는 데다, 내년 총선을 앞두고 선거 관리의 공정성 시비가 일 수 있다는 비판이 제기되었다.

최고위원 남경필은 "민정수석 출신을 법무부 장관에 기용할 경우 총선 관리에 대한 공정성 시비에 휘말린다. 절대 받아들일 수 없다"며 "13일 이 대통령과 당 지도부 오찬에서 반대 의견을 내겠다"고 말했다. 전 최고위원 정두언도 "한나라당이 야당 시절 민정수석을 법무부 장관에 기용하는 것에 반대했다"며 "권 수석을 임명할 경우 당과 청와대가 혼돈에 빠질 것"이라고 말했다. 소장파 모임인 '새로운 한나라' 소속 의원들도 이날 모임에서 "부적절하다"는 데 공감하고, 청와대가 임명을 강행할 경우 집단적인 의사표시에 나서는 방안을 검토했다.[7]

『한겨레』는 7월 14일자 사설 「'권재진 법무'를 끝내 밀어붙이겠다는 건가」에서 "'권재진 법무장관'이 불가한 이유는 너무도 명백하다. 무엇보다 청와대 참모가 곧바로 법무부 장관에 기용된 선례가 없다. 법무부 장관은 검찰을 지휘하면서 공정한 법 집행을 책임져야 할 자리다. 그런 자리에 대통령의 의중을 곧바로 반영할 사람이 임명된다면 법 집행의 신뢰성을 의심받을 수밖에 없다"면서 다음과 같이 말했다.

"이 대통령이 끝내 그릇된 인사를 고집한다면 그 저의를 의심받게 될 것이다. 가령 마지막까지 몸을 던져 일할 사람이 필요하다는 게 무슨 뜻이겠는가. 검찰권을 자의적으로 동원해 임기 말 권력 누수만을 막아보려는 뜻 아니겠는가. 아울러 자신의 퇴임 뒤 안전을 위한 길 닦기 수순으로 의심하지 않을 도리가 없을 것이다."[8]

그럼에도 이명박은 고집을 꺾지 않고 7월 15일 신임 법무부 장관에 권재진, 신임 검찰총장에 서울중앙지검장 한상대를 내정했다. 야당은 독립성과 공정성이 핵심인 사법권력의 두 축에 측근을 내정했다며 "불통 인사, 코드 인사"라며 일제히 반발하고 나섰다.⁹ 『경향신문』은 7월 18일 자 사설에서 "자기 발등을 찍고도 이를 눈치채지 못하고 방치하는 사람 이 가장 우둔하다고 할 수밖에 없다"면서 다음과 같이 말했다.

"지금 이명박 정권이 꼭 그렇다. 거듭된 실정으로 임기가 1년 반이 나 남은 상황에서 권력 누수 현상을 겪고 있는 정권이 권 수석의 장관 내 정이라는 잘못을 범하고도 이를 깨닫지 못하고 강변만 한다면 권력 누 수 현상은 더욱 가속화할 수밖에 없는 일이다. 이미 장관 17명 중에서 기획재정·교육·외교·행정안전·지식경제부 장관 등 5명이 청와대 수석 출신들이다. 권 수석마저 법무장관이 되면 3분의 1이 넘는 숫자를 청와 대 수석들이 차지하는 꼴이 된다. 현 정권이 남은 기간에 어떠한 행로를 걸을지 보지 않아도 뻔하다."¹⁰

"언론인 출신 MB 측근 악취 진동, 석고대죄하라"

2011년 9월 부산저축은행 사태로 이명박 정권 실세들의 비리가 봇 물처럼 터져 나왔다. 저축은행 사태는 2011년 1월 삼화저축은행의 영 업정지로 시작되었다. 5개 부산 계열과 보해·도민 등 모두 15개 저축은 행이 뒤이어 추가로 문을 닫았다. 해당 저축은행에서 불법 대출, 정·관 계 로비, 부실 감독·검사, 예금·투자자 피해 사례가 쏟아졌다. 일부 저축 은행 임직원은 영업정지 전에 예금을 불법 인출한 탓에 국민적 분노를 촉발했으며, 고객들의 불안 심리가 증폭되어 뱅크런bank run이 벌어지기 도 했다.

9월 15일 이명박은 부산저축은행 로비스트인 박태규에게서 금품 로비를 받은 혐의로 검찰의 소환 통보를 받고 사의를 밝힌 청와대 홍보수석 김두우의 사표를 수리했다. 청와대 정무1비서관 출신인 한국건설관리공사 사장 김해수도 청탁과 금품 수수 혐의로 재판정에 서 있었다.[11]

이런 가운데 횡령과 분식회계, 비자금 조성 등의 혐의로 2009년 12월 기소되어 2심 재판을 받고 있던 SLS그룹 회장 이국철은 9월 21일 이명박의 측근인 전 문화체육관광부 차관 신재민에게 "2002년부터 최근까지 수십억 원대에 달하는 현금 및 법인카드, 차량 등 각종 편의를 제공했다"고 밝혔다. 2002년 가을 신재민이 언론사에 재직할 때 처음 인연을 맺었다고 밝힌 이국철은 "지난 대선 전 한나라당 경선 과정에서 (이명박 후보의 선거조직인) 안국포럼에 급전이 필요하다는 이유로 신 전 차관이 가져간 돈만 10억 원에 이른다. 3,000만~1억 원씩 수십 차례에 걸쳐 가져갔다"면서 "이 대통령이 당선되면 회사 일을 돕겠다는 취지였다"고 밝혔다. 이국철은 또 "신 전 차관은 대선 직후부터 2008년 2월까지 대통령 당선자 정무·기획1팀장으로 있을 때도 월 1,500만~5,000만 원을 받아갔다"며 "신 전 차관이 문화부 차관으로 재직하던 1년 6개월 동안 싱가포르 법인 명의의 법인카드도 제공했다. 법인카드 사용 내역을 보면 적게는 매달 1,000만 원, 많게는 2,000만~3,000만 원씩 사용했다"고 말했다.[12]

9월 22일 이국철은 전 지식경제부 제2차관 박영준에게 수백만 원대의 향응을 제공했다고 밝혔다. 그는 이날 서울 강남구 신사동 사무실에서 기자들과 만나 "박영준 씨가 국무총리실 국무차장 시절 총리실에서 연락이 와 '박 국무차장이 일본으로 출장을 가니 술 사고 밥 사고 접

이명박 정권 실세들의 비리가 부산저축은행 사태로 봇물처럼 터져 나왔다. 청와대 홍보수석 김두우, 전 문화체육관광부 차관 신재민, 전 홍보수석 홍상표 등이 깊숙이 연루되었다. 한국기자협회는 이들이 모두 기자 출신이라는 것이 부끄럽다며 성명서를 냈다.

대하라'는 연락이 왔었다는 보고를 사장으로부터 받았고, 우리 회사 일본 지점에서 400만~500만 원어치 향응을 제공했다"고 말했다.[13]

이국철은 청와대에 낸 진정서에선 이명박 정권의 실세 측근들이 자신에게 먼저 접근했다고 말했다. SLS조선의 기업회생절차(워크아웃)가 개시된 뒤 이명박 정권 실세 ㄱ씨의 측근 2명이 회사를 되찾아주겠다며 접근하자 이국철이 이들의 제안을 받아들여 현금 30억 원과 그룹 자회사를 넘겨주었다는 것이다. 이국철의 측근도 "이 회장은 회사를 살리기 위해 신 전 차관보다 윗선에 줄을 대려 노력했다"면서 "현 정권 실세 ㄱ씨 측 인사들이 '억울한 점을 해소해주겠다'며 이 회장에게 접근했다"고 말했다.[14]

9월 22일 민주당은 전 홍보수석 홍상표도 "저축은행 구명 로비 대가로 금품을 받고 검찰 수사 중인 김두우 전 홍보수석과 같은 의혹을 받고 있다"고 주장했다.[15] 한국기자협회는 9월 23일 'MB의 언론 참모 악취가 진동한다'는 제목의 성명을 내고 "'MB의 남자들'의 비리가 속속 드러나고 있는 가운데 언론인 출신들의 비리가 더욱 눈에 띤다"고 했다. 이들은 "MB의 언론 참모였던 신재민, 김두우, 홍상표 씨가 모두 기자 출신이란 사실에 국민들 앞에 부끄러움을 느낀다"며 "언론인 출신 MB 측근들은 더이상 악취를 진동하지 말고 잘못이 있으면 국민들 앞에 고해성사하고 석고대죄하기 바란다"고 밝혔다.[16](김두우는 2012년 2월 22일 1심에서 징역 1년 6월을 선고받았으나, 2012년 8월 24일 고등법원에서 무죄를 선고받았고, 2013년 4월 26일 대법원에서 무죄를 선고한 원심을 확정받았다. 2013년 4월 11일 대법원 1부[주심 양창수 대법관]는 특정범죄가중처벌법상 뇌물수수 등의 혐의로 기소된 신재민에게 징역 3년 6월과 벌금 5,400만 원, 추징금 9,736만 6,530원을 선고한 원심을 확정한다고 밝혔다.)[17]

"편법과 꼼수로 얼룩진 '내곡동 사저' 신축"

2011년 10월 8일 시사주간지 『시사저널』은 「MB 아들과 청와대, 왜 내곡동 땅 사들였나」는 기사를 통해 "이 대통령이 퇴임한 이후 거처할 사저를 서울 서초구 내곡동에 짓고 있는 정황이 취재 과정에서 포착되었다"고 보도했다. 내곡동 사저 부지 매입과 관련해 대통령실이 이명박의 아들 이시형과 공동으로 소유하고 있는 점과 이시형이 부지 매입을위해 사용한 11억 2,000만 원의 자금 출처 등이 논란의 대상이 되었다.

청와대는 이명박이 아닌 아들 이시형이 구입한 것에 대해서 "사저라는 특성상 건축 과정에서 발생할 보안·경호 안전의 문제를 고려했다"
고 밝혔으며, 자금 출처와 관련해선 "6억 원은 논현동 자택을 담보로 시
형 씨가 금융기관으로부터 대출을 받았고 나머지 5억 2천만 원은 이 대
통령의 친척들로부터 빌렸다"고 밝혔다.[18]

'내곡동 사저'의 경호 시설 부지 매입 예산도 도마 위에 올랐다. 이
명박의 사저가 강남에 있어 상대적으로 매입 자금이 비싸다는 것을 감
안하더라도 42억 8,000만 원은 역대 대통령에 비해 지나치게 높았기
때문이다. 전 대통령 김영삼의 '상도동 자택' 경호 시설 매입비가 9억
5,000만 원, 전 대통령 김대중의 동교동 경호 시설 부지 매입비는 7억
8,000만 원, 전 대통령 노무현의 '봉하마을 사저' 경호 시설 매입비는 2억
5,900만 원이었다.[19]

『한겨레』는 10월 10일자 사설 「편법과 꼼수로 얼룩진 '내곡동 사
저' 신축」에서 "이번 사안은 청와대의 일 처리 방식이 얼마나 편의주의
와 꼼수로 점철돼 있는지를 극명하게 보여준다"면서 "청와대는 상식과
동떨어진 편법과 꼼수를 이쯤에서 멈추고 모든 것을 정상으로 돌려놓기
바란다. 그렇지 않으면 차라리 이 대통령이 불법 '명의신탁'으로 사저를
짓고 있노라고 말하는 편이 국민들의 이해를 돕는 길인지도 모르겠다"
고 했다.[20]

10월 10일 민주노동당 의원 이정희는 이명박이 퇴임 이후 거주할
사저 부지를 아들의 이름으로 매입한 것과 관련해 "불법 부동산 명의신
탁으로 최대 1억 9,200만 원의 과징금을 납부해야 한다"고 말했다. 그
는 이날 보도자료를 내고 "명의신탁을 통해 부동산을 실소유자가 아닌
명의 수탁자 명의로 등기하는 것은 '누구든지 부동산에 관한 물권을 명

의 수탁자의 명의로 등기해서는 안 된다'는 부동산실명제법 제3조를 위반한 것"이라고 말했다.[21]

10월 10일 오전 민주당 대변인 이용섭은 CBS 라디오 〈김현정의 뉴스쇼〉와 인터뷰에서 "(사저 부지는) 이 대통령이 서울시장으로 재직할 당시 그린벨트(개발제한구역)가 해제된 지역이다. 개발가능성이 높은 지역"이라며 "언론 보도에 따르면 얼마 안 돼 100억 원 이상의 차익이 발생할 거라고 한다"고 말했다. 그는 사저 구입 시 아들 명의가 사용된 것에 대해 "이 대통령은 다 정리가 되면 매입하겠다고 했는데 그때 집값이 상승하면 아들이 양도소득세를 물고 이 대통령도 취득세를 물어야 한다"며 "왜 그렇게 복잡하게 했을까"라고 말했다.

이용섭은 또 내곡동 사저 토지를 아들 명의로 구입한 것과 관련해 편법증여 의혹도 제기했다. 이용섭은 "이 대통령 아들은 직장 3년 차에 불과하고, 아들 돈이 거의 없다. 재산 신고를 2009년도에 한 것 보면 몇천만 원밖에 없었다"며 "11억 원이라고 하는 거액을 이자만 지급하는 것만 해도 매달 한 500만 원 가까이 될 것이다. 원금 상환 능력도 없다면 사실상 이건 증여라고 봐야 되지 않을까 싶다"고 말했다.[22]

이명박, "우리나라는 시끄러운 나라"

2011년 10월 10일 국회 운영위의 대통령실 국정감사에서도 아들 명의로 사저 부지를 매입한 것에 대해 부동산 투기, 증여세 탈루, 부동산 거래실명제법 위반 논란이 이어졌다. 민주당 의원 김재윤은 "(이 대통령의 사저가 있는) 논현동 땅값이 비싸 내곡동으로 사저 부지를 옮겼다고 하는데 내곡동은 땅값이 싼 곳이냐"며 "전 재산을 헌납한 대통령으로 남으려면 시골로 가야지 금싸라기 땅 사서 엄청난 건축비 들여 집 지으면 아방궁 이야기가 나올 수밖에 없다"고 비판했다.

자유선진당 의원 김낙성은 "직장 3년 차인 이 대통령 아들이 부동산 가격 급등으로 인한 투기 의혹이 있고, 자금 출처도 불분명하다"며 "도덕적으로 완벽한 정권을 추구한다면서 편법으로 호화 사저를 준비하기보다는 국정에 전념하고 물러나는 게 좋지 않은가"라고 꼬집었다. 민주노동당 의원 권영길은 "이 대통령이 시형 씨 명의로 토지를 매입한 것에 대해 세무 전문가들은 명백한 증여세 탈루 시도라고 말한다"며 해명을 요구했다.[23]

『중앙일보』는 10월 11일자 사설에서 "상식적으로 가장 납득하기 힘든 점은 퇴임 후 살 집을 아들 이름으로 샀다는 점이다. 아들 시형 씨는 재산이 거의 없다. 2008년 재산 신고 당시 3,656만 원밖에 없었다. 이후 재산 신고를 거부하는 바람에 현재의 재산 상황을 정확히 알 수 없지만 큰아버지 회사인 다스에 근무하는 월급쟁이로서 큰돈을 모으진 못했을 것이다. 그런 그가 은행으로부터 6억 원을 대출받고, 친척들로부터 5억 원을 빌려 서울 서초구 내곡동 땅을 샀다고 한다"며 다음과 같이 말했다.

"청와대의 해명은 모자란다. 대통령 이름으로 땅을 살 경우 인근 땅값을 비싸게 부를 것을 우려해 아들이 나섰다고 한다. 부동산 거래를 해본 사람들은 안다. 구입자를 굳이 알리지 않고도 땅을 살 수 있다는 것을. 돈 없는 아들이 11억 원에 대한 이자를 어떻게 갚을지도 의문이다. 나중에 대통령이 아들로부터 부동산을 살 예정이라는 대목도 이상하다.

왜 군이 부동산 거래에 따른 각종 세금을 이중으로 부담하려고 하는가. 사정이 이렇다 보니 '증여하려고 했던 것이 아니냐'는 의혹이 남는다."[24]

10월 11일 민주당 대변인 이용섭은 기자회견을 열고 "대통령 아들은 토지를 공시지가보다 낮은 가격에 매입하고 대통령실은 4배 이상 고가에 매입한 것으로 나타났다"며 "이는 대통령 (아들)이 부담해야 할 구입 비용을 국민의 세금으로 대준 것"이라고 말했다. 그는 "시형 씨는 싸게, 대통령실은 비싸게 땅을 사들이는 방식으로 사실상 대통령실이 시형 씨에게 돈을 보태주는 결과를 낳았다"며 "형법상 배임죄에 해당한다"고 주장했다.[25]

10월 12일 방미 중이던 이명박은 워싱턴에서 열린 동포 간담회에서 "우리나라는 시끄러운 나라"라며 "국내 신문을 보면 시커먼 것(기사 제목)으로 매일 나온다"고 말했다. 여당 대표까지 사저 주변 경호 시설의 축소를 요구하고 나서는 등 들끓고 있는 여론을 단순히 '시끄러운 일'이라고 지칭한 것이다. 이와 관련해 명지대학교 교수 신율은 "이 대통령 스스로 '역사상 도덕적으로 가장 깨끗하게 시작한 정권'이라고 규정한 바 있으니, 자신의 내곡동 사저 부지를 둘러싼 각종 의혹에 대해 깨끗하게 설명할 필요가 있다"며 "이 대통령이 '시끄러운 나라'라는 표현을 했는데, 투명하지 않으니까 시끄러워지는 것"이라고 말했다.[26]

'부패 뉴스 1위'에 오른 이명박 사저 매입 의혹

2011년 10월 13일 『경향신문』은 「MB 사저 터 수상한 지목 변경」이라는 기사에서 이명박 사저 터 매매 과정에서 원소유자 유모 씨가 땅을 이시형과 청와대에 판 뒤 '지목을 전田(밭)'에서 '대垈(집터)'로 변경한 것으로 확인되었다면서 지목이 이렇게 바뀌면 토지 위에 올릴 수 있는 건물의 면적과 용적률이 증가하기 때문에 땅값도 오른다고 했다.[27]

의혹은 끝이 없었다. 이날 내곡동 사저 인근에 서초구가 테니스장 등 체육시설 건립을 추진하고 있는 것으로 알려져 평소 테니스를 즐겨 치는 것으로 알려진 이명박을 위해 서초구가 갑자기 'MB 테니스장' 건립을 추진한 것 아니냐는 의혹이 일었다. 서초구청장 진익철은 서울시청 공무원 출신으로 MB 직계 라인으로 분류된 인물이었다.[28]

또 이날 중앙대학교 법대 교수 이상돈은 자신의 블로그에 올린 '내곡동에 숨어 살면 된다?'는 글을 통해 내곡동 사저 파문과 관련해 "내곡동 사저는 그 자체가 대통령이 직접 관련된 '대형 게이트'"라고 주장했다. 그는 "이런 와중에 이상득 의원의 땅이 많이 있다는 남이천에 억지로 인터체인지를 만들고 있다는 소식마저 있으니 더이상 할 말도 없다"고 지적했다. 이상돈은 결론적으로 "철옹성 같은 사저를 지어 놓으면 시위대로부터 안전은 담보될 것"이라며 "그렇다고 해서 국회가 발부한 청문회 출석통지서나 법원이 발부한 영장이 도달되지 않는 것은 아니지 않는가"라는 반문으로 글을 맺었다.[29]

『경향신문』은 10월 14일자 사설 「대통령 사저 의혹, 국정조사 불가피하다」에서 "도대체 그 끝은 어디인가. 이명박 대통령의 서울 서초구 내곡동 사저를 둘러싸고 불거져 나오는 갖가지 의혹과 논란을 지켜보고 있노라면 자연스레 이러한 의문이 생기게 된다. 처음에는 사저 부지를 평범한 봉급생활자인 대통령 아들 시형 씨가 사들였다는 '대리 매입' 문제가 부각되면서 편법증여 및 부동산실명제법 위반 의혹이 제기됐다. 또

이명박 대통령 내곡동 사저 매입과 관련해 편법증여와 부동산실명제법 위반 의혹이 제기되었다. 한 국투명성기구는 이 논란을 2011년 '부패 뉴스' 1위로 선정했다.

지나치게 넓은 경호 부지와 과다한 구입 비용 등 '초호화 사저' 논란이 생기자 청와대는 이를 축소하겠다는 반응을 보였다. 사저 부지를 구입하면서 정부 예산이 이 대통령 본인이나 아들 시형 씨에게 전용됐다는 의혹도 나왔다"면서 다음과 같이 말했다.

"내곡동 사저 부지와는 별개지만 대통령 일가의 선영이 있는 경기도 이천시 호법면에 신설될 남이천 나들목IC을 둘러싸고도 온갖 의혹과 추측이 난무하고 있다. 나들목 공사는 대통령 일가의 '성묘도로'를 닦기 위해서이며, 이곳에 대규모 토지를 소유하고 있는 대통령 친형 이상득 의원이 지가 상승으로 막대한 이득을 보게 됐다는 것이다. 남이천 의혹도 대통령 일가의 사적 이익을 위해 국가 자원이 자의적으로 사용됐을지도 모른다는 점에서 내곡동 의혹과 궤를 같이한다고 하겠다."[30]

한국투명성기구는 2011년 '부패 뉴스' 1위로 이명박 대통령 내곡동 사저 매입 논란, 2위 부산저축은행 비리 사건, 3위 이명박 대통령 친인척 측근 비리로 선정했다. 이 결과에 대해 한국투명성기구 측은 "이명박 대통령 주변을 비롯한 집권세력의 부정부패는 이미 정권 초기 국가청렴위원회를 통폐합하고 투명사회협약을 폐기하는 등 반부패에 대한 극도의 반감을 드러낼 때 이미 예견되었던 일"이라며 "이는 결국 서민들의 삶의 질 악화와 사회의 청렴도 하락이라는 악순환으로 이어지고 있어 국가적 반부패 프로그램의 복원이 시급하다"고 지적했다.[31]

'아덴만의 여명'
작전

2011년 1월 15일 한국의 1만 톤급 화물선 삼호 주얼리호가 인도양 북구 아라비아해 입구에서 소말리아 해적 일파에 의해 피랍되었다. 대통령 이명박은 청해부대에 해적 소탕과 인질 구출을 명령했으며, 선장 석해균은 여러 차례 기지를 발휘해 작전 시간을 버는 데 큰 기여를 했다. 그는 최초에는 기관실에 이상이 있다며 해적을 속이고 배를 멈추었으며 가짜로 수리했다고 한 후에는 기관에 이상이 있어 속도를 못 낸다며 5노트의 속도로 시간을 끌었고 자이로스코프를 조작해 지그재그 주행했다. 해적의 명령에 따라 영어로 해운사 측과 통화하면서도 중간마다 한국어로 상황을 전달했다.

삼호 주얼리호에는 한국인 선원 8명과 미얀마 선원 11명, 인도네시아 선원 2명 등 21명이 인질로 잡혀 있었다. 선박을 납치한 해적은 13명으로 추정되었다. 닷새 후인 1월 20일 오후 5시 12분 이명박은 인질 구출을 위한 작전을 최종 승인했는데, 작전명은 '아덴만의 여명'이었다. 아덴만Aden bay은 육지로는 아라비아반도의 예멘과 동아프리카의 소말리아 사이에 있는 만으로, 아라비아해와 홍해를 잇는 해역이었다.

1월 21일 오전 9시 58분(현지 시간 오전 4시 58분) 작전이 개시되었다. 대한민국의 최영함과 대한민국의 해군특수전여단UDT/SEAL이 투입되어, 약 5시간의 교전을 거쳐 해적들을 제압하고 선원 21명을 전원 구출했다. 해적 8명을 사살하고 5명을 생포했으며, 대한민국 해군의 사망자는 없었다. 인질 중에 사망자는 없었으나, 석해균이 복부에 관통상을 입었다. 그는 응급 처치 후 오만의 제2도시 살랄라에 있는 술탄카부스 병원에서 1차 응급수술을 받았지만 위중한 상태에 빠졌고 이에 아주대학교 의과대학 이국종 교수팀이 현지로 급파되었다.

이국종은 오만에 도착해 2차 응급수술을 집도했으나 석해균의 용태는 나아지지 않았고, 한국으로 응급 이송해 근치수술을 하는 수밖에 없다는 결론에 도달했다. 우여곡절 끝에 아주대학병원과 가까운 성남공항을 개방하는 등 준비 끝에 마침내 석해균은 한국으로 이송될 수 있었다. 공항에 도착하자마자 경찰의 교통통제하에 앰뷸런스로 20여 분 만에 아주대학병원에 이송된 석해균은 이국종의 집도하에 대수술을 받아 마침내 생명을 되찾았다.

2011년 2월 3일 오전 10시 의식을 회복한 석해균은 이후 상태가 악화와 호전을 오갔지만 천천히 안정세에 접어들었다. 석해균은 작전 과정에서 목숨을 걸고 기지를 발휘한 것으로 알려지면서 '아덴만의 영웅'으로 불렸으며, 치료 과정에서 이국종도 여러 차례 '영웅'이라 불릴 만한 용단을 내렸다. 3월 5일 이명박은 아주대학병원을 방문하며 석해균이 걸어나와야 아덴만 여명 작전이 끝난다고 위로를 보냈다. 석해균은 11월 4일 아주대학병원을 퇴원함으로써 '아덴만의 여명' 작전은 288일 만에 단 한 사람의 희생도 없이 성공적으로 종료되었다.[32]

제2장

'국책사업 입지 선정'·
'공기업 지방 이전' 논란

'수도권 규제 완화' 논란

2011년 1월 24일 대통령 이명박은 여의도 전국경제인연합회에서 삼성전자 회장 이건희 등 26명의 대기업 총수가 참석한 가운데 열린 '수출·투자·고용 확대를 위한 대기업 간담회'에서 "기업이 수출을 늘리고 투자를 촉진하는 데는 고급 인력이 많이 필요하고, R&D센터를 서울이나 수도권에 하면 고급 인력을 데리고 오는 데 도움이 될 것"이라며 적극 지원 의사를 밝혔다.[33]

같은 날 국토해양부는 대한국토도시계획학회가 제출한 「대도시권 인구 집중에 대한 인식 평가를 통한 향후 수도권 정책 방향 연구」 보고서를 받아 검토 중이라고 밝혀 이명박 정부가 본격적으로 수도권 규제 완화에 나설 것임을 예고했다. 이 보고서는 3대 권역(과밀억제권역, 성장관리권역, 자연보전권역) 내 인구 유발 6개 시설·사업(학교, 공장, 업무·판매용 시설, 공공청사, 연수시설, 대규모 개발사업)에 대한 각종 규제와 행위 제한 내용을 담고 있는 수도권정비계획법을 폐지해야 한다는 등 수도권 규제 완화의 필요성과 기업·공공기관 등의 수도권 진입 장벽 완화를 주된 내용으로 담고 있었다. 보고서는 또 규제보다는 계획적 관리에 초점을 맞춘 수도권계획관리특별법의 제정도 주문했다.[34]

이에 1월 25일 야당은 일제히 반발하고 나섰다. 민주당 대변인 차영은 "(수도권의 R&D센터 적극 지원은) 다른 지방은 어찌되든 상관없다는 시대착오적 생각"이라고 비판했다. 자유선진당 원내대표 권선택은 "정부의 수도권 규제 완화 기조는 국토균형개발을 포기하고 수도권 중심의 국가개발을 천명한 것으로 반헌법적 발상, 시대착오적 처사"라며 중단을 촉구했다.[35]

1월 31일 이명박은 청와대에서 대통령 직속기구인 사회통합위원회에서 활동할 위원장 송석구와 민간위원 33명에게 위촉장을 수여한 뒤 가진 간담회에서 "서울뿐 아니라 지방에도 관심을 가져달라. 지역사회 통합이라는 관점에서 여러 주제를 만들어 달라"고 당부했다. 이 대통령은 이어 "우리 사회가 갈등이 많고 완전히 벽을 쌓은 것 같다는 얘기를 하는데 아마도 만남과 대화가 부족한 것 때문이 아닌가 한다"고 말했다.[36]

이명박은 수도권을 키우는 정책을 펴면서 무슨 힘이 있다고 사회통합위원회에 지방에 대한 관심을 주문한 걸까? 이명박 정부의 속내는 무엇이었을까? 이즈음 서울시장 오세훈이 『경향신문』 인터뷰에서 중앙대학교 교수 이상돈과 나눈 다음 대화에 그 답이 있었던 걸까?

이상돈 우리나라는 박정희 대통령 때부터 국토균형발전이라는 원칙을 갖

고 수도권 규제도 많이 해왔다. 국토균형발전, 수도권 규제, 행정
수도 건설에 대해 어떻게 생각하나.

오세훈 서울은 국가 평균 성장률을 깎아먹는 수도이다. 왜 이런 일이 벌어
지느냐. 수도권 규제 때문이다. 그동안 균형발전전략은 우리 안의
것을 나누는 균형발전이었다.

이상돈 대통령 되겠다는 사람들은 입으로만이라도 국토균형발전을 외쳐
야 당선이 됐다. 당선된 다음이면 몰라도 오 시장의 그런 발언이
과연 국민 전체가 받아들일 수 있는지 회의가 든다.

오세훈 우리는 통일을 준비해야 되는 나라다. 과연 지금의 경제력으로 갑
자기 통일의 기회가 찾아왔을 때 그것을 국민적 공감대로 현실화
시킬 수 있는 준비가 돼 있는지 자문해봐야 한다. 그런 의미에서
보편적 복지도, 선택적 복지도 또 국가발전전략도 짜야 된다. 그
점에 대해 한 번 가슴에 손을 얹고 과연 어떤 방향이 바람직한 미
래 설계인지 경향신문 독자에게 묻고 싶다.[37]

'과학비즈니스벨트 입지 선정' 논란

2월 1일 이명박은 청와대에서 열린 '대통령과의 대화'에서 국제과
학비즈니스벨트 부지 선정에 대해 대선공약을 뒤집는 발언을 했다. 그는
대선 때 중앙 공약집과 충남 지역 공약집에 "행정복합도시의 기능과 자
족 능력을 갖추기 위해 국제과학비즈니스벨트와 연계하여 인구 50만의
도시를 만들겠다"고 약속했는데, 이날 "선거 유세에서는 충청표를 얻으
려고 제가 관심이 많았겠죠"라며 "국가 백년대계니까 과학자 입장에서

이명박이 국제과학비즈니스벨트 부지 선정에 대해 '백지 상태 검토'를 주문하자, 충청권 광역·기초
의회 의원과 국회의원 등이 국회의사당 앞에서 대선공약을 이행하라며 규탄 대회를 열었다.

(결정)하는 게 맞다"고 밝혔다.[38]

　　과학비즈니스벨트 입지 선정과 관련한 이명박의 '백지 상태 검토'
발언으로 대전·충청권은 발칵 뒤집혔다. 충남지사 안희정은 이날 도청
에서 기자회견을 열고 이명박의 발언을 '제2의 세종시 사태'로 간주하면
서, "500만 충청인과 함께 싸워나가겠다"고 했다. 충청권 시민단체들도
강하게 반발했다. 대전참여자치시민연대와 충북경실련 등 시민단체들도
논평을 내어 "지역 갈등, 국론 분열로 정치적 이익을 얻으려는 것", "세
종시에 이어 또다시 국민에게 사기를 치는 것"이라고 강력히 반발했다.[39]

　　충청권의 전면 반발에 청와대는 대통령 발언은 충청권 선정 백지화
가 아니라며 진화에 나섰지만 대통령이 지역 갈등을 조장하고 나선 책
임은 면할 길이 없었다. 이명박의 '원점 검토' 발언을 한 이후 지역 간 이
전투구泥田鬪狗식 유치 경쟁이 벌어지기 시작했기 때문이다. 민주당과 한
나라당에선 지역 의원들 간 의견이 달라 내홍이 발생했다. 한나라당에선
대구·경북 지역 의원들은 "이 대통령 발언으로 과학비즈니스벨트 유치

에 청신호가 커졌다"고 기대감을 표시했지만, 수도권 의원들은 "정치적 부담만 커졌다"고 우려했다. 과학비즈니스벨트 충청권 유치를 당론으로 삼은 민주당에서도 충청 출신 의원들과 호남 출신 의원들 간 갈등이 발생했다.[40]

'동남권 신공항 건설 입지' 논란

충청권이 과학비즈니스벨트 백지화를 규탄하고 있던 이즈음 대구·경남북과 부산은 동남권 신공항 건설을 두고 갈등하고 있었다. 동남권 신공항 건설은 이명박이 대선 과정에서 남부경제권 형성을 위한 신공항 건설을 약속하면서 시작되었는데, 2011년 3월로 예정된 입지 발표를 앞두고 신공항 백지화, 입지 선정 연기 등 다양한 이야기가 흘러나오면서 밀양 유치를 주장하는 대구·경남북과 가덕도를 내세운 부산 사이에 사활을 건 경쟁이 벌어진 것이다.[41]

대형 국책사업 입지 선정을 둘러싼 혼선이 가중되면서 2월 7일 오후 여의도 국회의사당 앞 계단에서는 여당 소속 지방의원들이 정부를 비판하며 국회에서 삭발식을 시도하는 초유의 사태가 발생했다. 대구·경북·울산·경남 등 4개 시도의 지방의원 등 25명은 상경, 국회 정론관에서 한나라당 의원 조해진과 함께 신공항의 밀양 유치를 촉구하는 공동 기자회견을 열고 이후 국회의사당 앞 계단에서 정부를 성토하는 규탄 대회를 열었다. 이들이 삭발식을 감행하려고 하면서 이를 말리려는 국회 경비 담당 직원들과 몸싸움이 벌어질 뻔하기도 했다.

"우리는 목을 자르는 심정으로 머리를 깎으려 한다. 신공항을 밀양에 유치하라. 청와대 눈치를 보는 국토해양부는 반성하라.""여기서 이러시면 안 됩니다. 현수막 철거하세요.""당신이 뭐야, 우리는 주민을 대표해서 왔어. 이거 봐!" 경남도의회 한 관계자는 집회를 마무리한 후 "모든 것은 정부 책임이며, 국토해양부가 청와대 눈치를 보면서 신공항 입지 선정을 망설이는 것 아니냐"며 "정부가 국민들 갈등을 부추기지 말고 빨리 해결을 해야 할 것"이라고 비판했다. 대구시의회 한 관계자는 "수도권 주민만 국민이고 지역 주민은 국민도 아니냐"며 "1,300만 지역주민들에게 (오늘의 이런 모욕적 상황을) 꼭 알리겠다"고 말했다.[42]

국책사업을 두고 치열한 갈등이 벌어지고 있는 가운데 서민들의 삶은 갈수록 더 나빠지고 있었다. 2011년 연초 서민 생활은 구제역 파동과 전·월세 대란, 물가 폭등으로 몸살을 앓고 있었다. 1월 소비자물가는 4.1% 상승해 1월 소비자물가로는 13년 만에 최고치를 기록했으며, 전세가는 95주 연속 급등하면서 '전세 난민'을 낳고 있는 상황이었다. 구제역 파동은 살처분 가축들의 매몰지 곳곳에서 침출수 유출이 확인되면서 2차 파동으로 이어지고 있었다.[43]

2월 20일 이명박은 취임 3주년을 맞아 언론 소통을 강화한다는 취지에서 청와대 출입기자들과 오찬 간담회를 가졌지만 불통만 보여주었다. 청와대 홍보수석실은 "대통령이 기자회견을 기피한다"는 비판을 의식해 "궁금한 점들에 대해 충분한 문답이 이뤄지도록 하겠다"고 약속했지만 약속은 지켜지지 않았다.

이날 이명박은 청와대 구내식당에서 이루어진 간담회에서 '개헌과 관련해 박근혜 전 대표나 손학규 민주당 대표를 만나 설득할 의향이나 직접 개헌안을 발의할 의지가 있느냐'는 물음에 "등산 갔다 와서 그런

딱딱한 질문 자체가 분위기에 안 맞다"며 "다음에 정장하고 넥타이 매고 답변하겠다고 약속한다"고 말했다.

또 기자들의 현안 질문이 이어지자, 이명박은 웃으며 "차라리 기자회견을 하는 것이 나을 뻔했다", "이상으로 기자회견을 모두 끝내도록 하겠다"며 마무리했다. 국민이 궁금해하는 민감한 현안에 대한 기자 물음을 또다시 외면한 것이다. 이 때문에 구제역, 전세난 등에 대해서도 물으려던 기자들은 허탈하게 웃으며 일어서야 했다.[44] 밀양이냐, 가덕도냐? 이 치열한 갈등이 2012년 총선·대선에 악영향을 미칠 것을 우려한 이명박 정권은 결국 건설 자체를 백지화하는 길을 택했다.

전북·경남 싸움 붙인 이명박의 '합리적 관점'

2011년 4월 4일 이명박은 청와대에서 열린 수석비서관회의에서 "갈등이 많은 사업일수록 시간을 끌면 안 된다. 총리실 등 관련 부처를 독려해달라"면서 "갈등이 있는 국책사업은 가능한 한 조속히 결정해야 한다"고 말했다. 이명박은 또 "국책사업을 결정할 때는 정치 논리보다 합리적인 관점에서 철저히 국민 권익과 국가 미래를 최우선으로 고려해야 한다"고 말했다.[45]

하지만 이명박의 이날 발언은 영호남 지역 간 싸움을 붙이는 결과를 초래했다. 동남권 신공항 백지화 후 정부가 영남 민심을 달래기 위해 한국토지주택공사LH의 본사를 경남 진주로 몰아줄 가능성이 제기되면서 전북이 크게 반발하고 나섰고 이는 경남과의 갈등으로 치달았기 때문이다.

한나라당은 "공기업 혁신 차원에서 LH 공사가 통합됐는데 공사를 영호남에 나눠 배치하는 것은 재앙이 될 것"이라며 "통합 배치하되 진주와 전주 가운데 한 곳을 공정하게 결정하면 된다"고 맞섰다. 이에 민주당은 최고위원회의에서 LH 본사의 "분산 배치"를 당론으로 정했다. 참여정부 당시 주택공사는 경남 진주, 토지공사는 전북 전주로 이전하기로 했지만, 현 정부 들어 주·토공을 LH로 통합하면서 본사의 향방이 이들 지역의 첨예한 관심사가 되어왔다.[46]

4월 6일 전북지사 김완주가 LH의 분산 배치를 정부에 촉구하며 삭발을 했다. 그는 이날 전북도청에서 'LH 본사 분산 배치 관철을 위한 범도민 비상시국 선포식'을 열어 "엘에이치 본사 일괄 배치는 특정 지역에만 유리한 승자독식"이라며 "우리는 애초 전북으로 오기로 한 토지공사 몫만큼을 달라고 요구한다"며 삭발을 단행했다.[47]

4월 18일 전북도와 대책위는 전주시 완산구 중앙동 옛 전북도청 앞에서 출정식을 마치고 버스 10여 대로 국회 앞에 집결했다. 오후 3시 국회의사당 본관 앞에서 전북도민과 재경도민 2,000여 명이 참석한 가운데 LH 본사 분산 배치를 위한 범전북도민 서울 궐기대회가 열렸다. 참석자들은 결의문을 통해 "정치 논리에 의해 특정 지역에 엘에이치 본사를 몰아주려는 의도를 분쇄하고, LH 본사 분산 배치를 관철시키겠다"고 다짐했다. 김완주는 "LH 본사를 일괄 이전한다면, 도민들이 국정 철학인 '공정사회 건설'에 사망선고를 내리고 다시 머리띠를 두를 것"이라고 말했다. 이날 궐기대회에선 "LH 본사를 껴안고 죽을지언정 포기할 수 없다"는 말까지 나왔다.[48]

같은 날 경남지사 김두관은 서울에서 경남 지역 국회의원들과 간담회를 열어, LH 본사의 진주 일괄 이전이 성사되도록 적극 협조해줄 것을 요청했다. 또 그는 이명박에게 진주 일괄 이전의 당위성을 직접 설명하기 위해 청와대에 대통령 면담을 요청하는 공문을 보냈다. 경남도 민주도정협의회는 경남도청에서 기자회견을 열어 "어렵게 통합한 LH를 다시 쪼개 분산 배치하는 것은 하나된 몸을 다시 둘로 나누는 것이므로 경남과 전북 둘 다 망하게 하는 것"이라며 "진주로 일괄 이전 외의 어떠한 조처에 대해서도 결코 가만히 두고 보지 않을 것"이라고 밝혔다.[49]

"이명박 정권은 지역 분열시키는 데엔 천재적"

2011년 5월 13일 이명박 정부는 LH 본사를 경남 진주로 일괄 이전하고 전북 전주에는 애초 경남으로 이전하기로 했던 국민연금공단을 재배치하겠다고 발표했다. 이에 김완주와 최규성·장세환 등 전북 지역 국회의원들은 정부 방침 무효화 투쟁을 벌이겠다고 선언했다. 이들은 성명에서 "토지주택공사의 진주 이전으로 전북 혁신도시 건설은 산산이 부서지게 됐다"며 "전북의 몫을 빼앗고 약속을 지키지 않은 정부안은 결코 수용할 수 없다"고 밝혔다.[50]

전북도와 도의회, 범도민비상대책위는 이날 기자회견을 열고 "전북도는 정부 방침에 반발해 혁신도시를 반납하고 정부에 대한 불복종 운동을 전개키로 했다"고 선언했다. 이들은 "정부가 원칙과 약속을 깨 갈등과 분열의 길을 자초했다"면서 "LH 없는 혁신도시는 사실상 무산된 거나 마찬가지인 만큼 혁신도시를 반납하겠다"고 밝혔다.[51]

『한겨레』는 5월 14일자 사설 「지역 갈등만 더 키운 엘에이치 본사 진주 이전」에서 "지난달까지만 해도 경남과 전북이 참여하는 지방이전

협의회에서 협의가 되면 일괄 이전하고, 안 되면 분산 배치로 간다는 게 정부 입장이었다. 그런데 통합된 공사를 다시 양분하는 것은 경영 비효율화를 낳아 통합 취지에 부합하지 않는다며 어제 불쑥 일괄 이전을 발표했다. 쪼갤 경우 양 혁신도시 모두에서 제 기능을 발휘하지 못할 우려가 있다는 것이다. 그렇다면 분산 배치할 것처럼 하면서 시간을 끌 일이 아니라, 국가균형발전의 취지에 맞게 일찍이 결단을 내렸어야 했다"면서 다음과 같이 말했다.

"대형 국책사업 추진 과정에서 정부가 원칙 없는 국정 철학으로 지역 갈등을 키운 게 한두 번이 아니다. 이번 일도 동남권 신공항이 무산되면서 정부·여당이 영남에 선물로 준 정치적 결정이라는 비판을 면하기 어려운 상황이다. 균형발전을 중시했다면 재정자립도가 낮은 전북을 최대한 고려했어야 했다. 전북에는 새만금 등 대형 국책사업이 있다고 하나 새만금 사업은 앞으로 본격 개발되려면 20년은 더 기다려야 하는 먼 뒷날의 일이다."[52]

5월 16일 숱한 논란 끝에 국제과학비즈니스벨트 거점 지구로 대전 대덕단지가 선정되자 야당은 물론 여당에서도 정부가 지역 갈등을 조장해 스스로 국력을 낭비하고 있다는 비판이 터져 나왔다. 유치전에서 탈락한 경북과 광주광역시에선 정부의 결정을 '원천 무효'라고 주장하며 소송 등 법적 대응에 나설 뜻을 밝혔다.

대구 출신인 한나라당 의원 서상기는 "동남권 신공항 사업, 과학벨트 등 국책사업 결정 과정에서 정부가 지역 갈등을 유발했다"며 "이에 관한 책임을 정부가 져야 한다"고 말했다. 같은 지역구 의원 유승민은 "차라리 정부가 세종시 수정안 부결 직후 '과학벨트는 세종시나 충청도로 간다'고 했으면 이 난리가 안 났을 텐데 청와대가 마치 원점에서 검토하는 것같이 하는 바람에 동네방네 시끄러워진 것"이라며 "지역 분열시키고 표 깨는 데 청와대는 천재적"이라고 정부와 청와대를 비판했다. 의원 최구식도 "국민을 나눠서 편싸움을 시키는 것은 정부·정권 입장에서는 재미를 봤을지 모르겠지만 국민에게는 참 못할 짓을 시킨 것"이라고 말했다.

민주당 원내 대변인 전현희는 "이명박 대통령이 대선에서 충청권 유치를 공약해놓고도 지난 2월 대통령 스스로 충청권 입지 백지화 검토 발언을 해 국론이 분열하고 지역 갈등이 일어났다"며 대국민 사과를 요구했다. 과학비즈니스벨트 충청권 유치를 주장해온 자유선진당 대표 변웅전과 원내대표 권선택 등 지도부는 성명을 내어 "결국 이렇게 충청권 입지를 결정할 거면서 도대체 무엇 때문에 지난 근 1년간 국론 분열과 지역 갈등을 부추겼는지 도저히 이해할 수 없다"고 비판했다.[53]

제3장

'노(무현)빠'·'유(시민)빠'도 '박(근혜)빠'엔 밀린다

박근혜의 침묵에 대한 비판

"흔히 한국의 3대 정치세력을 친이, 친박, 범야권으로 분류하지만 냉정하게 보자면 친박, 반박, 비박이 있을 뿐입니다. 박근혜를 중심으로 한국 정치는 돌고 있습니다. 그녀는 현 시점에서 압도적으로 유력한 18대 대통령입니다. 그녀의 대중적 인기는 독보적입니다. '노(무현)빠'와 '유(시민)빠'가 있다고는 하나 '박빠'에 비길 수는 없습니다. 지역적 기반이나 감정이입되어 흔들리지 않는 절대 지지층의 수로 보나 그녀는 이미 김영삼·김대중의 반열에 올랐습니다. 그녀가 움직이면 선거 결과가 달라집니다. '선거의 여왕'이라 불리는 박근혜의 힘은 18대 총선에서 '친박연대'라는 참으로 기이한 이름의 정당을 탄생시켰습니다."(2010년 5월 박성민 정치 컨설팅 '민' 대표)[54]

"박근혜 전 한나라당 대표는 여전히 남들의 추종을 불허하는 지지율 1위에 올라 있는 사람이다. 어떤 점에서는 현재의 권력보다 더 강력한 미래 권력이다. 실제로 대한민국 정치를 움직이는 것은 대통령이 아니라 그다. 박근혜를 거치지 않고 될 수 있는 것은 아무것도 없다. 박 전 대표에 대해 직접적이든 간접적이든 함부로 말할 수 있는 사람은 없다. 그는 '무비판의 공간'에 떠 있는 사람이다."(2010년 8월 임철순『한국일보』주필)[55]

이렇듯 박근혜 권력의 위상은 2010년 내내 하늘을 찌르고 있었다. 그러다가 2011년 들어 박근혜의 침묵, 그에 따른 그녀의 정체성에 대한 문제 제기가 왕성하게 이루어지기 시작했다. 2011년 2월 9일『한국일보』편집국 부국장 이충재는 칼럼에서 "박 전 대표의 지지세가 탄탄해 보이지만 야권 단일화로 진보-중도를 대변하는 강력한 후보가 나올 경우 순식간에 무너질 수 있다"며 "문제는 바로 그 중도층이 박 전 대표를 대통령감으로 선뜻 인정하지 않는다는 점이다. 과연 그가 대한민국호가 안고 있는 현안들에 대처할 충분한 역량을 갖추고 있는지 의심스러워하는 것"이라고 주장했다. 이어 이충재는 "박 전 대표가 국정 현안에 뒷짐을 지고 있는 것은 선거 전략 이전에 정책적 소신이나 경험이 부족하고 현안들에 대한 충분한 공부가 안 돼 있기 때문이라는 인식이 팽배하다"고 지적했다.

이어 2월 14일『조선일보』는 사설을 통해 "박근혜 전 대표는 왜 내키는 주제에 대해 하고 싶은 말만 하고, 국민이 박 전 대표에 대해 궁금한 일을 물을 기회는 만들지 않느냐는 것이다. 그래서 거북한 주제를 피하려 한다는 느낌을 준다"며 "여당 내에서 집안싸움이 난 과학비즈니스벨트와 동남권 신공항 사업은 박 전 대표 지역구인 대구도 당사자의 하

나다. 그런데도 박 전 대표는 이 두 문제에 대해 굳게 입을 다물고 있다"고 비판했다.[56]

이후에도 계속 박근혜의 침묵에 대한 비판이 이어지자 박근혜의 대변인 격인 의원 이정현이 나섰다. 그는 2월 27일 자신의 홈페이지에 올린 글에서 "박 전 대표가 현안 언급과 현장 방문을 해야 한다고 주문하는 분들이 있는데 그가 본격적인 활동을 시작하면 대선 조기 경쟁이 바로 불붙을 것"이라며 "박 전 대표는 자신이 조용하게 있는 것이 대통령께 부담을 드리지 않고 또한 국정을 최대한 돕는 것이라고 보는 것 같다"고 했다. 이정현은 "대통령의 임기가 40%가 남았고, 대선이 1년 10개월이나 남겨둔 시점에서 대선 운운하는 것은 시기상조"라며 "박 전 대표는 조기 대선 과열 정국이 형성되는 것을 우려하는 것 같다"고 말했다.[57] 과연 그런가? 그러나 좌우를 막론하고 그렇게 생각하지 않는 사람이 훨씬 더 많은 것 같았다.

" '박근혜 시대'를 바라보는 두려움"

서울대학교 교수 조국도 박근혜 비판에 가세했다. 2011년 3월 25일 조국은 『진보집권플랜』 출간 기념 북콘서트에 참석하기 위해 대구를 찾았다. 그는 『영남일보』 인터뷰에서 "박 전 대표의 가장 큰 문제는 무엇이라고 보는가"라는 질문에 다음과 같이 답했다.

"중요한 정책적 사안에 침묵한다는 것이다. 이런 사안은 화염성이 강해, 한쪽을 선택하게 되면, 다른 한쪽은 잃게 된다. 때문에 정책적으로 분명한 입장을 밝히지 않은 채 모호한 다수를 지지층으로 끌고 가겠다는 것이다. 정치 전략일 수는 있지만 국가 지도자로는 안타깝고, 불만이다. 나라 전체가 난리인 사안에 대해서는 말을 해야 한다. 지금은 '내가 대통령이 되면 알아서 하겠다. 나를 믿고 찍어달라'는 방식이 먹혀서 30%의 지지율을 기록하고 있다. 그러나 이런 방식이 우리의 미래를 보장할 수 없다."

조국은 『경향신문』(2011년 4월 18일) 인터뷰에서도 "박근혜 전 대표에게 공개적으로 묻고 싶다. 4대강 사업에 대해 한 번도 의견을 제시한 적이 없다. 나라의 방향에 대한 중요한 정책인데 침묵으로 일관하는 건 곤란하다. 이 문제를 말하지 않고 자신에게 최고권력을 달라고 요구하는 것은 문제다"고 했다.[58]

2011년 5월 17일 『조선일보』 고문 김대중은 「박근혜 한나라당 전대표의 침묵」이라는 칼럼에서 "이정현 의원은 박 전 대표의 '침묵'을 이대통령에게 부담을 주지 않기 위해서, 또는 시비에 휘말리기 싫어서, 또는 당 지도부가 해야 할 일이라는 이유 등으로 해명하고 있다. 하지만 그들은 오로지 MB, 한나라당 그리고 자기 자신의 위치에서만 사물을 보는 근시안에 머물러 있다는 것을 알아야 한다. 박근혜 씨가 진정 차기 지도자로 부상하려면 그는 MB와 당과 자신의 '안전판'이란 소아小我를 넘어 국가와 국민, 보수우파와 주류세력의 관점에서 세상을 봐야 한다"며 다음과 같이 말했다.

"박 전 대표는 유럽 순방에서 돌아와서도 여전히 침묵 모드로 일관하고 있다. 하긴 유럽 순방 수행기자들에게 단 한 줄의 기삿거리도 내주지 않은 그의 끈질김(?)으로 보아 예상했던 일이다. 그래서 많은 사람들은 그것이 알고 싶다. 그가 이 나라를 구할 어떤 역사의식과 비전을 갖고 박근혜가 중요한 정책적 사안에 대해 침묵으로 일관하자, 김대중은 "MB와 당과 자신의 '안전판'이란 소아小我를 넘어 국가와 국민, 보수우파와 주류세력의 관점에서 세상을 봐야 한다"고 조언했다.
(『조선일보』, 2011년 5월 17일)

있는지, 이 국민을 이끌 어떤 철학과 시대정신을 보여줄 수 있는지, 한나라당을 개혁할 어떤 복안을 갖고 있는지 직접 듣고 확인하고 싶다."[59]

같은 날 『한겨레』 선임기자 성한용은 「'박근혜 시대'를 바라보는 두려움」이라는 칼럼에서 "박근혜 전 대표가 대통령이 된다고 생각하면 불안하고 좀 무섭다. '박정희의 딸' 얘기는 그만하기로 하자. 뭐가 문제일까?"라며 다음과 같이 말했다.

"첫째, 정책이 안 보인다.…… '어떻게'가 없기 때문이다. 연설문과 법안을 아무리 뜯어봐도 그냥 '자~알' 하면 된다는 것으로 읽힌다. 줄푸세(세금은 줄이고 규제는 풀고 법질서는 세우자)와 '한국형 복지'는 어떻게 연결되는 것일까? 복지예산은 어떻게 마련해 어디에 투입하겠다는 것일까? 내용이 아예 없는 것은 아닐까? 부산저축은행 사태로 나라가 발칵 뒤집혀도 그는 별말이 없다. 불안하다. 둘째, 주변에 이상한 사람들이 너무 많다. 박정희 정권에서 일했던 나이 많은 관료 출신들, 공천헌금을 받고 감옥살이를 한 정치인들이 박근혜를 팔고 다닌다. 함량 미달의 일부 친박 의원들도 그의 치맛자락을 단단히 붙들고 있다. 사이비 종교의 광신도를 연상케 하는 사람들도 있다. 이들이 차기 정권의 실세가 된다면? 악몽이다.······이명박 정권보다 더 나쁜 정권이 들어선다는 것은 생각만 해도 끔찍하다. 박근혜 전 대표가 이젠 뭔가 대답을 해야 한다."[60]

'박근혜 밀실정치' 파동

그러나 박근혜 진영까지 침묵하거나 은둔한 건 아니었다. 『한국일보』는 「벌써 '박근혜 블랙홀' 조짐」이라는 기사에서 "요즘 박근혜 전 한나라당 대표의 싱크탱크와 지지 모임들의 움직임을 보면 '대선의 계절'이 벌써 찾아온 듯하다. 모임별로 지지자들이 문전성시를 이루고, 각종 발대식과 회합 등이 끊이지 않는다. 정작 박 전 대표 본인은 여전히 '정중동靜中動 행보'를 하고 있는 것과 대조적이다"고 했다.[61]

바로 그런 상황에서 이른바 '박근혜 밀실정치' 파동이 터졌다. 5월 19일 한나라당 신임 원내대표 황우여가 박근혜를 비밀리에 만났는데, 그 만남의 모양새가 논란을 빚은 것이다. 『중앙일보』는 「박근혜, 밀실정치 하려는가」라는 사설에서 "급하게 약속장소를 바꾸고, 대기 중이던 취재 차량을 따돌리는 등 모양새가 볼썽사나웠다. 회동 이후 황 원내대표가 박 전 대표의 말씀을 적은 메모를 보며 설명하는 모습도 보기에 안타깝다"며 다음과 같이 비판했다.

"비공개를 원한 것은 박 전 대표였다. 나름 이유가 있었다고 한다. 공개할 경우 당대표 권한대행이기도 한 황 원내대표 위에 군림하는 듯한 모습으로 비춰질까 우려했다는 것이다. 하지만 결과적으로 밀실회동은 박 전 대표가 우려했던 바로 그 나쁜 이미지를 더 강하게 남겨버리고 말았다. 언론을 따돌리기 위한 숨바꼭질은 '밀실정치'를 떠올리게 했다. 황원내대표의 수첩은 '수렴청정垂簾聽政' 이미지까지 불러일으켰다. 21세기 정치 지도자로서 당연히 청산해야 할 구시대적 정치 행태, '닫힌 정치'의 모습들이다. 뭐가 떳떳하지 못했고, 뭘 감추려 했는지 이해할 수가 없다. 박 전 대표가 그토록 지키고자 애써온 '신뢰'와도 어울리지 않는다."[62]

『경향신문』도 「박근혜 의원, 커튼을 걷어라」는 사설에서 "박 의원은 왜 이런 형식으로 자기 의견을 표명하는지, 당대표 대행이 왜 그의 하수인처럼 '말씀'을 받아 적어왔는지, 그토록 분분했던 당권·대권 분리 문제가 어떻게 박 의원의 한마디로 정리될 수 있는 것인지 이해할 수 없다"고 비판했다.[63]

한신대학교 교수 윤평중은 『조선일보』 칼럼에서 "황우여 한나라당 원내대표와의 비밀회동과 수첩 브리핑 파동은 인人의 장막에 가려 신비화된 권위주의자 박근혜를 상징한다. 물론 그녀는 '신뢰의 정치인'이란 이미지와 '선거의 여왕'이라는 자산을 가지고 있지만 어떤 미래지향적 비전과 독자적 시대정신을 가지고 있는지는 아직 검증된 바 없다"며 "'탈脫산업화 참여민주주의'의 새로운 시대정신을 육화肉化하지 못하는 한, '차기 대선후보 1위 박근혜'의 기세도 모래성에 불과할 수 있다. 결

국 2012년 대선은 한 치 앞을 내다보기 어려운 박빙薄氷의 싸움이 될 게 틀림없다"고 했다.[64]

박근혜를 포위한 '인의 장막'

박근혜를 둘러싼 '인의 장막'은 어떠했던가? 2010년 8월 한때 '친박계 좌장'이었던 한나라당 원내대표 김무성이 한 언론 인터뷰에서 한 말이 인상적이다. 그는 "박근혜 전 대표는 국가 지도자 덕목 10개 중 7개 정도는 아주 훌륭하지만 사고의 유연성과 민주주의에 대한 개념은 부족하다"며 "나는 이를 고쳐야 한다고 충정으로 말했는데, 박 전 대표를 군주처럼 모시려는 못난 사람들은 '주군한테 건방지게'라는 식의 반응이었다"고 했다.[65]

김무성은 1년여 전인 2009년 11월 '포럼 부산비전' 창립 3주년 기념 만찬에 참석해 "사랑하고 존경하는 박근혜 대표를 모시고, 11주년 기념식에서는 정말 좋은 세상을 만들었다고 자랑하는 날이 올 것"이라는 축사를 했다. 박근혜가 2012년 대선에서 승리한다는 전제 아래 임기가 끝나는 2017년에 '좋은 세상'을 기념하게 될 것이라는 뜻의 '찬가'를 부른 것이다.[66] 그렇게 '박근혜 찬가'를 불러대던 '친박계 좌장'마저도 박근혜에게 고언을 하면 '주군한테 건방지게'라는 식의 반응이 돌아왔으니 그런 인의 장막이 어찌 두렵지 않을소냐.

사실 박근혜를 둘러싼 인의 장막에 대해선 이미 2009년 5월 『조선일보』 선임기자 최보식이 본격적으로 지적한 바 있었다. 최보식은 "이미 그는 '그의 사람들'로 갇혀 있다. 그에게 듣기 싫은 말을 하는 사람은 그 주변에는 거의 없다. 그가 싫어하기 때문이다. 소문은 정치판에 쫙 퍼져 있다. 앞으로 그는 더욱 그의 벽壁에 갇힐 것이다"며 다음과 같이 말했다.

"지지자들은 현 정권의 '포용력'에 대해서는 분개하지만, 남다른 성장 과정을 겪은 그에 대해서는 이해해줘야 한다는 쪽이다. 그런데 우리는 언제까지 차기 지도자를 이해하면서 가야 하나. 만약 그가 '자신을 떠나간' 전여옥 의원이 테러를 당해 입원했을 때 위로의 꽃다발을 전했다면, 또 이재오 전 의원이 귀국했을 때 밥 한 끼를 냈다면, 분명히 그는 이명박 대통령과 다르다고 온 사람들이 합창했을 것이다. 지도자는 결코 보호막 안에서 나올 수 없다."[67]

'인의 장막'엔 두 종류가 있다. 물리적 인의 장막과 심리적 인의 장막이다. 정치적 사모 집단은 심리적 인의 장막이 된다. 정치인은 귀한 돈과 시간과 정열을 쏟아가면서 자신을 열렬히 지지하는 사모 집단이 고마울 수밖에 없다. 그들과의 소통에 많은 시간을 할애할 뿐만 아니라 그들의 뜨거운 지지에서 격려를 받고 용기를 얻기도 한다. 적정 수준에서 그런다면 더할 나위 없이 좋은 일이겠지만, 그게 꼭 그렇게 되질 않는다.

무조건적으로 뜨거운 지지를 보내는 사모 집단에 심리적으로 둘러싸여 현실 판단을 잘못하거나 자신의 아집을 정당화 또는 미화하는 함정에 빠질 수 있다. 열정적인 지지자들은 정치인에게 큰 정치적 자산이지만, 동시에 그런 지지가 범국민적 소통의 장애로 작용해 지지 기반을 편협하게 만드는 결과를 초래할 수 있다. 그 어떤 정치인보다 더 열정적 지지자를 많이 갖고 있는 박근혜에게 그 지지자들의 존재는 정치적 축복이자 저주가 될 수도 있는 것이었다.

"박근혜도 모르는 '친박 사조직' 우후죽순"

공식 조직이 잘 갖춰져 있고, 지도자의 공식 조직 의존도가 높으면 열정적 지지자들의 문제는 얼마든지 극복해낼 수 있는 것이지만, 박근혜에겐 그렇지 않다는 데에 문제가 있었다. 물론 이는 집권 후에 심각하게 드러나는 문제이긴 했지만, 언론은 이미 이때부터 그런 문제를 지적하고 있었다.

2011년 8월 16일 『경향신문』은 "박근혜 전 대표의 네트워크 구성은 퍼즐 맞추기와 같다"며 이렇게 말했다. "속칭 '조직도'를 그리기가 쉽지 않다. 분야별 참모 조직이 체계화돼 있지 않고, 2인자나 정책과 조직을 총괄하는 '코디네이터'도 없다. 박 전 대표로 통하는 다양한 라인들

© 연합뉴스

박근혜를 지지하는 '박사모', '근혜동산', '뉴박사모' 등 인터넷 팬클럽이 우후죽순 생겼지만, 이는 사조직이나 이권단체로 활동하는 집단들이었다. 2011년 4월 2일 '박사모 창립 7주년 한마당 대찬지' 에서 친박계 핵심 인사들이 모였다.

이 느슨하게 연결돼 있을 뿐이다. 박 전 대표를 구심으로 한 방사형 구조다. 한국 정치문화에서 대선주자들이 구축하는 피라미드형 네트워크와는 다른 점이다. 조용하고 때로 신비주의적인 리더십도 특유의 네트워크에서 나오는 것이다." 이 기사는 훗날 언론의 집중 조명을 받게 되는 '국회 의원회관 보좌진'의 중요성을 다음과 같이 지적했다.

"박 전 대표의 구상을 집행하는 그룹은 역시 국회 의원회관 보좌진이다. 정치 입문 이후 14년간 고락을 함께한 이재만, 이춘상, 정호성 보좌관이 '3인방'이다. 한 친박계 의원은 '1998년부터 박근혜와 함께한 3인방이 사실상 측근들'이라며 '누구보다 박 대표를 잘 알고 있고 박 대표가 신임하는 인물'이라고 말했다. 경호를 담당하며 하루 종일 박 전 대표와 함께 있는 안봉근 수행보좌관도 측근이다."[68]

박근혜에겐 자신이 직접 만든 '호박가족'을 비롯해 '박사모', '근혜동산', '뉴박사모' 등 인터넷 팬클럽이 있었는데, 진짜 문제는 팬클럽인 척하면서 사실상의 사조직이나 이권단체로 활동하는 집단들이었다. 『한겨레』(2011년 8월 17일)의 「박근혜도 모르는 '친박 사조직' 우후죽순」이라는 기사가 전한 몇 장면을 감상해보자.

박근혜 전 한나라당 대표의 대세론이 이어지면서 자칭 박 전 대표 지지 조직들이 우후죽순처럼 생겨나고 있다. 한 영남 지역 초선 의원은 "며칠 전 친박 지지 모임에 갔더니 '박해모'(박 전 대표를 지지하는 해병대 모임), 정수장학회 출신 모임 등 수많은 조직의 인사들이 와 있더라"며 "일부는 이름도 처음 들어봤는데 이런 조직이 우리 지역에서만 10개가 훌쩍 넘는다"고 말했다.

경기도 구리시에는 구리에서 박 전 대표를 사랑하는 모임이라는 뜻의 '구박사'라는 조직도 생겼다고 한다. 이들 조직과 대표자급 인사들 가운데 일부는 "이 지역에서 내가 박 전 대표의 조직 책임자다", "박 전 대표도 대표성을 인정했다"고 말하고 다니는 것으로 알려졌다. 일부 모임에선 박 전 대표가 참석한다고 막무가내로 '선전'해 사람들을 모으는 일도 벌어진다.

친박 쪽도 애로점이 없는 건 아니다. "박 전 대표를 전혀 지지하지 않던 사람들이 지난겨울부터 갑자기 근혜가족, 애국애족포럼, 희망포럼 등 각종 조직의 대표자를 자임하면서 세를 불린다. 그간 이름도 빛도 없이 활동한 우리들은 뭐냐. 빨리 정리해달라." 한 친박 의원은 "지난 대선 경선 때부터 박 전 대표를 지지해온 지역 인사들이 이런 하소연을 한다. 고민스럽다"고 말했다.

친박계 안에서는 친박 조직의 부작용을 우려하면서도 뾰족한 수가 없다는 분위기다. 한 친박 의원은 "순수하지 못한 일부 친박 조직이 지역에서 홍위병처럼 활동하며 사고를 일으킬 수도 있어 굉장히 불안하다"고 말했다. 조직 쪽을 담당해온 이성헌 의원은 "각종 조직들이 활성화하고 있다는 것은 알고 있다"며 "대부분 자생적 조직이라 일률적으로 통합하거나 조정하는 데 어려움이 있다"고 말했다.[69]

동일본 대지진과
후쿠시마 원전 사고

2011년 3월 11일 일본 역사상 최대인 규모 9.0의 지진과 쓰나미가 일본 도호쿠東北 지방을 강타해 이와테岩手, 미야기宮城, 후쿠시마福島, 이바라키茨城현 등에서 실종자와 사망자를 합해 2만 3,500여 명의 희생자가 나왔다. 사태는 쓰나미로 냉각 시스템이 망가진 후쿠시마 제1원자력발전소 1-3호기가 3월 12~15일 잇달아 폭발하고 원자로 노심이 녹아내리면서 '방사능 재앙'이라는 새로운 국면으로 접어들었다.

방사성 물질의 유출 규모를 감안한 사고 등급은 1986년 우크라이나 체르노빌 사고와 같은 7등급으로 매겨졌다. 사태 대응 과정에서 일본 정부와 원전 운영사인 도쿄전력은 정확한 정보를 제때 제공하지 않고 피해를 축소 발표하는 데 급급했다는 비난을 받았다.

이 사고로 인한 경제적 피해 추정액은 최소 5조 5,045억 엔에서 최대치는 일본 정부 1년 예산의 절반에 육박하는 48조 엔에 이르렀다. 이 사고로 인해 원자력 발전에 대한 근원적 회의의 목소리가 높아졌다. 사고 당시 일본에서는 총 54기 가운데 38기가 운전 중이었으나, 2012년 10월 2기 운전으로 급감했다. 다른 나라들에서도 대체로 원자력 찬성 비율이 크게 줄었으며, 국제기구를 중심으로 원자력 발전의 안전성 강화를 위한 논의가 활발하게 이루어졌다. 특히 독일 정부는 노후한 원전의 수명 연장 결정을 철회하고 2020년 이전까지 자국 내의 원전 17기를 모두 폐기할 것을 선언했다.

일본 정부는 2021년 4월 13일 후쿠시마 제1원자력발전소에서 나오는 방사성 물질을 포함한 오염수를 해양 방류하겠다는 방침을 공식 결정한 데 이어 2023년 8월 24일 방류를 개시했다. 후쿠시마 오염수 방류가 시작되면서 한국과 중국 등 인접 국가의 해양환경을 비롯해 인체와 수산물에 악영향을 미칠 수 있다는 우려가 나오면서 전 세계적인 논란이 되었다. 특히 한국에선 대응 방안을 두고 여야간 격렬한 정치적 갈등이 벌어졌다. 민주당 대표 이재명은 오염수 방류를 "우물에 독극물을 퍼넣는" 것에 비유했으며, 대통령 윤석열에게 오염수 방류 중단 요청을 요구하며 24일 동안 단식도 했다.[70]

4 · 27 재 · 보궐선거와
손학규의 재기

미리 보는 2012년 대선인가?

2011년 4월 27일에 치러진 재·보궐선거는 38개 선거구에서 국회의원 3명, 광역자치단체장 1명, 기초자치단체장 6명, 광역의원 5명, 기초의원 23명을 뽑는 선거였다. 국회의원부터 살펴보자. 경기도 성남시 분당구을 선거에선 야권 단일 후보인 민주당의 손학규가 한나라당의 강재섭을 '51.00% 대 48.31%'로 누르고 당선되었다. 경남 김해시을 선거에선 한나라당 후보 김태호가 야권 단일 후보인 국민참여당의 이봉수를 '51.01% 대 48.98%'로 누르고 당선되었다. 순천시에선 야권 단일 후보인 민주노동당의 김선동이 36.24%의 득표율로 당선되었다.

강원도지사 선거에선 야권 단일 후보인 민주당의 최문순이 한나라당 후보 엄기영을 '51.08% 대 46.56%'로 누르고 당선되었다. 기초자치단체장 6명은 한나라당 2명, 민주당 2명, 민주노동당 1명, 자유선진당 1명이었다. 광역의원 5명은 한나라당 2명, 민주당 2명, 민주노동당 1명, 기초의원 23명은 한나라당 12명, 민주당 6명, 자유선진당 3명, 민주노동당 1명, 무소속 1명이었다.

전체적으로 한나라당의 패배로 여겨진 이 재·보궐선거에서 가장 큰 화제를 모은 선거는 단연 국회의원을 뽑는 경기도 성남시 분당구을 선거였다. 선거 한 달여 전『동아일보』논설위원 김순덕은「분당우파 vs 강남좌파」라는 칼럼에서 "여야가 어떤 후보를 내놓느냐, 분당이 어떤 인물을 선택하느냐가 '미리 보는 2012년 대선'이 될 수도 있다"고 했다.[71] 분당구을은 전 한나라당 의원 임태희가 제16대부터 내리 3선을 한 곳인데다 2008년 4월 총선에선 71.6%의 표를 얻은 한나라당의 텃밭이었던 바, 이곳 선거가 강남좌파의 정치적 시험대로 등장한 것이다.

처음에 언론을 통해 분당구을 선거구의 민주당 후보로 거론된 이들은 대부분 강한 강남좌파 이미지를 갖고 있는 인물들이었다. 전 법무부장관 강금실, 전 국정홍보처장 김창호, 전 MBC 앵커 신경민, 서울대학교 교수 조국, 전 의원 이계안 등. 그러나 이들 중 김창호를 제외하고 출마 가능성이 거의 없었다. 강금실은 2월 초순 본인 의사와 무관하게 언론에 분당구을 선거구의 민주당 후보로 자꾸 거론된다며 불만을 토로하기도 했다.

서울대학교를 졸업해 박사학위를 갖고 있는 김창호는『중앙일보』기자와 명지대학교 교수를 거쳐 노무현 정부 때 국정홍보처장을 3년간 역임했다. 경북 울진 출신으로 분당에 19년째 거주 중이라는 게 강점으로 꼽혔다. 김창호는『국민일보』와 통화에서 "나는 소위 강남좌파"라며 "분당에서는 지역 특성상 TK(대구·경북) 출신에 강남좌파 이미지가 적

4·27 재·보궐선거에서 가장 화제를 모은 선거는 경기도 성남시 분당구을 선거였다. 이 선거에서 손학규는 강재섭을 누르고 당선되어 재기에 성공했다.

합하다"고 주장했다.[72]

그러나 우여곡절 끝에 민주당의 분당구을 후보는 2010년 10월 민주당 전당대회에서 당대표로 선출된 손학규로 결정되었다. 손학규의 측근들은 "분당은 어려운 곳이다. 떨어지게 돼 있다. 떨어지면 손 대표의 정치생명은 끝장이다"고 만류했다지만,[73] 손학규로선 모험 없이 대권은 오지 않는다는 생각을 했을 법하다.

4월 4일 손학규는 분당의 한 교회에서 새벽기도를 올리고 인근 버스정류장 등에서 출근길 시민들에게 인사를 한 뒤 국회에서 최고위원회의를 주재하고 다시 성남시청과 성남시의회로 이동했다. 자당 소속 성남시장 이재명을 만난 자리에서 손학규는 "소위 강남좌파라고 하는 분들은 사회적 약자를 안고 가는 사회를 만들어야겠다는 자세를 갖고 있다"

면서 "분당을 포기하고 집권하겠다는 것은 위선"이라고 강조했다.[74]

5선 의원인 한나라당 후보 강재섭은 "15년째 분당 사람"이란 '토박이론'을 내세운 반면, 손학규는 "분당에서도 한숨짓는 사람이 많이 있었다"며 '분당 중산층의 눈물'을 닦아주겠다는 선거 콘셉트를 내세웠다. 분당에 67.3%나 몰려 있는 20~40대 유권자, 이 지역에 들어선 NHN, SK C&C 등 정보기술IT 기업에 다니는 젊은 층 회사원이 유독 많다는 점이 강남좌파론에 이어 분당좌파론의 근거 중 하나로 대두되었지만, 30~40대 직장인들 사이에 널리 퍼진 '반MB(이명박) 정서'가 선거 결과를 좌우할 것으로 예측되었다.[75]

오만 군데가 썩은 대한민국

분당구을 선거는 결국 손학규와 민주당의 승리로 끝났지만, 이 선거 역시 한국 정치의 오랜 철칙에 충실한 선거였다. 지역을 막론하고 한국 유권자들을 움직이는 최대 동력은 반감反感이다. 유권자들은 정치가 국민을 뜯어먹고 있다고 생각한다. 정치 자체가 쓰레기통에 처박힐 때, 유권자에게 남은 선택은 아예 투표를 외면하거나 정당들을 돌아가면서 난타하는 응징뿐이다. 쉬운 이해를 위해 좀 과격하게 표현하자면, 그 절망의 심리는 이런 것이다.

"정치인은 자신의 권력욕 충족을 위해 국민을 뜯어먹고 사는 집단이며, 정치는 그들 개인과 가문의 영광을 위한 출세 수단일 뿐이다. 뜯어먹더라도 돌아가면서 뜯어먹어라. 조폭 세계에도 '분배의 윤리'는 필요하다. 고로 물갈이는 다다익선多多益善이다."

그런데 어떤 선거에서건 승리한 쪽이나 패배한 쪽은 그런 정답을 외면하고 자신들을 미화하거나 정당화하는 엉뚱한 이유를 찾는다. 이명박 정권은 집권 이후 시종일관 이념의 틀로 세상을 이해하려는 경향을 보여왔는데, 4·27 재·보궐선거의 패배 이유에 대해서도 그 틀을 벗어나지 못했다. 4·27 재·보궐선거 직후 서울대학교 교수 강원택이 그 점을 잘 지적했다.

강원택은 「한나라당의 과잉 이념 반응」이라는 칼럼에서 "한때 세간의 흥밋거리였던 '강남좌파'에 대한 한나라당의 반응에서 그런 태도를 찾아볼 수 있다. 이 용어가 보수 진영의 관심을 끌었던 것은 부유층이 몰려 있고 한나라당의 견고한 지지 기반인 서울 강남 지역에 어떻게 좌파가 존재할 수 있느냐는 '예상 밖의' 현상에 대한 놀라움 혹은 신기함 때문이었을 것이다. 그러나 이러한 반응 뒤에는 현 정부에 대한 지지와 반대를 우파와 좌파라고 하는 이념적 틀로 치환해 바라보려는 인식이 깔려 있다. 다시 말해 한나라당과 이명박 정부를 지지하면 우파, 반대하면 좌파라는 것이다"며 다음과 같이 말했다.

"세상을 이렇게 읽다 보니 정부 정책에 대한 반대나 한나라당에 대한 싫은 소리 모두 '좌파'들이기 때문에 그런다고 생각할 수밖에 없다. 국민 다수와 집권 세력 간 인식의 간극은 이렇게 벌어지게 된 것이다. 정치적 반대자를 좌파로 낙인찍고 비판하는 것은 한나라당이 야당이던 시절 진보 성향의 정부를 공격하고 비판하기 위한 도구로서는 유용했을지 모르지만, 집권 이후에는 자신의 발목을 묶는 덫으로 작용하고 있다. 이명박 정부가 집권 전 노무현 정부를 이념적 편향이 강하다고 비판하면서 집권 후 실용 정부임을 강조했지만 현 정부 역시 어느 순간 이념적 틀에 갇혀 버리고 말았다. 이렇다 보니 집권 세력은 국민 생활과 직결된 주요 정책에 대해서도 공허한 이념의 틀로 판단하려는 경향을 보여왔다."[76]

모든 정책을 이념의 틀로 판단하더라도 우파의 조건인 '청렴과 공헌'이라도 있다면 또 모르겠지만,[77] 그것도 아니었으니 더욱 공허할 수밖에 없었다. 당시 큰 사회적 문제가 되었던 부산저축은행 사태를 보자. 감사원장을 지낸 국무총리 김황식은 2011년 2월 언론사 간부와 만난 자리에서 저축은행 부실 프로젝트 파이낸싱PF 문제를 감사했더니 "오만 군데에서 압력이 들어오더라"고 말했다. 오만 군데가 썩은 대한민국에서 좌우의 구분이 무슨 의미가 있을까? 이와 관련, 언론인 김홍묵은 나중에(6월 13일) 다음과 같이 말했다.

"수사 과정에서 드러난 비리는 오만 군데로 확산되고 있습니다. 이미 10명의 전·현직이 구속된 금감원은 전임 원장마저 검찰 수사를 받고 있고, 감사원의 감사위원들 그리고 법제처장까지 수사 선상에 올라 있습니다. 무관할 리가 없는 정치권에서도 한 전직 국회의원이 연루 사실을 고백하는가 하면 여·야가 고위 당직자를 포함한 상대 당 의원들에게 폭로전의 포문을 열고 있습니다. '못 살겠다 갈아 보자'고 해서 갈아도 봤고, '갈아 봤자 소용없다'고 해서 믿어도 봤습니다. 하지만 우리 사회의 병소病巢는 점점 더 확산되고 깊어지기만 합니다."[78]

"살아 돌아온 손학규와 대선 구도 변화"

'반MB 정서'가 분당구을 선거 결과에 영향을 미쳤다고 해서, 그것이 민주당에서 아무나 내보냈어도 당선될 수 있었다는 걸 의미하는 건 아니었다. 대선후보로서 손학규가 가진 중량감과 더불어 그의 '강남좌파' 또는 '분당좌파' 요소가 분당 유권자들에게 먹혀들었다는 걸 간과할 수 없다. 사실 보수 진영이 손학규의 당선을 두려운 시선으로 바라본 것도 바로 그런 이유 때문이었다.

그런 두려움은 「살아 돌아온 손학규와 대선 구도 변화」라는 『조선일보』 사설을 통해 잘 표출되었다. 이 사설은 "4·27 재·보선의 최대 승자는 손학규 민주당 대표다. 그는 역대 선거에서 민주당 후보가 한 번도 이겨본 적이 없는 경기도 분당을 선거구에 출마해 정치적 목숨을 걸었고 그 전쟁터에서 살아 돌아왔다. 손 대표는 작년 10월 집권 가능성의 깃발을 내세워 야당의 지도자가 됐다. 당내 뿌리가 없는 손 대표가 터줏대감 경쟁자들을 제치고 당심黨心을 차지할 수 있었던 것은 빼앗긴 정권을 되찾아오려 했던 당 밑바닥 여론 덕분이었다. 손 대표는 이번 한나라당 텃밭에서 승리함으로써 자신의 약속을 현실로 만들 수 있는 가능성을 입증해 보였다"며 다음과 같이 말했다.

"재·보선 결과 이후 야권은 손학규 대표를 중심으로 결집하면서 벌써부터 활기가 돌고 있다. 야권 지지자들은 오랜만에 신바람을 느끼며 응원에 나서고 있고 이 바람에 무미건조하게 진행되던 대선판의 흥행성도 덩달아 높아지기 시작했다. 친박親朴을 중심으로 한 여당 사람들은 그동안 지리멸렬한 야권 진영을 넘겨다 보면서 '박근혜 대세론'만 그대로 끌고 가도 정권을 지켜낼 수 있을 것이라는 낙관론에 빠져 있었다. 박근혜 전 대표와 다른 주자들 그리고 한나라당 자체가 습관이 되다시피 한 그 낙관론의 근거를 다시 두드려봐야 할 때가 가까워지고 있는지 모른다."[79]

그러나 아직도 야권 내엔 손학규의 '정통성'을 문제 삼는 사람이 적지 않았다. 예컨대, 충남도지사 안희정은 『한겨레』(2011년 5월 23일) 인터뷰에서 "손학규 민주당 대표에 대해선 어떻게 생각하나?"라는 질문에 대해 "내가 그분에 대해 얘기하는 것은 역사적 정통성에 대한 부분이지 그분이 기여한 것을 깎아내리거나 현재 대표로서의 위치를 부정하는 것이 아니다. 손 대표가 대선에 나가는 건 헌법상 정해져 있는 그분의 권리다"고 답했다.[80]

손학규의 한나라당 전력을 계속 문제 삼겠다는 말로 들렸다. 안희정이 야권은 물론 친노를 대표하는 건 아니었지만, 손학규의 한나라당 전력이 그의 발목을 잡을 가능성이 높다는 걸 시사한 발언이었다. 사실 이걸 가장 문제 삼은 건 대통령 시절의 노무현이었기에 적어도 친노 세력이 손학규를 대선후보로 받아들일 가능성은 낮다고 볼 수 있었다.

손학규는 2009년 5월 노무현 서거 당시 수염을 기른 채 김해 봉하마을에 와서 조문했으나 '상주' 대열엔 끼지 못했으며, 2010년 8월 정계 복귀를 선언한 뒤 노무현 묘소를 참배했지만 권양숙 여사를 만나지 못했다. "전당대회에 영향을 줄 수 있다"는 이유로 권양숙이 만나길 꺼렸기 때문이다. 두 번째 봉하행은 10·3 전당대회 직후인 10월 6일이었는데 권양숙이 미국에 머물고 있어 서로 엇갈렸다. 그렇지만 이날 손학규는 참배가 끝난 뒤 기자들과 만나 "내가 정치적 입장을 달리했을 때 국가 원수였던 노무현 대통령께 인간적으로 용서받을 수 없는 결례를 범했다. 진심으로 사죄한다"고 말했다. 그는 "사람 사는 세상을 만들려던 노 전 대통령의 뜻을 제대로 이해하지 못했다. 정권교체를 꼭 이루겠다"고 다짐했다.[81]

그러다가 11월 7일에서야 손학규는 권양숙을 만날 수 있었다. 문자 그대로 '삼고초려三顧草廬' 끝에 이루어진 만남이었다. 권양숙을 마주한 손학규는 "지금 전개되는 정국 때문에 노 전 대통령이 더욱 생각난다"고 했고, 권양숙은 "대표 취임을 축하한다. 큰 짐을 맡으셨다"고 덕담을 건넸다. 이를 두고 민주당 안팎에선 "손 대표가 친노親盧와 거리 좁히기를 본격적으로 시작했다"는 이야기가 나왔는데, 그렇게 볼 만도 했다. 손학규는 10월 28일에는 안희정이 있는 충남의 홍성 내포신도시 건설현장을 찾아 "안 지사를 통해 능동적 지방자치가 시작됐다"고 치켜세웠고 충남도청 신청사 예산도 챙기겠다고 했으니 말이다.[82]

진보·보수를 따지는 건 무의미하다

손학규가 향후 친노와의 관계를 어떻게 풀어갈 것인지는 두고 볼 일이었지만, 사실 그에게 더 큰 숙제는 따로 있었다. 많은 이가 여전히 그의 한나라당 전력을 문제 삼았지만, 진짜 문제는 역사적 정통성과 관련된 한나라당 전력 그 자체라기보다는 15년간의 한나라당 생활을 통해 맺어진 인맥이었다. 다양성의 관점에서 장점이 될 수 있음에도 한사코 단점으로만 보려는 사람이 많았다.

2010년 10월 22일 민주당 최고위원회의에서 벌어진 한 풍경은 그점을 잘 보여주었다. 이틀 전 회의 때도 손학규의 한미 FTA 신중한 재검토론을 비판했던 최고위원 정동영이 한미FTA특위 외부 자문위원 2명의 성향에 대해 문제를 제기하고 나선 것이다.

『한국일보』에 따르면, 정동영은 "자문위원에 포함된 인하대 정모 교수는 FTA에 관한 한 이명박 정부 전도사이고 극단적 신자유주의자"라며 "며칠 전 언론 기고문에서 '야당은 한미 FTA 발목잡기를 중단하라' 고 한 분인데 어떻게 자문위원으로 모실 수 있느냐"고 따졌다. 또 "이화 여대 최모 교수는 당이 추진하고 있는 기업형슈퍼마켓SSM 규제법을 반 대하는데 이렇게 되면 민주당이 말 따로 실천 따로가 된다"고 지적했다.

옆자리에 앉은 손학규는 정동영의 발언을 듣자 표정이 굳어졌다. 원내대변인 전현희는 비공개 최고위원회의 후 "균형을 맞추기 위해 일 부러 (FTA 찬성론자를) 자문위원에 추천했다"며 "(문제 제기 후) 특위에서 자문위원 조정 문제를 논의하기로 했다"고 전했다. 그러나 정동영 측은 "특위 자문위원 3명 중 2명이 FTA 찬성론자라는 건 균형 차원이 아니 다"며 여전히 날을 세웠다.[83]

물론 정동영의 비판은 큰 힘을 발휘하긴 어려웠다. 『한국일보』 기사 가 "민주당 10·3 전당대회에서 2위를 차지한 정동영 최고위원이 22일 손학규 대표를 향해 또 견제구를 던졌다"고 시작한 것처럼, 정동영의 비 판은 권력투쟁으로 여겨지게 되어 있었으니 말이다. 게다가 한미 FTA 문제에 관한 한, 열린우리당 출신 사람들은 입이 10개라도 할 말이 없어 야 한다고 여기는 사람이 많았다.

손학규의 인맥 문제는 이게 처음이 아니었다. 언론에 보도가 되질 않아서 그렇지, 그가 민주당 내에서 영향력을 발휘해 이루어진 일들에서 이와 유사한 사례가 많았다. 물론 좌우 소통과 화합을 추진하는 관점에 서 보자면 손학규의 보수 인맥은 그의 큰 장점이 될 수도 있는 것이었지 만, 진영 논리는 본능처럼 다가오는 것이어서 그 장벽을 넘기가 쉽지 않 았다.

2010년 9월부터 손학규의 후원회장을 맡은 고려대학교 교수 최장집은 『경향신문』(2011년 5월 30일) 인터뷰에서 "최 교수는 진보 성향 학자인데, 중도 성향 정치인인 손 대표의 후원회장을 맡았다"는 질문에 대해 "손 대표와 오랜 개인적 관계가 있었다. 손 대표가 진지하게 제안해서 고민 끝에 맡게 됐다"며 다음과 같이 말했다.

"손 대표는 중도실용적 노선의 정치인이어서 나와 잘 매치가 안 될 수도 있을 거다. 한국의 정치 현실은 이제 운동의 힘이나 외부의 충격을 통해 정치가 크게 변하는 시대는 지났다. 정당이 제대로 발전하고 정당 발전을 위해 좋은 리더십이 필요하고 손 대표의 잠재력을 알기 때문에 중간적인 중도실용 노선에서 중심을 잡는 문제가 정당과 민주주의 발전에 중요하다고 판단했다. 노선은 문제가 안 된다. 손 대표가 중도실용 노선으로 중심을 잡고 '왼쪽'과도 대화할 수 있다. '당신은 진보다, 보수다'라고 따지는 것은 무의미하다."[84]

오늘날 한미 FTA에 대한 평가는 어떻게 달라졌는가? 이를 노무현의 과오가 아닌 업적으로 볼 정도로 민주당의 평가도 180도 달라지지 않았던가? 그렇게 앞을 내다보지 못했던 사람들이 "당신은 진보다, 보수다"고 따지면서 싸우는 게 무슨 의미가 있을까?[85]

왜 문재인은
정치에 뛰어들었는가?

누가 '노무현 정신'을 구현하는가?

"누가 노무현 정신을 구현한다고 생각하십니까?"『한겨레21』이 2011년 5월 노무현 서거 2주기를 맞아 실시한 여론조사에서 1위는 18.3%를 얻은 유시민이 차지했다. 전 국무총리 한명숙과 노무현재단 이사장 문재인은 11.1%로 공동 2위였다.[86] 그러나 시간이 흐르면서 민주당 진영 유권자들의 선택은 문재인으로 기울었다. 유시민에게 무슨 일이 있었던 걸까? 이 이야기를 한 후에 문재인이라는 인물에 대한 탐구에 들어가기로 하자.

조국은 앞서 거론한『진보집권플랜』에서 "유시민은 권력의 속성, 정치라는 '게임'의 법칙을 냉정하게 파악하고 있어요. '마키아벨리'적인 재능이 있다는 말입니다"고 긍정 평가하면서도 "재승박덕才勝薄德의 이미지를 벗어나야 합니다"고 말했다.[87] 과연 그런가?

유시민은 노무현처럼 최대의 강점이 최대의 약점이 되는 그런 묘한 특성을 갖고 있었는데, 그건 바로 그의 '집중과 집착'이었다. 정치에서 그의 '집중과 집착'은 일단 자신이 맡은 일에 대해선 최선을 다하는 정도가 아니라 자신의 모든 걸 던지는 걸로 나타났는데, 이게 특히 열정이 넘치는 젊은 층을 감동시켜 그의 열성적인 신도가 되게 만들었다. 자신의 모든 걸 던지는 것도 단순무식하게 하는 게 아니라 듣는 이에게 '카타르시스'를 듬뿍 안겨주는 탁월한 언변을 통해서 하니 어찌 그를 따르지 않을 수 있으랴.

그러나 '집중과 집착'은 늘 오버하게 되어 있다. 2002년 8월 유시민은 정치에 뛰어들면서 "바리케이드 앞에 화염병을 들고 다시 서는 심정"을 밝힌 바 있는데, 실제로 그는 이후 내내 화염병을 던지는 아스팔트의 전사戰士처럼 사고하고 행동했다. 민주당 진영에서도 유시민이 늘 벼랑 끝 전술을 쓴다고 비판하는 사람이 많았지만, 그들 중 상당수는 그 전술의 수혜자임을 깨닫지 못하고 있었다. 열린우리당 창당도 그의 벼랑 끝 전술 덕분에 가능했기 때문이다.

유시민 자신도 자신의 벼랑 끝 전술을 흔쾌히 인정한 바 있다. 이와 관련, 『한겨레21』(2003년 5월 15일)은 다음과 같이 말했다. "유 의원은 대선 이후에도 민주당을 자극했다. 그는 '개혁당의 목표는 2004년 총선 때 전국 모든 선거구에서 후보를 내는 것이다. 적어도 서울을 포함한 수도권에서 개혁당 후보들이 일정한 득표를 한다면 구태의연한 민주당 후보들에게 위협이 될 것이다'라고 했다. 개혁당 후보들은 당선은 안 되더라도 최소한 민주당 의원은 떨어뜨릴 수 있다는 '협박'이다. 유 의원은 '협박'이었음을 인정했다. 그리고 이를 '치킨 게임'에 비유했다. 마주 보고 달리는 기관차처럼 두 사람이 서로를 향해 돌진해오다 먼저 피하는 사람이 지는 경기 말이다."[88]

유시민의 벼랑 끝 전술은 "정치라는 게임의 법칙을 냉정하게 파악하는 마키아벨리적 재능"이었겠지만, 그 재능의 바탕엔 유시민의 타고난 성품과 체질도 적잖이 작용했으리라. 사심 없는 극단주의라고나 할까? 유시민은 열정적 헌신과 자기희생적인 면모를 보였기 때문에 그의 열정적 지지자들은 그의 극단주의에 대해 별 문제의식을 갖지 않았는지도 모르겠다.

"유시민은 친노가 아니다" 논란

4·27 재보선 김해을 후보 선정을 둘러싸고 친노 내부의 갈등이 격화되던 2011년 2월, 노무현을 오래 후원했던 창신섬유 회장 강금원은 "유시민은 친노가 아니다"고 주장해 작은 파란을 일으켰다. 2월 14일 배포된 『시사IN』인터뷰에서 강금원은 "친노 정당인 국민참여당이 있는데 따로 연구소를 차린 까닭은 무엇인가?"는 질문에 대해 다음과 같이 답했다.

"국민참여당이 친노당이라고 생각하지 않는다. 유시민은 친노 아니다. 어떻게 해서 유시민이 친노 핵심으로 분류되는지 이유를 모르겠다. (안)희정이도, (이)광재도 유시민을 친노라고 생각하지 않는다. 노 대통령도 같은 생각이었다. 유시민이 어떻게 친노가 된 거냐고 물으니까, 노 대통령이 '유시민은 우리 편 아니다'라고 딱 잘라 말하더라. 우리 편은 아니고 우리와 비슷한 사람이어서 인정한다고 했다. 재임 중에도, 돌아가시기 얼마 전까지도 그랬다. 유시민은 우리와 그 무엇도 상의한 적이 없고 자기 마음대로 갔다. 대통령도 그런 면을 싫어했다. 남을 위해 정치를 해야지 나를 위한 정치는 곤란하다."

강금원은 "그래도 노 대통령과 유시민 전 장관의 관계는 김근태·정동영 전 장관과는 다르지 않나?"는 질문에 대해선 "김근태·정동영과의 관계 이하라고 본다"고 했다. 양쪽 관계가 틀어져도 이만저만 틀어진 게 아니라는 걸 알 수 있겠다. 이 기사가 논란이 되자 강금원은 2월 18일 인터넷 카페인 '강용사(강금원으로부터 살아감에 용기를 얻는 사람들의 모임)'에 자신의 입장을 밝히는 글을 게재했다.

강금원은 "'시사인'과의 인터뷰 내용 가운데 유시민 원장에 대한 언급과 관련하여 다소의 논란이 있어서 저의 입장을 설명하고자 합니다. 우선 이 내용은 제가 작정을 하고 한 이야기는 아닙니다. 주택, 교육, 복지 정책에 대한 인터뷰 도중 다른 질문에 대답하는 과정에서 참고로 이야기했던 것이 인터뷰의 주된 내용인 것처럼 보도가 되었습니다. 이 점에 대해서는 유감스럽게 생각하는 바입니다"라면서 다음과 같이 말했다.

'유시민은 친노 아니다'라는 언급은 유시민 원장의 경우 안희정 지사나 이광재 전 지사처럼 오래도록 함께 노무현 대통령과 동고동락을 같이해온 핵심 그룹은 아니었다는 단순한 뜻의 이야기입니다. 그리고 유시민 원장은 항상 친노 전체의 상의도 없이 통보하는 자세로 일관해옴으로써 친노 진영의 분열을 야기시킬 수 있다고 생각했고, 그러므로써 작금의 분열에 대해 심각한 자기반성을 해야 한다는 취지를 담고 있습니다.

국민참여당이 창당되는 과정에서 저는 새로운 당의 창당이 우리 진영의 분열을 초래할 수 있다는 점에서 반대하는 입장이었고, 이러한 입장을 적극 설명했고 또 설득했습니다. 그러나 설득에 실패했습니다. 저는 우리가 분열된 상태로는 각종 선거에서 패배할 수밖에 없다는 절박한 인식을 갖고 있습니다. 그렇게 되면 결국 노무현 대통령의 유지를 실현하는 일도 불가능해질 수밖에 없습니다.

작년 6월 지방선거를 준비하면서 저는 국민참여당 지도부와 유시민 원장이 있는 자리에서 유시민 원장이 경기도지사에 출마하게 되면 실패할 수 있다고 분명하게 말했으며, 고집을 부려 출마한다면 이에 대한 책임도 져야 한다고 못 박았습니다. 그럼에도 불구하고 반성하지 않으려고 하는 태도에 대한 섭섭한 마음에서 질타를 하게 된 것이며 향후 우리는 이런 사례가 되풀이되지 않도록 교훈 삼아야 할 것입니다. 저는 지금도 친노 새로운 정치의 분열된 모습에 대해 그 누구보다도 안타까운 심정을 갖고 있는 사람입니다. 논란이 된 언급은 이런 저의 심경에서 비롯된 것입니다. 회원 여러분의 오해 없으시길 부탁드립니다.

4·27 재보선 '친노와 친노의 전쟁'

과연 유시민은 친노가 아니었을까? 노무현은 "강금원 회장의 도움이 아니었더라면 나는 대통령이 아니라 파산자가 되었을 것이다"며 강금원에게 항상 면목이 없다고 말하기도 했다. 두 사람의 뜨거운 우정을 감안하자면 진정한 친노는 강금원이라고 해야 할 것이다. 그러나 그건 친노에 대한 사적 영역에서 정의일 뿐, 세상 사람들이 인식하는 친노 개념은 노무현과 관련된 공적 사건 중심으로 이루어질 수밖에 없는 것이다.

유시민은 김해을 후보로 이봉수를 관철시켜 '단일화의 달인'이라는 별명까지 얻었지만, 그것은 그의 벼랑 끝 전술에 대한 비아냥이기도 했다.

노무현의 대통령 재임 시절은 말할 것도 없고 "'놈현' 관 장사를 넘어라" 사건에 대해 『한겨레』 절독을 선언하며 사실상 '『한겨레』 구독 거부 운동'을 시사하며 위협하는 등 노무현을 옹호하는 악역을 가장 많이 맡아서 한 사람은 누구였는가? 사실 '노무현 정신'이 정확히 무엇인지도 잘 모르는 세상 사람들은 언론에 보도되는 그런 사건들 중심으로 '친노'를 규정하기 마련이었고, 앞서 거론한 『한겨레21』의 노무현 서거 2주기 여론조사 결과도 그런 맥락에서 이해할 수 있는 것이었다.

일부 친노 인사들마저 이상하게 생각한 건 유시민의 정치적 행태였다. 그는 2011년 4·27 재보선 김해을 후보로 국민참여당의 이봉수를 관철시켜 '단일화의 달인'이라는 별명까지 얻었지만, 그 별명은 그의 특기인 벼랑 끝 전술에 대한 비아냥이기도 했다. 그로 인한 야권 전체의 희생이 만만치 않았기 때문이다. 후보 단일화 과정은 친노세력 간 극렬한 전쟁을 불러일으켰는바, 이에 대해 「친노와 친노의 전쟁?」이라는 『한겨레21』(2011년 2월 25일) 기사는 "노무현의 사람들이 서로 싸우고 있다. 노무현 전 대통령의 철학과 노선을 계승하겠다는, 한 뿌리에서 나온 사람들 사이에 반목과 갈등의 골이 깊어지고 있다"며 다음과 같이 말했다.

"민주당과 국민참여당이 서로 야권의 단일후보를 차지하려는 과정에서 갈등이 증폭됐다. 이미 깊은 상처를 입었고 치유하기 힘든 후유증이 예상된다. 민주당 추천으로 출마가 유력시되던 김경수 봉하재단 사무국장(노무현 정부 청와대 연설기획비서관)이 2월 16일 불출마를 선언함으로써 봉합되는 모양새이긴 하나, 민주당 쪽 친노 세력과 국민참여당 쪽 친노 세력이 서로를 겨누던 말은 날이 서 있었다. 그들이 '공적'으로 규정하는 이명박 정권을 향한 것보다 더 날카로웠다. 패악질, 분열주의 책동……. 양쪽의 지지자는 지지자대로 갈라져 노무현재단 인터넷 홈페이지와 친노 성향의 정치평론 사이트 '서프라이즈' 등에서 험한 말을 주고받으며 논쟁을 벌였다."[89]

그런데 이봉수는 '참여정부 석고대죄론'을 펼쳤다는 문국현의 창조한국당에 몸담은 전력이 있었다. 그래서 이봉수는 후보 사무실 개소식에서 "저는 노무현 가문의 불효자입니다"고 사과까지 해야 했다. 유시민이 국민참여당의 명분으로 삼는 '노무현 정신의 계승'이라고 하는 관점에서 보자면 내내 노무현 곁을 지킨 김경수가 더 적격이었지만, 유시민은 벼랑 끝 전술로 이봉수를 밀어붙여 친노 진영 내에 깊은 상처와 치유하기 힘든 후유증을 남겼다. 유시민은 이렇게 해서 1차 성공은 거두었지만 본선에서 패배하고 말았다. 본선 패배 후 유시민은 "너무나 죄송하다. 제가 큰 죄를 지었다"는 글을 트위터에 올렸다.

『문재인의 운명』이 키운 '문재인 대망론'

유시민이 친노 진영에서 신망을 좀 잃은 것보다 더욱 중요한 건 문재인의 변화였다. 대통령 후보가 되는 것에 한사코 손사래를 치던 그에게 변화의 기류가 나타난 건 『경향신문』(2011년 5월 2일) 인터뷰에서였다. 그는 차기 대선 출마와 관련, 안팎으로 압박을 받지 않느냐는 질문에 "정치의 중요성을 알고 권유하는 분, 지금과 같이 활동하는 게 좋다는 분, 만류하는 분들이 있다"며 "민주화 운동·노무현재단 사업 등 지금 하는 일도 정치적 활동이 아니냐"고 반문했다. 그럼에도 대선 출마 가능성을 계속 묻자 "그건 답변하기 난감하다"면서 긍정도 부정도 하지 않았다. 곤란한 듯 얼굴이 붉어졌다. 그는 "선대본부장이나 청와대 수석 시절에도 정치하지 않을 것이라 했고 지금까지는 그렇다"고 말했다.

'지금까지는'이라는 표현에 대해 '그럼 앞으로는 할 수 있다는 뜻이냐'는 질문이 이어졌다. 그의 얼굴에서 한바탕 웃음이 터졌다. "제 자신도 위기감을 느낍니다. 이명박 정부가 너무 심합니다. 이대로 흘러가면 나라를 망치겠다고 느낍니다. 위기감이 큰 만큼 이런저런 가능성을 찾고 나도 압박을 받을 것이라 봅니다. 여기까지만 합시다." 문재인 측근은 "최근 문 이사장님이 현 정부에 화가 많이 나 있다"며 "예전과는 달리 마음의 변화를 일으키는 것 같다"고 했다.[90]

'문재인 대망론'은 문재인이 6월 15일 『문재인의 운명』을 출간하면서 더욱 탄력을 받았다. 문재인은 이 책을 다음과 같은 말로 끝맺었다. "그를 만나지 않았으면 적당히 안락하게, 그리고 적당히 도우면서 살았을지도 모른다. 그의 치열함이 나를 늘 각성시켰다. 그의 서거조차 그러했다. 나를 다시 그의 길로 끌어냈다. 대통령은 유서에서 '운명이다'라고 했다. 속으로 생각했다. 나야말로 운명이다. 당신은 이제 운명에서 해방됐지만, 나는 당신이 남긴 숙제에서 꼼짝하지 못하게 됐다."[91] 이 말에 대해 일부 언론은 "2012년 대선에서 '역할론'이 급부상하고 있는 문 이사장임을 감안하면, '고인의 뜻을 이어나가기 위해서는 전면에 나설 수밖에 없다'는 의미라는 해석이다"고 했다.

문재인은 책 서문에서 "이제 우리는 노무현 대통령을 극복해야 한다. 이제 우리는 참여정부를 넘어서야 한다"고 말했다.[92] 과연 진심일까?

문재인이 『문재인의 운명』을 출간하면서 2012년 대선에서 그의 역할론이 부상하게 되었다. 이전까지 문재인은 대선후보가 되는 것을 한사코 부정했다.

그는 책의 결론 부분에서도 "성찰과 반성의 맨 앞자리에 정권을 운용했던 우리가 서야 할 것이다"며 다음과 같이 말했다. " '우리는 최선을 다했는가?'에 대한 통렬한 반성과 깊은 성찰이 있어야 한다.……다들 뜻과 의지는 가상했지만 능력 면에서 우리가 최고의 보좌진이었나 생각하면 대통령께 항상 송구할 따름이다. 우리 역량의 부족과 서투름, 이상과 현실의 불일치, 한두 가지가 아니다. 그걸 부인하거나 회피할 수는 없다."[93]

『문재인의 운명』의 주요 내용이 바뀐 이유

문재인은 『문재인의 운명』에서 노무현 서거와 관련해 검찰 책임론을 제기한 건 물론이고 '노건평 스캔들'과 '박연차 게이트' 등 일련의 비리 혐의와 관련해 서거 이전까지 노무현에 대해 매우 비판적이었던 진보언론도 비난했다. 그는 "무엇보다 아팠던 것은 진보라는 언론들이었다. 기사는 보수언론과 별 차이가 없었지만 칼럼이나 사설이 어찌 그리 사람의 살점을 후벼 파는 것 같은지, 무서울 지경이었다"며 "그렇게 날카로운 흉기처럼 사람의 마음에 깊은 상처를 주는 글을 쓴 사람들이 자신의 글에 대해 반성한 것을 보지 못했고, 글쓰기를 자제하는 것도 보지 못했다"고 했다.[94]

또 문재인은 일련의 비리 혐의 사건에 대해선 침묵한 채 이명박 정권의 정치적 보복 음모만 강조했다. 불가피하게 언급할 필요가 있을 때에도 "대통령님에게 큰 실수를 하게 된 권 여사님은 우리들에게 너무 면목 없어 했다"는 말로 슬쩍 넘어가는 식이었다.[95] 당시 상황을 잘 모르는 독자는 "도대체 무슨 실수를 했다는 것인가?" 하고 매우 궁금하게 생각할 정도로 앞뒤 연결이 영 어색했다.

이에 대한 궁금증을 풀어준 건 『오마이뉴스』 기자 손병관이 2022년에 출간한 『노무현 트라우마: 보복을 넘어 공존의 정치로』라는 책이다. 문재인은 『문재인의 운명』에서 검찰과 언론의 노무현 서거 책임론을 집중적으로 제기했는데, 손병관은 "문재인이 처음부터 노무현 서거의 책임을 검찰에 물었던 것은 아니다"고 했다. 『문재인의 운명』을 기획한 사람은 참여정부 홍보기획비서관이었던 양정철이었는데, 양정철 등의 '압력'으로 책 내용이 크게 달라졌다는 것이다. 손병관은 다음과 같이 말한다.

법률 대응을 위해 권양숙과 정상문(노무현 청와대 총무비서관)에게서 '돈 수수'의 사실관계를 확인한 사람이 문재인이었다. 권양숙이 자식들을 위해 이런 일을 한 것을 뒤늦게 알고 노무현이 충격을 받았다는 사실을 2009년 『한겨레』 인터뷰에서 처음 밝힌 것도 문재인이었다. 장례 기간 노무현의 일부 참모가 "대통령이 검찰 수사를 당할 만한 잘못이 뭐냐"고 분노를 터뜨리면 "(우리로서는) 면목이 없죠. 대통령도 그리 생각하셨으니 홈페이지를 닫은 것 아닙니까"라고 반문했던 그였다. 그 후에도 문재인은 "왜 민주 진영은 그런 일이 벌어지도록 한 잘못은 생각 안 하고 남 탓만 할까"라는 인식을 내비쳤다. 양정철 등 노무현을 가까운 거리에서 모셨던 참모들은 그럴 때마다 어쩔 줄 몰랐다. 그가 2011년 『문재인의 운명』을 쓸 때도 그런 인식은 사그라지지 않았다. 지금까지 알려지지 않은 사실이지만, 책 초고에는 노무현 서거의 '권양숙 책임론'을 선명하게 기술한 부분이 들어 있었다. 그러나 그 사실을 인지한 일부 참모들이 가만히 있지 않았다. "대통령을 보내드린 판국에 산 사람까지 죽이려고 하느냐? 대통령도 부인을 원망한 적이 없는데, 이걸 회고록에 넣는 것은 대통령에 대한 배신이다." 문재인은 그런 반응을 접하고도 한동안 "이게 핵심인데 왜 빼냐"는 입장을 굽히지 않았다. 청와대 시절 동고동락한 일부가 "끝내 이 얘기를 책에 넣겠다면 다시는 얼굴을 보지 않겠다"는 최후통첩을 보냈다. 우여곡절 끝에 최종본에서 '권양숙 책임론'이 삭제되면서 '검찰 책임론'이 한층 강하게 부각됐다.[96]

노무현은 이른바 '권력의지'가 없다는 이유로 문재인을 아예 대통령 후보감으로 생각조차 하지 않았다고 하는데,[97] 그랬던 문재인이 『문재인의 운명』을 계기로 바뀐 것이다. 노무현 서거의 진실을 있는 그대로 밝히는 것은 정직한 지식인의 역할이었을망정, 증오·혐오 마케팅을 주식主食으로 삼아 이전투구泥田鬪狗를 벌여야 할 정치인, 특히 대선후보가 할 일은 아니었던가 보다. 이런 변신도 바로 '문재인의 운명'이었을지도 모르겠다.

문재인의 그런 변화는 2011년 11월 하순에 출간된 『문재인, 김인회의 검찰을 생각한다: 무소불위의 권력 검찰의 본질을 비판하다』는 책에서도 잘 드러났다. 인하대학교 법학전문대학원 교수 김인회와의 공저 형식으로 이루어진 이 책에서 문재인은 "본질적으로 노무현 대통령에 대한 수사는 정치권력과 검찰의 복수극이었다"고 단언했다.[98] 12월 7일 서울 마포아트센터에서 열린 '검찰을 생각한다' 북콘서트의 사회를 본 조국은 다음과 같이 말했다.

"검찰에서 (검찰개혁을 추진하는) 법무부 장관의 뒤를 캘 가능성이 있다. 소문으로 흔들어서 이 사람을 낙마시킬 수도 있는 조직이다. 따라서 강골이고 깨끗한 사람이 필요하다.……정권 초반에 진보적이고 개혁적인 분이 법무부로 들어가서 검찰을 개혁하고, 나가겠다는 분들은 빨리 보내드려야 한다. (검찰이) 집단 항명해서 사표를 제출하면 다 받으면 된다."

이어 조국은 법무부 장관 적임자와 관련해 문재인에게 질문을 던졌다. 문재인이 객석을 향해 "여러분, 우리 조국 교수 (법무부 장관으로) 어떻냐?"고 묻자 큰 웃음이 터져 나왔다. 조국은 크게 당황했지만 "롯데 자이언츠 구단주 외에는 자리 욕심이 없다"는 말로 넘어갔다.[99] 문재인이 2012년 대선에서 패배하는 바람에 '법무부 장관 조국'은 거의 8년이 지난 2019년 9월 9일에서야 탄생하며, 그는 10월 14일에 사퇴하는 초단명 장관이라는 비운에 처하게 된다.

제6장

팬덤정치,
문재인·김어준의 만남

문재인의 '타고난 애티튜드의 힘'

『문재인의 운명』이 출간된 직후 문재인의 인기가 치솟는 '문재인 현상'이 일어났다. 대통령답게 보이는 이미지에서 문재인의 가치를 가장 먼저 알아본 사람이 있었으니, 그는 바로 『딴지일보』 총수에서 나꼼수 총수로 진화한 김어준이었다. 문재인과 김어준의 관계는 2009년 5월 29일로 거슬러 올라간다. 그날 서울광장에서 전 대통령 노무현의 영결식이 열렸을 때, 대통령 이명박이 헌화를 하는 순간 민주당 의원 백원우가 자리에서 일어나 그를 향해 "정치 보복 사죄하라"고 외쳤다. 상주 역할을 맡은 문재인은 이명박에게 머리를 숙이며 사과했다.[100]

바로 이 장면에서 문재인의 '타고난 애티튜드의 힘'을 포착했다는 김어준은 이후 '문재인 대통령 만들기'의 선봉에 섰다. 그는 2년간 문재인은 충분히 경쟁력이 있다는 주장을 줄기차게 외쳤지만 아무도 귀 기울이지 않았다. 그러다가 2011년 4월 27일 첫 방송을 시작한 팟캐스트 방송 〈나는 꼼수다〉(나꼼수)가 대박을 터뜨리기 시작하면서, 그는 팬덤 권력자의 길로 나서게 되었다. 이제 모두가 그의 말에 귀를 기울였을 뿐만 아니라 그의 말을 따르기 시작했다.

김어준은 2011년 7월 25일 '프레시안 토크콘서트'에서 자신의 '혜안'을 털어놓았다. 그는 "제가 2년 전부터 온갖 구박을 받으며 문재인은 반드시 뜬다고 주장해왔거든요. 오늘 여론조사 결과를 보니까 문재인이 박근혜 다음 2등으로 올라왔어요. 놀라운 지식인의 혜안이 증명되는 순간입니다. 제가 역술 지식인이에요. 그렇다면 왜 문재인이냐. 2년 전으로 거슬러 올라갑니다"라면서 다음과 같이 말했다.

"보통 그런 격한 순간에 우리 편이 적장에게 사과를 하면 화가 나기 마련인데, 그게 전혀 비굴해 보이지 않고 경우가 바르게 보였단 말이죠. 그건 배울 수 없는 타고난 애티튜트의 힘이라고 생각해요. 박근혜도 그런 애티튜트가 있죠. 그때 처음 깨달았습니다. 아, 이 양반이 박근혜의 상대가 될 수 있구나. 놀라운 혜안이죠."

이어 김어준은 "대통령 정도면, 메가트렌드죠. 대통령이 누가 되느냐의 문제는 정책이나 인간적 매력도 중요하지만 '이전 대통령이 누구였냐'도 중요합니다. 노무현에게 받았던 피로감, 이제 나도 돈 좀 만지고 싶다는 욕망, 이게 우리 가카를 만든 것 아니겠어요?"라면서 다음과 같이 말했다.

"우리 가카, 3년 반 동안 매우 경이롭게 하셨죠. 그러나 이제 그런 가카의 대척점에 있는 것들, 사사롭지 않아야 한다던가 사기 치지 않아야 한다던가, 약속을 지켜야 한다던가. 그런 것에 대한 욕망이 일기 시작했습니다. 물론 우리의 오해죠. 가카는 절대 그럴 분이 아닌데. 그런 품성과 자질에 가장 가깝게 연상되는 사람이 박근혜입니다. 그런 자질을 가졌을 것만 같고, 청렴한 이미지를 선점했어요. 손학규나 유시민은 모두 그 지점에서 게임이 안 됩니다. 그래서 같은 지점에서 싸워 이길 사람을 찾아내야 하는 거예요. 다음 대선에서 대중들이 정서적으로 떠올리는 이미지와 자질, 그 지점에서 싸워서 승산이 있는 유일한 사람이 문재인입니다."[101]

2011년 가을 나꼼수는 방송 1회당 평균 600만 건의 다운로드를 기록하는 '신드롬'을 만들어내면서 최고의 전성기를 누렸다. 10월 5일 인터뷰 전문 저널리스트 지승호와 같이 출간한 『닥치고 정치: 김어준의 명랑시민 정치교본』도 대박을 치면서, 김어준도 뜨고 문재인도 뜨는, 두 우호적인 진영 사이의 팬덤이 결합하면서 문재인과 김어준 사이에 끈끈한 상호 공생관계가 형성되었다.

문재인·김어준의 전국 순회 북콘서트

문재인은 『문재인의 운명』을 출간한 뒤 서울과 부산에서 북콘서트를 열었고, 중도에 야권통합기구가 출범하면서 창원과 광주, 다시 서울에서 '정치 콘서트'로 이름을 바꿔 여는 등 콘서트 소통에도 열의를 보였다. 2011년 7월 30일 서울 이화여고 콘서트홀에서 열린 문재인의 북콘서트에 모인 지지자들은 한결같이 "배신당하지 않을 것 같다", "진중하다"고 말했다. 이 자리에서 김어준은 현재의 정치권력이 "사사롭고 거짓말하며 약속을 지키지 않는다. 이런 결핍을 메울 요소의 합집합이 문

문재인은 『문재인의 운명』을 출간한 뒤 서울과 부산에서 북콘서트를 열었고, 창원과 광주와 서울에서 '정치 콘서트'로 이름을 바꿔 열었다. 서울 이화여고 콘서트홀에서 열린 북콘서트에서 문재인이 오연호 『오마이뉴스』 대표(왼쪽), 양정철 전 청와대 비서관(오른쪽)과 이야기를 나누고 있다.

재인이다"고 주장했고, 성공회대학교 교수 탁현민은 "권력에 대한 의지가 강한 사람이 아닌 의로운 사람이 대통령을 해야 하는 것 아니냐"고 말해 관객의 박수를 받았다.[102]

문재인은 서울시장 보궐선거(2011년 10월 26일)에서 박원순의 서울시장 당선 이후 『문재인의 운명』 북콘서트를 전주·대전을 시작으로 재개했는데, 여전히 호응이 뜨거웠다. 이에 대해 문재인은 이렇게 말했다. "저로서는 북콘서트 자체가 새로운 문화적 체험이었다. 특히 이번 북콘서트는 단순한 책 얘기를 넘어 젊은이들과 정치적 이야기를 소통하는 자리였다. 정치 얘기도 진정성과 문화적 요소를 함께하니까 제대로 소통

된다는 느낌이었다. 말하자면 젊은이들에게 '정치도 재밌다'는 것을 얘기할 수 있는 자리였다."[103]

'애티튜드의 힘'과 더불어 '간지 있다'고 보는 이들도 있었다. "문재인이 노무현 정부 시절 민정수석을 그만두고 퇴임 기자간담회를 하면서 히말라야에 트래킹 하러 가겠다고 밝히고, 멋있게 버버리 자락과 흰머리를 날리면서 기자실을 빠져나가는데, '저 사람 간지 있다' 그런 느낌을 받았죠. 여성들에게는 꽤 어필하는 것 같아요."[104]

인터넷에 떠돈 문재인의 공수부대 사진엔 '폭풍간지'라는 제목이 붙었다. 『한겨레』 선임기자 성한용은 "짙은 눈썹, 굳게 다문 입술이 군복과 어울려 매력적이다"고 했다.[105] 『한겨레』 토론마당엔 이런 글이 올랐다. "신문을 봤는데, 한명숙 전 총리 공판 관련 사진이 실려 있더라. 근데, 문득 든 생각 하나. '야~ 문재인 씨 정말 인상이 좋으시네.'"

문재인을 예찬하는 책이나 글들이 한결같이 그의 애티튜드에 집중되어 있음은 결코 우연이 아니었다. 그런데 애티튜드는 매우 매력적인 것이긴 하지만, 그것만으로 대통령이 될 수는 없는 법이다. 문재인의 약점은 무엇일까? 김어준을 위시한 지지자들의 말과 글에선 그것을 도무지 찾을 수 없으니, 비교적 거리두기를 한 평자들은 문재인을 어떻게 보고 있는지 그걸 살펴보기로 하자.

앞서 언급한 '프레시안 토크콘서트'에서 새로운사회를여는연구원 이사장 손석춘은 문재인에 대해 다른 견해를 제시했다. 그는 "김어준 총수가 얘기하는 문재인, 아주 신사답죠. 청와대 출입기자들 얘기를 들어봐도 아주 점잖고 젠틀한 사람이라고 하더라고요. 그런데 우리 시대가 맞닥뜨린 문제를 풀어가는 데 과연 그게 덕목이 될 수 있을까 싶어요"라면서 다음과 같이 말했다. "사실 풀어야 할 문제가 한둘이 아닙니다.……
문재인은 그 정부에서 2인자로 있었죠. 본인 스스로도 노무현 같은 능력
이 없다고 말한다면, 더군다나 그렇게 '젠틀'한 사람이라면, 그런 신사다
운 행동이 유권자들한테 얼마나 신뢰를 줄 수 있을까요?"

이에 대해 김어준은 이렇게 답했다. "그건 '젠틀'과 '물렁'의 차이를
오해하는 겁니다. 젠틀하지만, 그 양반에겐 대단한 결기가 있다고 봅니
다. 또 문재인에게 권력의지가 없는 건 자기가 이길 수 없다고 생각하기
때문이죠. 흔히 정치인이라면 갖고 있는, 어떻게든 덤벼서 빼앗아야겠
다는 그런 사사로운 욕구가 없는 겁니다. 일단 이길 수 있다는 생각이 들
면, 무섭게 달려들 겁니다."[106]

'노무현 대통령의 비서실장' 이미지

사실 문재인이 '물렁'과는 거리가 멀 뿐만 아니라, 오히려 거리가 너
무 멀어서 문제일 수 있다는 견해는 이미 2007년 3월에 제기된 바 있다.
『국민일보』 주필 백화종은 「문 비서실장에 관한 단상들」이라는 칼럼에
서 "지난 13일 국무회의에서의 일이다. 제이유 사건과 관련, 유시민 장
관과 노 대통령이 검찰의 청와대 관계자 수사 등에 대해 불만을 토로한
뒤 문 실장이 마이크를 잡았다. 그는 제이유 수사 관계자들의 문책성 지
방 전출에 대해 '왜 잘못된 사람들을 지방으로 보내느냐'며 '비리 공직
자들의 지방 전출 제도가 이치에 맞는지 모든 부처에 묻고 싶다'고 일갈
했다"며 다음과 같이 말했다.

"비서실장은 국무회의의 정식 구성원이 아닌 배석자다. 물론 배석

자라도 필요에 따라 의견을 개진할 수 있을 것이다. 그러나 비서실장을 국무회의에 배석토록 한 것은 주요 국정 현안을 파악하여 대통령을 보좌하는 데 도움이 되도록 하기 위해서이지 국무위원들을 지휘 감독하라는 취지는 아닐 터이다. 그런데 이날 문 실장의 태도는 '모든 부처에게 묻고 싶다'는 말에서 보듯 전 국무위원들을 질책하는 모습이었다. 더군다나 그의 질책은 노 대통령이 '이 정도로 끝내자'고 발언을 마친 뒤에 나온 것이다. 집안의 어른이 꾸중을 마치면 아랫사람은 더이상 토를 달지 않는 게 우리네 전통이고 윗사람에 대한 예의가 아닌가 싶다."[107]

이 칼럼은 문재인에 대해 전반적으로 호의적이면서도 그의 '오버'를 꼬집은 것이었지만, 문재인이 '물렁'과는 거리가 멀다는 점을 말해주는 데엔 모자람이 없었다. 문제는 문재인이 선악善惡 이분법의 소유자로서 선하다고 보는 자기편에 대해선 물렁한 반면 악하다고 보는 반대편에 대해선 가혹하다는 데에 있었다. 이는 나중에 그가 더 큰 권력을 갖게될 때에 드러난다.

전 청와대 경제수석 김종인은 "나는 문재인 같은 사람은 대통령감이 아니라고 본다. 정치 경험이 너무 없다. 인품 좋고 깨끗한 게 좋지만, 대통령이란 자리는 그런 자격만이 전부가 아니다"고 했다.[108] 고려대학교 교수 임혁백은 『대선 2012 어떤 리더십이 선택될 것인가?』라는 책에서 "그는 신언서판身言書判이 노무현보다 출중하고, 특전사 사진이 유포되면서 많은 여성표가 몰리고 있을 정도로 좋은 의미의 '마초' 이미지를 갖고 있다"면서도 "아직 '노무현 대통령의 비서실장'에서 벗어나지 못하고 있다"는 진단을 내렸다.[109] 즉, 비서실장 수준을 넘어선 대통령감 리더십이 검증받지 못했다는 것이다.

시사평론가 김종배는 경제 코드가 없는 게 문재인의 한계라고 지적했다. "대중이 성장 이데올로기를 완전히 버렸느냐, 저는 그렇게 생각하지 않아요. 안철수 원장이 가진 중요한 코드 중 하나가 '성공'이거든요. 시장에서의 성공은 결국 시장에서의 능력으로 치환되잖아요. 그런 면에서 볼 때 우리 대중은 아직 성장에 대한 미련을 못 버리고 있다는 거죠. 다만, 질적인 변화의 조짐이 나타나는 게 '묻지마 성장'이 아니라 '어떤 성장이냐'를 생각하는 각성이 일어나고 있어요. 그게 안철수 원장이 말하는 동반 성장, 공생 발전의 개념인 거예요."[110]

'참여연대 사무처장' 출신의 김기식은 대선주자로서의 문재인에 대해 "인품도 훌륭하고 공인으로서의 검증도 끝난 분이다. 국민적 신망을 얻을 수 있는 진정성도 평가받고 있다. 좋은 리더의 자격을 갖춘 분이다"면서도 극복해야 할 점을 다음과 같이 지적했다.

"친노 프레임(틀)에서 벗어나야 한다. 친노 프레임 안에서는 결코 대선에서 이길 수 없다. 민주당, 나아가 야권 전체의 대권 후보, 국민의 대통령이 되고자 한다면 어떤 세력만을 대표해서는 안 된다. 친노 프레임을 깨고 거기서 벗어나 정치적으로 더 넓게 아우를 수 있어야만 한다."[111]

문재인 팬덤정치 설계자, 김어준·탁현민

훗날 잘 드러나지만, 문재인은 김어준과의 만남을 통해 팬덤정치를 본격적으로 구사하게 된다. 문재인의 팬덤정치에 시각적 감동을 주기까지 하는 이미지 외피를 씌운 건 이미지 정치에 천재적인 감각을 갖고 있

던 탁현민이었다. 김어준·탁현민은 문재인 팬덤정치의 설계자라고 해
도 좋을 정도로 훗날 문재인 정권의 탄생과 운영에 큰 영향을 미친 인물
이었다.

1973년생인 탁현민은 성공회대학교 사회학과를 졸업하고 동 대
학교 문화대학원에서 문화콘텐츠학 석사학위를 받았다. 그는 참여연
대 문화사업국 간사(1999~2002), 공익문화기획센터 문화사업팀 팀장
(1999~2002), 『오마이뉴스』 문화사업팀 팀장(2002), SBS아카데미 전
임강사(2002), 다음기획 뮤직콘텐츠 사업본부 본부장(2002~2007) 등을
역임했다. 첫 직장인 참여연대의 운영자금을 만드는 작업을 하다가 우연
찮게 자우림, 윤도현밴드, 강산에, 정태춘·박은옥, 들국화, 이은미, 한영
애 등 가수들의 콘서트 연출로 유명한 공연 연출 전문가가 되었다.[112]

그가 정치 쪽으로 발을 들여놓지 않았더라면 '한국대중문화사'나
'한류사'의 한 페이지를 장식할 인물이 되었을지도 모르겠지만, 이제 그
에 관한 기록의 의미는 문재인과 한 쌍을 이루는 정치사로 옮겨진 것 같
다. 아니 그 이전에 그는 정치 분야에 콘서트 문화를 정착시킨 정치문화
사의 한 장면을 남긴 인물이기도 했다.

탁현민은 2009년 6월 성공회대학교에서 열린 '노무현 추모 콘서
트'를 기획했고, 이를 눈여겨본 전 청와대 홍보기획비서관 양정철이 그
에게 4개월 후에 열린 노무현재단 창립 기념공연 등의 기획을 맡겼다. 행
사가 흥행에 성공하자 문재인 역시 그를 마음에 두기 시작했다고 한다.[113]
탁현민은 2010년 5월 노무현 1주기 추모식을 연출했으며, 2011년 4월
에 시작된 팟캐스트 나꼼수 콘서트 기획을 맡음으로써 이후 사실상의
나꼼수 멤버로 활약하게 되었다.

© 경향신문

나꼼수 콘서트를 기획한 탁현민은 MBC의 '소셜테이너 금지법'에 항의하기 위해 MBC 여의도 본사 앞에서 '삼보일퍽'을 진행했다.

나꼼수의 김어준이 나꼼수 멤버들을 '잡놈'이라고 표현했듯이, 이 시절의 탁현민은 '잡놈' 기질을 유감없이 발휘했다. MBC의 새 방송심의규정에 따라 소셜테이너로 활동해온 배우 김여진의 〈손석희의 시선집중〉 출연이 무산되자, 탁현민은 2011년 7월 18일 '문화방송 출연 거부 지식인 명단'을 발표한 뒤 30분간 MBC 여의도 본사 앞에서 '삼보일퍽 fuck'을 진행했다. 이는 MBC 앞에서 세 걸음 걷고 한 차례 '팔뚝질'을 하는 삼보일배의 변형된 1인 시위 방식이었다.[114] 이는 "저속함의 극치"라는 비판을 받기도 했지만,[115] 당시 이명박 정권에 대한 반감이나 저항의식은 바야흐로 '잡놈들의 전성시대'를 열어젖히고 있었다.

탁현민은 2011년 7월 29~30일 『문재인의 운명』의 출간 기념 북콘서트를 성공적으로 연출하면서 문재인과의 '우정'을 다져나갔다. 9월 30일, 10월 말 열릴 1,400석 규모의 나꼼수 토크콘서트 티켓 판매 시작 20분 만에 전체 좌석이 매진되자 탁현민은 트위터에서 "지난 10년간 했던 공연 중 가장 빨리 매진된 사례"라며 기뻐했다.[116]

김어준은 '진보적 비주류'나 '진보적 잡놈'으로 여겨졌지만, 그렇다고 모든 진보적 인사가 나꼼수를 긍정한 건 아니었다. 진보 진영 일각에선 나꼼수의 담론화 방식을 문제 삼는 비판이 제기되었다. 2011년 10월 27일 진보적 칼럼니스트 허지웅은 『시사IN』에 기고한 「내가 김어준을 비판하는 이유」라는 글에서 '나꼼수의 종교화'를 문제 삼았다. 그는 "김어준의 문장은 선과 악이 대립하다가 결국 대체 왜 믿지 못하느냐라는 타박으로 끝을 맺는다"며 "여기에는 명백히 종교적인 선동이 존재하고 있다. 이에 저항할 최소한의 의지를 드러내지 않으면서 시민의 힘 운운하는 건 당신들이 가장 듣기 싫어하는, 그러니까 '빠'가 되는 지름길이다"고 했다.

진보 논객 진중권도 2011년 10월 나꼼수 콘서트에서 대통령 이명박의 불륜과 사생아 의혹이 제기된 것과 관련해 자신의 트위터를 통해 "한껏 들떠서 정신줄 놓고 막장까지 간 거다. 포르노라는 게 원래 노출 수위를 계속 높여야 한다"면서 "제발 경쾌하고 유쾌하게 가라"고 일침을 가했다. 그는 "목숨 걸지 않으면 나꼼수 못 까요", "꼼진리교 신자들은 워낙 닥치고 찬양이 아니면 다 나꼼수에 대한 질투로 읽더라구요"라는 글을 남기기도 했다.[117]

허지웅도 다음번 칼럼에서 "지난번 칼럼에서 김어준을 둘러싼 신앙 간증 친위부대를 비판한 이후, 술자리에서 누군가 내 이름을 언급하면

'너 한나라당 편이냐'며 싸움이 난단다"며 어이없어 했다.[118] 돌이켜 보건대, 이들의 선견지명先見之明이 놀랍지만, 10여 년의 세월이 흐른 뒤에도 민주당 진영엔 김어준의 헤게모니가 여전히 살아 있어 김어준과 민주당의 유사종교적 유착 관계를 발설하는 건 위험한 일로 간주된다.

서울시장 오세훈의 '무상급식 투표' 도박

뜨겁게 달아오른 '반값 등록금' 논란

2011년 6월 4일 서울시장 오세훈은 자신의 블로그에 올린 글 '풋풋한 대학생들과의 만남'에서 "사실 요즘 등록금 정말 미쳤다"며 "딸이 둘인데 모두 대학 다닐 때는 허리가 휘는 줄 알았다. 시장인 나도 이 정도인데 형편이 넉넉하지 못한 가정에서는 오죽하겠냐"고 말했다. 그러나 "반값 등록금이 지금 이 시점에서 가장 좋은 대안이 될 수 있을까"고 반문하며 "대학생도 자신의 생각을 정리할 수 있는 지성인이니 스스로 생각해보라"고 밝혔다. 그는 "대화를 마치고 돌아오는 길에 『아프니까 청춘이다』라는 책이 떠올랐다며 20대는 눈부시게 아름답지만 청춘이니까 아플 때"라고 적었다.[119]

오세훈은 이 글로 인해 여론의 뭇매를 맞았다. 그의 재산 때문이었다. 그가 2010년 6·2 지방선거 후보 등록을 하며 신고한 재산은 56억

3,731만 원이었다. 특히, 오세훈과 부인의 예금액만 각각 13억 7,700만 원, 15억 5,400만 원에 달했다(2006년 지방선거 때 신고한 재산은 36억 1,983만 원이었다). 문화평론가 진중권은 자신의 트위터에 "56억 자산가인 오세훈 시장마저 두 딸 등록금 대느라 허리가 휠 지경이었대요, 등록금이 얼마나 비싼지 보여주는 단적인 예"라며 "개미허리들은 오죽하겠습니까? 지나가다 집회하는 대학생들 보시면, 격려의 말이라도 한마디 해줍시다"고 꼬집었다.[120]

이즈음 대학생들은 '반값 등록금' 시위를 열심히 하고 있었다. 6월 1일 오후 KBS 〈뉴스 12〉에서 앵커는 '반값 등록금 촉구 시위 가열'이라는 뉴스를 전하며 이렇게 말했다. "서울 도심에서 밤늦게 등록금을 반값으로 내리자는 촉구 집회와 기습 시위까지 벌어졌습니다. 이러다 보면 무상급식처럼 등록금도 무상으로 하자는 이야기가 나올 법도 한데, 아직은 아닌 모양입니다." 이에 대해 트위터 사용자들은 "국민이 국가에 복지를 요구하는 것이 불편합니까?", "한국이 프랑스 같은 선진국 될까봐 걱정되는 듯"이라며 비판을 했을 정도로 '반값 등록금' 논란은 뜨겁게 달아오르고 있었다.[121]

민주당 대표 손학규는 6월 6일 저녁 8시 서울 광화문 KT 본사 앞에서 열린 대학생들의 '반값 등록금 집회'에 참석, "지금 당장은 우선 저소득층 소득 하위 50%까지 반값 등록금을 실현하자"고 말했다가 대학생들의 항의를 받았다. 그는 "학생들을 길에 앉아서 집회하게 만든 것 같아 죄송한 마음으로 나왔다"면서 "학생 여러분에게 당장 듣기 좋은 말을 하려고 나온 게 아니다. 오는 7월까지 보편적 복지와 반값 등록금에 대한 진전된 방안을 마련해 단계적으로 실천하겠다고 말하려고 왔다"고 했다. 9일째 집회를 계속하고 있던 대학생들은 이에 대해 "그래서는 해결이 안 된다", "조건 없는 반값 등록금 즉각 시행하라"고 소리쳤고, 한 학생은 "도대체 한나라당이랑 다른 게 뭡니까"라고 고함을 치기도 했다.[122]

곧장 취업한 고졸자는 어쩌라고?

그런 항의와 고함에 무언가 느낀 게 있었던 걸까? 다음 날인 7일 손학규는 원내대책회의에서 "6월 국회에서 추가경정예산을 편성해 하반기에 반값 등록금을 일부 도입하고 내년 신학기부터는 전면적으로 실시하는 방안을 마련하겠다"고 말했다. 당 반값등록금특위 위원장인 의원 변재일은 "손 대표가 현장 분위기를 읽고 어젯밤부터 전화로 의견을 조율하며 기존의 학생 부담을 줄이는 방식에서 등록금 자체를 낮추는 것으로 접근 방식을 바꾸기로 했다"고 전했다.

대변인 이용섭은 "대표가 현장의 목소리를 즉시 정책에 반영하고 수정 보완하는 것이 민생 진보의 방법론이라고 생각한다"며 "일주일 전 반값등록금특위를 꾸리면서부터 전면 재검토는 생각해왔던 것"이라고 말했다. 한편 최고위원 정동영은 국회에서 '반값 등록금을 넘어 등록금 폐지 가능한가'라는 주제로 열린 토론회에서 민주당이 내년 대선에서 집권한 후에는 궁극적으로 등록금 폐지 방향으로 가야 한다고 주장했다.[123]

6월 13일 민주당은 정책 의원 총회를 열고 '내년 1학기'부터 대학 등록금을 반값으로 낮추는 정책을 당론으로 채택했다. 민주당은 등록금 고지서에 찍힌 액수를 실제 절반값으로 낮추는 방안을 추진하기 위해 5조 7,000억 원 규모의 국가 재정을 투입하겠다고 했다. 민주당은 소득세·

법인세 추가 감세 철회 시 재원 마련에 문제가 없다고 했지만, 재정경제부(현재 기획재정부) 장관 출신 의원 강봉균은 "감세 철회를 해도 어려울 것"이라며 "반값 등록금도 교육 정책의 하나일 뿐인데 여기에만 수조 원의 예산을 한번에 투입하는 것은 불가능하다"고 지적했다.

강봉균은 특히 "사립대 문제를 건드리지 않고 세금을 넣으면 정당성을 얻기 어렵다"며 "정부가 돈을 대주려면 대학에는 자율을 그만큼 포기하게 만들어야 한다"고 말했다. 그러면서 "사립대도 재정 지원을 받고 정부 감독을 받을 것인지, 아니면 미국의 사립대처럼 구조조정 등을 통해 등록금 문제를 해결할 것인지 선택해야 한다"고 주장했다.[124]

교과부 관계자는 "대학 예산을 확대하면 결국 초·중·고교 예산을 줄여야 한다"면서 "고등학교 의무교육도 실시되지 않는 상황에서 앞뒤가 맞지 않은 측면이 있다"고 말했다. 이와 관련, 『조선일보』는 "우리 사회가 고교 졸업생 80% 이상이 대학에 진학하는 '고高학력 사회'인 것은 맞지만, 가정 형편 때문에 고교 졸업 후 산업현장에 취직한 고졸자가 대학생 등록금을 위한 세금을 내는 것이 정당하냐는 의문도 제기된다"고 했다.[125]

6월 14일 한나라당 의원 이한구는 평화방송 〈열린세상 오늘〉에 출연해 '반값 등록금' 집회에 손학규 등 야당 지도부가 참석한 것과 관련, "불법집회인데 국회의원들이, 특히 당대표라는 사람이 나가서 (자리를) 지키고 하는 것은 정말로 잘못된 것"이라고 말했다. 그는 민주당이 추경 편성을 통해 당장 2학기부터 국공립대학 '반값 등록금'을 실현하자고 하는데 대해서도 "불가능한 얘기"라며 "구체적인 프로그램도 없이 예산을 대놓고 집어넣으면 안 된다"고 지적했다. 이한구는 "손 대표는 집회에 갔다 오면 자주 보따리를 풀고 있다"는 지적에 대해 "그러니까 자꾸 비판을 받는다"며 "문제를 철저하게 고민해서 푸는 자세가 아니고 걸핏하면 방안을 이랬다 저랬다 하니까 진짜로 문제를 풀려고 하는 사람의 태도가 아니라고 보는 것"이라고 비판했다.[126]

서울시장직을 건 '무상급식 투표' 도박

'반값 등록금' 논란에 앞서 더 뜨겁게 달아오른 이슈가 있었으니 그건 바로 무상급식 문제였다. 이 문제는 서울시의회가 서울 지역 모든 초·중학생에게 무상급식을 지원하도록 규정한 조례를 의결한 2010년 12월 1일로 거슬러 올라간다. 12월 3일 오세훈은 서울시청에서 기자회견을 열어 "복지의 탈을 쓴 망국적 포퓰리즘 정책을 거부한다"며 "시의회 횡포에 대해서 서울시장의 모든 집행권을 행사해 저지할 것"이라고 말했다.

오세훈은 "시의회가 무상급식 조례를 철회하기 전까지는 어떠한 시정 협의도 없을 것"이라고도 했다. 또 그는 "무상급식은 민주당이 지난 6·2 지방선거 때 달콤하게 내걸어 '반짝 지지'를 얻은 인기영합주의 복지 선전전의 전형"이라며 "무상급식이야말로 서민정당을 자처하는 민주당에 어울리지 않는 '부자 무상급식'이자 '불평등 무상급식'"이라고 말했다.[127]

이게 꼭 그렇게까지 극단적인 언어를 구사해가면서 소통의 가능성을 원천봉쇄한 채 싸워야 할 이슈였을까? 2006년 민선 5기 서울시장 취임 때부터 시민소통위원회를 만들고 소통기획관 자리를 신설하는 등 소통을 강조해온 건 괜한 쇼였을까? 2010년 6월 재선에 성공한 뒤 발표한 당선자 소감문에선 "더욱 열심히 듣고 소통하겠습니다. 분열이 아닌 통합의 정치, 과거로의 회귀가 아닌 미래 비전의 정치, 반드시 이루겠습니다"고 했던 말도 그냥 해본 말이었는가?

그래놓고선 2010년 12월 무상급식 문제를 다루는 KBS〈심야토론〉에 나가기로 해놓고 특정인의 참여를 이유로 생방송 12시간 전 불참을 통고해 방송을 취소시킨 건 뭔가? 이즈음 오세훈은 전투성을 넘어서 아예 승부사 또는 도박사의 자세마저 취하고 있었다. 2011년 초 서울시의회의 전면 무상급식 조례 공포에 반발해 주민투표를 제안했던 그는 6월 16일 보수 성향 단체가 서울시에 '학생 무상급식 주민투표 청구'를 낸 직후 기자회견을 열어 "주민투표가 복지 포퓰리즘에 종지부를 찍을 역사적 기로가 될 것"이라고 주장했다. 이에 따라 이르면 8월 20일 이후 만 19세 이상 서울시 주민투표권자를 대상으로 '전면 무상급식'과 '저소득층 50% 단계별 무상급식'에 대한 의견을 묻는 주민투표가 실시될 가능성이 높아졌다.

하지만 주민투표를 두고 민주당이 다수인 서울시의회가 강하게 반발한데다, 여당인 한나라당 안에서도 반대 기류가 만만치 않았다. 서울시의회는 "서명운동 기간에 현역 국회의원이 불법 개입한 사실이 드러났을 뿐 아니라 서울시 위탁기관 등에 대한 조직적이고 강압적인 서명활동이 있었다는 사례가 제보되었다"며 "이의신청 기간에 시민단체와 함께 직접 서명부의 대리서명과 유령서명 등 불법 여부를 가려내겠다"고 주장했다.

서울시의회의 민주당 전략부대표 강희용은 기자회견에서 "주민투

오세훈은 서울시의회가 결정한 무상급식은 "질 나쁜 포퓰리즘"이자 "복지의 탈을 쓴 망국적 포퓰리즘 정책"이라고 강력하게 항의했다. 8월 24일 주민투표를 마친 오세훈이 취재진의 질문에 답하고 있다.

표는 서울시 예산 182억 원을 단번에 날릴 사상 초유의 예산 낭비 사례가 될 것"이라고 비판했다. 한나라당 안에서도 오세훈의 '벼랑 끝 해법'을 우려하는 목소리가 적지 않았다. 한 의원은 "서울시 재정을 봤을 때 대규모 예산이 드는 주민투표까지 부쳐 반대해야 할 사안인지 앞뒤가 안 맞는다"며 "그 과정에서 한나라당의 서울시당 쪽과 거의 협의도 없었다"고 말했다.[128]

이와 관련, 『조선일보』(6월 17일)는 "'전면 무상급식' 반대를 위한 주민투표가 가시화되면서 오세훈 서울시장의 정치적 명운도 급물살을 타기 시작했다.……오 시장은 올 초 야당이 무상의료 등 '3무無 시리즈'를 내놓은 가운데 '전면 무상급식' 반대를 외치며 야당에 맞서왔다. 대의大義를 위해 몸을 아끼지 않는 투사鬪士 이미지를 얻었다. '전면 무상급식'의 부당함을 알리는 과정에서 정치적 행보도 넓혀갔다"고 말했다.

이어 이 기사는 "그러나 주민투표를 둘러싼 상황이 오 시장에게 유리한 것은 아니다. 도움을 받아야 할 한나라당이 반값 등록금을 들고 나오고 있으며, 여야가 경쟁하듯 선심성 복지 정책을 내놓고 있기 때문이다. 주민투표가 실시될 8월 20~25일은 여름휴가 끝 무렵이어서 유권자의 관심을 끄는 것도 쉽지 않을 것으로 보인다. 오 시장은 주민투표 결과에 정치 생명이 달린 만큼 '이기는 길밖에 없다'며 배수진을 치고 있다"며 다음과 같이 말했다.

"주민투표가 가결되면 오 시장의 정치적 입지는 수직상승할 것으로 보이며, 내년 총선과 대선을 앞두고 비상한 관심을 모으게 될 것으로 전망된다. 여소야대 구도인 서울시의회와의 관계에서도 승기를 잡아 시정市政 운영에 힘을 얻을 것으로 보인다. 주민투표에서 유권자 3분의 1 이상이 참여하지 않아 투표함 자체를 열지 못하거나, 찬성이 과반을 넘기지 못할 경우 오 시장의 패배로 돌아간다. 서울시장으로서 사퇴 압력을 받을 수 있고, 임기를 채우더라도 다수당인 민주당에 목소리를 내기 어려워질 전망이다."[129]

오세훈은 '우파의 노무현'인가?

오세훈의 이런 벼랑 끝 전술을 어떻게 보아야 할까? 왜 그는 벼랑 끝 전술의 달인이었던 노무현을 흉내내려고 한 걸까? 그는 '우파의 노무현'인가? 흥미롭게도 1년 6개월 전 『프라임경제』 기자 임혜현이 그런 가설을 제시했다. 임혜현은 "진보와 보수 양 진영 모두에게서 싫은 소리를 들을 일이겠지만, 고 노무현 전 대통령과 오세훈 서울시장은 유사한 점이 많다"며 4가지 공통점을 들었다.

첫째, 가난한 집에서 태어나 대학도 못 갔지만 어지간한 명문대 출신에게도 별따기인 고시를 통과한 노 전 대통령과 비슷한 이력을 오 시장도 가졌다. 오 시장은 넉넉하지 않은 환경에서 자라 대학을 마치고 변호사가 되었다.

둘째, 노 전 대통령은 '5공 청문회 명패 사건'이 보도되면서 일약 '패기 있는 젊은 정치인'으로 유명세를 탔고, 오 시장 역시 〈오 변호사 배 변호사〉에서 선배 배금자 변호사와 함께 방송 출연을 해 유명인이 되었다는 '언론이 만든 스타'로서의 공통점도 있다.

셋째, '정계의 혜성'으로 중앙 정가政街에 진입, 이름을 남긴 점도 유사하다. 부산시장 낙선 등 변방을 떠돌았지만 개혁적이고 진솔한 이미지가 사람들의 눈에 들면서 대통령 후보, 또 대통령으로까지 떠오르는 데 성공한 노 전 대통령처럼, 오 시장 역시 '잊혀진 초선의원 출신 정치인'으로 남을 것으로 예상되다가 순식간에 시장직에 올랐다.

넷째, 오 시장의 반대 여론에 대한 태도는 노 전 대통령의 언론이나 비판 여론에 대한 전투적 대응과 유사한 패턴을 보이고 있다. '광화문의 스노보드 점프대'가 논란을 낳자 "재선을 포기하고 싶을 정도로 답답한 심경"이라는 부분에 이르면 "대통령 못해 먹겠다"는 발언으로 반대론자들을 압박했던 노 전 대통령의 화법과 너무나도 유사해 놀랄 지경이다.[130]

이 세 번째와 네 번째 공통점에 주목할 필요가 있겠다. 오세훈의 곱상한 외모만 보고 그를 판단할 일이 아니다. 그는 3종 철인경기에 심취한 '터프 가이'였다. 노무현에게 영남 지역주의에 대한 도전이 있었다면 오세훈에겐 '총선 불출마 선언'이란 도전이 있었다. 이와 관련, 정치평론가 고성국은 2010년 12월 "오세훈은 풍운아다. 그는 2004년에 '총선 불출마'를 선언했고 정치자금법 개혁안 일명 '오세훈 법'을 만들었다. 불출마를 선언한 오세훈에게 맡겼더니 의원들을 옴짝달싹 못하게 만들어 놓았다는 푸념까지 들은 '오세훈 법' 때문에 '소액 후원금 쪼개기' 관행이 생겨났고, 그 끝에 청목회 사건까지 터졌으니 한 정치인의 입법 행동이 얼마나 크고 무거운지를 잘 보여주는 사례라 할 만하다"며 다음과 같이 말했다.

"자고로 정치관계법을 정치인들한테 맡겨 제대로 된 것 못 봤다는 평가가 일반적인 풍토에서 만들어낸 '오세훈 법'의 성과는 그의 '총선 불출마' 선언이 있었기 때문에 가능했다. 이때 쌓은 그의 개혁적 이미지는 2년 후 서울시장 선거에서 결정적 역할을 했다. '버리면 얻는다'는 말대로 그는 서울시장이 됐다. 천변만화하는 세상의 흐름이 그를 시장으로 만들었다고 생각하지만 만약 그가 서울시장 선거를 위해 2년 전에 총선 불출마를 선언했다면 그의 기획력은 단연 탑이라 할 만하다. 힐난할 이유가 없다. 그 정도 기획력으로 정치를 하겠다는데 말릴 이유가 있겠는가."[131]

"표 있는 대학생, 표 없는 빈곤아동"

오세훈이 무상급식 문제에 승부수를 던지면서 겨냥하는 지점은 명확했다. 여야를 막론하고 존재하는 포퓰리즘에 대한 정면 도전이었다. 이즈음 『조선일보』도 빈민운동가 출신인 한나라당 의원 강명순과의 인터뷰 기사를 게재한 데 이어, 그 주요 내용을 「"표票 있는 대학생만 보고,

표票 없는 빈곤아동은 안 보나"」는 사설을 통해 밝히면서 반反포퓰리즘 공세를 전개했다.

강명순은 반값 등록금 논란에 대해 "학비가 부족해 대출을 받거나 아르바이트로 학비를 마련하는 대학생들은 64만 명이고, 돈이 없어 급식 예산을 지원받는 청소년은 137만 명"이라며 "표 없는 137만 명은 보이지 않고 표 있는 대학생들만 보이느냐"고 했다. 강명순은 "뭐가 더 중요한지, 뭐가 우선순위인지 모르면 정신 나간 것 아니냐. 한나라당이 미쳐 돌아가고 있다"고 말했다.

이 발언을 소개한 『조선일보』 사설은 "전국 대학생 330만 명 중에서 상당수는 등록금을 마련하느라 몸과 마음이 고생일 것이다. 반면 부모 소득수준이 높거나 부모 직장에서 자녀 학비를 지원해주는 등의 이유로 등록금 부담을 느끼지 않는 학생들도 제법 있을 것이다. 대학생들이 요구하는 반값 등록금은 형편이 어려운 학생이나 형편이 괜찮은 학생을 가리지 말고 영수증에 찍혀 나오는 등록금 액수를 절반으로 줄이라는 것이다. 이 요구대로라면 전체 대학생 등록금 14조 4,000억 원에서 이런저런 장학금 지원액 4조 원을 뺀 10조 원 중 5조 원을 국고에서 지원해야 한다"며 다음과 같이 말했다.

"그러나 이 나라엔 등록금을 걱정하는 대학생들만 사는 것이 아니다. 18세 이하 아동 중에서 방학 중 점심 지원을 받는 대상이 48만 명, 학기 중 공휴일 점심 지원 대상이 25만 명, 아침·저녁까지 지원받는 대상이 9만 명이다. 먹을 것마저 국가 보조를 받아야 하는 어린이들이 공책, 필기구, 수업 준비물처럼 공부하는 데 꼭 필요한 물품을 구입할 여유가 있을 리 없다. 사정이 어려운 초등학생 15만 명, 중·고등학생 21만 명에게 월 5만~7만 원씩 학습 수당을 지원해주려면 연간 2,660억 원의 예산이 필요하다. 부모가 자녀를 돌볼 여유가 없어 할아버지·할머니와 사는 아이들은 기본 교육도 제대로 받지 못해 문맹文盲 상태인 경우가 적지 않다. 형편이 어려운 조손祖孫가정 아동들을 지원하는 데 필요한 기본 예산이 600억 원가량이다."

이어 이 사설은 이렇게 결론 내렸다. "강 의원은 지난 3년간 국회에서 절대 빈곤층 아동들을 위해 꼭 필요한 예산 수천억 원을 따내기 위해 투쟁해왔지만 '재원財源이 없다'는 답변만 들어야 했다. 그런데 내년 총선과 대선에서 투표권을 행사할 대학생들이 반값 등록금을 요구하자 잘사는 대학생, 못사는 대학생을 가릴 것 없이 330만 명에게 5조 원을 지원하겠다고 여야가 경쟁적으로 나서고 있다. 빈민 대모代母 출신 강 의원 입에서 '국회가 미쳤다'는 말이 나오는 게 이상한 일이 아니다."[132]

"무상급식 찬성은 진보, 반대는 보수"라는 코미디

"표 있는 대학생, 표 없는 빈곤아동"론에 동의할 수 없다 하더라도, "무상급식을 찬성하면 진보, 반대하면 보수"가 되는 당시의 풍토는 코미디로서 한국 사회의 편 가르기가 중증重症이라는 걸 말해주기에 부족함이 없었다. 무상급식이 진보와 보수를 나누는 핵심 의제인 것처럼 등장하는 이상한 사태가 벌어진 것은 2010년 6월 지방선거 때부터였다.

경기도교육감 김상곤이 2009년 초등학교 무상급식 예산안을 제출했는데 한나라당 도의회 의원들이 그 예산을 전액 삭감해버렸고, 경기도지사 김문수는 일률적 무상급식은 '사회주의적 발상'이라고 주장했다.

그 이후, 보수는 저소득층에 한정해 무상급식을 하는 '선택적 복지', 진보는 전면적 무상급식을 하는 '보편적 복지'로 쫙 갈라지면서 정치적 싸움이 지속되었다.

이와 관련, 인하대학교 철학과 교수 김진석은 이미 2010년 3월 「무상급식이 정말 선거혁명인가」라는 칼럼에서 "프랑스는 교육은 무상으로 하면서도 급식비는 부모의 소득과 연계하여 등급별로 내게 한다. 유치원부터 부모는 소득증명을 해야 한다. 나는 이 방식이 더 좋다고 생각한다. 급식비를 교사들이 아니라 자치단체에서 관리하기에, 저소득층 학생들이 학교에서 차별 받을 일도 없다. 이 방식을 따르면, 소득과 조세를 투명하게 만들고 소득재분배도 실행할 수 있으니 일석이조인 셈이다. 아니, 그 이상이다"며 다음과 같이 말했다.

"시민들이 자신의 사회적 계층을 인식하고 그에 따라 행동하는 훈련을 할 수 있지 않은가? 그것은 진보의 정치적 과제이지만, 복지가 점점 중요해지는 시대에는 모두의 과제이기도 하다. 단순히 이념적으로 선명한 정책보다는, 생활에 가까운 섬세한 정책이 필요한 셈이다. 더욱이 무상급식을 핵심 의제로 떠받들다 보면, 다른 중요한 문제들이 묻힐 수 있다. 교육에 국한하더라도, 주로 재정적 판단에 의존한다는 점에서 무상급식은 상대적으로 단순한 정책문제다.……자칫하면, 입시공부만 시키면서 학원 '시다바리' 노릇만 하는 학교를 건드리지도 못한 채 오히려 공부만 더 시키는 수상한 괴물이 될 수 있다. 친환경적으로 잘 먹고 입시공부만 잘하면 되는 학교? 선거혁명은커녕 정작 중요한 변화를 '친환경적으로' 막아버릴 끔찍한 쇼가 벌어지는 게 아닐까."[133]

김진석의 이 주장이 옳은 게 아니었을까? 상대적으로 단순한 정책

문제를 놓고 무슨 거창한 이념투쟁이나 되는 것처럼 이전투구를 벌이는 건 무상급식을 비롯한 복지 문제가 고위공직이라는 전리품을 염두에 두고 여야간 벌이는 '밥그릇 싸움'의 제물로 전락했다는 걸 말해주는 건 아니었을까? 우파 포퓰리즘이건 좌파 포퓰리즘이건 포퓰리즘은 상당 기간 표를 모으는 힘을 발휘하지만, 종국엔 반드시 부메랑이 되어 돌아오기 마련이었다.

오세훈에겐 이슈의 정당성 문제를 떠나 정치 전략·전술적 측면에서도 나름의 노림수가 있었다. 대권에 대한 야심이었다. 그 야심을 위해선 큰 위험 부담을 감수하고서라도 자신의 확고한 브랜드를 갖기 위해 확실하게 튀어야 한다고 생각했던 것 같다. 민주당의 프레임을 단순히 부정하는 것을 넘어서 '오세훈표 프레임'을 만들어내기 위해 무리를 하는 것도 불사했다. 오세훈은 그 목적을 위해 박근혜에게 딴지를 걸고 이명박도 넘어서고자 했다.

오세훈은 『중앙선데이』(2010년 12월 12일) 인터뷰에서 "국회에서 부자 감세 논쟁이 벌어지고, 박근혜 전 대표와 한나라당도 감세 철회 쪽으로 간다"는 질문에 "부자 감세 논란은 한나라당 몇몇 의원이 뛰어드는 바람에 스스로 민주당 패러다임에 갇힌 것이다. 민주당 프레임에 걸려들어 한나라당 내에서 허우적거리고 있다. 한심하다"고 말했다. 그는 서울시의회와 대립하고 있는 무상급식에 대해서는 "질 나쁜 포퓰리즘이다. 의회민주주의를 거부하는 시장이란 정치적 오명을 남기더라도 절대 타협하지 않겠다"고 말했다. 그는 이어 "시의회가 (무상급식안을) 철회할 때까지 시의회에 나가지 않겠다"고 덧붙였다. 또 오세훈은 "역대 어느 시장과 비교해도 결코 뒤지지 않는 업적이라고 자부한다"며, 2012년 대선

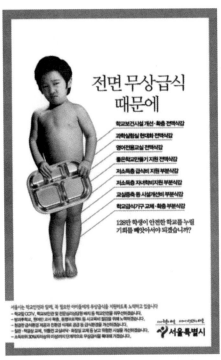

전면 무상급식 때문에

학교보건시설 개선·확충 전액삭감
과학실험실 현대화 전액삭감
영어전용교실 전액삭감
좋은학교만들기 지원 전액삭감
저소득층 급식비 지원 부분삭감
저소득층 자녀학비지원 부분삭감
교실증축 등 시설개선비 부분삭감
학교급식기구 교체·확충 부분삭감

128만 학생이 안전한 학교를 누릴 기회를 빼앗아서야 되겠습니까?

오세훈이 무상급식에 반대한 것은 '대권에 대한 야심' 때문이었다. 그 야심을 위해선 큰 위험 부담을 감수하고서라도 자신의 확고한 브랜드를 갖기 위해 확실하게 튀어야 한다고 생각했던 것 같다. 서울시의 무상급식 반대 포스터.

출마와 관련해서도 "저도 정치인이니까 솔직히 그런 여지는 열어놓고 싶다"고 했다.[134]

　　오세훈은 『한국일보』(2011년 5월 18일) 인터뷰에서도 "한나라당이 민주당의 무상복지 시리즈 프레임에 끌려가서는 안 된다"면서 "이슈를 선도하는 당이 돼야 한다"고 주장했다. 그는 또 한나라당 노선에 대해 "경제발전과 부강한 나라를 지향하는 보수 정당의 정체성을 분명히 하되, 성장 과정에서 불가피하게 뒤처진 분들을 보듬어 안는 '따뜻한 보

수'를 지향해야 한다"고 말했다.[135]

오세훈의 이런 주장을 해석해보자면, 무상복지가 옳건 그르건 그 방향으로 갔다간 한나라당이 민주당에 이슈의 주도권을 넘겨주는 꼴이 되어 대선에서 패배할 가능성이 높으며, 복지에 반대하는 걸로 비쳐지는 건 '따뜻한 보수'로 돌파하자는 뜻이었다.

"오세훈의 독선이 도를 넘고 있다"

그러나 오세훈의 전투적 '프레임 전략'은 한나라당 내에서도 반발에 직면했다. 당대표에 출마한 의원 남경필과 차기 대선후보 경쟁자인 경기도지사 김문수 등 한나라당 내 유력 주자들이 무상급식 찬반 주민투표를 중단하라고 요구하고 나선 것이다. 특히 남경필은 무상급식 주민투표를 주장하는 오세훈에 대해 "독선이 도를 넘고 있다"고 비판하는 등 무상복지 반대론을 펼치는 오세훈과 대립각을 세웠다.

그대로 주저앉을 오세훈이 아니었다. 2011년 6월 27일 오세훈은 이른바 '좌클릭' 정책을 내놓은 한나라당 대표 후보들을 싸잡아 비판하고 나섰다. 그는 민선 5기 1주년 인터뷰에서 "한나라당 안에 무상복지, 과잉복지 등 민주당식 '퍼주기 복지'를 흉내내려는 사람들은 한나라당 대표가 될 자격이 없다"며 "전당대회 과정에서 당의 정체성을 인식한 당원들이 (민주당 동조자들을) 심판할 것"이라고 주장했다. 그는 이어 "'복지 포퓰리즘'이 판을 칠 때 무능한 지도자는 여론에 끌려다니고 영악한 지도자는 여론에 편승한다"고 지적했다. 또 "나쁜 지도자는 여론을 조작하고 선동하는 반면 진정한 지도자는 여론에 앞서 미래에 필요한 방향

으로 이끌어가야 한다"고 덧붙였다.[136]

한편 한나라당은 7월 4일 전당대회를 통해 홍준표 대표 체제를 출범시켰다. 4·27 재·보궐선거 패배로 인한 지도부 교체 요구에 따른 결과였다. 스스로 자신을 '변방邊方의 정치인'으로 불렀던 홍준표는 이 경선에 적극적으로 개입하지 않았던 친박 진영에서 적잖은 지지를 받았다. 그는 대회장에 모인 대의원들을 향해 큰 절을 하면서 "치열했던 변방 정신을 잊지 않고 여러분과 함께 내년 총선, 대승하겠다"고 다짐했다.[137]

때마침 멀리 남아프리카공화국 더반에서 희소식도 들려왔다. 강원도 평창이 7월 6일 남아프리카공화국 더반에서 진행된 국제올림픽위원회IOC 위원들의 2018년 겨울올림픽 개최지 선정 투표에서 총 95표 중 63표를 얻어 경쟁 도시인 뮌헨(25표)과 안시(7표)를 압도적으로 눌러 세번째 도전 끝에 겨울올림픽을 품었다는 낭보였다. 유치에 실패하면 모든 책임이 대통령에게 돌아가니 2~3일 정도만 머물자는 참모들의 주장을 뿌리치고, 이명박은 닷새 내내 더반에 머물면서 유치 활동에 기여했다.[138]

아시아에서 겨울올림픽이 열리는 것은 1972년 삿포로, 1998년 나가노 대회에 이어 세 번째였다. 1988년 서울올림픽, 2002년 월드컵축구, 2011년 세계육상선수권대회를 개최한 한국은 겨울올림픽까지 유치해 프랑스, 독일, 이탈리아, 일본, 러시아에 이어 여섯 번째로 세계 4대 스포츠 행사를 치르는 '그랜드슬램' 국가가 되었다.

그런가 하면 국내에선 7월 27일 내린 폭우로 서초구 우면산에 산사태가 일어나 남태령 전원마을 주민 5명이 사망하고 1명이 실종되는 참사가 발생했다. 또 형촌마을 120가구 중 60가구가 고립되었다. 서울시는 "인재가 아닌 천재"라고 발표했지만 사고 원인에 대한 논란은 한동안 계속되었다. 이 폭우는 이틀간 400밀리리터를 퍼부었으며 서울 도심이 마비되고 사망자 17명이 발생해 '10년 내 최악의 물난리'로 기록되었다.

한나라당에 재앙이 된 오세훈의 도박

한나라당에도 점차 어두운 그림자가 드리워지고 있었으니, 그건 바로 오세훈의 고집이었다. 변방의 경험이라고 하면 오세훈은 누구에게도 뒤질 생각이 없었다. 그는 무상급식 문제에 대해 사실상 전방위적 선전포고를 하고 나선 셈이었다. 그는 "산꼭대기 동네에 살면서 호롱불 켜고 우물물 길러 다니면서 학원도 못 다닐 정도로 어려운 집안 형편에서 숙제는 해가 지기 전에 미리 끝내고 잠자리에 들어야 했다"던 과거를 회상하면서,[139] 그 어떤 도박을 해도 자신은 잃을 게 없다고 생각했던 건지도 모를 일이었다. 그러나 잃기 전엔 잃을 게 없다고 생각하기 쉽지만, 막상 도박에서 패배하고 나면 결코 그렇지 않은 법이다.

8월 21일, 오세훈은 무릎을 꿇고 읍소하며 투표함 개봉 요건인 투표율 33.3%에 미달하면 시장직을 사퇴하겠다는 의사를 공식 발표했다. 한나라당도 오세훈이 당과 상의없이 독단적으로 서울시장 자리를 걸자 혼란에 빠졌다. 당내 상당수가 오세훈의 독단적인 행동에 분노했지만, 오세훈의 벼랑 끝 전술에 판이 커져 버려서 결국 공동운명체가 되어버렸다.

8월 24일에 치러진 무상급식 주민투표 결과는 어떠했던가? 투표율은 개표조차 할 필요가 없는 25.7%로 오세훈의 패배, 그것도 대패였다. 한나라당 대표 홍준표는 급히 오세훈을 불러 처참해진 당 분위기를 추스르고 새로운 후보를 구하는 데 시간이 걸리니, 다음 해 상반기 보궐선거 시기로 미룰 수 있게 45일 정도만 더 시장직을 유지하고 나서 사퇴해달라고 설득했다. 그러나 오세훈은 "나는 깨끗이 그만두고 싶다. 10월에 보궐선거를 해도 이길 수 있다"며 뜻을 굽히지 않았다.

사퇴 기자회견을 앞둔 오세훈이 자신의 결심을 직접 밝히려고 8월 25일 밤 홍준표의 아파트를 찾았지만, 분노한 홍준표는 "앞으로 다시는 볼 일이 없을 것"이라며 오세훈을 문전박대했다. 8월 26일 서울 지역 당협위원장 조찬 간담회에서 홍준표는 "당이 어떻게 되든 10월 재보선이 어떻게 되든 상관없다는 것 아니냐", "오세훈이 당이나 국가를 도외시하고 자기 모양만 중시한다"고 분노를 터뜨렸다. 오세훈은 그날 밤 11시 예정대로 사퇴를 선언했다. 4년 임기 중 겨우 14개월 일하고 물러나는 이상한 사퇴였다.

오세훈으로선 약속을 지킨 깔끔한 사퇴였겠지만, 한나라당엔 재앙이었다. 두 달 후인 10월 재보선에서 10년 가까이 유지하고 있던 서울시장 자리를 박원순, 사실상 민주당에 내어주고 말았으니 말이다. 이 때문에 오세훈은 당내에서 많은 비난을 받았으며, 이는 그의 컴백에도 큰 지장을 준 원죄가 되었다. 그는 훗날(2015년 11월 25일) 서울 양천구민회관 특강에서 "포퓰리즘과 싸운 건 후회하지 않지만 시장직을 걸었던 부분은 반성한다"고 했다.[140] '무상급식 투표' 도박 사건은 오세훈을 넘어서 이후 한국 정치에 큰 영향을 미치는 나비 효과를 불러일으키게 된다. 김종인은 이런 평가를 내렸다. "정치인이 무언가에 잘못 홀리면 이런 기괴한 일까지 저지르게 된다는 것을 보여주는 대표적인 사례다."[141]

제8장

서울시장 보궐선거와
박원순·안철수

"나는 지옥을 지원하겠다"는 박원순

"나는 지옥을 지원하겠다." 변호사이자 시민운동가인 박원순이 2000년 4월에 출간한 『"악법은 법이 아니다": 박원순 변호사의 개혁구상』(2000)에서 "농담으로 시작했지만 자주 하다 보니 스스로 진담으로 생각한다"며 한 말이다. 천국엔 자기와 같은 인권변호사나 시민운동가가 필요없기 때문인데, 그건 생각만 해도 "끔찍한 일"이라는 것이다. "그 대신 지옥은 여전히 인권변호사와 시민운동가를 갈구할 수밖에 없다. 목마르게 나를 기다리는 곳으로 나는 가리라. 지옥에까지 가서 나는 인권변론을 하고 참여연대 운동을 할 것이다. 생각만 해도 신난다."[142]

박원순에게 한국 사회는 시민운동가들의 장렬한 순교를 요구하는 전쟁터와 같았다. 그는 2년 후에 출간한 『한국의 시민운동 프로크루스테스의 침대』(2002)에서 이렇게 말했다. "오늘 한국 사회는 구조적 부패, 땅에 떨어진 정의, 일그러진 형평으로 얼룩져 있다. 지금은 분명 온 몸과 마음, 그 모든 것을 바쳐 긴장과 열정과 헌신으로 싸우지 않으면 안 되는 상황이다. 그런 의미에서 사회 불의와 싸우며 정의를 위해 젊음을 불사르는 시민단체의 간사들은 분명 이 시대의 작은 '순교자'들이다."[143]

박원순은 2003년 사법연수원생들을 대상으로 한 특강에선 다음과 같이 말했다. "여러분, 판검사 되고 싶지요? 그러나 저는 여러분이 판검사가 되더라도 축하해주고 싶은 마음이 전혀 없습니다. 판검사라는 지위에 도취되어 인생의 겸허함이 사라지는 모습을 많이 보았기 때문입니다. 안락한 생활과 사회의 대접에 안주해 턱없는 자기기만에 빠지는 모습을 자주 접했기 때문입니다. 그게 어디 축하할 일입니까? 차라리 곡을 해주는 게 맞지요."[144]

이건 자신의 경험담이기도 했다. 그는 젊은 나이에 잘나가는 변호사로 부자가 되어 있었다. 기사가 운전하는 승용차를 탔고, 다른 사람들은 뭔지도 모르는 휴대전화를 사용했고, 제법 큰 단독주택에서 여유 있는 생활을 했다.[145] 박원순은 나중에 『아름다운 세상의 조건: 나눔과 희망의 전도사 박원순 에세이』(2010)에서 그 시절을 다음과 같이 회고했다.

"저는 한때 일류학교를 나오고 사법고시를 합격하고 검사를 했습니다. 변호사를 개업한 뒤 제법 돈도 벌었고 집도 샀습니다. 탄탄대로가 열려 있는 듯했습니다. 그러나 어느 순간 깨닫고 보니 그 길은 의미가 없어 보였습니다. 내 집을 키워가고 좋은 자동차를 타고 별장을 사고 은행에 두둑한 통장을 두는 것은 하나의 탐욕의 길이었습니다. 그것보다는 가난하고 억울하고 약한 사람들과 함께 그들을 부축하고 그들을 돕는 것이 훨씬 보람있고 재미있는 길이었습니다. 그래서 시민운동가가 되었습니다."[146]

박원순은 이때까지만 해도 정치를 할 뜻은 없었다. 아니 그는 시민운동가로 언론의 주목을 받아 그 자산을 딴 목적으로 쓰는 사람들을 경멸하면서 다음과 같이 비판했다. "그런 사람이 헌신과 희생을 끝없이 요구하는 시민단체의 고난의 길을 계속 걸으리라고 보이지 않기 때문이다. 물론 한 번 시민운동에 종사한 사람은 끝까지 시민운동을 지켜달라고 요구할 수는 없다. 그러나 시민운동으로 얼굴이 알려진 사람이 개인적인 목적으로 그 얼굴을 사용한다면 국민들의 배신감을 막을 길이 없을 것이다."[147]

삼성의 금전 지원에 의존하는 시민운동

늘 시민운동가를 괴롭히는 건 돈이었다. 시민운동의 모델은 서양에서 빌려왔지만, 서양에 정착된 공적 기부 문화까지 빌려올 수는 없었기 때문이다. 박원순은 사실상 재벌의 배려에 의존하는 길을 택했다. 재벌개혁을 위해 애쓰던 방송대학교 교수 김기원은 2006년 10월 4일 『한겨레』에 기고한 「걸리버 삼성과 진보세력」이라는 칼럼에서 다음과 같이 말했다.

"삼성은 박원순 변호사의 희망제작소에 7억 원을 지원했고, 더 큰 돈이 드는 사업도 서로 협의한 바 있다. 오랫동안 시민운동에 몸 바쳐온 박 변호사의 공적은 아무리 존중해도 지나치지 않다. 희망제작소를 설립한 취지나 운영상의 어려움도 모르는 바 아니다. 하지만 재정을 주로 삼성에 기대는 연구소가 얼마큼 독립적이고 진보적일 수 있을까. 박 변호사는 재벌과의 생산적 긴장을 이야기하지만, 근년에 그의 활동에서 긴

박원순은 서울대학교 1학년 때 우연히 시위에 참가했다가 4개월 유치장·구치소 생활을 할 때 혁명가 예수의 모습을 발견했다며 순교자의 길을 걷기로 작정한 것 같다. 2009년에 출간된 지승호와의 인터뷰집『희망을 심다』.

장된 관계는 찾아보기 힘들다."

박원순은 자신의 '순교자 정신'을 내세워 그런 문제는 얼마든지 뛰어넘을 수 있다고 생각한 것처럼 보였다. 2009년에 출간된 지승호와의 인터뷰집인『희망을 심다: 박원순이 당신께 드리는 희망과 나눔』엔 그의 충만한 순교자 자세에 관한 이야기가 많았다.

그에겐 순교자들에게 공통적인 '고난의 내재화'와 더불어 '일 중독', 무서운 집중력이 있었다. 경기고등학교 진학을 위해 1년간 재수를 했을 때 독서실에서 석 달간 단 한 번도 양말을 벗지 않았다는 이야기에서부터 아름다운 가게 간사들의 신년회에서 "과로사가 내 꿈"이라고 말했다는 에피소드에 이르기까지, 그의 순교자적 자세와 실천을 보여주는

일화는 무수히 많았다.[148]

박원순은 1975년 서울대학교 1학년 때 우연히 시위에 참가했다가 4개월 경찰서 유치장·구치소 생활을 한 적이 있었다. 그는 그 기간이 4개월로 그친 걸 몹시 아쉬워했다. "지금 생각해보면 1년 정도 더 있었으면 좋았을 텐데 싶어요. 박정희 대통령이 참 고맙긴 한데, 조금 더 있게 해줬으면 더 좋았겠다는 생각이 듭디다.(웃음)"[149]

민주화운동으로 박원순보다 수십 배 기간 동안 감옥 생활을 한 인사들은 한결같이 "다시는 감옥에 가고 싶지 않다"고 하는데, 왜 박원순은 자꾸 감옥에 가고 싶다느니 감옥에 꼭 가보라느니 하는 말을 했던 걸까? 그의 순교 의식 이외엔 달리 설명할 길이 없었다.

순교자들의 멘토는 단연 예수다. 유치장·구치소 생활을 할 때 『성경』을 다 읽으며 세상을 뿌리째 바꾸려 했던 혁명가 예수의 모습을 발견했다는 박원순은 자신도 예수의 길을 걷기로 작정한 것 같았다. 자신에 대한 평가도 예수에 대한 평가와 비슷할 거라고 생각한 걸까? 박원순은 2006년 필리핀 막사이사이상의 '공공 봉사' 부문 상을 수상했을 때에도 함께 일하는 간사들에게 수상 소감으로 "당대에 평가받는 사람이 제대로 된 사람이 있겠느냐, 그러니까 내가 감옥에 가면 축하하러 오고, 지금은 애도를 해라"고 말했다.[150]

박원순은 순교자가 상을 받는 건 어울리지 않는다고 생각했다. 그래서 『한겨레』 인터뷰에서 다음과 같이 말했을 것이다. "저는 상을 준다고 할 때 제일 괴로웠습니다. 내가 현실에서 제대로 못하고 있구나 싶어서요. 정말 훌륭한 일을 한 사람은 당대가 아니라 후세에 평가받지 않습니까. 당대에 상 받는 사람이 되면 세상을 위해 충분히 일하지 않았다는 반증이 되지 않을까 싶어 오히려 핍박을 받는 게 더 좋습니다. 마음을 굉장히 가다듬었고, 과거에 그랬듯이 억압받는 사람, 힘없는 사람들과 함께 있는 게 다행스럽고 행복하다고 생각합니다."[151]

박원순의 역할 모델은 예수인가?

순교자의 생명은 강한 신념과 열정이다. 박원순은 『원순씨를 빌려드립니다』(2010)에 이렇게 썼다. "제가 희망제작소 식구들에게 늘 하는 이야기가 있습니다. '세상에는 두 종류의 사람이 있습니다. 희망제작소를 돕는 사람과 희망제작소를 돕지 않는 나쁜 사람이 있습니다.' 물론 이 말은 듣기에 따라 굉장히 오만하게 느껴질 수도 있습니다. 그러나 저는 자신의 일에 대해 이 정도의 신념과 열정은 있어야 그 조직이 성공한다고 믿습니다."[152]

박원순은 이 책에서 심지어 돈 많은 게 오히려 불행이라는 무소유 정신을 설파하기까지 했다. "제 경험 때문인지 저는 부유한 집 아이들일수록 오히려 불행하다고 생각합니다. 고생과 실패 속에서 자신의 세계를 가꿔나가는 기쁨을 맛보기 어려운 탓입니다.……그래서 저는 진로를 묻는 젊은이들에게 가급적 삶의 가장자리를 찾아가라고 권합니다. 부와 지위라는 세속적 기준에서 보았을 때 변방이 어딘지 주목하라고 당부합니다. 삶의 가장자리에는 도움의 손길을 필요로 하는 사람이 많습니다.……그래도 실패가 두렵다구요? 실패 좀 했다고 감옥 갑니까? 아니, 감옥 가면 또 어떻습니까?"[153]

박원순의 역할 모델이 예수가 아닌가 하는 생각이 들 정도로 그는 늘 예수를 떠올렸다. 『경향신문』(2010년 5월 16일) 김제동과의 인터뷰에서도 "정부가 해야 하는 일을 민간이 해주는 것은 정부에도 도움이 되는 일이잖아요. 그런 분을 지원해주고 독려해주면 좋을 텐데 오히려 고소를 하네요"라는 질문에 대해 박원순은 이렇게 답했다. "예수님은 고소당한 뒤 처형까지 당하셨잖아요. 난 차라리 감옥에 가고 싶다는 생각을 했어요. 그럼 이렇게 복잡한 일정들 신경 안 써도 되고 규칙적으로 책 읽고 글 쓰면서 살 수 있는데. 오히려 감옥 보냈으면 했는데 돈도 없는 나한테 2억 원이나 청구했잖아요.……그런데 제동 씨 혹시 감옥 가본 적 있어요?"[154]

아닌 게 아니라 박원순은 기회 있을 때마다 감옥이나 유배를 가고 싶다고 말했다. "다산 정약용 선생은 강진에서 유배 생활을 하며 『목민심서』, 『경세유표』, 『흠흠신서』 등 300여 권을 저술했습니다. 저도 그런 곳으로 유배를 떠나 원 없이 글을 쓸 수 있다면 얼마나 행복할까요? 제 책과 자료들은 지자체에서 안 쓰는 정미소 같은 곳을 빌려주면 시민운동 전문 도서관으로 꾸미고 말입니다. 누가 저 좀 유배 보내줄 분 안 계시나요?"[155]

또한 박원순은 틈날 때마다 시민운동가로 정년 퇴임이 가능하도록 만들겠다고 큰소리를 쳐왔다.[156] 이는 그가 시민운동가의 정계 진출에 단호히 반대한 것과 궤를 같이하는 것이었다. 그는 2011년 『한겨레』(4월 15일) 인터뷰에서도 자신의 정계 진출을 강하게 부정하면서 "정치권은 사람도 많은데 시민사회는 대체재가 부족하다"는 말을 했다.[157] 그러나 그가 곧 이 약속을 뒤엎는 식언食言을 할 날이 점점 다가오고 있었다.

정의·공정의 전도사로 나타난 안철수

박원순의 『한겨레』 인터뷰 2주 후인 2011년 4월 29일 『경향신문』은 '청춘콘서트'라는 이름으로 지방대 순회강연을 하고 있던 '컴퓨터 의사'이자 서울대학교 융합과학기술대학원장인 안철수 인터뷰 기사를 게재했다. 안철수는 "지금 학생들은 제 학창 시절보다 호기심이나 모험심, 실력 등 모든 면에서 뛰어나요. 그런데 사회구조가 학생들이 안전한 선택을 할 수밖에 없게끔 몰아가고 있어요. 그렇게 된 핵심은 학교 자체보다는 사회구조에서 찾을 수 있어요"라고 진단했다. 그러면서 그는 "우리나라는 일자리가 2,000만 개 정도 필요한데 대기업이 뽑을 수 있는 건 200만 개에 불과해요. 그마저도 줄이고 있죠. 대기업엔 각종 특혜를 주고 우대하다 보니 중소기업, 창업은 설 자리가 없어지고……"라면서 다음과 같이 말했다.

"더 심각한 건 창의적 인재가 필요하다고 말로만 할 뿐, 사실 대기업엔 창의적 인재가 필요하지 않아요. 그건 우리나라 경제발전과도 연관이 있어요. 우리나라는 지금까지 '패스트 팔로워'였거든요. 가진 게 없으니까 새로운 것에 도전할 여유가 없어요. 실패하면 다 날아가니까 다른 사람, 선진국이 해놓은 것 중 성공한 것을 보면서 전속력으로 쫓아갔고 성공했어요. 그러다 보니 추호의 실패도 용납 않고, 실패해서 넘어지면 밟고 지나가고, 앞사람의 머리채를 잡아 쓰러뜨리고 온갖 편법을 동원했어요. 결국 대기업들은 창의적 인재 대신 시키는 대로 한 치의 오차 없이 할 수 있는 스펙과 학벌 좋은 사람을 선호해왔어요. 모든 불행이 거기서 시작된 거죠."[158]

이즈음 안철수는 "인터넷 포털이 자라나는 후배 기업의 싹을 아예 시작부터 밟아버리는 존재가 되고 있다"고 일갈하는 등 정의·공정 메시지의 전도사로 활약하고 있었다. 그는 상생相生을 해야 할 이유에 대해 이렇게 말했다. "사업을 해보니 그래요. 성공이라는 결과를 봤을 때, 내가 공헌하는 것은 일부에 불과하고 나머지는 사회가 내게 허락해준 것이더라고요. 그런 성공의 결과는 100% 내 것이 아니에요. 그것을 독식하는 것은 천민자본주의죠. 대기업이 중소기업을 약탈하고, 그런 식으로 나 혼자 잘 먹고 잘 살겠다는 생각이 지배하고 있잖아요. 그게 제 생각의 출발이었어요."[159]

안철수는 그 어떤 과격한 발언을 해도 '인상학적'으로 유리했다. 나중엔 어설프다는 비아냥을 듣게 되지만, 착한 얼굴의 덕을 보았다는 뜻이다. 김제동이 '청춘콘서트'에서 그 점을 잘 지적했다. "교수님처럼 그렇게 살벌한 말씀을 그렇게 편안하고 웃는 얼굴로 하는 분은 좀체 찾기 힘들 것 같아요"라고 말이다. 어떤 말이었던가?

"지금도 계속되는 대기업·중소기업 간 불공정 관행은 해결해야 해요. 현행법 안에서라도 정확하고 공정한 잣대로 견제를 할 수 있다면 사실 문제는 많이 희석될 수 있거든요. 이걸 집행할 의지가 없고 실행할 능력이 없어서죠. 많은 관료가 퇴임 후 삼성 같은 기업이나 김앤장으로 가는 게 일반화돼 있어요. 관료라면 국가·사회를 위해 봉사해야 하는데, 나중에 평생을 보장해주는 기업 편에 서지 않겠어요? 룰과 브레이크가 작동하지 않으니 문제죠. 정부는 약탈 행위를 방조하고 있었잖아요."[160]

이런 안철수를 두고 좌우니 진보·보수니 하고 따지는 건 무의미했다. 아니 그런 구분 자체가 시대착오적이었다. "영혼이라도 팔아 취직하고 싶다", "실업자로 사느니 교도소 가겠다", "우리에게 애국은 없다. 우리에게 고통을 전가시키는 나라는 애국 받을 가치조차 없다"고 절규하는 청춘에게 무슨 얼어죽을 좌우며 진보·보수 타령이란 말인가?[161] 일관되게 청춘의 고통을 위로하며 일자리의 중요성을 강조한 안철수가 청춘들에게 가장 진보적인 '정치인'으로 여겨지는 일이 일어나고 있었다.

"박근혜 누른 안철수"

박원순은 2011년 8월 15일 백두대간 종주 28일차 광복절에 올린 '대속代贖을 생각하다'는 글에서 "기독교에서는 하느님이 독생자 예수를 보내 인간이 저지른 그 죄악을 십자가형으로 대신 속죄했다고 믿는다"며 "하느님의 아들로서 그러나 동시에 인간의 아들로 태어나 가장 모독적인 방법으로 극형에 처해진 예수의 삶과 실천, 그 최후는 모든 인간을 스스로 죄스럽게 만든다"고 말했다.

이어 박원순은 "우리 사회에서 저질러지는 이 엄청난 비극과 범죄와 과오를 대속할 사람을 요구하고 있다"며 "우리 시대에 다시 예수가 필요한데 이것을 자임할 사람은 없다, 자임한다고 되는 일도 아니"라고 말했다. 또한 그는 "이 시대의 고민, 동시대 사람들의 고난, 유린되는 국토, 악화되는 삶의 질, 무너지는 경제와 더 심각해지는 빈부격차, 좌우 갈등과 사회적 대결, 소모적 정쟁, 공직자들과 사회적 리더들의 거짓말과 무책임, 시대의 향방에 대한 무지와 편견-이 모든 것들을 곱씹어보았다"며 "그것을 한 지게에 짊어지고 그 어딘가 갖다 버릴 곳이 있다면 감히 그 지게를 한 번 져볼 수 있을 것인가라고 생각해보았다"고 썼다.[162]

예수의 계시를 받았던 걸까? 9일 후인 8월 24일 서울시의 무상급식 주민투표율이 33.3%를 넘지 못해 무효화되면서 여기에 시장직을 걸었던 오세훈이 이틀 후 서울시장직을 사퇴했다. 백두대간 종주 중 이 소식을 들은 박원순은 측근 인사들에게 서울시장 출마 결심을 밝혔다. "지금 우리 국민들은 마음을 줄 어느 누구도, 몸을 기댈 어느 곳도 없는 처참한 상황이다. 이를 외면하면 난 역사 앞에 죄인이 되고 말 것이다."[163]

8월 31일 『한겨레』가 박원순의 서울시장 출마 결심을 보도하자, 다음 날에는 『오마이뉴스』가 안철수의 출마 결심을 보도했다. 이 보도 이전에도 이미 높은 인기를 누리고 있던 안철수가 서울시장직에 마음을 두고 있었는데, 굳이 박원순이 나설 필요가 있었을까? 한국갤럽의 9월 3일 여론조사에서 안철수 지지율은 39.5%로 2위 한나라당 최고위원 나경원 (13.0%)의 3배나 되었다. 반면 박원순 지지율은 3.0%에 불과했다. GH코리아의 3일 조사에서도 안철수는 36.7%로 2위인 나경원(17.3%)을 2배이상 앞섰고, 리얼미터의 4일 조사에서도 안철수는 37.4%로 공동 2위인 나경원, 전 국무총리 한명숙(각각 14.2%)를 크게 앞섰다. 박원순은 2.1%였다.[164]

9월 6일 안철수와 박원순이 후보 단일화 문제를 논의하기 위해 만났을 때, '39.5 대 3.0', '37.4 대 2.1'의 압도적 격차를 들어 박원순이 안철수를 지지할 것으로 생각한 사람이 많았지만 결과는 뜻밖이었다. 안철수가 회동 10분 만에 포기하고 박원순에게 양보하기로 한 것이다. 이는 많은 사람을 감동시켰다.

『중앙일보』 논설위원 이철호는 9월 8일 「박근혜 누른 안철수」라는 칼럼에서 "4박 5일간 생중계된 안철수 서울대 융합과학기술대학원장의

안철수와 박원순이 후보 단일화 문제를 논의하기 위해 만났을 때, 안철수는 회동 10분 만에 박원순에게 서울시장 후보직을 양보했다. 안철수의 '통 큰 결단'은 많은 사람을 감동시켰다.

미니시리즈가 막을 내렸다. 안철수의, 안철수에 의한, 안철수를 위한 드라마였다. 각본을 쓰고 주연배우까지 도맡았다"고 했다. 이어 그는 "압권은 트위터에 오른 시청자 소감이다. '박원순은 지지율을 얻었고, 안철수는 세상을 얻었으며, 야당은 2부 리그로 내려앉았고, 한나라당은 샤정잡배로 전락했다.' 압도적 시청률을 자랑한 미니시리즈의 승자는 단연 안 원장이다"며 다음과 같이 말했다.

"드디어 양자 대결 여론조사에서 박근혜 한나라당 전 대표를 눌렀다. 철옹성의 박근혜 대세론까지 허무는 가공할 파괴력이다. 지지율 50%의 안 원장은 20분간 담판을 통해 5%의 박 변호사에게 깨끗이 양보했다. 한마디로 쿨하다. 요즘 시대의 입맛에 딱 맞아떨어진다. 정치 9단인 김영삼·김대중도 못 해낸 작품이다. 정치쇼라고? 거품이라고? 그렇다면 다음의 반문 앞에 어떻게 반박할 것인가? '50% 넘는 지지율에도 불출마할 수 있는 정치인이면 안철수를 씹어라' '50% 박근혜가 5% 정몽준에게 대권 후보 양보할 수 있는가?'……. 상식을 뒤엎는 이런 통쾌한 반전에 시청자들이 열광하는 것이다."[165]

『한국대학신문』과 인터넷 포털사이트 캠퍼스라이프가 9월 1~21일 전국 4년제 대학 재학생 2,187명을 대상으로 '2011년 대학생 의식조사 및 기업 이미지·상품 선호도 조사'를 한 결과 응답자의 25.2%가 가장 존경하는 한국인은 안철수라고 답한 것으로 나타났다. 다음으로는 유엔사무총장 반기문(16.3%)과 고故 노무현 대통령(4.4%) 순이었다.[166]

이렇듯 안철수의 '통 큰 결단'으로 많은 사람을 감동시키면서 그의 인기를 최고조에 이르게 했지만, 단지 그것뿐이었다. 정치를 해도 그만 안 해도 그만이라는 여유 때문이었는지, 아니면 자신은 대선으로 직행하겠다는 계산 때문이었는지는 알 수 없지만, 정치를 해보겠다는 사람의 자세는 결코 아니었다. 이후 역사는 안철수의 양보는 그의 오만이 만든 결정적 패착이었음을 보여준다.

박원순 53.40%, 나경원 46.21%

10·26 서울시장 보궐선거는 제1야당과의 후보 단일화 경쟁에서 승리한 무소속 후보 박원순과 한나라당 후보 나경원 사이에서 '네거티브 선거'가 극성을 부린 선거였다. 10월 23일 서울시 선관위가 사상 처음으로 여야에 네거티브 선거전 자제를 요청하는 공문을 발송했을 정도였다. 선관위는 박원순을 향해 '시민운동 귀족', '국제적 학력 사기', '대

기업 협찬 종결자', '협찬 인생의 진수'라고 비난한 것을, 나경원을 겨냥한 '0.001% 특권층 대변인', '가짜 서민 행사', '의혹 백화점' 등을 흑색선전이라며 문제 삼았다.[167]

이 선거는 또한 트위터의 영향력이 확인된 선거이기도 했다. 투표 당일 트위터에는 서울시장 보궐선거에 참여해 투표하라는 독려 메시지가 속속 올라왔다. 김제동, 이효리, 김창렬 등 연예인들이 투표 후 찍어서 올린 소위 인증샷은 젊은 층 유권자에게 적잖은 영향을 미쳤다. 민주당의 선거 전략은 '2040세대 동맹'이었는데, 실제로 박원순이 이들에게 얻은 득표율은 20대 69.3%, 30대 75.8%, 40대 66.8%였다.[168]

투표 결과, 박원순은 401만 6,971표의 유효표 가운데 215만 8,476표(53.40%)를 얻어 186만 7,880표(46.21%)를 득표한 나경원을 물리치고 서울시장에 당선되었다. 박원순은 서울 시내 25개 자치구 중 21곳에서 고르게 51~62%대의 득표율을 보였다. 나경원은 강남·서초·송파 등 이른바 '강남 3구'와 용산 등 4곳에서만 우세를 보였고, 그나마 강남·서초에서만 60% 이상의 압도적 득표율을 얻었다.

전국 11개 기초자치단체장 재·보궐선거에서는 한나라당 소속 후보가 8명, 민주당 소속 후보가 2명, 무소속이 1명 당선되었다. 광역시·도의회 선거에서는 한나라당과 민주당 소속 후보가 각각 4명, 무소속 3명이 당선되었다. 시·군·구의회 선거에 당선된 후보는 한나라당 6명, 민주당 7명, 민주노동당과 자유선진당이 각각 1명, 무소속 4명 등이었다.

『한겨레』는 10월 27일자 사설 「서울 지역 민심은 '한나라당 응징'이었다」에서 "서울시장 선거를 통해 표출된 민심은 이명박 정권의 실정에 대한 심판, 한나라당의 오만함에 대한 응징으로 요약할 수 있다. 정치적 변화와 혁신, 새로운 리더십 출현에 대한 유권자들의 갈망도 확인됐다. 이번 선거를 통해 정치의 주요 아이콘으로 등장한 사람이 바로 안철수와 박원순이라는 사실이 이를 증명한다. 역대 어느 선거보다 낡은 정치질서 타파에 대한 유권자들의 열망이 강하게 표출된 선거라 할 수 있다"면서 다음과 같이 말했다.

"이번 서울시장 선거는 사실 한나라당이 패배하지 않으면 오히려 이상한 선거였다. 선거 자체가 오세훈 전 시장과 한나라당이 무리하게 주도한 무상급식 주민투표 불발에서 비롯된 점부터가 그렇다. 정권의 숱한 실정에 더해 권력 핵심의 치부도 잇따라 드러나고 있다. 하지만 한나라당이 보여준 모습은 겸손함 대신에 오만함, 뼈를 깎는 변신 노력 대신에 변화 욕구 깎아내리기였다. 선거전을 이끈 것도 무차별적인 네거티브 공세, 상대편 후보에 대한 빨간색 덧칠하기, 보수층 결집 호소 전략 등 구태 일변도였다."[169]

박근혜 비상대책위원회의 출범

10월 27일 대통령 이명박은 10·26 재·보궐선거 결과와 관련해 "재보선 결과에 담긴 국민의 뜻을 무겁게 받아들인다"고 말한 후, "특히 이번 선거에서 보여준 젊은 세대들의 뜻을 깊이 새기겠다"면서 "정부는 낮은 자세로 국민의 민생을 한치 흔들림 없이 챙기겠다"고 말했다. 하지만 바로 이날 청와대 경호처장에 2008년 촛불집회 당시 명박산성으로 악명이 높았던 전 경찰청장 어청수를 내정했다.

10월 31일 한나라당 최고위원 원희룡은 "대통령이 열심히 일은 하고 있겠지만 민생 문제에 여러 소홀한 문제가 있음에도 불구하고 자화자찬, 국민의 개혁의 요구에는 마치 딴 사람의 이야기인 것"처럼 해서 "(이명박 대통령이) 일부 시중에선 '유체이탈 화법'이란 비판을 듣고 있다"고 비판했다.

원희룡은 또 "일방적이고 국민을 가르치려는 태도, 대통령을 모시는 입장에서 예스맨 행태만 부각되는 모습 때문에 국민이 절망하고 민심이 이반된다"며 "청와대의 개편과 개혁에 대해 더욱 누적된 강도 높은 요구에 부닥치게 될 것을 인정하지 않을 수 없다"고 말했다. 그는 또 "대통령과 청와대에 더이상 예의를 지키고 배려할 여유가 없다. 국민이 기다려주지 않는다. 그런 면에서 정치 변화를 위해 당 지도부부터 진정으로 국민 앞에 참회하고 반성하고 우리의 오만하고 공격적 자세에 민심을 헤아리고 우리 자신부터 기득권을 내려놓고 변화하겠다는 자세를 보여주고 앞으로 당원동지와 국민 양심을 믿고 맡겨야 한다"고 강조했다.[170]

11월 6일 한나라당의 수도권 출신 소장파와 친박계 초선 의원들이 주축이 된 혁신파 25명은 10·26 서울시장 보궐선거 패배 이후 고조된 여권의 위기와 관련해 이명박의 대對국민 사과와 국정 기조 변화를 촉구하는 '쇄신 연판장'을 작성해 청와대에 전달했다. 구상찬·김성식·정태근 의원 등 '쇄신 서한' 작성에 참여한 의원 3명은 이날 여의도 당사에서 기자회견을 갖고 대통령의 대국민 사과, 747(7% 경제성장, 1인당 국민소득 4만 달러, 7대 경제강국) 공약 폐기, 청와대 참모진 교체 등 인적 쇄신, 비민주적 통치 행위 개혁, 측근 비리에 대한 신속한 재수사 등 '5대 쇄신' 요구를 담은 연판장 성격의 서한을 발표했다.[171]

엎친 데 덮친 격으로 12월 2일 '디도스 사건'이 터졌다. 10·26 서울시장 보궐선거 때 중앙선관위와 박원순 후보 홈페이지에 사이버 테러를 가해 사이트를 마비시킨 범인이 한나라당 최구식 의원실의 9급 비서로 드러난 것이다. 한나라당에 대한 여론은 더욱 악화되었다.[172]

12월 4일 최고위원 5명 중 유승민, 원희룡, 남경필 3명이 동반 사퇴를 선언하자, 12월 9일 홍준표도 사퇴를 선언했다. 새로운 리더십으로 나설 '박근혜 비대위원장' 카드를 놓고 한나라당은 요동쳤으며, 박근혜가 재창당 수준의 쇄신안을 거부하자 서울의 두 국회의원(관악갑 김성식, 성북갑 정태근)은 당을 떠났다. 12월 말 박근혜는 전 청와대 경제수석 김종인, 중앙대학교 교수 이상돈, 성균관대학교 교수 이양희, 인터넷 교육 서비스 벤처기업인 '클라세 스튜디오' 대표 이준석, 서울대학교 교수 조동성, 비트컴퓨터 대표 조현정 등이 참여하는 비대위를 출범시켰다.[173]

민주당이라고 해서 더 나을 건 없었다. 한나라당 서울시장이 탄생한 것보다는 훨씬 더 나은 결과이긴 했지만, 야권의 후보 단일화 경쟁에서 패배하지 않았던가. 사실 민주당의 당세는 친노 진영이 이탈한 상태였기에 열린우리당 시절보다도 현저하게 약화된 상태였고, 야권의 내분도 여전했다. 한동안 민주·진보 진영의 '빅텐트론'이 거론되긴 했지만, 최종적으론 진보 진영은 따로 정당을 추진하기로 했다.

11월 20일 민주노동당 대표 이정희, 국민참여당 대표 유시민, 새진보통합연대 대표 노회찬이 통합을 선언하면서 12월 13일 통합진보당이 출범했다. 민주당은 12월 11일 통합 여부 결정을 위한 전당대회에서 몸싸움까지 벌어질 정도로 호된 내분을 겪으면서 12월 16일 민주당과 시민통합당, 한국노총이 힘을 합해 민주통합당을 출범시켰다.[174]

제9장

'나는 꼼수다' 열풍,
종합편성채널 개국

교통방송이 김어준·박원순의 전리품인가?

박원순이 당선된 10·26 서울시장 보궐선거 때 가장 영향력이 컸던 미디어는 KBS도 MBC도 아닌, 김어준이 주도해 2011년 4월 말 창업한 팟캐스트 방송 〈나는 꼼수다〉였다. 나꼼수가 박원순 당선의 1등 공신이라고 해도 과언이 아니었다. "2011년 서울시장 보궐선거 당시 한나라당 나경원 후보의 1억 원 피부과 출입설을 나꼼수가 퍼뜨리지 않았다면 박원순은 지금 그 자리에 없었다."(『동아일보』 대기자 김순덕)[175] "뒤지고 있던 박원순이 나경원을 앞지르기 시작한 결정적인 사건은 '나꼼수'가 퍼뜨린 1억 피부과 설이었다."(정치학자 조기숙)[176]

2011년 11월 18일 전국언론노조는 나꼼수를 제21회 민주언론상 수상자로 선정했는데, 이때 상을 준 언론노조 위원장 이강택은 훗날 (2018년 10월) 교통방송 대표로 김어준과 다시 만나게 된다. 그런데 나꼼수가 과연 그런 상을 받을 자격이 있었는지는 의문이다.

나중에 선거가 끝난 후 나경원의 '연회비 1억 원짜리 피부과 이용설'은 사실이 아닌 것으로 경찰조사 결과 드러났기 때문이다. 경찰이 2008년 개원 이후부터 최근까지 진료 기록, 나경원의 진료 일지 등을 분석한 결과 이 병원에는 연회비 1억 원짜리 회원권은 없는 것으로 확인되었다. 나경원은 이 병원을 10차례 방문해 자신과 딸의 피부 관리 비용으로 550만 원을 쓴 것으로 나타났다.[177]

2011년 11월 박원순의 서울시장 취임 직후 '나꼼수' 출신 김용민은 『한겨레』에 쓴 칼럼에서 "김어준이 안철수·박원순 두 후보 모두에게 '시장 되면 저에게 교통방송을 달라'고 했다"고 썼다. 그는 "물론 농담이었고 박 시장 당선 후 '그 욕망을 포기했다'고 너스레를 떨었다"며 "박 시장이 (교통방송을) 전리품으로 인식할 것인지 시민에게 돌려줄지 관심거리다"고 했다.[178]

"교통방송을 달라"는 게 과연 농담이었을까? 박원순 당선의 주요 공신이었던 나꼼수에 대한 지분을 요구했던 걸로 보아야 하지 않을까? 박원순은 나중에 그 요구에 흔쾌히 응했으니, 박원순과 김어준 모두 교통방송을 전리품으로 여겼다고 보아야 하지 않을까? 그건 나중에 다루기로 하고 여기에선 2011년의 나꼼수만 주목하기로 하자.

김어준·지승호의 '닥치고 정치'

김어준은 지승호와 같이 2011년 10월에 출간한 『닥치고 정치: 김어준의 명랑시민 정치교본』에서 나꼼수와 관련된 자신의 모든 것을 아낌없이 드러냈다. 이 책은 "팟캐스트 세계 1위에 빛나는 〈나는 꼼수다〉 김어준", "무학의 통찰로 파헤친 전율의 2012년 정치 메가트렌드 전망" 등과 같은 슬로건과 함께, 김어준이 교주로 등극할 수 있었던 이유를 다음과 같은 교주 설법을 통해 밝혔다.

"과거 군사정권은 조직폭력단이었어. 힘으로 눌렀지. 그런데 이명박은 금융사기단이야. 돈으로 누른다. 밥줄 끊고 소송해서 생활을 망가뜨려. 밥줄로부터 자유로운 사람은 없다. 힘으로 때리면 약한 놈은 피해야 해. 그건 부끄러운 게 아니야. 피하고 뒤에서 씨바 거리면 돼. 그런데 밥줄 때문에 입을 다물면 스스로 자괴감이 들어. 우울해져. 자존이 낮아져. 위축돼. 외면하고 싶어. 그러니까 지금 이 시대가 필요로 하는 건, 위

김어준은 지승호와 함께 『닥치고 정치』를 펴냈는데, 이 책에서 김어준의 평소 매력이라 할 해학과 위악도 남김없이 드러냈다. 그의 통찰은 유학에 기반하되 무학적 본능과 직감의 언어로 표출되었다.

로야. 쫄지 마! 떠들어도 돼, 씨바. 그런 자세는 그 자체로 사람들에게 위로가 된다."

이 책은 김어준의 평소 매력이라 할 해학과 더불어 위악도 남김없이 드러냈다. "사전경고한다. 다음 페이지부터 펼쳐질 내용, 어수선하다. 근본도 없다. 막 간다. 근본 있는 자들은 괜히 읽고 승질내지 말고 여기서 덮으시라. 다만 한 가지는 약속한다. 어떤 이론서에도 없는, 무학의 통찰은 있다. 물론, 내 생각이다. 반론은 받지 않는다. 열 받으면 니들도 이런 거 하나 쓰든가."[179]

김어준의 통찰은 무학無學의 통찰이었는가? 아니다. 그에겐 유학有學의 통찰이 있었다. 그의 통찰은 유학에 기반하되 무학적 본능과 직감의 언어로 표출되었다. "정치인 강금실을 보면서 느낀 안타까움은, 참 똑똑한 사람인데 정치인으로서의 역할보다 자기가 더 커. 자기의 자의식이 더 커. 물론 바로 그 점이 자연인으로서는 매력으로 작용했지만."[180]

표현 능력이 참으로 대단하지 않은가. 김어준은 문재인의 핵심을 '애티튜드의 힘'으로 평가했던 것처럼, 조국의 『진보집권플랜』에 대해서도 서문을 읽자마자 든 첫 생각은 "조국은 사람이 너무 올발라, 지나치게 올발라"였다고 단칼에 정리했다. 그는 조국의 매력에 대해 다음과 같이 말했다.

"이 사람이 가진 전부가 매력이지. 생긴 것부터. 일단 여자들이 좋아하게 생겼잖아. 여자들은 이 정도로 생긴 대통령을 갖고 싶어 해. 여자들은 이명박이 어디다 내놔도 부끄러운 대통령이야.(웃음) 외국 정상들과 나란히 서 있는 장면, 보기 힘들어해. 외국에 안 나갔으면 좋겠다고.(웃음) 하지만 조국은 아니잖아. 이게 얼마나 큰 자산이야. 오세훈도 바로 그 지점에서부터 먹히기 시작한 건데. 조국, 이 남자는 키도 크고 잘생기고 목소리도 좋고 학벌도 좋고 생각도 올바르고 내용도 있고 품위도 있고. 이만한 자산을 패키지로 갖춘 진보 인사는 없었다고. 이런 스펙에 이런 외모에 이런 마인드의 사람이, 이 시국에 존재한다는 것 자체가 진보 진영에 엄청난 자산이지. 현 시국에서 조국이 있는 것과 없는 것의 차이가 있다고. 조국만 할 수 있는 역할이 있어."[181]

"이명박은 사이코패스, 노무현은 남자 중의 남자"

본능과 직감의 차원에선 가슴 깊이 와닿을망정, 애써 이성을 호출해 낸다면 김어준은 지독하게 편파적이라는 느낌을 떨치기 어려웠다. 이명박의 생김새를 들어 "어디다 내놔도 부끄러운 대통령"이라고 보는 김어준이 이명박에게 고운 언어를 쓰는 건 애시당초 그른 일이었다. 그는 "이명박을 논평할 수 있는 사람들은 정치학자들이 아니라 정신병리학자들이라고 봐.……사람 자체가 욕망이 말라붙어서 딱지가 졌어, 그 딱지가 정치를 하고 있는 것 같아"라면서 다음과 같이 주장했다.[182]

"MB가 가장 결여된 것이 감정이입의 능력이야. 결정적으로 결여된 게 그건데, MB가 어떤 상태에 대해 코멘트를 하더라도 알맹이가 없는 발언들을 하잖아. 붕 떠 있어. 땅바닥에 발이 붙어 있지 않아. 원인을 들여다보니까 상대방이 왜 그런지 이해를 못해. 상대방 입장에서 사안을 바라보는 능력이 없는 거야. 감정이입 능력이 결정적으로 결여된 것이 사이코패스잖아.(웃음)"[183]

이명박을 사이코패스로까지 몰아가는 그의 편파성은 노무현에 이르러선 정반대의 편파성으로 치닫는다. 그래서 그는 타의 추종을 불허하는 노빠가 되었다. 그런데 노빠가 된 주된 이유도 '남자다운 남자'라는 콘셉트다. 논문을 그렇게 쓴다면 황당한 일이겠지만, 김어준은 논문을 혐오했다. 대중도 논문을 혐오했다. 그래서 교주의 그런 이론은 신도들에게 황당하게 들리기는커녕 본질을 제대로 짚어준 것으로 간주되었다.

"그래, 나 노무현 좋아. 난 자연인 노무현보다 남자다운 남자를 본적이 없어. 나보다 남자다워.(웃음) 난 서른 중반이 되어서야 비로소 남자가 다 됐어. 그전엔 나도 부분적으로 찌질했어.(웃음) 하여튼 난 그런 사람 처음 봤고 아직까진 마지막으로 봤어.(웃음) 아, 씨바, 노무현 보고 싶다. 이명박 같은 자가 그런 남자를 죽이다니. 도저히 참을 수가 없어. 내가 노무현 노제 때 사람들 쳐다볼까봐 소방차 뒤에 숨어서 울다가 그 자리에서 혼자 결심한 게 있어. 남은 세상은, 어떻게든 해보겠다고. 그리고 공적 행사에선 검은 넥타이만 맨다. 내가 슬퍼하니까 어떤 새끼가 아예 삼년상 치르라고 빈정대기에, 그래 치를 게 이 새끼야,(웃음) 한 이후로. 봉하도 안 간다. 가서 경건하게 슬퍼하고 그러는 거 싫어. 체질에 안 맞아.(웃음) 나중에 가서 웃을 거다."[184]

곽노현과 노무현의 동일시

한국방송통신대학교 법학과 교수였던 곽노현은 2010년 서울특별시교육감에 당선되었으나, 교육감 선거에서 같은 진보 진영의 박명기(서울교육대학교 교수)에게 단일화를 조건으로 2억 원의 금품을 지급한 혐의를 받아 2012년 9월 27일 대법원에서 징역 1년형을 선고받고 교육감

직을 상실하고 2013년 3월 29일 가석방된다.

이 사건은 2011년 진보 진영 내에서도 뜨거운 논란을 불러일으켰다. 김어준은 곽노현에게서 노무현을 발견하고, 과거 수구 세력과 더불어 노무현을 비난했던 진보주의자들에 대한 강한 반감을 드러냈다. 곽노현 사건은 '전형적인 진보 인사 죽이기 코스'이며, '노무현 죽이기'와 닮은 꼴이라는 게 그의 주장이었다.

김어준은 "제가 『딴지일보』를 무려 14년간 해오면서 수많은 진보적 글쟁이들, 혹은 진보 인사들을 만났기 때문에 그분들의 심리를 잘 압니다. 어떤 심리가 있냐면 '나는 같은 편도 비판할 만큼 공정하다. 합리적이다' 이런 말을 하고 싶은 거예요. 그래서 뭔가 잘못이 나오면 진보 매체, 가장 진보적인 진영이 먼저 공격을 해요"라면서 다음과 같이 말했다.

"이런 심리를 더 들여다보면 사실은 굉장히 비겁한 겁니다. 도망가는 거예요. 같은 편이라고 편들어줬다는 소리 들으면 어떻게 하지? 편들어줬다가 뭐가 나오면 어쩌지? 그러니까 교과서에 나오는 원론을 이야기하는 거죠. 에이, 씨바. 그런 말은 누가 못해. 사실, 노무현 대통령도 우리가 같은 방법으로 보냈습니다. 노무현 대통령이 아무리 '몰랐다'고 말해도 믿어주지 않았죠. 가장 먼저 진보 미디어가 깝니다. 더 비아냥거리고. 1억 원짜리 시계를 논두렁에 버렸다는 이야기, 완전 개뻥이에요. 그런데 그런 이야기를 막 퍼트릴 때 진보 미디어에서는 반박을 못합니다. 오히려 먼저 나서서 비판을 해요. 이런 생리를 보수 미디어가 더 잘 압니다. 그래서 검찰이 흘리고 보수언론이 야금야금 생중계를 하고, 포털에 알바 풀고. 그러면 진보는 쫍니다. 그러니까 교과서로 돌아갈 수밖에 없는 거예요. 그 피해가 우리 편으로 돌아올까봐. 이렇게 해두면 최소한 자기는 공정한 게 되니까."[185]

당시 논란의 핵심이 "노무현 대통령이 아무리 '몰랐다'고 말해도 믿어주지 않았"던 것이었을까? 놀라운 사실 단순화와 왜곡이었지만, 이미 나꼼수의 청중은 교주의 그런 설법을 받아들일 만반의 준비가 되어 있는바, 문제될 건 전혀 없었다. 게다가 진보 미디어는 노무현의 서거 이후 급변한 민심에 따라 이전의 비판적 보도를 사죄하는 자세를 취했던 만큼 자신들의 '만행'에 대한 김어준의 분노가 그 수준에서 멈춰준 것에 대해 감사해야 할 일이었을 게다.

그런데 정작 흥미로운 건 김어준이 자신의 노빠 발언은 사적 감정과는 무관하다고 주장했다는 것이다. 흥미롭다는 것은, 이건 전혀 평소의 김어준답지 않은 어법이었기 때문이다. "그래, 나 사적 감정으로 말한다. 어쩔래? 너도 억울하면 그렇게 해!"라고 말하는 게 김어준 어법의 매력이었을 텐데 말이다.

"난 내가 못 가진 것 빼고, 가진 것 중에 스스로 가장 괜찮다 생각하는 게, 선천적인 균형 감각이야, 믿든 말든.(웃음) 키 큰 사람이 있듯 그냥 운 좋게 타고났어. 이런 소리 하면 또 황우석 박사 이야기 나온다.(웃음) 황 박사 사건은 인간이 저지른 과오를 악마적 의도라고 단정하는 진영 논리로, 저지른 잘못에 합당한 징벌을 상회하는 결과적 폭력이었다고 여기지만, 그래서 그저 생래적 보수성을 타고났을 뿐인 불완전한 인간 하나를 사회적 걸레로 용도 폐기하는 진보의 잔인한 비인간성을 목격한 것이라 생각하지만, 그 이야기를 하는 순간 또 하나의 책이 만들어져야 하니까, 그건 그냥 내가 욕 먹고 말게.(웃음)"[186]

김어준 예찬론과 비판론

사실 김어준의 '우리 편'인『한겨레』,『오마이뉴스』,『프레시안』이 등을 돌리면 천하의 김어준 교주라도 어떻게 해보기가 힘들다. 그러나 시간이 흐르다 보면 그들도 환호할 주제가 나오기 마련이고, 그렇게 해서 양쪽을 다시 찰떡처럼 붙여줄 접착제로 등장한 게 바로 이명박이다.『한겨레』,『오마이뉴스』,『프레시안』의 지원을 받는 나꼼수에 김어준 특유의 통찰과 말빨이 가해지니, 이거야말로 명실상부한 교주의 등극이었다.

대진대학교 철학 교수 김성환은『나꼼수로 철학하기』(2012)에서 김어준과 나꼼수에 대해 아낌없는 찬사를 보냈다. "김어준은 신의 나라 하늘에 살지 못하고 인간의 나라 땅을 떠돈 디오니소스와 닮았다." "나꼼수는 '의심에서 출발하기'라는 철학의 기본기를 훌륭하게 보여준다." "서태지가 랩과 메탈을 결합한 것처럼 김어준은 데카르트와 흄을 결합한다.……이토록 뛰어난 창의력이 어디서 나올까?" "나꼼수처럼 똑똑해지려면 논리학을 배우고 익혀야 한다" "김어준은 99%의 벗, 휴머니스트고 낭만주의자다."[187]

경희사이버대학교 미국학과 교수 안병진은『한겨레』(2011년 10월 31일) 칼럼에서 "'나꼼수'를 단지 술자리 심심풀이 '구라'나 '심층 탐사 보도'로만 이해하는 분들은 김어준의 진정한 위력을 반만 아는 것이다. 그는 한국 정치심리학의 새 지평을 연 탁월한 지식인이다"고 평가했다.

이어 안병진은 "그간 왜 한국의 대부분 진보 진영들은 김어준과 달리 자주 정치 예측에 실패하게 될까? 왜냐하면 시민의 구체적 삶과 자신들의 이념을 부단히 조응하려 노력하지 않거나 인생의 복합성을 이해하

김어준과 나꼼수에 대해서는 예찬론과 비판론이 존재한다. 김어준은 "한국 정치심리학의 새 지평을 연 탁월한 지식인"이라는 평가와 함께 정치 혐오를 부추기는 장본인이라는 평가가 뒤따른다. 나꼼수 멤버인 김용민, 김어준, 정봉주, 주진우.

지 못하기 때문이다. 이들은 자신이 시민을 사랑하는 이유와 반대로 시민들이 자신을 사랑하는 이유가 다를 수 있다는 것에 대해서조차 별로 생각해본 적이 없다. 또 어떤 이들은 질투심에 눈이 멀어 김어준의 분석은 친노의 정치적 결론이라 비난한다"며 다음과 같이 주장했다.

"세상에, 이들은 분석이 현실의 추이와 일치하느냐를 먼저 따지기보다 낙인을 찍는 것으로 승리한다고 보는 모양이다. 일부 진보파들의 불편한 속내에도 불구하고 앞으로 김어준 현상은 더 강해질 것이다. 왜냐하면 이제 깨어 있는 시민들은 정치 엘리트들의 내공의 수준을 파악하게 되고 소셜네트워크 등 자신들의 엄청난 무기의 위력과 맛을 알게 되어 본격적으로 정치가들을 통제하려고 시도할 것이기 때문이다. 시민

정치가 만들어내는 안철수, 문재인 현상은 이러한 새 정치 문법 속에서 움직인다. 김어준의 나꼼수 방송과 『닥치고 정치』 신간엔 내년 누가 대통령이 될지의 비밀과 다양한 정치 이론으로 발전할 가공되지 않은 원석이 보물처럼 들어 있다."[188]

허지웅이 김어준을 비판한 이유

그러나 김어준의 이명박 비판에서 예전의 황빠(황우석의 열혈 지지자) 시절 김어준의 모습을 다시 보는 이들도 있었다. 2011년 10월 칼럼니스트 허지웅은 『시사IN』에 기고한 「내가 김어준을 비판하는 이유」라는 글에서 "김어준은 '닥치고 씨바' 우리 시대의 모세다. 김어준이 하나님, 아니 그러니까 시민의 힘과 상식의 무결성이라는 말씀을 허락받아 '나는 꼼수다'라는 석판을 들고 도래했다"고 했다.

이어 허지웅은 "김어준이 하나님과 일촌을 맺는 데에는 불타는 떨기나무 대신 안철수나 박원순, 곽노현이라는 아이콘이 동원된다. 이 세계관 안에서는 대마왕 이명박이라는 절대 악의 집권 혹은 나경원류 버섯돌이의 저열함이 보장되기 때문에 유대 민족, 아니 그러니까 '아름다운 시민'이 석판의 순결함에 중독될 수밖에 없다"며 다음과 같이 말했다.

"석판의 위계에 반박하면 아무튼 전부 때려죽일 놈인 거다. 시민의 힘! 상식의 위대함! 지금 당장 이 부글거리며 끓어오르는 시민혁명에 동참하라. 〈나는 꼼수다〉는 '우리 꼼꼼한 이명박 대통령님이 그럴 리가 없다'는 조롱으로 반을 채운다. 나머지 반을 저널리즘에 기초한 생산적인 지적에 할애하는 경우도 있다. 그러나 김어준이 마이크를 잡으면 이야기

가 달라진다. 과거 황우석이나 심형래 광풍의 사례에서 보여주었듯, 김
어준은 민중이라는 단어의 중독성에 몸을 의탁한 사람이 듣기 좋아할
만한 말만 골라 하는 방법으로 반지성주의에 기반해 지성인으로서 지분
을 획득한다. 지식인 까면서 지식인이 되는 기적에 능한 것이다. 곽노현
눈을 본 적이 있느냐, 곽노현이 어떤 사람인지 아느냐, 곽노현은 결코 그
럴 사람이 아니다, 만나본 사람은 안다 따위 말을 늘어놓는다."

이어 허지웅은 "김어준의 문장은 선과 악이 대립하다가 결국 대체
왜 믿지 못하느냐라는 타박으로 끝을 맺는다. '내가 나름 언론사 사주이
고, 그래서 글쟁이 욕망을 잘 아는데, 그러는 거 아니다. 왜 믿을 만한 사
람을 믿지 못하고 당장의 허물을 꾸짖으며 절대 악 진영의 지속 가능성
에 종사하냐'는 거다"며 다음과 같이 말했다.

"김어준의 말을 경청하는 사람이 모두 그를 신봉한다는 듯 싸잡지
말라는 말로 이 글을 비판할 수 있겠지만, 중요한 결점과 명백한 위험을
전제하고 있는데도 단지 그것이 듣기에 통쾌하거나 재미있다는 이유만
으로 옹호한다면, 거대 교회에 꼬박꼬박 출석하는 회의주의자의 느슨하
고 이율배반적인 경계심과 뭐가 다른지 잘 모르겠다. 여기에는 명백히
종교적인 선동이 존재하고 있다. 이에 저항할 최소한의 의지를 드러내지
않으면서 시민의 힘 운운하는 건 당신들이 가장 듣기 싫어하는, 그러니
까 '빠'가 되는 지름길이다."[189]

'나꼼수'야말로 정치 혐오의 극치

김어준이 주장한 자신의 '선천적 균형 감각'을 믿어야 했던 걸까? 그

런데 믿건 안 믿건, 김어준의 취약점은 사실 전혀 다른 곳에 있었다. 김어준은 『닥치고 정치』을 이런 말로 끝냈다. "이 긴 대화를 끝내며 이제 마지막으로 가장 중요한 한마디를 해두고 싶다. 나는 잘 생겼다! 크하하하."[190]

이건 결코 가볍게 넘어갈 일이 아니었다. "나는 잘 생겼다! 크하하하"는 김어준을 보호해주는 갑옷과 같은 것이었기 때문이다. 상대방에게 온갖 비난과 악담을 퍼붓고 나서 "크하하하. 이거 농담이야"라고 얼렁뚱땅 넘어가는 수법이다. 그것도 매력이라면, 김어준의 그런 매력은 『딴지일보』와 인생 상담에 머무를 때엔 '교주의 아우라'에 눈이 부신다고 해도 좋을 정도로 빛을 발하지만, 나꼼수 시대에 이르러 현실 정치에 깊숙이 개입할 때엔 좀 다른 성격을 갖게 되었다. 각기 장場의 문법이 크게 달랐기 때문이다.

정치컨설턴트 박성민은 나꼼수와 김어준에 대해 "그 방식에 대한 평가는 차치하고라도 정치를 말하는 지식인이 스타가 되고, 베스트셀러 작가가 되었잖아요. 정치가 재미있을 수도 있고, 좀더 속물적으로 말해서 잘만 포장하면 장사도 된다, 이런 사실을 대중에게 생생히 알려준 것입니다"라면서 이렇게 말했다.[191] "〈나는 꼼수다〉를 백 번 듣는다 한들 세상은 아무것도 변하지 않아요. 하지만 현실 정치에서 할 수 있는 일이 없으니 주야장천 〈나는 꼼수다〉나 듣고, 그러고도 분이 안 풀리면 촛불을 들고 광장으로 나가는 것이죠. 그리고 또 아무것도 바뀌지 않은 세상에 절망하고요."[192]

나꼼수가 SNS 바람과 맞물려 정치 혐오의 장벽을 허물고 있다는 시각이 있었지만,[193] 당파적 차원을 넘어서 보자면 정반대의 해석도 가능했다. '나꼼수'가 누리는 인기의 비결이 금기를 넘어선 욕설·독설, '정치 담론의 개그화', 폭로와 '음모론의 상품화'라는 것을 감안컨대, '나꼼수'야말로 정치 혐오의 극치를 보여준 것일 수도 있었다.

경희대학교 교수 이택광은 나꼼수의 서사구조를 음모 이론으로 풀이했다. 그는 "현실에 대한 파악이 쉽지 않기 때문에 나름의 가설을 세우고 그에 맞는 증거들이 나왔을 때 가설이 입증됐다고 여기는 것이 음모 이론"이라며 "'나꼼수' 열풍은 기본적으로 한국인들이 좋아하는 음모 이론을 세련되게 변환시켰기 때문"이라고 분석했다. 제도정치권의 공식 발표와 해명이 그대로 받아들여지지 못하고, 그 이면에 밀약과 검은 거래, 꼼수가 있을 거라는 전제가 만연해 있는 탓이라는 것이다.[194]

『한국일보』 기자 박선영은 "권력자들의 치부를 폭로하고 조롱하는 데서 발생하는 카타르시스는 정치라는 공적 영역의 엄숙한 언어를 사적 영역의 세속적 언어로 통역해내는 출연진의 '말빨'에서 비롯된다. 욕설과 고성, 인신공격을 서슴지 않는 이들은 약자의 언어인 풍자와 패러디로 정치 현실을 쉽고 유머러스하게 파헤침으로써 '정치가 이렇게 재미있는 줄 몰랐다', '통쾌하다'는 반응을 끌어낸다. 여기에는 쉽게 들을 수 없던 '카더라' 통신의 온갖 뒷얘기들도 사례로 동원된다"며 다음과 같이 말했다.

"'나꼼수'는 '무한도전'이나 '라디오스타' 같은 예능 프로그램의 포맷을 차용한다. 4명의 출연자가 각각의 캐릭터를 갖고 역할을 수행하는 것. 미디어를 통해 드러난 '가카'의 문제적 언행은 제왕격인 김어준, BBK 사건 등 정치 비화는 누구의 구박에도 굴하지 않는 정봉주, 디테일의 보완은 어눌한 듯 집요한 캐릭터의 주진우 등으로 나눠 그 꼼수를 분석하는 식이다. 정치의 예능화에 걸맞은 형식을 찾아낸 것은 '나꼼수'가 예능에 익숙한 젊은 세대에 어필할 수 있는 주요인이지만, 그렇기 때문에 '자기들끼리 쩔고 까불고 호들갑 떤다'는 예능 프로 일반에 대한 비판은 '나꼼수'에도 그대로 적용된다. 정치 예능이라는 '나꼼수'의 형식은 정치의 대중화라는 순기능과 희화화라는 역기능을 동시에 수행하는 양날의 칼인 셈이다."[195]

'쫄지 마 법칙'의 함정인가?

예능 프로그램에 어떤 문제가 있건 재미가 있는 건 분명했다. 이 재미는 당파성을 초월해 애청자를 끌어모으기도 했다. "한국 민주화의 일등 공신은 박정희. 박정희가 산업화로 국민들을 먹고살게 해주지 않았다면 민주화를 꿈이라도 꿨겠나?"라고 틈만 나면 '박정희 찬가'를 부르던 사람이 나꼼수의 애청자가 되는 이유도 여기에 있었다. "좌편향인 줄 알지만 너무 재밌다"는 것이다.[196]

음모론은 포퓰리즘 소통의 주요 구성 요소다.[197] 나꼼수엔 포퓰리즘 요소가 다분했다는 것이다. 그런데 여기서 중요한 것은 나꼼수식 담론과 소통이 대중이 일상적 삶의 사적 공간에서 이루어지는 담론과 소통의 전형을 보여주고 있었다는 점이다. 앞서 정봉주도 잘 지적했듯이, 나꼼수가 누리는 인기의 비결은 사적 공간에서 소비되던 정치적 담론이 아무런 제약없이 공적 공간으로 옮겨져 많은 사람이 연대감을 느끼면서 공유할 수 있게 되었으며, 그 과정에서 수용자의 개인적 분노가 집단적 정의감으로 전환되는 만족감을 느낄 수 있게 되었다는 점이다.

정치가 워낙 혐오와 저주의 대상이기에 나꼼수식 담론과 소통이 정치 홍행에 큰 자산이 될 수 있는 건 분명했지만, 이 세상은 나꼼수를 좋아하고 사랑하는 사람들만 사는 곳은 아니라는 데에 나꼼수의 근본 문제가 있었다. 즉, 나꼼수가 자신들만의 영역에서야 무슨 일을 하건 문제될 게 없지만, 그들의 장場을 벗어나 새로운 장으로 나서면 새로운 문제가 발생할 수밖에 없고, 이를 잘 보여준 게 바로 제19대 총선(2012년 4월 11일)에서 문제가 된 '김용민 막말 파문'이었다. 김용민의 막말이 문제라기보다는 사실상 민주당을 쥐고 흔들었던 나꼼수가 시종일관 '쫄지마'로 밀어붙인 대응 방식이 문제였다. 이건 2012~2013년 편에서 자세히 살펴보기로 하자.

김어준은 평소 "나꼼수 메시지의 가장 큰 덩어리는 어떤 주장을 '쫄지 않고 말해도 된다'고 하는 태도 그 자체"라고 했는데,[198] 바로 이게 자승자박自繩自縛의 함정이 된 셈이었다. "우리는 쫄지 않는다"는 걸 보여주기 위해 본말전도형의 '오버'를 하는 게 나꼼수에 내장되어 있는 게 아니냐는 것이다. 그래도 이건 초기의 문제였을 뿐, 시간이 흐르면서 김어준과 나꼼수는 노골적인 '증오·혐오 마케팅'으로 권력과 더불어 돈마저 챙기는 길로 나아가게 된다.

조선·중앙·동아·매경의 종합편성채널 개국

2011년 12월 1일 드디어 말도 많고 탈도 많았던 종합편성채널(종편) 4곳이 합동 축하쇼를 열고 일제히 개국했다. JTBC(『중앙일보』), TV조선(『조선일보』), 채널A(『동아일보』), MBN(『매일경제』) 등 4개의 종합편성채널과 국가기간통신사 『연합뉴스』의 신규 보도채널 뉴스Y가 드디어

2010년 12월 31일 최시중 방송통신위원장이 종합편성채널과 보도전문채널 사업자를 발표한 1여 년 후인 2011년 12월 1일 말도 많고 탈도 많았던 종편 4곳이 합동 축하쇼를 열고 일제히 개국했다.

첫 전파를 발사한 것이다. 나꼼수의 반대편에 종편이 들어섰다고나 할까? 종편은 언론사 인력 대이동을 유발함으로써 더 나은 일자리와 보직을 원했던 사람들에겐 큰 축복이었지만,[199] 그 탄생 과정의 정당성 문제로 내내 진보 진영의 비판에 직면했다.

『한겨레』는 「종편 개국, 언론과 민주주의의 대재앙 시작되다」는 사설을 통해 "온갖 특혜와 반칙을 통해 태어난 보수언론의 종편사들이 언론 시장을 황폐화시키는 시대가 막을 올린 것이다. 이는 언론의 위기이자 우리 사회 민주주의에 심각한 위기가 닥쳤음을 의미한다"며 다음과 같이 말했다.

"종편 4사의 개국은 단순히 방송채널이 몇 개 늘어나는 것과는 전혀 차원이 다른 사건이다. 언론 시장에서 보수 정치권력과 족벌언론이 동맹을 구축하고 자신들의 기득권을 공고히 하려는 공세에 나섰음을 뜻한다. 그 동맹의 지향점이 여론 장악을 통한 1% 수구 기득권층의 자기 이익 보호와 보수정권 재창출에 있음은 여권과 종편이 그동안 보여준 행태에서 명료하게 드러난다.……최시중 위원장의 방송통신위원회가 총대를 메고 온갖 꼼수를 동원해 특혜를 제공했다. 종편 콘텐츠의 의무 재전송을 비롯해 종합유선방송사업자(에스오)에 대한 황금채널 배정 압박, 광고 직거래 허용, 중간광고 허용, 제작·편성 비율 완화 등 특혜를 다 열거하기조차 어렵다. 이를 통해 케이블로 방영되면서도 지상파 이상의 특혜를 누리는, 지구상에서 유례를 찾기 힘든 '괴물방송'이 등장했다."

이어 이 사설은 "종편은 이미 신문시장의 70% 이상을 차지한 조·중·동과 함께 광고시장의 포식자로 군림할 것이고, 지역방송과 종교방송, 중소 신문사들은 생존을 위협받는 벼랑 끝에 내몰릴 것이다. 종편의 광고 직접 영업은 광고를 무기로 한 대기업의 대언론 영향력을 키울 위험이 크다. 그 결과 언론 시장은 기득권의 이해에 충실한 의제로 도배되고, 상대적으로 노동자와 농민, 서민 등 우리 사회 99%의 목소리가 전달될 통로는 축소될 게 뻔하다"며 다음과 같이 주장했다.

"이는 한국 사회가 일찍이 경험하지 못했던 민주주의의 위기에 봉착했음을 의미한다. 여론 다양성은 민주주의가 존립하기 위한 최소한의 필요조건이다. 한 사회의 여론이 일방통행식으로 흐를 때 민주주의는 절대 꽃필 수 없다. 더욱이 종편이 누리고 있는 온갖 특혜와 거리낌 없는 조폭적 영업 행태는 민주주의의 기본 가치인 공정성과 건전한 시장질서를 유린하는 행위다. 이 땅의 건전한 양심 세력이 종편에 반대하는 이유가 여기에 있다. 종편에 부여된 온갖 특혜를 없애고 공정한 시장질서를 확립하는 것은 여론 다양성과 민주주의를 지키기 위한 절체절명의 싸움이다."[200]

진보적 언론 전문지인 『미디어오늘』은 「"조중동을 방송으로 옮겨놓은 듯…노골적 친정권 편향"」이라는 기사에서 "종합편성채널 개국 이후 전파를 쏘기 시작한 이른바 '조중동 방송'의 실체가 드러났다. 혹시나 했던 이들의 뉴스는 우려했던 대로 노골적인 친정권 편향을 드러내고 있다. 불특정 다수를 대상으로 공공재인 전파를 사용하면서도 이들은 민감한 이슈에 대해 조중동 신문에서 쓰듯 자신들의 입맛대로 방송에 나서고 있는 것"이라고 주장했다.[201]

전교 1등 아들의
모친 살해 사건

"한국의 학부모들은 '대학교'라는 신흥종교의 광신자로서 자녀의 인간적 성장 후원자가 아닌 경쟁 후원자의 역할만 하고 있다."[202] 학부모 단체 대표 전풍자가 1990년대 중반에 한 말이다. 그런 '광신'은 날이 갈수록 심해졌다. 광신의 극단적 사례였을까? 이즈음 서울의 어느 가정에선 상상조차 하기 어려운 비극적인 사건이 발생했다. 고3 수험생이었던 강준수(가명)가 안방에서 자고 있던 어머니를 흉기로 찔러 죽인 사건이었다.

준수는 어머니 시신과 8개월간 동거했다. 이혼 후 따로 살고 있던 아버지의 신고로 2011년 11월 23일 체포된 준수는 존속살인의 배경에 1등만을 강요하던 어머니의 학대가 있다는 사실이 알려지면서 존속살해의 최소 형량은 7년임에도 징역 3년을 받고 조기 출소했다. 온 세상을 충격에 빠트린 이 사건은 13년 만인 2024년 6월 17일 tvN〈이 말을 꼭

하고 싶었어요)를 통해 방영됨으로써 다시 화제가 되었다.

범행 13년 만에 심경을 고백한 준수는 유년 시절에 대해 "초등학교 4학년, 쉬는 날 기준으로 11시간 정도 공부했다"고 했다. 성장과 함께 성적에 대한 압박이 커지면서 체벌이 시작되었다. 준수는 "중1 때 첫 시험에서 전교 2등을 했다. 기쁜 마음으로 소식을 전했는데 혼나면서 맞았다. 전교 2등으로 만족했다고, 올라갈 생각을 해야지 하시더라. 약간 억울했지만 다음 시험에서 1등 해서 기쁘게 갔는데 '전국 중학교가 5000개인데 넌 5000등으로 만족할 거냐'고 또 혼났다"고 토로했다. 그러면서 "웬만큼 어렸을 때 종아리를 회초리로 맞았다. 맞는 매가 변했다. 5~6학년 때는 대걸레 봉으로 맞았다. 중학교 때는 나무로 된 야구 배트로 맞았다. 아버지가 집에 오면 (체벌이) 멈춰서 '언제 들어오시나' 하면서 기다렸다"고 했다.

사건 당시 부모는 별거한 지 5년째였다. 아버지가 다른 여자와 살림을 차리자 어머니의 공부 집착이 강해졌다. 준수는 공부에 흥미를 잃었고 외고 입시에도 떨어졌다. 그 이후 7번 아이언 골프채로 맞았다. 체벌용 바지까지 생겨났다. 준수는 "준비하라고 하면 바지를 갈아입었다. 맞을 때 입는 바지가 있었다. 엉덩이 부분이 피로 절여졌는데, 피 나면 빨아야 하는 게 감당이 안 돼서 빨지도 않고 계속 그걸 입고 맞았다"며 "기대고 자고, 엎드려서 자다 걸리면 혼났다. 시간을 재서 40분에 한 번씩 정산하듯이 맞았다"고 회상했다.

반항도, 가출도 해보았지만 소용없었다. 자포자기한 준수는 성적표를 위조하기 시작했다. 사건 발생 2개월 전, 아빠는 정식으로 이혼 통보를 했다. 엄마는 부쩍 신경이 날카로워졌고 사건 발생 3일 전, 밥과 잠이 금지되는 체벌이 추가되었다. 사건 당일, 밤새 9시간 동안 골프채로 몇백 대를 맞은 준수는 고통을 참고 의자에 앉았다. 그는 "그때 탁상 달력이 눈에 들어왔는데 가슴이 철렁했다. (달력에 적힌) 학부모 입시 상담 날을 보고 모든 게 다 끝나겠다고 생각했다. 엄마한테 맞아죽겠구나 생각했다. 먼저 너무 무서웠고 그다음으로 죽기 싫다고 생각했다"면서 그렇게 엄마를 살해했다고 밝혔다.

준수는 출소 후 자신의 사정을 한 사람에게 털어놓았고, 그 사람과 가정을 이루어 두 아이의 아빠가 되었다. 그는 "언젠가는 아이들에게도 모든 것을 털어놓아야 할 때가 올 텐데 그날 어떻게 이야기를 털어놓아야 할까 그 준비를 하면서 살겠다"고 했다. 방송에 출연하게 된 계기에 대해선 "나 같은 아이가 있다면, 같은 선택을 하지 않길 바란다"고 했다.[203]

제10장

8개의 부동산 계급이
있는 나라

자기 못난 탓을 하는 무주택자들

"재테크를 몰라서 집을 못 산 사람은 참 바보인 것 같아요. 제가 바보인 것 같아요." 2010년 4월에 출간된 『주거 신분사회: 타워팰리스에서 공공임대주택까지』에 인용된, 서울의 한 무주택자의 말이다. 이렇듯 무주택자들은 뜨거운 분노를 터뜨려야 할 상황에서도 자기 탓을 하기에 바쁘다. 그의 말을 더 들어보자.

"너도나도 집에 대해서, 재테크에 관심이 많고 융자를 얻어서 집을 사고 이러는 시점에 사실은 저는 간이 작아서……융자를 얻어서라도 집을 샀어야 되는데……'그렇게까지 해야 되나' 싶어서. 월급 타는 것을 가지고 계산을 해보니까 몇억씩 융자를 해서는 감당이 안 돼서, 사실은 겁나서 못 산 것이거든요. 그러나 결론적으로 그렇게 한 사람들이 맞다는 결론을 지금에서야 얻게 된 거예요."[204]

이런 자책自責은 예외적인 것이라기보다는 일반적인 것이었다. 두 사람의 말을 더 들어보자. 경기도 부천시의 한 국민임대주택 입주자는 이렇게 말했다. "엄마들끼리 정보 교환을 위해서 모임을 만들었는데, 나도 참석을 했는데 옆에 큰 아파트에 있는 엄마들이 대부분 참석을 했고, 임대아파트에 사는 사람은 저 혼자더라고요. 그랬을 때 굉장히 위축되게 하는 눈초리들 있잖아요. 위축을 주는……."[205]

서울 강남구 도곡동 타워팰리스 외에 집이 2채 더 있고 수도권에 상당한 면적의 땅을 가진 어느 소유자는 11억 원에 산 타워팰리스가 30억 원으로 오른 사실을 들어 혹시 다른 사람들의 비판이 신경 쓰이지 않느냐는 질문에 다음과 같이 답했다.

"저는 미안한 느낌 안 들어요. 왜냐하면 제 생활 자체가 항상 저는 열심히 살아요. 저는 뭐, 여태까지도 열심히 살아왔고, 또 진짜 열심히 살거든요? 그래서 그거에 대한 보답이지 그냥 뭐 내가 운이 좋아서, 그냥 이게 어느 날 뚝딱 된 거라고 생각은 안 하거든요? 결혼해서부터 여기까지 아무튼 뭐, 애들은 애들대로, 재테크면 재테크, 내가 학교면 학교, 진짜 저는 열심히 살았어요. 뭐, 웬만하면 친구도 많이 안 만나고, 아무튼 사람들하고 점심 먹으면서 노닥거리는 그런 시간도 좀 줄이고. 아무튼 뭔가를 좀 이루어보려고 진짜 열심히 살았거든요."[206]

매년 인구의 19%가 이사를 다니는 나라

"인구의 19%가 해마다 이사를 다닌다. 전 인구 다섯 명에 한 명꼴, 1년에 약 870만여 명이 이삿짐을 싸고 푼다는 얘기다." 『경향신문』 특

아파트가 '사는 곳living'이라기보다는 '사는 것buying'이라는 건 상식이 된 지 오래다. 그렇기 때문에 아파트가 무너질 지경이라는데 '경축! 구조 진단 통과'라는 플래카드가 걸리는 것이다.

별취재팀이 2010년 12월에 출간한 『어디 사세요?: 부동산에 저당잡힌 우리 시대 집 이야기』에서 한 말이다. 연간 읍·면·동의 경계를 넘어 이사하는 비율은 17.8%인데, 이는 4.3%인 일본의 4배에 달하는 수치였다.[207] 가축을 키우기 위해 옮겨 다니는 유목민을 제외하고 한국인은 세계 최고의 노마드족이 된 셈이다. 공동체? 사회? 그런 건 없었다. 오직 '내 집'만 있을 뿐이었다. 아파트 소유자는 이익을 위해 5년에 한 번꼴로 이런 노마드 삶을 자청했지만, 셋방 사는 사람들은 "빵 뺄래 방값 올릴래"라는 이분법적 요구에 의해 3년에 한 번꼴로 이런 노마드 삶을 강요당했다.[208]

당연히 아파트는 상품이요 재테크의 수단이었다. 2007년 서울시는 장기전세주택 사업을 시작하면서 "집은 사는 것에서 사는 곳으로 바뀝니다"는 슬로건을 내걸었지만,[209] 아파트가 '사는 곳'이라기보다는 '사는 것'이라는 건 상식이 된 지 오래였다.[210] 즉, '살 집house for living'이 아니라 '팔 집house for sale'인 것이다.[211]

아파트의 긴 수명은 상품 회전을 빨리 하는 데에 방해가 된다, 그래서 아파트 평균수명은 영국 140년, 미국 103년인데 우리는 고작 22.6년이었다. 자기 아파트가 무너질 지경이라는데 '경축! 구조 진단 통과'라는 플래카드가 걸리는 이유이기도 했다.[212] 그래서 한국인은 진짜 노마드족을 제외하고 세계에서 가장 자주 이사를 다니는 국민이 된 것이다. 이런 이사 광풍의 소용돌이에서 죽어나는 건 무주택자들임은 두말할 나위가 없다. 그 와중에서 정치도 엉망이 되니, 해결책을 촉구할 창구도 사라진 셈이다.

황족-왕족-귀족-호족-중인-평민-노비-가축

"수도권엔 8개 부동산 계급이 있다." 2011년 2월 온라인에 떠돈 '수도권 계급표'다. 한 네티즌이 올린 이 계급표는 거주 지역의 땅값 크기대로 일종의 '부동산 카스트'를 매겼다. '황족'을 맨 위로 이하 '왕족', '귀족', '호족', '중인', '평민', '노비' 등의 계급을 매겼고 맨 아래는 인간 축에도 끼지 못하는 '가축' 계급으로 평가했다.

서울 강남구는 토지 가격이 3.3제곱미터당 3,000만 원 이상으로 가장 비싸 '황족'으로 분류되었고 3.3제곱미터당 2,200만 원 이상인 과천시와 송파·서초·용산구 등은 '왕족'에 포함되었다. 강동·양천·광진·

성남시 분당구 등은 3.3제곱미터당 1,700만 원 이상으로 '중앙귀족'에, 1,500~1,700만 원인 영등포·마포·성동·종로·동작구 등은 '지방호족'으로 분류되었다. 강서·관악·동대문구 등은 1,200~1,400만 원으로 '중인' 계급에, 1,100~1,200만 원인 노원·구로·은평·강북·중랑·일산동구는 '평민'에 포함되었다. 3.3제곱미터당 가격이 1,400만 원과 1,500만 원 사이, 즉 지방 호족과 중인 사이의 계급은 '넘을 수 없는 4차원의 벽'으로 표시되어 계급 고착 현상을 드러내기도 했다. 서울이라도 도봉구는 구리·하남시 등과 함께 1,100만 원 미만의 노비 신분이었고, 최하 계급인 '가축'들이 사는 1,000만 원 미만의 거주지는 '그 외 잡 시&군&구'로 표시되어 있었다.[213]

이에 대해 『한국일보』 논설위원 장인철은 "추구하는 가치나 생활 태도 같은 요소도 삶의 질을 좌우하지 않느냐는 소리도 있을 수 있지만, 그런 건 개나 물어가라는 투다. 조악한 계급표 하나가 애써 외면했던 삶의 현주소를 오롯이 드러낸 것 같아 섬뜩한 느낌마저 준다"고 했다.[214] 하지만 이 계급표가 온라인에서 인기를 끌자 한 건설업체는 이를 활용해 언론사들에 다음과 같은 보도자료를 뿌렸다.

"이 가운데 뛰어난 입지와 자연환경, 높은 강남 접근성 등으로 수도권 동북부의 판교라 불리는 남양주 별내지구는 '지방호족'을 자처하고 나서 화제다. 현재 평당가 1,500~1,700만 원 사이의 지방호족에는 마포구, 종로구, 성동구 등 유수의 지역이 포함돼 있다. 남광토건이 경기 남양주 별내신도시 A4블록에 분양 중인 '별내 하우스토리'는 단지 내에 녹지를 풍부하게 갖춘 공원형 아파트로서 트리플 역세권과 불암산 등으로 수요자들의 주목을 받고 있다."[215]

이젠 "어디 사세요?"라고 묻기가 어려워진 세상이 되고 말았다. 그건 곧 "당신은 황족-왕족-귀족-호족-중인-평민-노비-가축의 서열 체계에서 어디에 속하느냐?"고 묻는 거와 다를 바 없게 되어버렸기 때문이다.

"초원에서 초식동물로 살아가야 하는 비애"

"난 전셋값 대느라 헉헉거리는데 누구는 아파트값이 몇 배로 뛰며 돈방석에 앉고······가진 자와 힘 있는 자들이 멋대로 휘젓고 다니는 초원에서 초식동물로 살아가야 하는 비애는 '도대체 나에게 국가란 무엇인가'라는 근본적인 의문을 낳게 한다."

『한겨레』 정치 부문 정치팀장 김의겸이 『한겨레』(2011년 3월 16일)에 쓴 「왜 아직도 박정희인가?」라는 칼럼에서 한 말이다. 이어 그는 다음과 같이 말했다. "이에 반해 박정희는 '보릿고개를 넘게 해줬다'는 것 이상의 의미를 지닌다. 부동산값이 오르면 철퇴를 가했고, 전국적으로 고교 평준화를 단행했으며, 봉급은 적을망정 차별받지 않았던 직장 등등. 비록 독재를 했으나 시장의 강자들을 억누르고 약자들을 다독였다는 기억이 무덤 속의 박정희를 불러일으켜 세운 것이리라. 실제로 박정희 모델에 대한 향수는 그 어느 계층보다 고연령, 저소득, 저학력 등 서민층에서 강력하게 나타나고 있다고 한다."[216]

진보의 자기 반성문으로 이해해도 좋을 말이지만, 김의겸은 훗날 문재인 정부 출범 후 청와대 대변인으로 전직을 했다가 부동산 '스캔들'로 물러나고 만다. 이에 대해 김정훈·심나리·김향기는 『386 세대유감: 386세대에게 헬조선의 미필적 고의를 묻다』(2019)에서 다음과 같이 말한다.

"불법은 아니다. 다만 그는 '보통의 상식'을 뛰어넘었다. 한국 사회 감시견을 자처하며 살아온 스스로는 물론 그 길을 가고 있는 수많은 언론인의 자존심에 상처를 냈다. 결국엔 '건물주'만이 답이라는, 중학생도 아는 대한민국의 아픈 진실을 청와대 대변인이 몸소 시연해주어 이번만은 강한 국가권력이 집 없는 설움을 누그러뜨려주리란 서민들의 기대를 허물었다."[217]

도대체 우리에게 국가란 무엇인가? 독일 역사가 하인리히 폰 트라이치케Heinrich von Treitschke, 1834~1896가 "경제는 과대평가되는 반면에 국가는 과소평가되고 있다"고 말한 건 1859년이었는데,[218] 이젠 평가의 차원을 넘어 경제가 아예 국가를 집어 삼켜버린 건 아닐까? 무능해질 대로 무능해진 국가는 스스로 사망선고를 내리진 못한 채 무슨 권능이나 있는 것처럼 폼만 잡고 위선이나 떨어대는 건 아닐까? 일본 작가 마루야마 겐지丸山健二가 『인생 따위 엿이나 먹어라』(2012)에서 "국가는 골 빈 국민을 좋아한다"고 했는데,[219] 우리는 애국적 차원에서 계속 골 빈 상태로 살아가야 하는 걸까? 초원의 초식동물처럼 죽음을 피해다니는 능력만 간직한 채로 말이다.

서울 강남 땅값이 전체 땅값의 10%

「서울시 강남구 땅값, 부산시 전체와 비슷」. 『조선일보』(2011년 9월 19일) 기사 제목이다. 국토해양부가 한나라당 의원 안홍준에게 제출한 '2001~2011년 전국 공시지가 현황' 자료에 따르면 2011년 1월 1일

한국의 수도권에는 황족, 왕족, 귀족, 호족, 중인, 평민, 노비, 가축 등 부동산 계급이 8개 있다. 서울시 송파구의 아파트 단지 모습.

기준으로 서울 강남구에 있는 땅의 공시지가 총액은 152조 원으로 전국 251개 시·군·구 중에서 가장 많았다. 부산시 면적(7억 5,264만 제곱미터[2억 2,767만 평])의 5%에 불과한 강남구(3,424만 제곱미터[1,035만 평])가 땅값은 부산시 전체(151조 원)보다 많았다. 강남구를 포함한 서초·송파구 등 이른바 '강남 3구'의 땅값 총액(365조 원)은 우리나라 전체 땅값(3,535조 원)의 10%를 차지했다. 수도권과 지방의 땅값 격차도 갈수록 벌어졌다. 2011년 지방 땅값 총액은 1,174조 원으로 2001년(595조 원)보다 100%쯤 늘어났지만 수도권은 같은 기간 230%(711조 원→2,361조 원) 증가했다. 이에 따라 땅값 격차도 2001년 120조 원에서 10년 만에 1,200조 원으로 10배나 커졌다.[220] 이 기사에 달린 댓글 하나가 인상적이다.

"전국의 집값, 땅값이 똑같다면 정말 재미없어서 어떻게 사나? 미국의 비버리힐즈는 부자의 상징인데, 길 하나 건너에는 빈민들이 우글거린다. 그 빈민들에게 '부럽냐? 약오르지 않냐?'고 물었더니, 의외로 우리같은 가난한 사람들 옆에 살아줘서 고맙다는 의외의 대답을 들었다. 여기는 북한이 아니라 자유대한민국이다. 이딴 거로 신문은 위화감 조장말라!"

부동산 약탈도 자유대한민국에서 누릴 수 있는 권리라는 생각은 비단 이 댓글러만의 생각은 아니었다. 누구나 속으론 다 그렇게 생각하지만 감히 입 밖으로 발설하지 못할 뿐, 다수의 견해라고 보아도 무방했다. 이 네티즌은 '익명의 자유'를 누려 그런 생각을 대신 말해준 것에 불과했다. 부동산 약탈의 피해자들은 "우리 같은 가난한 사람들 옆에 살아줘서 고맙다"는 생각을 하면서 살아가야 할 것처럼 보였다.

하지만 이것 하나는 분명히 짚고 넘어갈 필요가 있었다. 미국 동물학자 리처드 코니프Richard Conniff는 『부자』에서 이런 질문을 던졌다. "우리는 왜 부자들의 부당한 요구를 다 들어주고, 그들의 오만으로 인해 상처받고, 그들의 인심에 대하여 차라리 우리 자신의 가족들을 위하여 남겨두는 것이 좋을 성 싶은 충성심으로 보답하고, 심지어는 그들을 올해의 시민으로, 예술의 후원자로, 지구의 친구로, 박애주의자로 존경까지하는가?"[221]

2011년 9~11월 전 세계를 떠들썩하게 만든 '월스트리트 점령 시위'의 슬로건은 "1% 대 99% 사회", "우리는 99%다", "탐욕스런 기업과 부자에게 세금을!" 등이었다. 이 시위는 전 세계로 번져나갔고, 한국에서도 "1%에 맞서는 99% 분노", "1%에게 세금을, 99%에게 복지를" 등과 같은 슬로건을 내세운 시위가 벌어졌다.[222] 정의롭고 진보적인 시위였지만, 사회를 보는 기본 틀에 문제가 있었다.

1%를 불평등의 주범으로 몰아버리면, 나머지 99% 내부의 격차와 불평등은 비교적 작은 문제로 여겨지고, '1% 개혁'을 완수하는 그날까진 대동단결해야 할 공동체가 된다. 하지만 상위 20%의 중상류층은 다수 대중과 같은 이해관계를 갖고 있지 않다. 1979년에서 2013년 사이 미국 상위 20% 가구 소득 총합은 4조 달러 늘었는데, 하위 80%는 3조 달러 정도 늘었다. 4조 달러 중 3분의 1을 상위 1%가 가져가긴 했지만, 바로 아래의 19%가 가져간 소득 증가분은 2조 7,000억 달러에 달했다. 중상류층은 최상류층을 공격하는 데 목소리를 높이지만, 1%와 20%는 분리된 존재가 아니다. 최상류층은 상위 20%가 '들락날락하는 집단'이다.[223] 이는 8개의 부동산 계급이 있는 나라인 한국에서 더욱 절실하게 따져보아야 할 문제였다.

제11장

'오디션 열풍'과
한류 스타 육성 시스템

CJ E&M의 탄생과 '오디션 프로그램 열풍'

2011년 3월 1일, CJ미디어(방송)+온미디어(방송)+CJ엔터테인먼트(영화)+엠넷미디어(음악+공연)+CJ인터넷(게임)이 합병해 탄생한 CJ E&MEntertainment & Media은 국내 최초로 방송, 영화, 음악, 공연, 게임 콘텐츠를 아우르는 종합 콘텐츠 기업의 면모를 과시했다. CJ E&M은 2011년 〈남자의 자격〉 신원호 PD와 〈성균관 스캔들〉 김원석 PD에 이어 2012년 12월 〈1박 2일〉의 나영석 PD를 영입했다. 이들은 2001년 KBS 입사 동기 '3인방'이었지만, 이제 'tvN 3대장'으로 불리면서 지상파 방송의 위기를 심화시키는 데에 큰 기여를 하게 된다.[224]

모든 방송사가 치열한 경쟁 마인드를 갖고 있었지만, CJ E&M의 수준 또는 강도를 뛰어넘긴 어려웠다. CJ E&M 계열사인 Mnet이 죽느냐 사느냐는 살벌한 경쟁을 흥미 포인트로 삼는 '오디션 프로그램'의 선두

주자로 나선 건 당연한 일이었는지도 모른다. Mnet은 이미 2009년 7월 24일 〈슈퍼스타K〉라는 오디션 프로그램을 선보임으로써, 이후 수년간 한국 대중문화계를 '오디션 열풍'으로 몰아갔다.

〈슈퍼스타K 시즌2〉(〈슈스케2〉)는 2010년 10월 케이블·위성채널 사상 최고의 시청률(마지막회 시청률 19%)을 기록했는데, 이는 CJ E&M이 한국 대중문화계에서 향후 차지할 위상을 말해주는 듯했다. 〈슈스케2〉의 성공이 부러웠던 것일까? 2011년 들어 MBC의 〈위대한 탄생〉, 〈일요일 일요일 밤에-신입사원〉, SBS의 〈기적의 오디션〉, tvN의 〈코리아 갓 탤런트〉 등 지상파와 케이블방송사의 비슷한 오디션 프로그램이 봇물처럼 터져 나왔다.

방송사들이 너도나도 〈슈스케2〉의 성공을 꿈꾸며 오디션 프로그램에 달려든 이유는 오디션 프로그램이 탈락과 합격이 바로 결정되는 등 짧은 시간에 긴장감과 반전을 연출할 수 있기 때문이었다. 또 〈슈스케2〉의 우승자 허각처럼 평범한 사람도 실력만 있으면 성공할 수 있다는 극적 감동을 연출하는 등 눈길 끌 만한 여러 가지 요소가 복합된 장르이기도 했다. "이렇게 오디션만 하다가 대통령까지 오디션으로 뽑겠다"는 냉소적인 반응이 쏟아져 나왔지만,[225] 오디션 프로그램의 인기는 높았다.

"나가수는 예술에 대한 모독이다"

2011년 3월 6일 첫선을 보인 MBC '우리들의 일밤'의 〈서바이벌 나는 가수다〉(〈나는 가수다〉)는 직업 가수들마저 사실상 '오디션 열풍'에 휘말려 들었다는 점에서 주목할 만했다. 이 프로그램은 이소라, 박정현,

윤도현 등 가수 7명이 매회 주어진 곡을 부르면 청중 심사단이 점수를 주고 7등 한 1명은 탈락하는 서바이벌 형식을 선보였다. 이 프로그램은 큰 화제를 불러일으킨 동시에 기존 대중음악인들의 큰 반발을 샀다.

가수 조영남은 프로들을 어떻게 순위를 정해 나열할 수 있느냐며 "대중가요 기만한 천박한 발상"이라고 비난했다. "가수들이 스스로 망가지고 있다. 누가 점수 받으려고 기 쓰고 처절하게 노래하는 것을 보고 공연을 보러 가겠는가. 노래는 그렇게 하는 게 아니다. 가수의 노래를 점수로 매겨 떨어뜨리는 것은 예술에 대한 모독이다. 지금도 생각하면 가슴이 울렁거린다. 김건모나 이소라가 거기서 왜 그러고 있나. 참을 수가 없다."

독립영화 프로듀서인 황정현은 〈나는 가수다〉 현상을 '대한민국 현실을 반영하는 생존 게임의 정점'으로 보았다. 그는 "우리는 어릴 때부터 등수에 집착해왔다. 아니 정확하게 말하면 등수에 집착하게 만드는 교육과정 속에서 살아왔다. 그래서 그런지 몰라도, 우리나라 예능 프로그램이나 프로그램 속 코너에는 차트 쇼, 순위 등의 형태가 많다. '그럼 3위부터 볼까요?'라고 말하며 긴장감과 호기심을 유발하는 것은 텔레비전에서 흔하게 목격하게 되는 풍경이다"며 다음과 같이 말했다.

"너무나도 경쟁에 매몰되어 산 나머지, 대중들은 다른 이들의 등수를 궁금해하며 자신의 '등수'를 확인하고 싶어 한다. 내가 어디쯤 있는지, 나는 어디에 위치하고 있는지 끊임없이 타인과 나를 비교하며 안도하고 혹은 좌절한다. 제일 무서운 것은 생활 속에서뿐만 아니라 우리가 보는 방송 프로그램에서 경쟁과 생존이라는 화두가 이제 너무 익숙해졌다는 것이다.……대중은 영웅을 흠모하지만, 또한 영웅의 몰락을 원한다. 그 몰락을 통해 영웅들 또한 자신과 별다를 게 없는 나약한 인간임을 깨닫고 위안을 얻기 때문이다."[226]

하지만 '비판적 지지' 목소리도 만만찮았다. 작곡가 겸 프로듀서 김형석은 첫 방송이 나간 3월 6일 자신의 트위터에 "좋은 가수와 음악을 이렇게 배틀로 진열대에 올려 관심 받게 하는 현실이 좀 서글프긴 하지만, 그래도 저변 확대 측면에서는 그 의도가 꼭 나쁘지만은 않다"고 지지했다. 〈나는 가수다〉에 참여하고 있는 한 자문위원도 "크게 보면 대중문화의 다양성에 있어서 도움이 될 것"이라고 평가했다. 그는 "시청률을 의식하지 않고 너무 의미만 살리다 보면 결국 실패할 수 있다"며 "그런 의미에서 서바이벌이란 형식에 전적으로 동의하진 않지만 (시청률 면에서) 필요하다고 생각한다"고 말했다.[227]

대중의 호응도 뜨거웠다. 1회 방송이 나간 뒤 박정현을 궁금해하는 이가 많았고 이소라의 〈바람이 분다〉와 2회 이소라가 부른 변진섭의 〈너에게로 또다시〉는 검색어 1위에 올랐다. 트위터와 인터넷, 블로그 등에는 "이소라가 대단하다는 걸 다시 한번 느꼈다. 콘서트에 가겠다", "이들이 부른 노래를 음반으로 내면 꼭 사겠다"는 글이 올라왔다.[228]

〈나는 가수다〉의 폭발적 인기는 무엇을 말하는가?

시간이 흐를수록 〈나는 가수다〉의 인기는 고공 행진을 계속했다. 5월에 이르러선 이런 말까지 나왔다. "요즘 텔레비전 프로그램 〈나는 가수다〉의 인기가 하늘을 찌르고 있다. 어딜 가나 화두에 오르는 건 단연 〈나는 가수다〉이다. 일주일에 한 번씩 방송되면서 어김없이 방송에서 공연한 곡이

〈나는 가수다〉에서 공연한 곡은 음원으로 발표되자마자 각종 가요 차트를 휩쓸었다. 2011년 12월 29일 '2011 MBC 방송연예대상'에서 MBC 최고 예능 프로그램으로 선정된 〈나는 가수다〉의 이병혁 PD가 수상 소감을 말하고 있다.

음원으로 발표되고, 이 노래들은 각종 가요 차트를 휩쓸고 있다."[229]

6월 12일 〈나는 가수다〉 방송은 12.4%(에이지비닐슨미디어리서치 집계)라는 높은 시청률을 기록했다. 자연스레 광고 수입이 크게 늘었다. 〈나는 가수다〉 방영 전엔 광고 수익이 매주 1억 5,000만 원에서 2억 원 정도였는데, 이젠 약 6억 원(본방송 기준)으로 3배 가까이 늘었다. 제작비 확보 차원에서 기획한 음원 사업도 쏠쏠했다. 주요 음악 사이트들의 다운로드 횟수를 집계하는 가온 차트를 보면, 〈나는 가수다〉 첫 방송이 나간 3월부터 6월 4일까지 〈나는 가수다〉에 나온 음원의 다운로드 횟수는 2,800만 건을 넘어섰다. 보통 음원 1곡당 다운로드 가격은 600원인데, 각 음악 사이트가 마련한 정액제 상품에 가입하면 곡당 60원까지 떨어졌다. 이를 단순 대입해보면 음원 매출액은 최소 16억 8,000만 원 이상이 될 것으로 추산되었다.

출연 가수들은 적지 않은 음원 수익을 얻는 동시에 공연 흥행에서도 큰 성공을 거두었다. 5월 박정현은 티켓 발매 3분 만에 전석을 매진시키며 공연을 끝마쳤고, 6월 24~26일로 예정된 김연우의 서울 공연은 2분 만에 매진되었다. 〈나는 가수다〉 출연으로 신드롬까지 몰고 온 임재범의 6~8월 전국 투어는 폭발적인 관심을 받았다. 임재범은 〈나는 가수다〉 출연 뒤 음반 매니지먼트사인 예당과 전속계약을 맺었고 광고 섭외도 쇄도했다. 임재범의 매니저인 김재은은 "여성 의류 광고 등 10개 이상 제의를 받았고 해외 공연 요청도 몰려든다"며 "모든 제의를 다 받아들인다고 가정하면 100억 원의 수익을 거둘 수 있다"고 예상했다.[230]

그럼에도 〈나는 가수다〉 수혜자는 가수 아닌 대기업이라는 역설을 지적하는 목소리도 나왔다. 매주 방송 이후 각종 음원 판매 사이트에 공개되는 〈나는 가수다〉의 음원시장이 연말까지 계산하면 500억 원을 넘어설 것이라는 관측이 나왔는데, 한 방송 프로그램에서 전체 음원시장(6,500억 원)의 7%의 매출이 나온다는 건 어마어마한 기록이다.[231] 그런데 〈나는 가수다〉 음원 유통권은 SKT 계열사이자 음악 사이트 '멜론'을 운영하는 로엔엔터테인먼트가 갖고 있었고, 이를 위해 로엔은 〈나는 가수다〉 제작에 상당액을 투자했다. MBC 뉴미디어사업국에 따르면 음원 매출액의 약 49%를 로엔이 가져갔다. 저작권료(9%), 실연권료(5%), 수

수료(5%) 등을 뺀 나머지 32%를 MBC와 가수가 16%씩 나눠갖는 구조였다. 기부금(1.6%)과 음원 제작 비용은 방송사 부담이니, MBC는 음원 매출액의 8~9%가량을 가져가는 셈이었다.[232]

새로운사회를여는연구원의 부원장 김병권은 "음원 유통사는 일반적으로 중소기업들의 다양한 경쟁 구도로 인식하고 있지만 사실 알고 보면 통신 대기업의 계열사 2~3개가 과점한 시장"이라고 지적했다. 그는 "가수도 넓은 범위에서 노동자라고 본다면 대기업 계열의 유통사, 거대 방송사, 대형 기획사 등으로 짜여진 음원 수익 구조에서 연예 종사자들이 가져가는 몫이 상대적으로 적은 게 사실"이라며 "적절한 시기에 사회적으로 이슈화시켜 개선할 필요가 있다"고 밝혔다.[233]

〈나는 가수다〉의 폭발적 인기는 무엇을 말하는 것이었을까? 혹 한류도 이와 비슷한 구조나 모양새를 가진 건 아니었을까? 서양인들이 자주 지적하는 한류의 '그늘'은 연예인들로 하여금 자신의 일에 목숨 걸고 달려들게 만드는 원동력이 되었던 건 아닐까? 그게 좋건 나쁘건, 바람직하건 바람직하지 않건, 한류의 경쟁력은 그런 과정을 거쳐 만들어진 게 아니었겠느냐는 것이다.

〈나는 가수다〉의 포맷이 미국에 100만 달러에 팔리는 등 한국의 포맷 수출이 점점 늘자, MBC 예능 PD 권석은 이렇게 말했다. "후생가외後生可畏랄까. 이제 우리도 포맷 수출국이 됐다. 우리가 숨어서 베끼기에 바빴던 방송 선진국 미국과 일본이 우리 것을 사서 프로그램을 만든다. 포맷은 단순히 프로그램의 형식만을 의미하지 않는다. 그 안에는 한국의 문화와 역사, 그리고 가치관이 녹아 있다."[234]

'후생가외'란 "뒤에 난 사람은 두려워할 만하다는 뜻으로, 후배는 나이가 젊고 의기가 장하므로 학문을 계속 쌓고 덕을 닦으면 그 진보는 선배를 능가하는 경지에 이를 것이라는 말"이다.[235] 이걸 가능케 한 게 바로 혼종화 또는 융합 능력의 힘이었다. 〈나는 가수다〉에 녹아 있는 '한국의 문화와 역사, 가치관'이 바람직하지 않은 것일 수도 있지만, 수용자를 사로잡아야 하는 대중문화에선 성공 사례였다는 평가를 내릴 수밖에 없는 게 현실이었다.

유럽에까지 불어닥친 한류 열풍

K-팝 열풍은 유럽 국가들에서도 나타나고 있었다. 2011년 2월 25일 영국 런던 트라팔가광장 옆 한국문화원 앞에선 영국 청소년들이 200미터 이상 줄을 서는 진풍경이 펼쳐졌다. 제1회 '런던 K-POP의 밤' 행사장에 들어가기 위해 대기하는 것이었다. 런던에서 600킬로미터 이상 떨어진 스코틀랜드에서도 이 공연을 보기 위해 찾아오는 등 700여 명의 팬이 운집했다. 영국 청소년들은 그룹 빅뱅, 2NE1, 슈퍼주니어의 율동을 흉내내며 노래 가사를 따라 불러 한국문화원 관계자들을 놀라게 했다.

유럽의 젊은이들이 K-팝에 매료되는 요인은 무엇이었을까? K-팝 열성 팬인 프랑스 10대 소녀 소피Sophie는 "K-팝 스타들은 노래도 잘 부르고, 춤도 잘 추는데다 얼굴, 몸매까지 좋아 모든 게 완벽하다. 뮤직비디오도 아주 잘 만들어서, 한 번 보면 중독돼 자꾸 보게 된다"고 했다. 프랑스의 K-팝 팬 모임 '코리언커넥션'의 대표 막심 파케Maxime Pacquet(30, 엔지니어)는 "프랑스 대중음악은 가창력이 아니라 가사 중심이라 재미가 없는 반면 K-팝은 가창력, 멜로디, 가수들의 외모, 춤 실력

2011년 2월 25일 영국 런던 트라팔가광장 옆 한국문화원 앞에선 영국 청소년들이 200미터 이상 줄을 서는 진풍경이 펼쳐지는 등 K-pop 열풍은 유럽 국가들에서도 나타나고 있었다. 영국의 K-팝 서포터들이 영국의 상징인 2층 버스를 배경으로 포즈를 취하고 있다.

모든 게 잘 어우러져 차원이 다른 음악 세계를 보여준다"고 극찬했다.

K-팝의 유럽 상륙에는 유튜브 등 인터넷 매체들도 역할을 톡톡히 했다. 프랑스의 마니아들 사이에 K-팝 스타들의 뮤직비디오나 K-팝 스타들이 주연으로 등장하는 한국 드라마를 다운로드받을 수 있는 별도 사이트가 있을 정도였다. K-팝 스타들의 노래 상당수가 유럽 작곡가들의 창작품이라는 점도 유럽 팬들에게 어필하는 또 다른 요소였다. 소녀시대의 〈소원을 말해봐〉는 유럽 작곡팀(디자인 뮤직팀), f(x)의 〈츄 Chu~♡〉는 스웨덴 작곡팀, 동방신기의 〈주문-미로틱Mirotic〉은 덴마크 작곡팀의 작품이었다.

유럽 언론들도 K-팝 확산 현상을 주목하기 시작했다. 연초 프랑스

국영방송 TF2는 〈한국, 감춰진 저력〉이란 제목의 다큐멘터리를 통해 K-팝 스타들의 활동상 등 한류 열풍을 상세히 소개했다. 영국 BBC 방송도 4월 26일 "한류가 아시아를 넘어 유럽·미국에서도 나타나기 시작했다. 한국의 국가 브랜드가 '재벌기업'에서 'K-팝'을 주축으로 하는 한류로 이동하고 있다"고 보도했다.[236]

5월 13일 부산 벡스코에서 열린 한국언론학회 학술대회에서 프랑스 보르도대학 언론정보학과 교수 홍석경은 '서유럽의 동아시아 대중문화 향유를 이해하기'를 발표했다. 이 발표의 주요 내용을 보도한 『중앙일보』 기사의 일부를 소개하자면, 다음과 같다.

서유럽엔 한국 드라마와 대중음악을 공유하는 인터넷 사이트가 20여 개 있으며, 드라마는 유럽에서 평균 15~17개 언어로 번역되었다. 〈꽃보다 남자〉는 한국 방송 후 3~4일 만에 20개 국어가 넘는 자막이 달렸다. 4개 국어 이상 번역되는 드라마의 비중을 따지면 일드보다 한드가 훨씬 높았다. 드라마에 이어 〈무한도전〉, 〈뮤직뱅크〉 등 오락 프로그램까지 자막 서비스가 확대되었다. 유럽 한류 열풍의 진원지는 프랑스였다. 특히 프랑스에 분 '망가(일본 만화)' 붐이 자양분이 되었다. 망가를 드라마로 만든 한국 드라마를 즐기다 한드 팬으로 진화했다는 것이다. 이들이 주로 25~40세 여성에 집중된 1차 한드 팬이라면, 2차 한드 팬들은 K-팝을 좋아하다 그 가수가 나온 드라마를 찾아보는 청소년층이다.

드라마의 인기엔 캐릭터의 진화도 결정적인 요소였다. 기존 서구 미디어 속 아시아 남성에 대한 스테레오 타입(무술엔 능하나 여성을 매혹시킬 수 없는 유아적 존재)을 뛰어넘어 근육질에, 로맨틱하며, 춤과 노래에도 능해 과거 할리우드 스타에 버금가는 매력적 존재로 그려지고 있었다. 이런 매력적인 남성 배우들과 함께 한드의 '수줍은 사랑 이야기'가 로맨티시즘이 사라진 서구 대중문화에 식상한 여성 시청자들을 빨아들였다. K-팝 또한 짧은 시일 안에 바이러스성으로 전파되었는데, 이는 장기간에 걸쳐 언더그라운드 음악으로 자리 잡은 J-팝과는 다른 경로였다. 현지 공연이 거의 없었던 한국 가수들이 100% 디지털 미디어를 통해 성장해온 것인데, 특히 팬 사이트·SNS 등 사이버공간이 큰 역할을 했다.

홍석영은 "K-팝은 2000년대 초반 이후 서구에서 사라진 보이 밴드·걸 밴드의 공백을 채우고 있다"고 분석했다. 이어 "소녀를 대상으로 하는 대중문화 콘텐츠가 절대적으로 부족한 유럽에서 강력한 영향력이 예상된다"고 말했다. K-팝 아이돌 가수들이 실력파 종합 엔터테이너라는 점도 긍정적으로 평가했다. 10대를 넘어 다양한 세대에게 어필할 수 있는 매력으로 꼽았다. 최초의 J-팝·K-팝 라디오가 프랑스 안에서 다문화 지수가 높은 마르세유 지역에 처음 생긴 것처럼, 프랑스 젊은 세대의 다문화·혼종 문화에 대한 열망도 한류 열기의 한 요인이라고 설명했다.[237]

이수만의 '문화기술 이론'과 '한류 3단계론'

2011년 5월 1일 프랑스 파리 루브르박물관 앞에서 벌어진 K-팝 팬들의 시위는 한류 열풍이 아시아를 넘어 유럽으로 확산되고 있는 것을 보여준 상징적 사건이었다. K-팝 열성 팬 200여 명은 6월 10일로 예정된 동방신기, 슈퍼주니어, 소녀시대, 샤이니, f(x) 등 한국 K-팝 스타들의 공연 티켓을 구하지 못했다며 공연을 하루 더 해달라고 시위를 벌였다. 인터넷으로 판매된 공연 티켓 6,000장은 발매 15분 만에 동났으며,

암표가 돌면서 최고 1,500유로(약 200만 원)까지 치솟았기 때문이다.[238]

SM엔터테인먼트 대표 프로듀서 이수만은 6월 10일로 예정된 파리 'SM타운 라이브' 공연을 앞두고 가진 『조선일보』(2011년 6월 7일) 인터뷰에서 "우리가 관계를 맺고 있는 각국 작곡가가 300여 명쯤 된다. 이번 파리에서만큼 큰 규모는 아니지만 매년 2~3회씩 세계 각지에서 20~30명의 작곡가·안무가·프로듀서가 한자리에 모여 논의를 한다. 우리는 10여 년 전부터 국내에 안주할 생각을 버렸다"고 말했다. 그는 "외국 작곡가가 만드는 음악을 한국 음악이라 할 수 있나"는 질문에 대해 다음과 같이 답했다.

"한국만의 음악을 고집하는 게 어떤 의미가 있을까. 지금은 퓨전의 시대다. 우리 음식이 외국에 진출하는 경우를 보라. 항상 현지인의 입맛에 맞게 그들의 음식과 뒤섞이는 과정이 있지 않은가. 음악도 세계시장의 인정을 받으려면 퓨전에 초점을 맞춰야 한다. 해외 작곡가들은 한국인이 만든 음악을 각자의 나라에 걸맞은 방식으로 조금씩 수정한다. 그들이 만든 노래를 여러 방식으로 고치기는 우리 또한 마찬가지다. 고집을 버려야 살아남을 수 있다."

이수만은 1년 중 대부분을 LA에서 머무는 이유에 대해 "지금 세계 대중음악의 본산은 미국이다. 그리고 할리우드가 있는 LA에는 거물 작곡가, 프로듀서, 사업가들이 밀집해 있다. 내가 할 일은 이곳에서 그들과 네트워크를 만드는 것이다"고 했다. 그는 "미국 시장에서 인정받는 건 더 큰 그림의 중간 단계일 뿐이다"며 이렇게 말했다. "나는 중국에서 최고가 되어야 한다고 믿는 사람이다. 곧 중국에 할리우드를 능가하는 엄청난 엔터테인먼트 시장이 형성될 것이다. 우리는 일본 시장에서 성공했고 미국과 유럽을 공략하고 있지만 최종 목표는 중국의 할리우드를 우리 것으로 만드는 것이다. 단언컨대 앞으로 5년 내에 아시아 1등이 세계 1등이 될 날이 온다."[239]

이수만은 6월 11일 파리에서 SM과 함께 작업하는 유럽 작곡가, 프로듀서 70여 명과 가진 콘퍼런스에선 '문화기술Culture Technology, CT' 이론과 '한류 3단계론'을 소개해 눈길을 끌었다. 그는 한류의 성공을 '문화기술' 이론으로 설명했다. 미국에서 컴퓨터 엔지니어링을 전공했던 그는 "14년 전 우리 문화 콘텐츠를 갖고 아시아로 나가기 시작할 때 IT(정보기술)와 구별하기 위해 CT란 용어에 주목했다"며 "IT가 지배하던 90년대 이후엔 CT 시대가 올 것이라 생각했다"고 말했다. 그는 "CT는 IT보다 더 정교하고 복잡한 기술로 IT 기술은 3개월 정도면 습득할 수 있지만 CT는 배우기가 쉽잖다"며 "연습생을 뽑아 수년을 훈련시켜 '보석'으로 만드는 과정이 CT며 음악·댄스·뮤직비디오·메이크업 등의 노하우가 여기에 포함된다"고 설명했다.

이수만은 '한류 3단계' 발전론도 제시했다. 1단계=음반 등 한류 상품을 직접 만들어 수출, 2단계=현지 회사 또는 연예인과의 합작으로 시장을 확대, 3단계=현지 회사와 합작회사를 만들어 현지인에게 CT를 전수하는 단계다. HOT가 중국 시장에서 인기를 끌던 때가 1단계 한류고, 2006년 강타가 대만 F4의 바네스와 결성한 'KANGTA & VANNESS'가 2단계 한류에 해당하며, 3단계는 2010년부터 SM이 준비하는 현지화 사업이라는 것이었다.

이수만은 "CT의 3단계는 현지화에서 얻어지는 부가가치를 함께 나누는 것이며 이것이 한류의 궁극적 목표"라고 말했다. 이어 "중국에서의 3단계 한류를 준비 중이며 중국에서만 활동하는 슈퍼주니어 M을 만들고 여성 아이돌 그룹 에프엑스에 중국인 멤버를 영입한 것도 이 과정"이라고 밝혔다. 그는 "이제 'made in(원산지)'이 아닌 'made by(제조자)'가 중요하다"고 강조했다. "3차 한류의 스타가 중국인 아티스트나 중국 회사가 될 수도 있지만 그 스타가 바로 SM의 CT로 만들어질 것"이라고 자신했다.[240]

그렇다면 CT는 IT와 어떻게 다른가? 이수만은 "IT(정보기술)는 새 기술이 나와도 3개월 정도면 매뉴얼로 만들고 습득할 수 있지만 CT는 그렇지 않다"며 "SM은 3~7년 후 바뀔 얼굴과 모습, 목소리까지 시뮬레이션해 가능성 있는 인재를 발굴하고 이들에게 노래, 춤, 연기, 작곡, 외국어까지 교육시키며 글로벌 아티스트로 성장시킨다"고 소개했다. 그는 "SM은 독보적인 캐스팅과 훈련, 프로듀싱 시스템을 기반으로 음악과 유행, 문화의 트렌드를 분석한다"며 "CT는 감에 의존하지 않고 음악, 춤, 뮤직비디오, 메이크업까지 모든 분야를 이론으로 정립하고 있다"고 설명했다. 이어 "140여 대의 매트릭스 카메라 시스템을 통해 만들어낸 역동적인 화면과 극대화한 특수효과, 별도의 특수 사운드까지 결합해 맞춤형 비디오가 탄생한다"고 말했다.[241]

SM의 파리 공연과 SNS · 유튜브 파워

2011년 6월 10일과 11일(한국 시간) 이틀간 프랑스 파리 제니트(대중가수 전용 콘서트홀)에서 개최된 'SM타운 월드 투어 인 파리' 공연은 그야말로 대박이 났다. 파란 눈의 팬들은 소녀시대와 슈퍼주니어에 열광

프랑스 파리 제니스에서 개최된 'SM 타운 월드 투어 인 파리' 공연에서 파란 눈의 팬들은 소녀시대와 슈퍼주니어에 열광하며 눈물까지 흘렸다. SM 타운의 프랑스 공연을 비중 있게 보도한 프랑스 일간지 『르피가로』와 『르몽드』.

하며 눈물까지 흘렸다. 공연 전 수천 명의 팬은 드골공항에서 열렬하게 스타들을 맞이했으며, 파리 루브르박물관 근처의 시위로 연장 공연이 이루어지는 등 대성황을 이루었다. 프랑스의 양대 유력 일간지인 『르피가로』와 『르몽드』는 9일과 10일자 지면에 한류와 관련한 비중 있는 기사를 게재했다.

4년 후에 공개된 것이지만, 이런 성공의 숨은 공로자는 주프랑스 한국문화원 원장 최준호였다. 그는 한국문화원에서 마지막 해를 기념하는 의미에서 프랑스인들이 쉽게 잊지 못할 한국의 흔적을 남기고 싶어 SM을 설득해 SM의 돈으로 하는 이 콘서트를 기획했으며, SM 콘서트 횟수를 늘리기 위해 '젊은 프랑스인 동지들'을 동원해 플래시몹 형태의 시위, '드골공항에 모인 최대 인파'라는 기록을 세운 환영 행사까지 간접적인 방식으로 연출했다.[242]

최준호의 역할이 지대하긴 했지만, 이 콘서트의 성공은 SM 사단 가수들에 대한 프랑스인들의 사랑에서 비롯된 것임은 두말할 나위가 없었다. 『르몽드』는 유럽에 퍼지고 있는 한류의 배경으로 트위터, 페이스북 등 다양한 뉴미디어 매체를 지목했다. 유럽의 많은 음악 팬이 SNS 등을 통해 쉽게 K-팝을 접할 수 있게 되었다는 것이다. SNS와 동영상 유통 플랫폼 유튜브의 급속한 확산이 '보는 음악'을 추구해온 이수만에게 날개를 달아준 것이다.[243]

이는 그동안 동영상 유포에 적극적이었던 SM이 거둔 성과였다. 앞서 말했듯, SM은 오랫동안 페이스북을 비롯한 SNS와 유튜브에 공식 채널을 만들어 소속 가수들의 소식과 노래를 동영상으로 소개해왔는데 이에 힘입어 SM 팬덤은 아시아는 물론이고 미국과 유럽의 국경을 넘어

서며 대확장된 것이다. SM 소속 가수들의 뮤직비디오는 유튜브를 통해 2010년 6억 건의 조회수를 기록했으며, 2011년 1월부터 4월까지 조회수만 4억 건에 달했다.[244] 이에 앞서 2010년 9월 'SM타운 라이브 월드 투어' 로스앤젤레스 공연은 SNS와 유튜브의 파워 덕에 빌보드 공연 차트 10위에 오르기도 했다.[245] 2010년 12월 대우증권 애널리스트 김창권은 "유튜브, 트위터, 페이스북 등의 활성화로 국외시장에서 SM엔터테인먼트가 새로운 사업 기회를 발견할 수 있을 것"이라고 분석했는데, 그의 전망은 딱 맞아떨어졌다.[246]

'SM타운 월드 투어 인 파리'에서도 SM은 SNS·유튜브를 적극 활용했는데, 페이스북 SM타운에 업로드된 파리 공연 영상은 3일간 무려 8,700만 명이 보았다. 이는 아시아 최고를 기록했다. 이런 놀라운 결과에 힘입어 2011년 6월 10일 페이스북의 SM타운 페이지는 한국 연예인으로는 최초로 '페이스북 셀러브리티'로 선정되었다. '페이스북 셀러브리티'는 전 세계 페이스북 가운데 국제적인 인지도, 콘텐츠 내용의 흥미성, 지속적인 업데이트 여부 등을 기준으로 내부 심사를 통해 선정하는데 페이스북 SM타운 페이지는 6월 1일 문을 열었으니, 불과 일주일 만에 대박을 친 것이다.[247]

2011년 7월 28일 카카오톡이 가입자 2,000만 명을 돌파했다. 2010년 3월 17일 서비스 개시와 함께 앱스토어 1위에 오른 카카오톡은 2011년 4월 1일 가입자 1,000만 명을 돌파한 데 이어, 이런 대기록을 세운 것이다. 매일 1,600~1,700만 명이 카카오톡 앱에 접속하고 있는 것으로 나타났는데, 이는 국내 최대 포털사이트 네이버의 하루 평균 순방문자수(1,520만 명)보다 많은 수치였다. 또 카카오톡을 통해 오고가는 메시지 건수는 하루 평균 5억 건으로, 이는 국내 통신 3사 가입자들이 주고받는 문자메시지 전체를 합친 것보다 많은 양이었다.[248]

카카오톡은 스마트폰 시대를 맞아 연령·지역·계층을 뛰어넘는 광범위한 사용자 기반을 갖추어 이용자층이 편중된 트위터·페이스북과는 전혀 다른 형태의 메시지 유통을 가능하게 했을 뿐만 아니라 SNS와는 달리 실시간 대화가 가능한데다 비교적 개인적인 성향이 강해 가까운 지인들과의 대화 창구로 기능함으로써 팬덤의 소통 강화에 큰 기여를 했다.[249]

유럽 언론이 보는 'K-팝의 그늘'

'SM타운 월드 투어 인 파리' 공연에 대해 한국 언론들은 일제히 '한류의 유럽 시장 정복'을 알렸다. 이를 두고 '유럽 한류'를 넘어 '코리안 인베이전Korean Invasion'이란 말까지 등장했다. 이 밖에도 수많은 찬사가 쏟아졌다. 이에 화답하듯, 이수만은 SM이 "칭기스칸도 하지 못한 역사적인 일을 하고 있다"고 주장했다.[250]

하지만 이 공연에 대해 찬사만 나온 건 아니었다. 6월 11일 프랑스의 『르몽드』는 콘서트에 맞춰 게재한 「K-팝, 유럽을 정복하다」는 기획 기사를 통해 K-팝의 성공 비결을 자세히 설명하며 "K-팝은 한국의 역동적인 국가 이미지를 알릴 수단으로 인식하는 한국 정부의 지원을 등에 업고, 한국의 연예기획사들이 길러낸 소년소녀들"이라며 한국의 아이돌 육성 시스템에 대해 비판적인 시각을 보였다.[251]

이어 6월 14일 영국 BBC 방송은 「한국 대중음악의 어두운 면」이라는 특집기사에서 한류를 문화 현상이라기보다는 한국 업계와 정부의 돈벌이 수단이라면서 "한류는 돈과 인권 문제 대상"이라고 폄하했다. 이 방송은 한국 대중음악계의 가장 큰 문제로 이른바 '노예 계약'을 지적하며 동방신기와 SM엔터테인먼트의 법정 다툼, 7인조 여성 그룹 레인보우 등을 주요 사례로 들었다. 터무니없이 장기간의 전속계약에 매여 있는 가수들이 하루 종일 일하면서도 돈도 제대로 받지 못한다는 것이다.

BBC는 한국 내 음반시장에서는 돈을 거의 벌지 못하는 점을 또 하나의 문제로 짚었다. 음반시장은 침체되어 있고, 온라인 음악 판매로는 노래 한 곡에 겨우 몇 센트 정도밖에 받지 못하는 국내 상황이 한국 대중음악의 해외 진출에 열을 올리게 만들고 있다는 것이다. 대중음악 해외 진출 컨설팅 회사인 DFSB콜렉티브의 대표 조수광은 "톱스타들은 한국에서 1년 동안 버는 것보다 더 많은 돈을 일본에서 1주일 만에 벌어들인다"고 말했다. 이 기사는 한국 정부가 멋진 문화적 이미지를 가진 일본에 필적할 만한 국제적 명성을 얻기 위해 K-팝 판촉에 열중하고 있지만, 이런 문제들을 고치지 않으면 '악명'만 높아질 수도 있다고 지적했다.[252]

영국의 대중문화는 돈벌이 수단이 아니었는지 되묻고 싶지만, 이 비판을 가급적 선의로 해석해보기로 하자. 이 방송이 지적한 문제들은 이수만의 이른바 '보석 이론'에 따르면 불가피한 것이었는지도 모르겠다. 앞서 보았듯이, 이수만은 "CT는 IT보다 더 정교하고 복잡한 기술로 IT기술은 3개월 정도면 습득할 수 있지만 CT는 배우기가 쉽잖다"며 "연습생을 뽑아 수년을 훈련시켜 '보석'으로 만드는 과정이 CT며 음악·댄스·뮤직비디오·메이크업 등의 노하우가 여기에 포함된다"고 하지 않았던가.

SM 사장 김영민은 '보석 이론'과 유사한, 한국 연예기획사 특유의 사업 모델이라는 '360도 비즈니스 모델'이라는 개념을 내놓았다. 360도 비즈니스란 캐스팅과 트레이닝, 프로듀싱을 거쳐 매니지먼트까지 한 기획사에서 원스톱으로 총괄하는 시스템이다. 글로벌 오디션과 온라인 오디션 등을 통해 스타를 발굴하고 노래부터 연기·안무·작곡·외국어까지 교육시킨다. 이어 스타에게 맞는 음악과 뮤직비디오 등을 제작하고, 광고와 콘서트·영화·뮤지컬 등에 출연시키기까지 모든 역할을 이 회사가 담당한다. 이에 대해 김영민은 "원석에서 다이아몬드를 가공하는 것과 비슷하다"며 "가장 좋은 원석을 고른 뒤 가장 좋은 디자인을 입혀 가장 잘 팔리는 시장에 내놓는 것이 우리의 사업 모델"이라고 말했다.[253]

문제는 가장 좋은 원석을 고르는 선별 과정에서 탈락자가 생길 수밖에 없다는 것인데, 그건 공적 문제 제기로서 그 가치는 있을망정 일반적인 비즈니스에선 고려 사항이 아니었다. 유럽 언론이 보는 'K-팝의 그늘'은 본질적으로 한류를 문화로 보느냐, 비즈니스로 보느냐 하는 차이에서 비롯된 것이었는지도 모른다. "그러는 너희들은 대중문화를 비즈니스가 아닌 문화로 보느냐?"라는 반론이 가능할 수도 있겠지만, 한류를 둘러싼 논란은 늘 이런 문제에서 비롯된다는 걸 염두에 둘 필요가 있겠다.

"아이돌 육성 시스템 이대로 좋은가?"

이런 비판과 관련, 『한겨레』(2011년 6월 17일)는 세 문화평론가의 견해를 「[논쟁] 아이돌 육성 시스템 이대로 좋은가?」라는 기사로 소개했다. 이 기사는 세 필자를 적절히 잘 골라 각기 차별성이 있는 주장을 소개했는데, 이는 당시, 그리고 이후 한류를 바라보는 시각의 3가지 흐름을 보여주는 것이라는 점에서 주목할 만했다.

최지선은 "기업과 개인 사이에 이루어지는 불공정한 계약 관행이나 부적절한 보상 체계"는 "아이돌 스타 시스템이 자본과 산업의 논리에 편입되는 과정에서 비롯한 것이다"며 이렇게 말했다. "과도하리만큼 센 노동 강도와 그를 보상하지 않은 한국의 경제·사회 구조와 무관하지 않다. 극도의 경쟁을 강조하는 자본주의 사회의 단면도 그대로 노정한다. 케이팝의 외국 진출이라는 신화 역시 '수출형 산업'을 강조해야 하는 한국형 산업구조와 동형 관계에 놓아도 이상하지 않다. 그런 점에서 **이 시스템은 '성실과 노력의 판타지'와 '근면 이데올로기'를 통해 노동력을 집약하고 여타의 문제를 타개하려 했던 '경제성장 신화'의 문화적 버전**이 아닐까. 이렇게 아이돌 스타 시스템은 양날의 검이 된다."

박은석은 1년 전 전 세계 음악산업 관계자들의 연례 콘퍼런스인 '뮤직 매터스'에선 K-팝이 "궁극적으로 대중음악 산업의 본토인 미국과 영국 시장에서도 성공할 수 있을 것인가에 대해 각국의 전문가 패널들은 회의적인 입장이었다"며 이렇게 말했다. "'공장에서 찍어낸 듯한 음악들로는 힘들다'는 것이었다. 개성적인 음악과 창조적인 역량이 확고해야 한다는 의미다. 알다시피, 그건 성형수술이나 합숙 훈련으로 얻을 수 있는 게 아니다. 『르몽드』 기사의 행간에 자리한 논점도 그것이다. **오로지 스타가 되겠다는 일념으로 일방적인 시스템의 통제를 자청한 아이들에게서 음악적 자의식을 기대하기는 힘들다**는 뜻일 터다. 결국은 음악이다."

이승한은 "음악에만 전념해도 됐다면 피차 좋았겠지만, 엠피3의 도래에 발맞추지 못한 한국 음악시장의 몰락은 그걸 불가능하게 만들었다"며 이렇게 말했다. "수익 창구를 다변화하지 않으면 생존이 불가한 상황, 해법은 대중의 기대치를 모두 채울 만능 신인을 육성하는 것이었다. 육성 기간이 길어질수록 지출은 증가했고, 그럴수록 소속 가수가 창출하는 수입에 대한 의존도는 높아졌다. 자연스레 계약 기간은 길어졌으며, 아이돌 산업은 고위험 고수익의 도박이 되었다.⋯⋯현 시스템에 문제가 없다는 것은 아니다. 그러나 **간신히 도박에서 산업의 단계로 접어든 지금 시점에서 필요한 건 변혁이 아니라, 시스템을 어떻게 점진적으로 개선할 수 있는가에 대한 고민이다.** 이 불완전한 시스템마저 얼마나 많은 시행착오 끝에 나온 것인가를 고려하면 더더욱 그렇다. 그리고 그 개선안을 만드는 작업은 아이돌 육성 시스템에 대한 긍정에서부터 가능할 것이다."[254]

"부정적으로 비치는 관행이 한류의 원동력"

동네뮤지션 금토일은 『미디어오늘』(2011년 6월 21일)에 게재된 글에서 '노예 계약', 동방신기 등 주요 스타급 그룹들과의 법정 소송을 비롯한 보복 등을 거론하면서 이수만에 대해 맹공을 퍼부은 후 "그런 일, 한두 번도 아니었고 소소한 사건도 아니어서 언론에 대서특필되곤 했었다. 그러나, 수출 역군이 되니 갑자기 모든 것이 용서되는 듯한 이 분위기는 또 무언가"라고 개탄했다.[255]

일본 전문가 최석영은 그런 문제가 이수만이 일본의 거대 연예 기획사인 자니스Johnny's를 벤치마킹했기 때문에 빚어진 것으로 보았다. 자니

아이돌 육성 시스템과 관련해서는 불공정한 계약 관행이나 부적절한 보상 체계 등을 두고 논란이 끊이지 않았다. 2009년 8월 28일 동방신기의 팬들이 국가인권위원회에 SM엔터테인먼트가 불공정한 계약으로 동방신기 멤버들의 인권을 침해했다며 진정서를 제출했다.

스의 창립자인 자니 기타가와ジャニ_喜多川는 자신의 조직에 남은 사람에게는 아낌없는 지원을 하는 반면, 이탈자에겐 잔인할 정도로 철저한 보복을 함으로써 조직의 기강을 잡는 걸로 유명, 아니 악명을 얻은 인물이었다.[256]

　평소 아이돌 계약 방식에 대한 비판을 적잖이 들었을 이수만은 『연합뉴스』(2011년 7월 11일) 인터뷰에서 외부엔 부정적으로 비치는 관행이 "지금의 한류를 일으킨 원동력"이라며 다음과 같이 주장했다. "이제는 훌륭한 가수들은 오랜 노력과 훈련을 통해서 만들어진다는 것을 국민이 알게 된 것을 다행으로 생각한다. 미국은 에이전시가 있지만 매니지먼트가 약하다 보니 투자가 안 일어난다. 그러나 우리나라와 일본은 매니지먼트가 되다 보니 투자를 할 수 있었다. SM도 거기에 매진했고 오해를 불러일으킬 수 있었지만 이제 국민이 좀더 많은 이해를 해줬으면 한다. 세계적인 경쟁력을 키우려면 기업화가 필요하고 오랜 훈련과 오랜 계약이 있어야 우리도 충분히 투자를 할 수 있다는 것을 이해해주고 격려를 해주었으면 한다."[257]

재미교포 작가인 유니 홍Euny Hong도 나중에 『코리안 쿨: 세계를 사로잡은 대중문화 강국 '코리아' 탄생기』(2014)에서 "케이팝이라는 상표가 어린 예비 스타들을 모집해서 장장 13년짜리 엄격한 계약에 묶어두는 건 사실이다. 하지만 한국이 대중음악계를 구축할 별다른 방법이 없었다는 점을 이해해야 한다"며 다음과 같이 말했다.

"(비틀스의 경우처럼) 훌륭한 밴드가 되기까지 정말로 1만 시간이 걸린다면 7년에서 13년에 이르는 케이팝의 계약 관습은 전적으로 합리적이다. 특히나 그 기간의 절반은 예비 스타들이 대중 앞에 나서기 전에 트레이닝을 하며 보내기 때문이다.……어떻게 보면 이런 가혹한 계약이 한류의 성공에 확실히 한몫한 바 있다."

물론 유니 홍이 모든 '노예 계약'이 합리적이라고 주장한 건 아니었다. 그는 사안별 평가가 필요하다고 보는 듯했다. "그렇지만 케이팝 가수들의 계약에는 여전히 논쟁의 여지가 있다. 기간만이 아니라 유연성과 자유의 문제도 크다.……동방신기의 계약에서 드러나다시피 한국의 그룹은 미국의 일류 그룹에 비해 기가 막힐 정도로 형편없는 수입을 얻었다. 동방신기의 경우 음반이 5만 장 판매될 때까지는 수익을 배분받을 수 없었다."[258]

"장기 계약이 K-팝의 성공 요인이다"

2011년 8월 16일 SM엔터테인먼트의 총수인 이수만은 경영학회 통합학술대회에서 경영학 교수들을 대상으로 한 강연에서 '가상 국가 virtual nation'라는 신조어를 꺼내 들었다. 이수만은 유튜브 현상을 예로 들며 이렇게 말했다. "앞으로는 원론적이고 물리적인 성격의 국가보다 '버추얼 네이션'이라는 가상 국가가 급부상한다. 이러한 가상 국가 속에 SM타운이 중심에 설 것이다. 프랑스 한류 팬을 어떻게 평가하나. 국적은 프랑스지만 SM의 '재프랑스 동포'나 다름없다. SM 음악을 중심으로 프랑스인, 중국인, 미국인이 모여들고 동질감을 느끼는 것이다."[259]

그러나 이수만의 '가상 국가'엔 늘 13년에 이르는 장기 계약, 즉 '노예 계약'이라는 말로 대변되는 그늘이 드리워져 있었다. 이수만은 『조선일보』(2011년 10월 15일) 인터뷰에서 공정거래위원회와 협의 끝에 계약 기간을 한국에만 있을 경우 7년, 해외에 나갈 경우 10년으로 줄였다고 밝히면서, 장기 계약에 의한 매니지먼트 시스템이 K-팝의 성공 요인이라고 역설했다.

"우리 같은 매니지먼트 시스템은 미국도 하지 못했던 일입니다. 연습생을 선발해서 장기 계약해서 오랫동안 트레이닝하는 일이 미국에선 못하게 돼 있습니다. 미국은 에이전시 제도라고 해서 가수나 연예인이 스스로 커지면 에이전시 회사에 일을 하도급을 맡기는 식입니다. 그러니 에이전시가 하도급 업체로 전락하고, 유망주에 장기적으로 투자할 수 없는 것이죠. 그런데 뒤늦게 문화산업이 발달한 한국이나 일본은 자유 계약이 가능했고, 그래서 장기 투자를 하게 된 겁니다."

2011년 11월 23일 서울 르네상스호텔에서 열린 'KT IT CEO 포럼'에서 이수만은 'SMTown Virtual Nation'이라는 주제로 시공간을 초월해 문화 콘텐츠를 공유하는 가상 국가의 개념과 비전에 대해 강연했다.

그러면서 그는 SM엔터테인먼트의 힘은 3가지라고 했다. "첫째 트레이닝, 둘째 시스템적으로 움직이는 것, 셋째 곡을 중요시하는 겁니다. 새 팀 하나 론칭하는 데 보통 4년이 걸립니다. 동방신기 곡 하나 쓰는 데 50명이 모여서 썼고, 맨 처음 데뷔하는 데 40억 원이 들었습니다. 게다가 음반을 내는 프로모션비가 또 40억 원씩 들어갑니다."[260]

공연 분야 한류의 대표 격인 뮤지컬 〈난타〉를 제작한 PMC프로덕션 대표 송승환이 한류의 발전 방향과 관련해 아주 좋은 말을 했다. 그는 2011년 10월 20일 서울 소공동 조선호텔에서 열린 코리아리더스 포럼에 패널 토론자로 참석한 자리에서 "지위가 높아진 친구들이 나에게 공짜 표를 요구하는 경우가 허다하다"면서 "상류층 사람들은 적절한 가격에 공연 표를 구입하는 걸 수치스럽게 생각하는 것 같다"고 꼬집었다. 고깃집에서도 공짜 고기를 내놓으라고 요구하지 않는데 적지 않은 돈을 쏟아부은 뮤지컬 공연에는 특히 인색하다는 것이다. 그는 "이런 분위기가 공연을 비롯한 문화시장을 키우는 데 장애물이 되고 있다"면서 "결과적으로는 공대를 졸업한 사람들이 문화를 가까이 접할 수 있는 인프라가 형성되지 못했고, 지금은 스티브 잡스의 창의력을 기대하기 힘든 구조가 됐다"고 덧붙였다.

송승환은 "대한민국처럼 에너지도 없고 국토가 좁은 나라에서 문화산업은 아이디어만으로 부가가치 창출이 가능한 미래 산업"이라며 "난타의 경우 공장도 필요 없이 식칼 4자루와 도마만 있으면 1년에 400억 원을 벌어들인다"고 말했다. 그는 또 "문화산업이 파이가 작을지 모르지만 한류에서 증명됐듯이 국가 브랜드 이미지를 높이는 데 엄청난 영향을 주고 있다"면서 "문화를 가까이 하는 분위기가 결과적으로 국가 브랜드 제고에 기여할 수 있다는 사실을 입증하는 예"라고 강조했다.[261]

이수만을 비웃었던 언론의 '과잉 뉘우침'인가?

언론은 이수만의 이런 변명 또는 해명을 대체적으로 수용하는 것처럼 보였다. 그래서인지 2011년 8월 한류를 논의하는 학술 세미나 자리에선 이런 일도 있었다. 서강대학교 교수 원용진은 "유럽에까지 퍼져가는 한류를 포트폴리오 삼아 주식시장에서 수익을 올리면서 자신을 '애국' 주체로 포장하는 연예기획사에 대한 비판"을 했는데, 토론자로 나선 한 대형 언론사 기자는 자신이 이수만을 인터뷰하면서 감동을 받았다는 말로 반박의 포문을 열었다.

그 기자는 "이 사람이 세계 무대에서 성공하도록 돕겠다. 이토록 치밀한 세계 정복 계획을 가지고 있다니"라며 놀랐다고 털어놓았다. 이후 유럽에서 K-팝 성공을 보고는 자신의 느낌과 각오가 틀리지 않았다고 확신했다며, 시종일관 자신이 직접 이수만을 만났고 긴 시간 대화를 나누었다는 점을 강조했다는 것이다. 이에 대해 원용진은 "한류의 수용은 이미 언제나 초국가적으로 이뤄지고 있지만 주류 담론은 한류를 지속적으로 한국 안으로 끌어오는 구심력적 편협함에 맴돌고 있다"고 말했다.[262]

그 기자는 왜 그렇게 이수만에게 감동했던 걸까? 대중음악평론가 강헌의 회고에서 그 답을 찾을 수 있을 것 같다. "1990년대 후반만 해도 우리(기자나 평론가들)는 현장을 몰랐기 때문에 SM의 이수만 대표를 보고 비웃기도 했어요(웃음). 그런데 이 대표는 'HOT'에 열광하는 중국과 동남아의 수만 명의 10대 팬들을 직접 접했기에 '아시아 시장을 제패한다'는 원대한 꿈을 일찌감치부터 꿀 수 있었고, 실제 현실로 만들어낸 거지요."[263] 그러니 어찌 감동하지 않을 수 있었으랴. 자신들의 '비웃음'을 뉘우치는 입장에서라도 이수만의 활약을 찬양하지 않을 수 없었을 것이다. 그게 '과잉 뉘우침'이었건 아니었건 말이다.

이수만을 어떻게 평가하건, 세계 대중음악계의 작동 문법을 일시에 바꿔버린 SNS·유튜브와 SM 음악의 친화성이 컸다는 건 분명했다. 영상 유통 플랫폼으로서 SNS와 유튜브의 최대 강점은 무엇인가? 음악을 듣기보다는 보는 시대에서 영상 이미지와 비주얼을 주력으로 한 음악은 '문화적 할인cultural discount'이 적다는 점이었다. 유튜브란 무엇인가? 음악 팬들에게 뮤직비디오의 시청자 범위가 글로벌 수준으로 확장되었다는 점에서 그건 '21세기의 MTV'였다. 확장성과 파급력에 유튜브는 MTV를 훨씬 능가했다.[264] 강헌은 "워크맨 시대에는 가사와 멜로디가 위주인 J팝이 떴지만 음악을 비주얼로 즐기는 유튜브 시대에는 K팝이 대세"라고 말했다. 댄스 팝은 언어적인 영향력이 덜하기 때문에 SNS·유튜브와 궁합이 잘 맞는 장르이고 그 결과 세계 시장에서 성공할 수 있었다는 것이다.

"조용필과 조동진이라면 가사에 담긴 스토리가 중요하겠지만 댄스 팝은 춤과 외모 등 시각적인 요소가 훨씬 더 중요하거든요. 실제 한국 가수가 중국어나 태국어로 현지 진출할 수는 없는 일입니다. 한국어와 가장 가까운 일본어로 불러도 현지인에게는 어색하게 들리는 게 사실이에요. 하지만 음악 콘텐츠를 영상 콘텐츠로 바꾸는 혁신으로 이런 대성공이 가능해진 거지요. 요즘 다들 유튜브로 노래 접하잖아요."[265]

한류와 한미 FTA 비준안 국회 통과

2011년 11월 22일 오후 한나라당은 국회 본회의를 소집, 통합민주당과 민주노동당 등 야당의 저지에도 한미 FTA 비준안과 독점규제 및 공정거래법 등 한미 FTA 이행에 필요한 14개 부수법안을 표결에 부쳐 통과시켰다. 한 달 전 미 의회 비준(하원 찬성 278표 반대 151표, 상원 찬성 83표 반대 15표)은 이루어졌지만, 한국은 반대가 격렬했다. 민노당 의원 김선동은 국회의장석 아래에서 '날치기'에 항의해 최루탄을 터뜨려 본회의장은 아수라장이 되었다. 본회의장에서 최루탄이 터진 것은 헌정 사상 초유의 일이었다. 비준안 처리 이후 여야 대치로 정국은 급랭했고, 새해 예산안은 또다시 법정기한 안에 처리되지 못했다.

생각해보자면 참으로 묘한 일이었다. 당시 진보 진영은 보수 진영 못지않게 한류에 대해선 매우 자랑스럽게 생각했으면서도 한미 FTA에 대해선 결사 반대를 외쳤다는 게 말이다. 언론노조 운동을 하던 언론개혁시민연대 사무총장 양문석은 2008년 "국민 60~70%가 반대한 한미 FTA를 밀어붙인 노무현 전 대통령은 불량품"이라고 주장했는데,[266] 이런 식의 비난은 2011년까지 이어지고 있었다.

당시 87석 소수 야당이던 통합민주당 원내대표였던 김진표는 '한나라당 2중대'라는 비난을 무릅써가면서 비준 찬성을 강력히 주장했다. 훗날 그는 이렇게 회고했다. "당내 강경파의 주장은 한미 FTA의 자세한 내용도 모른 채 '무조건 반대하는 것이 선善'이라고 생각하는 일부 지지자들을 위해 허공에 주먹을 휘두르는 '쇼'를 보여주는 것에 불과했다. 거대 여당에 짓밟히는 쇼를 한 번 하고 비준 동의안을 통과시키는 결과를 초래할 뿐이었다."[267]

한국이 주도권을 쥔 대중문화 수출은 환영할 일이지만, 무역자유화는 미래가 불확실하기 때문에 안 된다는 뜻이었을까? 이명박은 회고록 『대통령의 시간 2008-2013』(2015)에서 "무엇보다 한미 FTA 발효 후 대미 무역흑자가 큰 폭으로 증가했다는 사실은 협상이 성공적이었음을 증명한다"며 다음과 같이 썼다.

"2011년 107억 달러였던 대미 무역흑자는, FTA 발효 첫해인 2012년에는 152억 달러, 2013년에는 206억 달러로 크게 늘었다. 미 의회에서 '한미 FTA가 미국에 불리한 조건으로 타결됐다'는 불만 섞인 지적이 나올 정도였다. 그러나 미국으로서도 한국에 대한 서비스 흑자가

2011년 54억 달러에서 2012년 65억 달러로 늘었다. 양국 모두가 윈윈하는 결과를 낸 것이다."[268]

당시 골수 주사파였던 민경우는 훗날(2023년 9월 11일)『조선일보』인터뷰에서 "FTA와 광우병 사태를 겪으며 운동권에 회의를 느꼈다"며 다음과 같이 말했다. "FTA가 체결되면 미국 식민지로 전락하는 줄 알았다. 오로지 반미反美가 목적인 주사파는 상대가 미국이라서 투쟁한 것뿐이었다. 그즈음 삼성전자 영업이익이 일본 반도체 기업의 영업이익 전부를 합친 것보다 크다는 보고서를 보고 충격을 받았다. 삼성은 매판자본이 아니었다."[269]

세상은 날이 갈수록 진보 진영의 'FTA관觀'이 시대착오적인 것이었음을 말해주는 쪽으로 나아갔으며, 한류는 그런 변화의 선봉에 서 있었다. 2011년 한 해 동안 전 세계인이 유튜브를 통해 K-팝 영상을 조회한 수는 22억 8,600만여 회로 나타났다. 2년 전 7억 9,300만여 회에 비해 3배 가까이 증가한 수치였다.[270]『뉴욕타임스』는 2011년 10월 처음으로 K-팝을 특집기사로 다루면서 K-팝의 성장세에 주목했으며, 이 해에 미국의 빌보드는 처음으로 K-팝 음악만을 대상으로 하는 순위 집계인 'K-팝 차트'를 신설했다.[271]

북한 국방위원장
김정일 사망

　　2011년 12월 17일 북한 국방위원장 김정일이 69세를 일기로 급사했다. 조선중앙통신 등 북한 매체들은 19일 오전 10시부터 '중대보도', '특별방송'을 예고한 데 이어 정오에 김정일 17일 오전 8시 30분 급병으로 열차 안에서 사망했다고 일제히 보도했다. 이로써 김일성 주석 사후 1998년 국방위원장으로 김정일 시대를 연 지 13년 만에, 1974년 후계자로 공식화된 지 37년 만에 김정일의 철권통치가 막을 내렸다. 북한은 김정은의 이름을 필두로 232명의 장의위원회를 구성한 데 이어 조선중앙통신 등 매체들을 통해 김정은을 '위대한 영도자', '위대한 계승자' 등으로 표현해 그를 새 영도자로 사실상 선포했다.

　　KBS, MBC, SBS 등 국내 지상파 방송은 19일 정오부터 일제히 특보체제를 갖춰 사실상 종일 '김정일 사망' 방송을 했다. KBS는 30분, MBC와 SBS는 각각 1시간씩 메인 뉴스를 평소보다 앞당겨 방송했고,

이 시간만큼 더 방송했다. 방송 3사는 90분~2시간 동안의 메인 뉴스에서 각각 50여 건의 리포트 가운데 40건 안팎의 뉴스를 김정일 사망 리포트로 채웠다.

김정일이 사망한 사실을 이틀 넘게 전혀 파악하지 못했던 우리 정부에 대해 KBS는 "대북 정보 태세에 큰 허점을 드러냈다"고 비판했고, SBS도 "대북 정보력에 문제가 있다"고 지적했다. MBC 역시 "대북 정보망이 제대로 작동하는 것인지 의문"이라고 비판했다. 그러나 MBC는 이 리포트를 49번째 뉴스로 방송했고, 이보다 앞인 13번째와 48번째(중복방송) 뉴스에서는 탈북 인사의 말을 빌려 '김정일 위원장 사망 사실을 알아내는 것이 불가능하다'는 식의 리포트를 내보내 정부의 대북 정보 '불통'을 두둔하는 듯한 방송을 했다.[272]

TV조선은 19일 오후 9시 뉴스 〈날〉과 20일 오전 〈특집 모닝뉴스쇼 '깨'〉에서 '단독' 보도로 "보안 유지 등의 어려움이 있었지만 북한 주민 현지 주민과 통화를 시도해 성사시켰다"며 "북한 주민은 김정일 사망 발표 두 시간여가 지난 뒤인 오후 2시에 알았다"고 보도했다. TV조선은 북한 주민의 인터뷰를 토대로 북한의 분위기와 상황을 전하는 한편, "북한 주민이 인터뷰에 앞서 도청이 걱정된다고 말했다"고 언급했다.

TV조선의 뉴스를 접한 누리꾼들은 20일 오후부터 소셜네트워크상에서 뉴스 장면 캡처 사진과 함께 "종편의 패기", "TV조선의 패기, 북한 주민과 전화 연결", "막장 TV조선의 무리수", "니들 좋아하는 국보법 위반 아니냐"는 글을 잇따라 올렸다. 특히 누리꾼들은 "국가보안법 위반 아니냐"는 지적을 집중 제기했지만, 트위터리안 @ht*****는 "TV조선에서 현지 북한 주민 전화 연결한 것에 대해서 말들이 많은 것 같은데, 목

적이 북한 체재의 찬양, 고무가 아니기 때문에 국가보안법에 걸릴 여지가 없다"고 반론을 제기했다.[273]

김난도의
'아프니까 청춘이다' 열풍

서울대학교 소비자학과 교수 김난도의 『아프니까 청춘이다: 인생 앞에 홀로 선 젊은 그대에게』는 2011년 가장 많이 팔린 베스트셀러가 되었다. 2010년 12월 24일에 1쇄를 발행해 2012년 2월 23일에 632쇄를 발행했다고 하니 입이 딱 벌어지지 않을 수 없다. 이 책은 300만 부 이상이 나갈 정도로 독자들의 열렬한 환호를 받으면서 사회적 현상이 되었다. 도대체 무슨 책이길래? 632쇄 책의 앞뒤 표지에 박은 글들이 대표적 메시지일 게다.

"불안하니까 청춘이다 막막하니까 청춘이다 흔들리니까 청춘이다 외로우니까 청춘이다 두근거리니까 청춘이다 그러니까 청춘이다." "시작하는 모든 존재는 늘 아프고 불안하다. 하지만 기억하라, 그대는 눈부시게 아름답다." "무작정 앞으로 달려나갈 수도, 가만히 앉아서 움츠러들 수도 없는 불안. 그렇다. 20대는 인생에서 가장 고민이 많은, 가장 버거운 시대다.""아무리 독한 슬픔과 슬럼프 속에서라도, 여전히 너는 너야. 자학하지마, 그 어떤 경우에도, 절, 대, 로."

갈수록 상황은 악화되고 있었다. 시절이 각박하지 않으면 좋은 덕담으로 들을 수 있는 말도 핏발 선 눈동자가 많아지면 욕이 되나 보다. 몇 년 후 김규항은『경향신문』칼럼에서 김난도·혜민 등을 비롯한 힐링 멘토들을 '멘토 사기꾼들'로 부르면서 "파렴치함을 넘어 사악하다"고 비난한다. "그들이 부도덕한 사기 행각으로 치부한 걸 넘어 청년들에게 자신이 처한 현실을 직시하지 못하도록 했기 때문이다. 그들은 의도했든 안 했든 체제의 충직한 주구 노릇을 해왔고 그들의 영예와 안락은 그 대가였던 셈이다."[274]

청춘을 대상으로 힐링 좀 했다고 이렇게까지 거친 욕을 먹어야 하나? 한동안『아프니까 청춘이다』에 대해 비판적인 글이 어찌나 많이 쏟아져 나오는지 그걸 일일이 세기조차 힘들 정도였다. 왜 이런 일이 벌어진 걸까? 엄기호는『열정은 어떻게 노동이 되는가』(2011)의 추천사에서 "꿈은 자본주의가 청춘에 깔아 놓은 가장 잔인한 덫이다"고 했다.[275] 한때 좋은 덕담이었던 "꿈을 가져라"는 말이 이젠 노골적인 냉소나 비판의 대상이 되고 있었던 것이다.

주

머리말

1   표창원, 『게으른 정의: 표창원이 대한민국 정치에 던지는 직설』(한겨레출판, 2021), 80, 111~125, 197쪽.

2   한상진·최종숙, 『정치는 감동이다: 2017 승리를 위한 탈바꿈 정치』(메디치, 2014), 142쪽.

3   이세영, 「다시 도래한 종말론의 시간」, 『한겨레21』, 제1402호(2022년 3월 1일).

4   손병관, 『노무현 트라우마: 보복을 넘어 공존의 정치로』(메디치, 2022), 7~8쪽.

5   이춘재, 『검찰국가의 탄생: 검찰개혁은 왜 실패했는가?』(서해문집, 2023), 40쪽.

6   이철희, 『정치가 내 삶을 바꿀 수 있을까?: 이철희의 정치 썰전 2』(인물과사상사, 2020), 39쪽.

제1부 2010년

1   박종세, 「페이스북(안부 교환 사이트)의 위력!…구글 제쳤다」, 『조선일보』, 2010년 1월 8일.

2   이청솔, 「"검색보단 사교가 좋아": 웹사이트 방문 횟수 페이스북이 구글 앞서」, 『경향신문』, 2010년 3월 18일.

3   권경복, 「'페이스북(소셜네트워킹사이트)'으로 40억 달러 자산 저커버그, 청년 억만장자 '1위'」, 『조선일보』, 2010년 3월 19일.

4   정병선 외, 「5억 명 돌파 페이스북(세계 최대 소셜네트워크서비스), 지구촌 소통 이끈
다」, 『조선일보』, 2010년 7월 23일.

5   유창선, 『정치의 재발견: 소셜미디어, 대한민국 정치의 판을 바꾸다』(지식프레임,
2012), 38쪽.

6   김상만, 「[기획-언론 트렌드 바꾸는 소셜미디어] 해외 언론 적극 활용, 새 취재 방식
속속 등장…한국은?」, 『미디어오늘』, 2010년 1월 21일; 김기태, 「[문화비평] 스마트
폰이 주는 교훈」, 『교수신문』, 2010년 7월 12일; 이인숙, 「너도 나도 트위터, 지방선
거 새바람 불까」, 『경향신문』, 2010년 2월 16일.

7   황예랑, 「입소문보다 빨리…'실시간 마케팅' 뜬다: 트위터 등 사회관계망 활용 기업
확산」, 『한겨레』, 2010년 1월 21일.

8   원용진, 『새로 쓴 대중문화의 패러다임』(한나래, 2010), 7쪽.

9   공병호, 『공병호의 모바일 혁명』(21세기북스, 2010), 124쪽.

10   문병주·변선구, 「[스페셜 리포트] 아이패드 돌풍이 미디어 혁명으로」, 『중앙일보』,
2010년 7월 22일.

11   고찬유, 「인터넷 검색과 트위터가 경찰서 돌기를 대체: 2010 사건 기자와 뉴미디어」,
『신문과방송』, 제476호(2010년 8월), 39~43쪽.

12   김상만, 「[기획-언론 트렌드 바꾸는 소셜미디어] 해외 언론 적극 활용, 새 취재 방식
속속 등장…한국은?」, 『미디어오늘』, 2010년 1월 21일.

13   오승주, 「조선일보의 트위터 폄훼, 왜일까?」, 『미디어오늘』, 2010년 6월 16일.

14   정철환, 「['TGiF 시대'를 해부한다][1] 트위터」, 『조선일보』, 2010년 5월 22일.

15   김기태, 「[문화비평] 스마트폰이 주는 교훈」, 『교수신문』, 2010년 7월 12일.

16   오수진, 「MBC 노조 "국정원 문건 내 지침 대부분 실행됐다"」, 『연합뉴스』, 2017년 9월
20일.

17   「2010 연합뉴스 10대 국제 뉴스」, 『연합뉴스』, 2010년 12월 20일; 「2010년 아이티
지진」, 『나무위키』; 유성열, 「신이 내린 축복의 땅 아이티, 통곡의 땅으로 변해: 취재기
아이티 재난 보도」, 『신문과방송』, 제471호(2010년 3월), 62~65쪽.

18   김광현, 「아이티 지진과 소셜미디어의 위력」, 『미디어오늘』, 2010년 1월 20일.

19   임도혁 외, 「[대통령과의 대화] 충청권 "원안 이외 대안 없어"…與 "이제 힘 모아야 길
있어"」, 『조선일보』, 2009년 11월 28일.

20   신승근, 「'MB맨' 국정원장의 MB 향한 헌신?」, 『한겨레』, 2010년 1월 29일.

21   「[사설] 야당의 기회 걷어차는 60년대식 삭발 투쟁」, 『조선일보』, 2010년 1월 13일.

22   김진우·박영환, 「'세종시 수정' 목맨 정부, 내각 총동원령」, 『경향신문』, 2010년 1월
12일; 「[사설] 나라는 골병 들든 말든 '홍보'에만 매달리는 여권」, 『한겨레』, 2010년

1월 12일.

23 손원제·박창섭, 「"모든 장관 총출동 '지역차별 없다' 홍보하라"」, 『한겨레』, 2010년 1월 14일.

24 「[사설] 홍보수석실 문건, 규명과 문책 필요하다」, 『한겨레』, 2010년 1월 14일.

25 손병호, 「박근혜 "국토균형발전이 세종시법(法) 만든 근본 취지"」, 『국민일보』, 2010년 2월 1일.

26 성연철·김지은, 「"세종시 원안대로 하면 사회주의 도시가 된다"」, 『한겨레』, 2010년 2월 3일.

27 윤희일·정혁수, 「세종시 집회 참가자 "돈 받았지만 출처 몰라"」, 『경향신문』, 2010년 2월 5일; 송인걸, 「세종시 수정안 찬성 집회 돈으로 군중 동원」, 『한겨레』, 2010년 2월 5일.

28 박영환, 「이 대통령, 박근혜 겨냥 '강도론'…"집안싸움 국정 발목"」, 『경향신문』, 2010년 2월 9일; 서승욱, 「친박 "박근혜 전 대표는 세종시 끝장보겠다는 생각"」, 『중앙일보』, 2010년 2월 11일.

29 정용관·고기정, 「"세종시 생각 안 변해" 85%」, 『동아일보』, 2010년 2월 17일.

30 정용관, 「이명박 대통령 "세종시 국민투표 현재 검토 안 해"」, 『동아일보』, 2010년 3월 3일.

31 고기정, 유성운, 「세종시 '끌수록 짐' 판단…청 "자유투표" 수정안 사실상 포기」, 『동아일보』, 2010년 6월 15일.

32 윤태곤, 「청 "세종시 수정안 부결되면 원안대로 추진"」, 『프레시안』, 2010년 6월 20일.

33 김진우, 「정 총리 "책임지겠다"…사실상 사의」, 『경향신문』, 2010년 6월 30일.

34 노재현, 「토굴과 임대아파트」, 『중앙일보』, 2010년 2월 5일.

35 최민영 외, 「어디 사세요?」, 『경향신문』, 2010년 3월 23일.

36 특별취재팀, 「[주거의 사회학] (1부) 뿌리 없는 삶…⑤ 주거와 계급사회」, 『경향신문』, 2010년 4월 12일.

37 류정민, 「전쟁 공포 자극한 '카더라 통신' 보도」, 『미디어오늘』, 2010년 3월 27일.

38 주용중·유용원, 「'기뢰 폭발 가능성' 집중 조사」, 『조선일보』, 2010년 3월 29일; 주용중, 「[천안함 침몰] [기뢰] 왜 무서운가」 金 국방 "北 개입 가능성 없다고 한 적 없다"」, 『조선일보』, 3월 30일.

39 류정민, 「'북풍 몰이'를 경계한다」, 『미디어오늘』, 2010년 3월 30일.

40 석진환·권오성, 「'무능한 대응'에 국민들 분노」, 『한겨레』, 2010년 3월 30일.

41 「[사설] 섣부른 북 공격설 언동 무책임하다」, 『경향신문』, 2010년 4월 18일.

42 이제훈, 「북 '천안함 관련설' 제동」, 『한겨레』, 2010년 4월 18일; 홍진수, 「확증 없이

'진실 공방' 공산…남북 관계 또 다른 '장기 악재'」, 『경향신문』, 2010년 4월 18일.

43   남도영, 「민주평통 간담회…李 대통령 "북한 정신 좀 차려야"」, 『국민일보』, 2010년 4월
      20일; 김성수·홍성규·유지혜, 「[李 대통령·3당 대표 '천안함 간담'] '안보 체계 구
      축' 공감 '합조단 신뢰…'」, 『서울신문』, 2010년 4월 21일.

44   이유섭, 「김성찬 해군참모총장 "고통 준 세력 찾아내 큰 대가 치르게 하겠다"」, 『매일
      경제』, 2010년 4월 29일.

45   김보근, 「"북한제 고성능 어뢰 피격"…북 "날조극, 검열단 파견"」, 『한겨레』, 2010년 5월
      20일.

46   「[사설] 대한민국 自衛權 선포해 北 도발에 쐐기 박으라」, 『조선일보』, 2010년 5월
      20일.

47   「[사설] 김정일 집단, 너희가 '우리 민족'이냐」, 『동아일보』, 2010년 5월 21일.

48   「[사설] 한반도 위기 키우지 않을 냉정한 대응을」, 『한겨레』, 2010년 5월 21일.

49   「[사설] 충격적인 천안함 진상조사 결과」, 『경향신문』, 2010년 5월 20일.

50   송윤경, 「[D-9 여론조사] "천안함 정부 발표 신뢰" 71%」, 『경향신문』, 2010년 5월
      23일.

51   조광형, 「김용옥 "천안함 조사 결과 0.0001%도 못 믿어"」, 『뉴데일리』, 2010년 5월
      24일.

52   김상협·박영출, 「"北 무력 도발 땐 즉각 자위권 발동"」, 『문화일보』, 2010년 5월 24일;
      「"개성공단 제외 남북 교역 중단…대북 심리전 재개"」, 『한겨레』, 2010년 5월 24일.

53   이어 그는 이렇게 말했다. "그 후 북한은 연평도 포격 도발 등으로 남북 관계가 파국
      으로 치닫는 시점에서도 개성공단을 트집 잡지 않았다. 오히려 우리 정부가 요구하지
      않았는데도 근로자 수를 계속 늘렸다. 내 임기 초에 2만 명 남짓하던 개성공단 근로
      자 수는 나의 퇴임 시점에는 무려 5만 명 이상으로 늘었다." 이명박, 『대통령의 시간
      2008-2013』(알에이치코리아, 2015), 323~324쪽.

54   홍진수, 「북 "남측과 모든 관계 단절"」, 『경향신문』, 2010년 5월 26일.

55   황대진, 「이 대통령 "전쟁을 원하지 않는다 하지만 적당히 넘어가선 안 된다"」, 『조선
      일보』, 2010년 5월 31일.

56   권혁철, 「군, 속이고 감추고…잘됐다던 초기대응 '엉망'」, 『한겨레』, 2010년 6월 11일;
      권혁철·이용인, 「[단독] 천안함 사고 당시 합참의장 '폭탄주 만취'」, 『한겨레』, 2010년
      6월 11일.

57   송호균·여정민, 「MB정부, 참여연대에 집중포화…"어느 나라 국민인가"」, 『프레시
      안』, 2010년 6월 14일.

58   강찬호, 「유족 가슴에 또 못 박은 정부의 천안함 추모식 축소」, 『중앙일보』, 2021년 3월

25일; 오경묵, 「유승민 "文 대통령, '북한 소행'이라는 한마디만 해달라"」, 『조선일보』, 2021년 3월 26일; 강찬호, 「[단독] 윤청자 여사 "영부인 끌어안길래 밀쳐내며 쓴소리했다"」, 『중앙일보』, 2021년 3월 31일.

59 박소영, 「[포커스] "천안함 좌초설에 피눈물"…조롱, 음모론 '여전'」, 『TV조선 뉴스 9』, 2021년 3월 26일.

60 고성호, 「'錢의 전쟁' 본전 뽑자니…범죄자 만드는 지방선거」, 『한국일보』, 2010년 3월 10일.

61 이혜운, 「"시장님 위해서라면…" 공무원 줄서기 극성」, 『조선일보』, 2010년 3월 23일.

62 이혜운, 「"기초단체장 7억 써야 낙점" '공천 경쟁'이 '錢의 전쟁'」, 『조선일보』, 2010년 4월 19일; 한은화·김형수, 「"한국선 중앙은 '속살'이고 지방은 '지방덩어리'일 뿐"」, 『중앙일보』, 2010년 4월 28일.

63 안홍욱, 「"투표 영향 최대 이슈는 4대강" 29%」, 『경향신문』, 2010년 4월 14일.

64 엄수아, 「[SBS 여론조사] 50% "정권 심판론에 공감"」, 『뷰스앤뉴스』, 2010년 5월 9일.

65 백만호, 「[내일신문 여론조사] 6·2 지방선거, '견제론'이 '안정론' 압도」, 『내일신문』, 2010년 5월 10일.

66 김규환, 「[지방선거 D-23] 오세훈 52.9% vs 한명숙 31.8%」, 『서울신문』, 2010년 5월 10일.

67 강성원·배준희·김성지, 「서울광장 盧 추모문화제 5만 인파 몰려」, 『머니투데이』, 2010년 5월 23일.

68 황준범, 「빼곡한 '천안함 일정' 속 보이네」, 『한겨레』, 2010년 5월 24일.

69 선대식, 「'폐족'으로 몰렸던 '친노'의 화려한 부활」, 『오마이뉴스』, 2010년 6월 3일; 김남권, 「6·2 지방선거 특징」, 『관훈저널』, 통권 115호(2010년 여름), 142~149쪽 참고.

70 「[사설] 이명박 정부에 대한 심판은 매서웠다」, 『한겨레』, 2010년 6월 3일.

71 「[사설] 여권, 人事·정책·소통 장애 대대적으로 혁신해야」, 『조선일보』, 2010년 6월 4일.

72 김진국, 「일격 당한 MB식 무소통 정치」, 『중앙일보』, 2010년 6월 4일.

73 김세균, 「기로에 선 한국 사회: 민중 승리의 길이냐, 전쟁으로의 길이냐」, 민주화를위한전국교수협의회 외 엮음, 『독단과 퇴행, 이명박 정부 3년 백서』(메이데이, 2011), 20쪽.

74 이철희, 「계파주의에 닫힌 민주당, 회생가능한가?」, 이창곤·한귀영 엮음, 『18 그리고 19: 18대 대선으로 본 진보개혁의 성찰과 길』(도서출판 밈, 2013), 140쪽.

75 「"노사모가 분기탱천한 농민군이라면 정통들은 정예 기병부대"」, 『민중의소리』,

2007년 10월 18일; 권대경, 「〈D-4〉 대선후보 팬클럽 활동 '열기'」, 『뉴시스』, 2007년
12월 15일; 백승대, 『이재명, 한다면 한다: 디테일이 강한 유능한 진보』(매직하우스,
2021), 47쪽; 정우상, 「개딸들이 국회·법원까지 접수하는 날」, 『조선일보』, 2024년
3월 29일.

76 이재명, 『이재명은 합니다: 무엇을 시작하든 끝장을 보는 사람, 이재명 첫 자전적 에세
이』(위즈덤하우스, 2017), 106쪽.

77 김기성, 「'시민이 원한다면' 싸움닭도 마다않은 이재명의 6년」, 『한겨레』, 2016년 12월
14일.

78 이재명, 『이재명은 합니다: 무엇을 시작하든 끝장을 보는 사람, 이재명 첫 자전적 에세
이』(위즈덤하우스, 2017), 74~77쪽; 백승대, 『이재명, 한다면 한다: 디테일이 강한
유능한 진보』(매직하우스, 2021), 48~49쪽.

79 송명용, 「이재명 성남시장 부인 관용 차량 사용 '논란'」, 『성남일보』, 2011년 12월 4일;
유일환, 「남편이 시장이면 부인도 시장?」, 『분당신문』, 2011년 11월 26일.

80 신지인, 「[아무튼, 주말] 22년 전 이재명 "분당 그대로 놔두자, 건설업체만 막대한 이
익"」, 『조선일보』, 2021년 10월 30일.

81 김어준, 「김어준이 만난 여자: 김부선 "촛불 50번 들었건만 돌아온 건…"」, 『한겨레』,
2010년 11월 11일; 신효령, 「불굴의 김부선 "김어준은 이재명 실명 녹취록 공개하
라"」, 『뉴시스』, 2018년 9월 4일.

82 박슬기, 「'인터넷 루머 갖고…' 이재명 시장, 언론·정당에 직격탄」, 『CBS 노컷뉴스』,
2010년 11월 16일.

83 「윤혜연, '김부선 논평' 쓰고 전화 협박 시달려…"논평 내용은?"」, 『서울신문』, 2010년
11월 17일.

84 박세준, 「틈 "부대변인에 막말 전화, 용서받을 수 없는 파렴치 행위"」, 『뉴시스』, 2010년
11월 18일.

85 송호진, 「"노무현 정신 계승" 국민참여당 창당」, 『한겨레』, 2010년 1월 18일.

86 임장혁, 「유시민 "노무현 정신으로 돌아가자": 친노 국민참여당 창당」, 『중앙일보』,
2010년 1월 18일.

87 최우규, 「"참여당 분열 재촉" 몰아치는 민주」, 『경향신문』, 2010년 1월 19일.

88 「[사설] 야권연대 당위성과 국민참여당 창당」, 『한겨레』, 2010년 1월 18일.

89 「[사설] 또 하나의 야당이 필요한가」, 『경향신문』, 2010년 1월 19일.

90 김의겸·이세영, 「"참여당까지 포함한 진보통합 하자"」, 『한겨레』, 2011년 1월 26일.

91 김남중, 「'후불제 민주주의' 에세이집 낸 유시민 전 복지부 장관」, 『국민일보』, 2009년
3월 23일.

92   박창식, 「유시민의 '시장 진입'에 시비 걸기」, 『한겨레』, 2010년 3월 16일.

93   백일현, 「유시민 단일화 '깜짝 효과'는 좋았는데…딜레마에 빠진 야권」, 『중앙일보』, 2010년 5월 19일.

94   송호진, 「"유시민-호남 간극 좁히자"…민주, 지지층 달래기 나서: 옛 민주계로 유세단 구성/경기 호남향우회와 접촉」, 『한겨레』, 2010년 5월 22일.

95   이인숙, 「[경기지사 후보 동행 르포] 유시민 국민참여당 후보」, 『경향신문』, 2010년 5월 20일.

96   최재혁, 「[6·2 지방선거 D-8] "과거 DJ 비판 사과합니다" 이희호 여사 예방한 유시민」, 『조선일보』, 2010년 5월 25일.

97   이주영, 「경기지사 선거 '호남 표심' 논란」, 『경향신문』, 2010년 5월 25일.

98   「한겨레 "노 전 대통령 비하 표현 사과"」, 『한국일보』, 2010년 6월 16일.

99   한홍구, 「직설잔설」, 『한겨레』, 2010년 6월 18일.

100   김선주, 「말조심 글조심…어렵네」, 『한겨레』, 2010년 6월 28일.

101   김선영, 「[독자칼럼] 유시민과 국민참여당에게 바란다」, 『한겨레』, 2010년 6월 19일.

102   이유주현, 「'한겨레'가 참여당 창당 기사 안 다뤘다? 유시민의 사실과 다른 발언」, 『한겨레』, 2010년 10월 21일.

103   홍세화, 「진보의 경박성에 관해」, 『한겨레』, 2010년 10월 11일.

104   정환보, 「'국무총리실, 민간인 사찰' 파문」, 『관훈저널』, 통권 116호(2010년 가을), 122~128쪽.

105   손봉석, 「야당들, 총리실 '민간인 불법사찰'에 비난 '한목소리'」, 『경향닷컴』, 2010년 7월 22일.

106   김동현, 「'민간인 사찰' 파문, 민주당 "영포회 해체하라"」, 『조선일보』, 2010년 7월 2일.

107   최우규, 「야당, 사찰 주도 '영포회' 맹공」, 『경향신문』, 2010년 6월 30일; 조수진, 「'영포회' 중심 비공식 사찰 라인 의혹…우연인가 비선인가」, 『동아일보』, 2010년 7월 3일.

108   최우규, 「야당, 사찰 주도 '영포회' 맹공」, 『경향신문』, 2010년 6월 30일.

109   강병한, 「포항 라인 안에 '사찰 몸통' 있나」, 『경향신문』, 2010년 7월 3일.

110   유정인, 「총리실 '민간인 불법사찰' 또 있었다」, 『경향신문』, 2010년 7월 6일.

111   김수헌·최혜정·김경락, 「박영준 '선진연대 인맥', KB 회장 선임 개입 의혹」, 『한겨레』, 2010년 7월 5일.

112   김광호·강병한, 「형님 권력·선진연대 고리 '왕차관' 몸통 논란 핵으로」, 『경향신문』, 2010년 7월 7일; 강병한, 「'논란의 핵' 선진국민연대…靑·내각 잇단 진출 '권력 속 권력'」, 『경향신문』, 2010년 7월 8일.

113   홍영림, 「"사전 예방했어야…통곡하고픈 심정"」, 『조선일보』, 2010년 7월 6일.

114 김광호·강병한, 「형님 권력·선진연대 고리 '왕차관' 몸통 논란 핵으로」, 『경향신문』, 2010년 7월 8일.

115 이인숙, 「"영포회·선진국민연대, 호텔에 모여 인사 전횡"」, 『경향신문』, 2010년 7월 8일; 한장희·강주화, 「민주당, "영포회＋선진국민연대→메리어트 모임…공기업·정부 인사 휘둘러…"」, 『국민일보』, 2010년 7월 8일.

116 「[사설] 고구마 줄기처럼 나오는 비선 라인」, 『경향신문』, 2010년 7월 9일.

117 「[사설] 갈 데까지 간 '비선 조직의 국정농단'」, 『한겨레』, 2010년 7월 9일.

118 황장석, 「"박영준, SD보다 세…KB 같은 件 100건은 더 있어"」, 『동아일보』, 2010년 7월 10일.

119 「[사설] 대통령은 측근들의 '추한 권력 게임' 보고만 있나」, 『동아일보』, 2010년 7월 10일.

120 김순덕, 「어떻게 잡은 정권인데 말아먹나」, 『동아일보』, 2010년 7월 12일.

121 박영환, 「'발등의 불' 끄는 MB…'권력투쟁' 당사자에 경고」, 『경향신문』, 2010년 7월 12일.

122 강병한, 「여 권력 다툼 MB 말도 안 먹는다」, 『경향신문』, 2010년 7월 13일.

123 김남일·안창현, 「지원관실, 남경필 의원 부인 사찰 의혹」, 『한겨레』, 2010년 7월 21일.

124 「[사설] 총리실 여당 중진까지 사찰했다면 뭘 못했겠는가」, 『조선일보』, 2010년 7월 23일.

125 신승근·황준범·손원제, 「"정두언·정태근 의원 주변도 사찰"」, 『한겨레』, 2010년 7월 23일.

126 안창현, 「사찰당한 여당 의원들 '이상득 퇴진' 요구 '공통점'」, 『한겨레』, 2010년 7월 23일.

127 「[사설] 국정농단하는 음성적 통로가 존재하는가」, 『중앙일보』, 2010년 7월 24일.

128 장제혁, 「'불법 민간 사찰' 이인규 씨 등 3명 기소, '윗선 의혹'은 단서도 못 찾아」, 『경향신문』, 2010년 8월 12일.

129 신승근, 「남경필·정두언·정태근 '사찰 피해 3인방' 반발」, 『한겨레』, 2010년 8월 12일.

130 황준범·신승근, 「'사찰 배후' 의혹 눈감고 '친정 체제' 강화」, 『한겨레』, 2010년 8월 13일; 류정민, 「국가 범죄, 검찰은 덮고 언론은 눈감나」, 『미디어오늘』, 2010년 8월 18일.

131 강병한, 「정태근 의원 "이상득, 불법사찰 알고 있었다"」, 『경향신문』, 2010년 9월 1일.

132 이주영, 「의혹 제기한 소장파 "박통 시대냐"…여권 '권력 사유화' 논쟁 가열」, 『경향신문』, 2010년 9월 1일.

133 「[사설] 불법사찰 진상 규명, 특검 외에 길이 없다」, 『한겨레』, 2010년 9월 1일.

134 이인숙, 「"청와대가 대포폰 만들어 '민간 사찰' 윤리관실에 지급"」, 『경향신문』, 2010년 11월 1일.

135 신승근·송호진, 「한나라 사찰당한 3인방 "수사 부실…특검을"」, 『한겨레』, 2010년 11월 2일.

136 노현웅·이유주현·송경화, 「검찰 '청와대' 관련 대포폰 기록 깡그리 숨겼다」, 『한겨레』, 2010년 11월 8일.

137 정제혁, 「'청와대 대포폰' 윗선 개입 갈수록 뚜렷」, 『경향신문』, 2010년 11월 9일.

138 양상훈, 「참을 수 없는 검찰의 국민 농락」, 『조선일보』, 2010년 11월 10일.

139 「[사설] 불법사찰 사건에서 '대포폰 몸통' 잘라내선 안 된다」, 『문화일보』, 2010년 11월 16일.

140 정영철, 「이석현 "靑 행정관이 국정원장까지 사찰" 폭로」, 『노컷뉴스』, 2010년 11월 17일.

141 김진우·임지선, 「민주 "예결특위·상임위 보이콧" 전면전 선언」, 『경향신문』, 2010년 11월 17일.

142 송호진·고나무, 「민주당 예산 국회 복귀…원내외 동시 투쟁 돌입」, 『한겨레』, 2010년 11월 23일.

143 장은교, 「'불법사찰 증거인멸' 실형 선고」, 『경향신문』, 2010년 11월 23일.

144 「[사설] 대포폰 이어 '사찰 수첩', 다음엔 또 뭔가」, 『경향신문』, 2010년 11월 23일.

145 이진희, 「위키리크스, 아프간戰 기밀 유출 파문」, 『한국일보』, 2010년 7월 27일.

146 「2010 연합뉴스 10대 국제 뉴스」, 『연합뉴스』, 2010년 12월 20일.

147 조찬제, 「펜타곤 페이퍼와 위키리크스」, 『경향신문』, 2011년 6월 17일.

148 안창현, 「안일한 공천·오만한 민주당에 '뼈아픈 회초리'」, 『한겨레』, 2010년 7월 29일.

149 「[사설] 이번에는 민주당이 심판받았다」, 『한겨레』, 2010년 7월 29일.

150 「[사설] 변화 없는 민주당을 심판한 재·보선」, 『경향신문』, 2010년 7월 29일.

151 「[사설] 이번에는 민주당의 오만을 심판했다」, 『중앙일보』, 2010년 7월 29일.

152 이석우, 「"지자체 4대강 공사 거부하면, 손해배상 청구"」, 『조선일보』, 2010년 8월 2일; 오상도, 「"4대강 포기 6일까지 결정하라" 정부, 김두관·안희정 지사에 공문」, 『서울신문』, 2010년 8월 2일.

153 최상원·전진식·박영률, 「김두관·안희정, '국토부 4대강 위탁 사업 답변 요구' 강력 비판」, 『한겨레』, 2010년 8월 3일.

154 「[사설] 김두관 안희정 지사 江 살리기 안 할 거면 손떼라」, 『동아일보』, 2010년 8월 3일.

155 이인숙·정혁수, 「"4대강, 재검토 협의를" 충남도, 정부에 역제안」, 『경향신문』, 2010년

8월 5일.

156 장관순, 「박지원 원내대표 "MB 정권 간판도 권력도 핵심도 전부 영남"」, 『경향신문』, 2010년 8월 9일; 엄수아, 「박지원 "MB 정권은 간판과 권력 핵심이 모두 영남"」, 『뷰스앤뉴스』, 2010년 8월 9일.

157 「[사설] 영남 편중 인사로 어떻게 소통·화합하겠다는 건가」, 『한겨레』, 2010년 8월 10일.

158 김성수, 「[차관급 인사] MB가 직접 '포석' 국정 주도권 '고삐'」, 『서울신문』, 2010년 8월 14일; 박영환, 「정권 출범 후 최대 23명 인사…11명 영남 출신 지역 편중 여전」, 『경향신문』, 2010년 8월 13일.

159 김진우·박영환, 「장·차관, 靑 비서관 10명 중 4명 '영남'」, 『경향신문』, 2010년 8월 25일; 김진우, 「맨앞에 'MB맨'…2명 중 1명 '영남이거나 고려대'」, 『경향신문』, 2010년 8월 25일.

160 김두우, 『오늘 대통령에게 깨졌다: MB 정부 '봉숭아 학당' 참모회의』(알에이치코리아, 2015), 70쪽.

161 송호진·이세영, 「낯뜨거운 '죄송 청문회'」, 『한겨레』, 2010년 8월 24일.

162 강구열, 「이만섭 "이번 인사청문회는 '죄송 청문회'"」, 『세계일보』, 2010년 8월 24일; 이지운, 「'죄송 청문회': "돈 좋아하면 장사를 해야지…" 이만섭 전 국회의장 쓴소리」, 『서울신문』, 2010년 8월 25일.

163 강민석·이가영, 「[뉴스분석] '죄송 청문회' 이제 그만」, 『중앙일보』, 2010년 8월 26일.

164 「[사설] 고개 숙여 사과해야 할 사람은 바로 이 대통령」, 『한겨레』, 2010년 8월 30일.

165 김태완, 「MB 정부의 '공정사회 談論'이 성공하려면: "스스로를 돌아보고 국민과 소통하는 것이 공정의 출발점」, 『월간조선』, 2011년 9월호.

166 김종목, 「민노당 일각 '북 3대 세습 비판' 경향신문 절독 선언」, 『경향신문』, 2010년 10월 8일.

167 최태섭, 『모서리에서의 사유: 청년 문화연구가 최태섭의 삐딱하게 세상 보기』(알마, 2013), 13~16쪽.

168 임주리, 「"나중에 연평도 오면 밥해줄게"」, 『관훈저널』, 통권 117호(2010년 겨울), 124~131쪽.

169 이명박, 『대통령의 시간 2008-2013』(알에이치코리아, 2015), 347~348쪽.

170 박영환, 「긴박한 靑 벙커 회의…이 대통령 '단호한 대응' 지시」, 『경향신문』, 2010년 11월 23일; 황준범, 「MB "확전 안 되게"→"막대한 응징" 발언 혼선」, 『한겨레』, 2010년 11월 23일.

171 허범구, 「정치권, 초기 대응 부실 정부 성토」, 『세계일보』, 2010년 11월 24일.

172 권대열, 「김태영 국방장관 전격 경질」, 『조선일보』, 2010년 11월 26일; 서승욱, 「전쟁 중 장수 교체…MB의 배수진」, 『중앙일보』, 2010년 11월 26일.

173 김동현, 「이상돈 "군 미필 정권, 국민 신뢰 못 얻고 있다"」, 『뷰스앤뉴스』, 2010년 11월 26일.

174 이주환, 「지금 인터넷선… '군 미필 정권' 다시 도마에」, 『부산일보』, 2010년 11월 26일.

175 임지선, 「홍준표 "안보 라인, 병역 면제자 이번 기회에…"」, 『경향신문』, 2010년 11월 29일.

176 최우열, 「[北, 연평도 포격 도발] 연평도 간 안상수, 보온병 보고 "포탄"」, 『동아일보』, 2010년 11월 30일.

177 김정은, 「선진, 안상수 '보온병 포탄' 발언 공세」, 『연합뉴스』, 2010년 12월 1일.

178 이인숙, 「"지난 8월 서해 공격 인지 북 추가 공격 위험도 농후"」, 『경향신문』, 2010년 12월 1일; 신승근·고나무, 「서해 5도 공격 계획 8월에 알고도 오판」, 『한겨레』, 2010년 12월 2일.

179 김성수·홍성규, 「[北 연평도 공격 이후] MB "국방 개혁 직접 챙기겠다"」, 『서울신문』, 2010년 12월 6일.

180 「[사설] 국민의 군대인가, '영포 라인 군벌'인가」, 『한겨레』, 2010년 12월 16일.

181 「[사설] 이런 인사를 해놓고 군다운 군을 만든다니」, 『한국일보』, 2010년 12월 17일.

182 권혁철, 「3군총장 '영남 싹쓸이' 17년간 없었다」, 『한겨레』, 2010년 12월 17일.

183 안홍욱, 「방아쇠 쥔 남북 '치킨 게임'…상황 전개 예측 불허」, 『경향신문』, 2010년 12월 20일.

184 김승련, 「[연평도 사격훈련 단행] 李 대통령 "주권국의 당연한 영토 방위 훈련"」, 『동아일보』, 2010년 12월 21일.

185 이제훈, 「진보-보수 함께 "전쟁은 안 된다"」, 『한겨레』, 2010년 12월 29일.

186 「김현희 '천안함·연평도 사건'…이제는 말한다」, 『경향신문』, 2011년 1월 25일.

187 이명박, 『대통령의 시간 2008-2013』(알에이치코리아, 2015), 496~497쪽.

188 이명박, 『대통령의 시간 2008-2013』(알에이치코리아, 2015), 234쪽.

189 송호진, 「MB 정권, 예산안 3년째 '날치기'」, 『한겨레』, 2010년 12월 9일.

190 이주영, 「여당 혼자 주무른 '기막힌 예산'」, 『경향신문』, 2010년 12월 9일.

191 김진우·강병한, 「'영남의, 실세에 의한, 토건사업을 위한' 예산이었다」, 『경향신문』, 2010년 12월 12일.

192 김경호, 「날치기 와중에…이상득 1790억 박희태 288억 챙겼다」, 『한겨레』, 2010년 12월 9일.

193 김광호, 「형님 예산 3년 동안 1조 넘어」, 『경향신문』, 2010년 12월 11일.

194 류정민, 「몰래 늘린 '형님 예산' 충청도 전체의 268배」, 『미디어오늘』, 2010년 12월 11일.

195 이인숙, 「"MB 심판" 민주 천막으로 총집결…야 장외투쟁 본격화」, 『경향신문』, 2010년 12월 10일.

196 신승근·이정애, 「이상득 '형님 예산' 3년 동안 1조 원 이상 챙겼다」, 『한겨레』, 2010년 12월 10일; 김광호, 「형님 예산 3년 동안 1조 넘어」, 『경향신문』, 2010년 12월 11일.

197 「2010 연합뉴스 10대 국내 뉴스」, 『연합뉴스』, 2010년 12월 20일.

198 여정민, 「'장외투쟁' 손학규 "MB 정부, 형님 예산 지키고 국정 예산 놓쳐"」, 『프레시안』, 2010년 12월 10일; 류정민, 「몰래 늘린 '형님 예산' 충청도 전체의 268배」, 『미디어오늘』, 2010년 12월 11일.

199 김봉선, 「[아침을 열며] 형·님·본·색」, 『경향신문』, 2010년 12월 13일

200 이세영, 「'형님 예산' 뒷감당에 10조 원 든다」, 『한겨레』, 2010년 12월 14일; 손봉석, 「전병헌 의원 "형님 예산 다 집행하려면 10조 2000억 필요"」, 『경향신문』, 2010년 12월 14일.

201 조국·오연호, 『진보집권플랜: 오연호가 묻고 조국이 답하다』(오마이북, 2010), 68쪽.

202 김아진, 「최장집 "정당정치 퇴행…민주, 프랜차이즈 정당"」, 『국민일보』, 2013년 7월 31일.

203 이주영, 「'MB 인사 난맥' 예고된 파탄」, 『경향신문』, 2011년 1월 10일.

204 박영환·송윤경, 「MB '회전문 인사' 왜…레임덕 우려·인재풀 한계」, 『경향신문』, 2011년 1월 2일.

205 「[사설] '인의 장막'으로 집권 후반기를 버틸 셈인가」, 『한겨레』, 2011년 1월 2일.

206 「[사설] 정부 인사, 측근들 불러모아 측근끼리 등 부딪칠 판」, 『조선일보』, 2011년 1월 2일.

207 성연철, 「홍준표 "개각, 회전문 인사 전철 밟아" 비판」, 『한겨레』, 2010년 1월 4일.

208 조국·오연호, 『진보집권플랜: 오연호가 묻고 조국이 답하다』(오마이북, 2010), 6, 314쪽.

209 이종탁, 「이종탁이 만난 사람: 대담집 '진보집권플랜' 펴낸 서울대 조국 교수」, 『경향신문』, 2010년 12월 7일.

210 조국, 『성찰하는 진보』(지성사, 2008), 6쪽.

211 양홍주, 「'노회찬 첼로 연주 사진' 강남좌파 전파에 일조: 강남좌파 형성 과정과 중심 인물들」, 『한국일보』, 2011년 2월 26일.

212 이종탁, 「이종탁이 만난 사람: 대담집 '진보집권플랜' 펴낸 서울대 조국 교수」, 『경향신문』, 2010년 12월 7일.

213 전홍기혜·강양구, 「[인터뷰] 조국, '조국 현상'을 말하다…"난 진보 부흥의 전도사": 조국에게 묻다 "대통령 꿈꾸고 있습니까?"」, 『프레시안』, 2011년 2월 19일.

214 이대근, 「신당, 그 무덤에 아무도 초대 말라」, 『경향신문』, 2007년 9월 13일.

215 주용중, 「[재·보선 그 후] 박근혜 "책임 통감"…링에 오르나」, 『조선일보』, 2011년 4월 29일.

216 성한용, 「'박근혜 시대'를 바라보는 두려움」, 『한겨레』, 2011년 5월 17일.

217 조국·오연호, 『진보집권플랜: 오연호가 묻고 조국이 답하다』(오마이북, 2010), 319~320쪽.

218 조국·오연호, 『진보집권플랜: 오연호가 묻고 조국이 답하다』(오마이북, 2010), 323쪽.

219 손제민·이지선·임지선, 「"시위 지나치게 신화화" "참여의 즐거움 보여줘"」, 『경향신문』, 2008년 6월 18일.

220 조국·오연호, 『진보집권플랜: 오연호가 묻고 조국이 답하다』(오마이북, 2010), 6쪽.

221 조국, 「기획시론 ③ 노무현 구속은 정치적 망신 주기일 뿐: '노무현 딜레마' 해법은?」, 『중앙일보』, 2009년 5월 6일.

222 조국·오연호, 『진보집권플랜: 오연호가 묻고 조국이 답하다』(오마이북, 2010), 230쪽.

223 조국·오연호, 『진보집권플랜: 오연호가 묻고 조국이 답하다』(오마이북, 2010), 251~252쪽.

224 김대호, 「[폴리칼럼] 『진보집권플랜』과 '조국 현상'을 연찬한다(1): 진보 집권 플랜인가? 보수 집권 플랜인가?」, 『폴리뉴스』, 2011년 3월 4일.

225 전병준, 「한국의 집단주의 관점에서 본 타블로 학력 의혹 사건과 언론」, 『관훈저널』, 통권 117호(2010년 겨울), 34~54쪽.

226 박거용, 「대학 서열화와 학벌주의」, 『역사비평』, 통권 67호(2004년 여름), 35쪽.

227 김대호, 「한국 사회에 대한 새로운 통찰과 모색」, 사회디자인연구소 창립기념 심포지엄 '한국 사회를 다시 디자인한다', 2008년 7월 12일, 국회의원회관 1층 소회의실, 28~29쪽.

228 장규수, 『한류와 아시아류』(커뮤니케이션북스, 2013).

229 신정록, 「[한국 속의 일본, 일본 속의 한국] 한식(韓食)에 반한 일본, 일(日) 방송 형식 수입 한국…'문화'로 밀착」, 『조선일보』, 2010년 1월 2일.

230 양성희, 「한·중·일 '문화 콘텐츠 전쟁' 〈하〉 한류의 미래, 변신 또 변신」, 『중앙일보』, 2010년 2월 6일.

231 김범수, 「[도쿄 리포트] "한류 妻 따라 우리도…" 日 중년 남 한국 사극에 열광」, 『한국일보』, 2010년 4월 21일.

232 김정록, 「"日人들에게 인기 있는 한국 드라마는 없어서는 안 될 약이 될지도 모른다":

시사주간지 아에라 분석」,『조선일보』, 2010년 5월 1일.

233 최승현,「일본 韓流…드라마→노래 ‘권력 이동’」,『조선일보』, 2010년 7월 12일.

234 박경은,「아이돌 그룹 ‘일본의 한국 가요 붐’ 이끈다」,『경향신문』, 2010년 5월 20일.

235 최승현,「일본 韓流…드라마→노래 ‘권력 이동’」,『조선일보』, 2010년 7월 12일.

236 박경은,「아이돌 그룹 ‘일본의 한국 가요 붐’ 이끈다」,『경향신문』, 2010년 5월 20일.

237 최승현,「일본 韓流…드라마→노래 ‘권력 이동’」,『조선일보』, 2010년 7월 12일.

238 최승현,「일본 韓流…드라마→노래 ‘권력 이동’」,『조선일보』, 2010년 7월 12일.

239 이나리,「SNS가 시장 벽 허물어…한국 대중문화, 세계로 훨훨」,『중앙일보』, 2010년 11월 23일.

240 최승현,「日 상륙 ‘소녀시대’…왜 남자보다 여자들이 더 난리?」,『조선일보』, 2010년 9월 7일.

241 김현기,「“가코이이~소녀시대” 일본 팬 2만 명 환호」,『중앙일보』, 2010년 8월 26일.

242 정우상,「걸그룹의 2차 일본 ‘침공’」,『조선일보』, 2010년 8월 26일.

243 박종세,「“유튜브·페이스북 타고 한류, 北美 파고 들어”」,『조선일보』, 2010년 8월 28일.

244 박경은,「걸그룹, 일본서 ‘제2한류’ 꽃피운다」,『경향신문』, 2010년 9월 2일.

245 박경은,「걸그룹, 일본서 ‘제2한류’ 꽃피운다」,『경향신문』, 2010년 9월 2일.

246 최승현,「日 상륙 ‘소녀시대’…왜 남자보다 여자들이 더 난리?」,『조선일보』, 2010년 9월 7일.

247 안민정,「“일 젊은 여성들, 걸그룹 닮고 싶어해”」,『한겨레』, 2010년 9월 30일.

248 안민정,「일본 귀여운 것들 비켜!」,『한겨레』, 2010년 9월 30일.

249 고재열,「‘소시 지수’를 보면 2차 한류가 보인다」,『시사IN』, 제159호(2010년 10월 2일).

250 이재설,「“소녀시대에게 한 수 배우자”」,『조선일보』, 2010년 10월 18일.

251 박경은,「‘소녀시대’ 업고 SM 주가 up…지난해 말 대비 377% 껑충」,『경향신문』, 2010년 11월 3일; 유상호,「[2010 문화 현장] 〈4〉 가요, ‘젊어진 新한류’ 아이돌 그룹 거침없는 진군 소녀시대·슈퍼주니어 등 일본 오리콤 차트 석권」,『한국일보』, 2010년 12월 16일.

252 문영규,「남다른 기획력 중무장…글로벌 K팝 열풍 선도」,『헤럴드경제』, 2011년 8월 16일.

253 이나리,「SNS가 시장 벽 허물어…한국 대중문화, 세계로 훨훨」,『중앙일보』, 2010년 11월 23일.

254 이나리,「SNS가 시장 벽 허물어…한국 대중문화, 세계로 훨훨」,『중앙일보』, 2010년

11월 23일.

255 강은영, 「K-POP 세계화 '성공의 조건' 유튜브 통한 마케팅 아시아 넘어 미국·유럽 진출 발판」, 『한국일보』, 2010년 11월 10일.

256 박세미·최승현, 「"세련된 연출로 뜬 韓流도 스토리 없으면 오래 못 가"」, 『조선일보』, 2010년 10월 15일.

257 고재열, 「"한드 맵고, 일드 심심, 미드 느끼"」, 『시사IN』, 제165호(2010년 11월 17일).

258 김병철, 「방송 콘텐츠 수출이 관광 수요에 미치는 경제적 파급 효과」, 『미디어 경제와 문화』, 9권 4호(2011년 11월), 67쪽.

259 유상호, 「[2010 문화 현장] 〈4〉 가요, '젊어진 新한류' 아이돌 그룹 거침없는 진군 소녀시대·슈퍼주니어 등 일본 오리콤 차트 석권」, 『한국일보』, 2010년 12월 16일.

260 서병기, 「"건방진 한류 스타 포옹도 비싸다" 외국인 전문가들이 본 한류의 명과 암」, 『헤럴드POP』, 2010년 12월 2일; 최승현, 「"한류 스타 너무 건방져요"」, 『조선일보』, 2010년 12월 23일.

261 정욱, 「인터뷰: JYP엔터테인먼트 정욱 대표를 만나다」, 이동연 엮음, 『아이돌: H.O.T.에서 소녀시대까지, 아이돌 문화 보고서』(이매진, 2011), 391쪽.

262 공영방송까지 이를 이용하는 예능 프로그램을 당당하게 내보낼 정도였다. 정민경, 「아이돌은 괴로워도 예뻐야…이게 KBS의 본분인가」, 『미디어오늘』, 2016년 2월 11일.

263 정욱, 「인터뷰: JYP엔터테인먼트 정욱 대표를 만나다」, 이동연 엮음, 『아이돌: H.O.T.에서 소녀시대까지, 아이돌 문화 보고서』(이매진, 2011), 395~396쪽.

264 이동연, 「아이돌 팝이란 무엇인가: 징후적 독해」, 이동연 엮음, 『아이돌: H.O.T.에서 소녀시대까지, 아이돌 문화 보고서』(이매진, 2011), 34~35쪽; 권경우, 「환상 속에 아이돌이 있다: 신자유주의와 아이돌의 성공 이데올로기」, 이동연 엮음, 『아이돌: H.O.T.에서 소녀시대까지, 아이돌 문화 보고서』(이매진, 2011), 303쪽.

265 강수진, 「아이돌에게 '오늘'이 있기까지…'스파르타식 훈련' 어느 정도」, 『경향신문』, 2011년 2월 23일.

266 김철웅, 「걸그룹과 '슈퍼스타 K2' 열기 유감(遺憾)」, 『경향신문』, 2010년 10월 20일.

267 하지현, 『예능력: 예능에서 발견한 오늘을 즐기는 마음의 힘』(민음사, 2013), 174쪽.

268 김세옥, 「"'뮤직뱅크' 미성년 출연자 복장·안무 별도 규제"」, 『피디저널』, 2010년 10월 18일.

269 매일경제 한류본색 프로젝트팀, 『한류본색: 아시아를 넘어 세계로, 문화강국 코리아 프로젝트』(매일경제신문사, 2012), 202쪽.

270 강준만, 『입시전쟁 잔혹사: 학벌과 밥줄을 건 한판 승부』(인물과사상사, 2009) 참고.

1   정환보, 「여당 국회의원·전 장관까지 거론… '함바 게이트' 조짐」, 『경향신문』, 2011년
    1월 8일; 「[사설] 권력형 비리 냄새 나는 함바집 로비 의혹」, 『경향신문』, 2011년 1월
    9일.

2   정환보, 「'MB 서울시 인맥' 최영 연루 포착…검찰 '살아 있는 권력'까지 겨누나」, 『경
    향신문』, 2010년 1월 10일.

3   정환보, 「'함바 비리' 강희락 전 청장 구속」, 『경향신문』, 2011년 1월 27일.

4   이영준, 「MB 최측근 '정조준'…檢 함바 수사 화룡점정」, 『서울신문』, 2011년 2월 17일.

5   황준범·고나무, 「MB 측근 비리 속출 '정권 말기 증후군'」, 『한겨레』, 2011년 2월 17일;
    김영봉, 「정권 비리로 함몰하려는가」, 『문화일보』, 2011년 2월 23일.

6   이상일, 남궁욱 정리, 「홍준표 신임 한나라 대표 "MB 참모들, 자기 이익 챙기면 떠날
    사람들"」, 『중앙일보』, 2011년 7월 5일.

7   신승근·석진환, 「청, 권재진 법무 내정…여야 모두 반발」, 『한겨레』, 2011년 7월 12일.

8   「[사설] '권재진 법무'를 끝내 밀어붙이겠다는 건가」, 『한겨레』, 2011년 7월 14일.

9   박영환, 「대통령 독주 인사…한나라당도 수용」, 『경향신문』, 2011년 7월 16일.

10 「[사설] 법무장관 '대통령 비서론'은 헌법 모독이다」, 『경향신문』, 2011년 7월 18일.

11 박영환, 「"측근 비리 없다"던 MB…핵심 측근들 줄줄이 비리 잡음」, 『경향신문』, 2011년
    9월 22일.

12 구고형·정제혁, 「"신재민에 수년간 수십억 금품 줬다"」, 『경향신문』, 2011년 9월 21일.

13 박영환, 「"측근 비리 없다"던 MB…핵심 측근들 줄줄이 비리 잡음」, 『경향신문』, 2011년
    9월 22일.

14 정제혁·구교형, 「"이국철에 수십억 받아간 정권 실세 2~3명 더 있다"」, 『경향신문』,
    2011년 9월 23일.

15 안창현, 「신재민·김두우…줄줄이 엮이는 MB 측근」, 『한겨레』, 2011년 9월 22일.

16 조수경, 「기자들 "언론인 출신 MB 측근 악취 진동, 석고대죄하라"」, 『미디어오늘』,
    2011년 9월 24일.

17 장은교, 「신재민 전 차관 실형 3년 6개월 확정」, 『경향신문』, 2013년 4월 11일.

18 이영섭, 「靑 "이시형, 은행과 친인척에게서 돈 빌려 땅 매입"」, 『뷰스앤뉴스』, 2011년
    10월 9일.

19 「MB 아들, 대통령실과 공동명의 땅 구입…왜?」, 『한겨레』, 2011년 10월 9일.

20 「[사설] 편법과 꼼수로 얼룩진 '내곡동 사저' 신축」, 『한겨레』, 2011년 10월 10일.

21 「"MB 부동산실명제법 위반…과징금 1억 9200만 원"」, 『한겨레』, 2011년 10월 10일.

22 손봉석, 「민주 "靑 말대로면 MB 아들은 한 달 이자만 500만 원"」, 『경향신문』, 2011년 10월 10일; 「"MB 내곡동 사저, 100억 원 차익 발생할 수도"」, 『경향신문』, 2011년 10월 10일.

23 김청중, 「"MB 사저 부지 다운계약서 의혹"」, 『세계일보』, 2011년 10월 10일.

24 「[사설] 대통령 사저 관련 해명은 미흡하다」, 『중앙일보』, 2011년 10월 11일.

25 이승헌·윤완준, 「[서울시장 보선 D-14] 민주 "MB가 낼 땅값, 청와대가 냈다"」, 『동아일보』, 2011년 10월 12일; 「이용섭 "MB 사저 구입에 국민 세금 흘러갔다"」, 『경향신문』, 2011년 10월 11일.

26 이태희·안창현, 「MB '나랏돈 사저' 의혹…민주당, 국정조사 추진」, 『한겨레』, 2011년 10월 12일.

27 류인하, 「MB 사저 터 수상한 지목 변경」, 2011년 10월 13일.

28 「대통령 사저 부근에 '테니스장 건설' 추진 논란」, 『한겨레』, 2011년 10월 13일.

29 손봉석, 「이상돈 교수 "李 대통령, 철옹성 짓는다고 영장 안 가나"」, 『경향신문』, 2011년 10월 13일.

30 「[사설] 대통령 사저 의혹, 국정조사 불가피하다」, 『경향신문』, 2011년 10월 14일.

31 김종효, 「2011년 부패 뉴스 1위 이명박 대통령 내곡동 사저 매입 논란 '불명예'」, 『뉴스엔』, 2011년 12월 23일.

32 이명박, 「27 작전명 '아덴만의 여명'」, 『대통령의 시간 2008-2013』(알에이치코리아, 2015), 535~546쪽; 「아덴만 여명 작전」, 『나무위키』; 「아덴만 여명 작전」, 『위키백과』.

33 이진석, 「MB, "수도권에 R&D센터 설치 지원하겠다"」, 『조선일보』, 2011년 1월 24일; 김광호·김진우, 「수도권 규제 완화 '가속'…지방 '반발' 거센 후폭풍」, 『경향신문』, 2011년 1월 25일.

34 김종훈, 「정부, 수도권 진입 장벽 낮춘다」, 『경향신문』, 2011년 1월 24일.

35 김광호·김진우, 「수도권 규제 완화 '가속'…지방 '반발' 거센 후폭풍」, 『경향신문』, 2011년 1월 25일.

36 김승련, 「MB "지역사회 통합에 관심 가져달라"」, 『동아일보』, 2011년 2월 1일.

37 강병한, 「[이상돈·김호기의 대화] (3) 오세훈 서울시장을 만나다」, 『경향신문』, 2011년 3월 7일.

38 신승근·전진식, 「"과학벨트 공약집에 없다" 발뺌…충청 "약속 위반" 반발」, 『한겨레』, 2011년 2월 1일.

39 신승근·전진식, 「"과학벨트 공약집에 없다" 발뺌…충청 "약속 위반" 반발」, 『한겨레』, 2011년 2월 1일.

40 남도영·김호경, 「선진당, 靑 항의 방문 MB 공격…커지는 '과학벨트' 후폭풍」, 『국민

일보』, 2011년 2월 6일.

41 송호균·윤태곤, 「충청은 과학벨트, 영남은 新공항…전국이 사분오열」, 『프레시안』, 2011년 2월 7일.

42 전예현, 「[신공항·과학벨트 내홍 확산] 여당 지방의원, 국회서 '삭발' 시도」, 『내일신문』, 2011년 2월 8일.

43 김광호·강병한, 「뒷북·무능·뒷짐…총체적 국정 위기」, 『경향신문』, 2011년 2월 14일.

44 황준범, 「"나는 대통령 해먹기 힘들단 생각 없다"」, 『한겨레』, 2011년 2월 20일.

45 김상협, 「"갈등 있는 국책사업 조속히 결정"」, 『문화일보』, 2011년 4월 4일.

46 임지선·장은교, 「'균형발전 논쟁'으로 번진 신공항 갈등」, 『경향신문』, 2011년 4월 4일.

47 박임근·최상원, 「김완주 전북지사 'LH 분산 배치' 촉구 삭발」, 『한겨레』, 2011년 4월 6일; 박용근, 「전북 "서울서 LH 유치 궐기대회"」, 『한겨레』, 2011년 4월 6일.

48 박임근·최상원, 「"LH 분산 배치, 죽을지언정 포기 못해"」, 『한겨레』, 2011년 4월 18일.

49 박임근·최상원, 「"LH 분산 배치, 죽을지언정 포기 못해"」, 『한겨레』, 2011년 4월 18일.

50 박영률·박임근, 「LH, 진주로…전북 지역 "무효화 투쟁"」, 『한겨레』, 2011년 5월 13일.

51 홍인표·박용근·조현철, 「LH 놓친 전북 "불복종"…도·의회 "혁신도시 사업 반납"」, 『경향신문』, 2011년 5월 14일.

52 「[사설] 지역 갈등만 더 키운 엘에이치 본사 진주 이전」, 『한겨레』, 2011년 5월 14일.

53 성연철·구대선·안관옥, 「여당서도 "청와대는 지역 분열시키는 데 천재적"」, 『한겨레』, 2011년 5월 16일.

54 박성민, 「박근혜 의원이 채워야 할 두 가지」, 『중앙일보』, 2010년 5월 22일.

55 임철순, 「달라져야 할 박근혜」, 『한국일보』, 2010년 8월 6일.

56 류정민, 「'박근혜 침묵', 조선일보도 인내력 다 됐나: 국정 현안 침묵에 연이은 언론 비판…"내키지 않는 질문도 답해야"」, 『미디어오늘』, 2011년 2월 14일.

57 성연철, 「"박근혜 침묵은 대선 과열 우려 때문": 이정현 의원, 홈페이지 글 올려」, 『한겨레』, 2011년 2월 28일.

58 조국 외, 「[이상돈·김호기의 대화] (9) 조국 서울대 교수를 만나다」, 『경향신문』, 2011년 4월 18일, 9면.

59 김대중, 「박근혜 한나라당 전 대표의 침묵」, 『조선일보』, 2011년 5월 17일.

60 성한용, 「'박근혜 시대'를 바라보는 두려움」, 『한겨레』, 2011년 5월 17일.

61 최문선, 「벌써 '박근혜 블랙홀' 조짐」, 『한국일보』, 2011년 5월 16일.

62 「[사설] 박근혜, 밀실정치 하려는가」, 『중앙일보』, 2011년 5월 21일.

63 류정민, 「지금은 박근혜 여왕 시대?: 언론 비판 자초한 한나라 '수렴청정' 정치」, 『미디어오늘』, 2011년 5월 28일.

64 윤평중, 「[아침논단] 박정희와 박근혜」, 『조선일보』, 2011년 5월 26일.

65 「[사설] 박 前 대표, 자신에 대한 비판을 藥으로 만들어내야」, 『조선일보』, 2010년 8월 6일.

66 신은진, 「친박(親朴), 못 말리는 '근혜 사랑'」, 『조선일보』, 2009년 11월 9일.

67 최보식, 「박근혜와 '경상도의 DJ'」, 『조선일보』, 2009년 5월 20일.

68 강병한, 「박근혜 조직에 '2인자는 없다'」, 『경향신문』, 2011년 8월 16일.

69 성연철·송채경화, 「박근혜도 모르는 '친박 사조직' 우후죽순」, 『한겨레』, 2011년 8월 17일.

70 「2011 연합뉴스 10대 국제 뉴스」, 『연합뉴스』, 2011년 12월 21일; 「후쿠시마 원전 사고」(두산백과 두피디아), 『네이버 지식백과』; 「일본 후쿠시마 오염수 해양 방류」(시 사상식사전, pmg 지식엔진연구소, 2023), 『네이버 지식백과』; 김용욱, 「[영상] 이재 명 "함께 쓰는 우물에 독극물 퍼넣으면서 안전하다 주장하고 있다"」, 『미디어오늘』, 2023년 5월 15일; 곽재훈, 「이재명, 24일 만에 결국 '빈 손' 단식 중단」, 『프레시안』, 2023년 9월 23일.

71 김순덕, 「분당우파 vs 강남좌파」, 『동아일보』, 2011년 3월 21일.

72 김호경, 「강금실, 손학규에 "출마 안 한다" 항의」, 『국민일보』, 2011년 2월 11일.

73 이태준, 「손학규: 동전의 양면 같은 화합형 리더」, 『월간 인물과사상』, 2011년 6월, 73쪽.

74 김호경, 「민주당의 대응 전략… '정권 심판' 전면전 벼른다」, 『국민일보』, 2011년 4월 5일.

75 김형구, 「'분당좌파' 없지만…反MB 정서 있다」, 『세계일보』, 2011년 4월 7일.

76 강원택, 「한나라당의 과잉 이념 반응」, 『중앙일보』, 2011년 5월 13일.

77 류상영, 「좌우 이념의 빈곤과 수난」, 『매일경제』, 2011년 5월 15일.

78 김홍묵, 「오만 군데 다 밝혀야」, 『자유칼럼그룹』, 2011년 6월 13일.

79 「[사설] 살아 돌아온 손학규와 大選 구도 변화」, 『조선일보』, 2011년 4월 29일.

80 이유주현, 「대담 안희정 충남도지사, 이광재 전 강원도지사: '노무현 정신' 계승을 논 하다」, 『한겨레』, 2011년 5월 23일.

81 손호진, 「손 대표, 봉하 찾아 사죄…친노에 화해 손짓: 광주 집결 손·정·정, 서로 견제 하며 신경전」, 『한겨레』, 2010년 10월 7일.

82 최재혁, 「손학규 '봉하마을을 삼고초려'」, 『조선일보』, 2010년 11월 9일.

83 정상원, 「정동영, 손학규에 또 견제구: 한미 FTA 특위 자문위원 성향 놓고 문제 제기」, 『한국일보』, 2010년 10월 23일.

84 안홍욱·강병한, 「최장집 "민주당, 권위주의 정당체제 바꾸는 데 완전 실패": 최장집 고려대 명예교수 인터뷰」, 『경향신문』, 2011년 5월 30일.

85 나 역시 그렇게 앞을 내다보지 못했던 사람 중의 하나였다. 나는 『한국 현대사 산책 : 2000년대편 4권』에서 쓴 「한미 FTA는 전형적인 한건주의?: 한미 FTA 논란」이란 글에서 한미 FTA에 대해 그 어떤 직접적인 주장을 하진 않았을망정 인용 등을 통해 간접적으로 비판적인 입장을 취했는데, 나중에 개정판을 내면 이 글을 수정하고 싶다.

86 조혜정, 「'친노 오디션' 국민투표 결과는요」, 『한겨레21』, 제861호(2011년 5월 23일).

87 조국·오연호, 『진보집권플랜: 오연호가 묻고 조국이 답하다』(오마이북, 2010), 277~278쪽.

88 김의겸, 「허무느냐, 후퇴하느냐…」, 『한겨레21』, 제458호(2003년 5월 15일), 45면.

89 김보협, 「친노와 친노의 전쟁?」, 『한겨레21』, 제849호(2011년 2월 25일).

90 김정훈, 「문재인 대선 출마 "답변 난감"」, 『경향신문』, 2011년 5월 2일.

91 문재인, 『문재인의 운명』(가교출판, 2011), 467쪽.

92 문재인, 『문재인의 운명』(가교출판, 2011), 6쪽.

93 문재인, 『문재인의 운명』(가교출판, 2011), 448쪽.

94 문재인, 『문재인의 운명』(가교출판, 2011), 400쪽.

95 문재인, 『문재인의 운명』(가교출판, 2011), 398쪽.

96 손병관, 『노무현 트라우마: 보복을 넘어 공존의 정치로』(메디치, 2022), 127~128쪽.

97 손병관, 『노무현 트라우마: 보복을 넘어 공존의 정치로』(메디치, 2022), 124쪽.

98 문재인·김인회, 『문재인, 김인회의 검찰을 생각한다: 무소불위의 검찰권력의 본질을 비판하다』(오월의봄, 2011), 393쪽.

99 손병관, 『노무현 트라우마: 보복을 넘어 공존의 정치로』(메디치, 2022), 124쪽.

100 김어준·지승호, 『닥치고 정치: 김어준의 명랑시민 정치교본』(푸른숲, 2011), 62, 71쪽; 함민복·김민정 엮음, 『문재인 스토리』(모악, 2017), 97~99쪽.

101 선명수 정리, 「[고성국-김어준-손석춘 토크콘서트] 덤벼라 2012! ②: 문재인, '젠틀'인가 '물렁'인가?…그럼 김두관은?」, 『프레시안』, 2011년 7월 25일.

102 휴먼스토리, 『문재인 스타일』(미르북스, 2011), 243~244쪽.

103 「[문재인-조국 대담 ①] "박원순 효과는 민주당이 가장 많이 볼 것"」, 『프레시안』, 2011년 10월 6일.

104 「[30대, 정치와 놀다] '박근혜 복지'는 새마을운동 연장선?: "문재인, 박근혜 따라하기? 그러다가 훅 간다"」, 『프레시안』, 2011년 7월 27일.

105 성한용, 「'문재인 바람'은 태풍일까」, 『한겨레』, 2011년 7월 19일.

106 선명수 정리, 「[고성국-김어준-손석춘 토크콘서트] 덤벼라 2012! ②: 문재인, '젠틀'인가 '물렁'인가?…그럼 김두관은?」, 『프레시안』, 2011년 7월 25일.

107 백화종, 「문 비서실장에 관한 단상들」, 『국민일보』, 2007년 3월 19일, 27면.

108 「[인터뷰] 김종인 "안철수, 정치는 신념을 행동으로 보여줘야"」, 『프레시안』, 2011년 10월 30일.

109 임혁백, 『대선 2012 어떤 리더십이 선택될 것인가?』(인텔리겐찌야, 2012), 263, 282쪽.

110 홍유진, 「[인터뷰] 시사평론가 김종배: 팟캐스트의 힘, 한국 언론이 다시 일어난다」, 『월간 인물과사상』, 2012년 3월, 25~26쪽.

111 전홍기혜, 「[인터뷰] 김기식 "민주당, 중도로 가자는 건 자살행위": "문재인, 친노 프레임에서 벗어나야 산다"」, 『프레시안』, 2012년 4월 22일.

112 탁현민, 『탁현민의 멘션S』(미래를소유한사람들, 2012), 204쪽.

113 허진, 「문재인과 성공회대 사람들…정해구·탁현민 그리고 신영복」, 『중앙일보』, 2018년 3월 23일.

114 「공지영·조국 "MBC 출연 거부한다"」, 『한겨레』, 2011년 7월 18일.

115 강훈, 「[시사어퍼컷] 나꼼수의 위태로운 증오 마케팅」, 『유코피아』, 2012년 1월 20일.

116 백철, 「'나는 꼼수다' 열풍의 정체는」, 『주간경향』, 제946호(2011년 10월 18일).

117 홍현진, 「건드리면 '폭풍까임' '입진보' 낙인: '나꼼수' 편가르기, 빨간불 들어왔다」, 『오마이뉴스』, 2012년 1월 3일.

118 허지웅, 「착한 FTA, 나쁜 FTA?」, 『시사IN』, 제218호(2011년 11월 25일).

119 이윤정, 「"딸 등록금에 허리 휘어…그래도 반값 등록금은 반대"」, 『경향신문』, 2011년 6월 5일.

120 선대식, 「대학생들 혈압 올린 '등록금 망언', 1위는?」, 『오마이뉴스』, 2011년 6월 10일.

121 선대식, 「대학생들 혈압 올린 '등록금 망언', 1위는?」, 『오마이뉴스』, 2011년 6월 10일.

122 김성민, 「'반값 등록금' 손학규 소신 발언에 학생들 야유 "소득 하위 50%부터" 연설에 집회장 모인 대학생들 "한나라와 다른 게 뭔가" 반발」, 『조선일보』, 2011년 6월 7일.

123 김경화, 「손학규 "반값 등록금 내년 전면 실시" '저소득층에 국한' 입장, 대학생들 반발로 변경」, 『조선일보』, 2011년 6월 8일.

124 강기헌, 「민주당 "내년부터 반값 등록금"」, 『중앙일보』, 2011년 6월 14일.

125 안석배, 「[대학 등록금 1000만원 시대] (6) 반값 등록금 쉽지 않다: '반값 등록금'에 年 3조 원 필요…세금 더 내든지 복지 줄이든지」, 『조선일보』, 2011년 6월 11일.

126 「이한구 '손 대표, 걸핏하면 이랬다 저랬다'」, 『중앙일보』, 2011년 6월 15일.

127 김경욱·이경미, 「귀막은 오세훈 "무상급식, 망국적 포퓰리즘"」, 『한겨레』, 2010년 12월 4일.

128 엄지원, 「182억 들여 '무상급식 투표'…오세훈의 몽니」, 『한겨레』, 2011년 6월 17일.

129 손정미, 「오세훈의 승부수…이기면 대선주자 탄력, 지면 시장 사퇴 압력」, 『조선일보』, 2011년 6월 17일.

130 임혜현, 「[기자수첩] 오세훈 서울시장은 '노무현 키드'?」, 『프라임경제』, 2009년 12월 12일.

131 고성국, 「고성국의 2012년 대선 인물 읽기 (오세훈) "기본에 충실하라"」, 『내일신문』, 2010년 12월 21일.

132 「[사설] "票 있는 대학생만 보고, 票 없는 빈곤아동은 안 보나"」, 『조선일보』, 2011년 6월 16일.

133 김진석, 「무상급식이 정말 선거혁명인가」, 『한국일보』, 2010년 3월 12일.

134 안창현, 「오세훈 "박근혜 감세 철회 한심하다"」, 『한겨레』, 2010년 12월 13일.

135 정녹용, 「[인터뷰] 오세훈 서울시장 "野의 무상복지 프레임에 갇혀선 안 돼"」, 『한국일보』, 2011년 5월 18일.

136 이동영, 「오세훈 "민주당 흉내내는 사람들, 黨대표 자격 없다"」, 『동아일보』, 2011년 6월 29일.

137 최재혁, 「한나라당 전당대회 취재기」, 『관훈저널』, 통권 120호(2011년 가을), 146~152쪽.

138 이명박, 『대통령의 시간 2008-2013』(알에이치코리아, 2015), 720~722쪽.

139 「오세훈」, 『위키백과』.

140 손병관, 『노무현 트라우마: 보복을 넘어 공존의 정치로』(메디치, 2022), 119, 132~133쪽; 「오세훈: 비판 및 논란」, 『나무위키』; 「2011 서울특별시 무상급식 주민투표」, 『나무위키』.

141 김종인, 『영원한 권력은 없다: 대통령들의 지략가 김종인 회고록』(시공사, 2020), 319쪽.

142 박원순, 『"악법은 법이 아니다": 박원순 변호사의 개혁구상』(프레스21, 2000), 305쪽.

143 박원순, 『한국의 시민운동 프로크루스테스의 침대』(당대, 2002), 6쪽.

144 박원순, 『원순씨를 빌려드립니다』(21세기북스, 2010), 26쪽.

145 안철수·박경철 외, 『내 인생의 결정적 순간: 그 순간이 없었으면 지금의 나도 없다』(이미지박스, 2007), 74쪽.

146 박원순, 『아름다운 세상의 조건: 나눔과 희망의 전도사 박원순 에세이』(한겨레출판, 2010), 222쪽.

147 박원순, 『한국의 시민운동 프로크루스테스의 침대』(당대, 2002), 307쪽.

148 박원순·지승호, 『희망을 심다: 박원순이 당신께 드리는 희망과 나눔』(알마, 2009), 5~60쪽.

149 박원순·지승호, 『희망을 심다: 박원순이 당신께 드리는 희망과 나눔』(알마, 2009), 76쪽.

150 박원순·지승호, 『희망을 심다: 박원순이 당신께 드리는 희망과 나눔』(알마, 2009), 15쪽.

151 박찬수, 「[한겨레가 만난 사람] 박원순 희망제작소 상임이사: 내년 서울시장 후보 내는 것도 '희망과 대안'의 고민」, 『한겨레』, 2009년 10월 17일.

152 박원순, 『원순씨를 빌려드립니다』(21세기북스, 2010), 117쪽.

153 박원순, 『원순씨를 빌려드립니다』(21세기북스, 2010), 35~36쪽.

154 김제동, 『김제동이 만나러 갑니다: 살맛나는 세상을 꿈꾸며』(위즈덤경향, 2011), 64~65쪽.

155 박원순, 『원순씨를 빌려드립니다』(21세기북스, 2010), 114쪽.

156 박원순, 『원순씨를 빌려드립니다』(21세기북스, 2010), 193쪽.

157 한홍구·서해성·고경태, 『직설: 한국 사회의 위선을 향해 씹고, 뱉고, 쏘다』(한겨레출판, 2011), 276쪽.

158 박경은 정리, 「[김제동의 똑똑똑](29) 지방대 순회강연서 만난 '컴퓨터 의사' 안철수 '시골 의사' 박경철」, 『경향신문』, 2011년 4월 29일.

159 박경은 정리, 「[김제동의 똑똑똑](29) 지방대 순회강연서 만난 '컴퓨터 의사' 안철수 '시골 의사' 박경철」, 『경향신문』, 2011년 4월 29일.

160 박경은 정리, 「[김제동의 똑똑똑](29) 지방대 순회강연서 만난 '컴퓨터 의사' 안철수 '시골 의사' 박경철」, 『경향신문』, 2011년 4월 29일.

161 강준만, 『영혼이라도 팔아 취직하고 싶다: 한국 실업의 역사』(개마고원, 2010).

162 장윤선, 「"오세훈 오염시킨 서울시정 정화 적임자": 시민운동 상징 박원순, 서울시장 출마 검토」, 『오마이뉴스』, 2011년 9월 1일.

163 유창주, 『박원순과 시민혁명: 50일간의 희망기록』(두리미디어, 2011), 31쪽.

164 손병관, 『노무현 트라우마: 보복을 넘어 공존의 정치로』(메디치, 2022), 120쪽; 류지복, 「안철수 지지율 박원순으로 옮겨갈까」, 『연합뉴스』, 2011년 9월 6일.

165 이철호, 「박근혜 누른 안철수」, 『중앙일보』, 2011년 9월 8일.

166 「"대학생들 안철수·스티브 잡스 가장 존경"」, 『경향신문』, 2011년 10월 12일.

167 문소영, 「붕괴되는 '정론직필의 신화': 서울시장 보궐선거 보도」, 『관훈저널』, 통권 121호(2011년 겨울), 33~46쪽.

168 최연진, 「SNS 심의를 통한 여론 통제」, 『관훈저널』, 통권 121호(2011년 겨울), 145~151쪽; 고재석, 『세습 자본주의 세대: 88만원 세대는 어쩌다 영끌 세대가 되었는가?』(인물과사상사, 2023), 221쪽.

169 「[사설] 서울 지역 민심은 '한나라당 응징'이었다」, 『한겨레』, 2011년 10월 27일.

170 강병한, 「원희룡 "李 대통령, 남 얘기처럼…'유체이탈 화법' 비판 나와"」, 『경향신문』,

2011년 10월 31일.

171 이창구, 「與 혁신파 25명 쇄신 연판장 靑 전달」, 『서울신문』, 2011년 11월 7일.

172 박근혜, 『어둠을 지난 미래로: 박근혜 회고록 1』(중앙북스, 2024), 19쪽.

173 손병관, 『노무현 트라우마: 보복을 넘어 공존의 정치로』(메디치, 2022), 133쪽.

174 우상호, 『민주당 1999-2024』(메디치, 2024), 112~114쪽.

175 김순덕, 「'나꼼수'가 주름잡는 대한민국」, 『동아일보』, 2019년 10월 23일.

176 조기숙, 『어떻게 민주당은 무너지는가』(테라코타, 2023), 212쪽.

177 이윤상, 「나경원 '억 피부과' 실제 이용료 알고 보니…」, 『뉴스1』, 2012년 1월 30일.

178 한현우, 「박원순에 "교통방송 달라" 김어준, 뉴스공장으로 '접수'」, 『조선일보』, 2020년
     11월 6일, A25면.

179 김어준·지승호, 『닥치고 정치: 김어준의 명랑시민 정치교본』(푸른숲, 2011), 5쪽.

180 김어준·지승호, 『닥치고 정치: 김어준의 명랑시민 정치교본』(푸른숲, 2011), 23쪽.

181 김어준·지승호, 『닥치고 정치: 김어준의 명랑시민 정치교본』(푸른숲, 2011), 11쪽.

182 지승호, 『쉘위토크(Shall we Talk)』(시대의창, 2010), 58쪽.

183 지승호, 『쉘위토크(Shall we Talk)』(시대의창, 2010), 54쪽.

184 김어준·지승호, 『닥치고 정치: 김어준의 명랑시민 정치교본』(푸른숲, 2011), 299~
     300쪽.

185 김어준·정봉주·주진우·김용민, 『나는 꼼수다: 세계 유일 가카 헌정 시사 소설집
     Episode 1』(시사IN북, 2012), 133쪽.

186 김어준·지승호, 『닥치고 정치: 김어준의 명랑시민 정치교본』(푸른숲, 2011), 299쪽.

187 백승찬, 「[책과 삶] "나꼼수는 이 시대의 격동"…그들을 위한 철학적 알리바이」, 『경향
     신문』, 2012년 3월 17일.

188 안병진, 「닥치고 연애」, 『한겨레』, 2011년 10월 31일.

189 허지웅, 「내가 김어준을 비판하는 이유」, 『시사IN』, 제214호(2011년 10월 27일).

190 김어준·지승호, 『닥치고 정치: 김어준의 명랑시민 정치교본』(푸른숲, 2011), 329~
     331쪽.

191 박성민·강양구, 『정치의 몰락: 보수 시대의 종언과 새로운 권력의 탄생』(민음사,
     2012), 49쪽.

192 박성민·강양구, 『정치의 몰락: 보수 시대의 종언과 새로운 권력의 탄생』(민음사,
     2012), 132쪽.

193 류정민, 「'나는 꼼수다' 열풍, 정치 혐오 장벽을 허물다」, 『미디어오늘』, 2011년 12월
     28일, 9면.

194 박선영, 「세속의 언어로 권력 꼬집기…나꼼수, 정치 예능판 '무한도전': 시사 풍자 토

크 '나는 꼼수다' 신드롬 왜?」, 『한국일보』, 2011년 10월 10일.

195 박선영, 「세속의 언어로 권력 꼬집기…나꼼수, 정치 예능판 '무한도전': 시사 풍자 토
     크 '나는 꼼수다' 신드롬 왜?」, 『한국일보』, 2011년 10월 10일.

196 박제균, 「'내 맘대로 언론' 그들이 부럽다」, 『동아일보』, 2011년 10월 14일.

197 Lee Harris, 『The Next American Civil War: The Populist Revolt Against
     the Liberal Elite』(New York: Palgrave, 2010), pp.58~59; Richard
     Hofstadter, 『The Paranoid Style in American Politics and Other Essays』
     (Cambridge, MA: Harvard University Press, 1952/1996), pp.8~9.

198 김제동, 『김제동이 어깨동무합니다』(위즈덤경향, 2012), 170쪽.

199 편집부, 「보도제작 부문 진용 윤곽 보도국 기자 100여 명 선 예상: 조직 구성 현황」,
     『신문과방송』, 제490호(2011년 10월), 4~7쪽; 김성후, 「상반기에만 100여 명 이동
     자고 나면 "또 누가…": 기자들의 이동 현황」, 『신문과방송』, 제490호(2011년 10월),
     8~11쪽; 고찬수, 「스타 피디 영입에 사활 걸어 "초기 채널 알리기에 필수": 지상파 피
     디 종편 이동 의미와 전망」, 『신문과방송』, 제490호(2011년 10월), 12~16쪽 참고.

200 「[사설] 종편 개국, 언론과 민주주의의 대재앙 시작되다」, 『한겨레』, 2011년 12월 1일.

201 조현호, 「"조중동을 방송으로 옮겨놓은 듯…노골적 친정권 편향"」, 『미디어오늘』,
     2011년 12월 7일.

202 이종택, 「학부모 이기가 교육 망친다」, 『경향신문』, 1994년 3월 29일, 22면.

203 이해준, 「모친 살해한 '전교 1등' 아들, 13년 만에 고백 "두 아이 아빠 됐다"」, 『중앙일
     보』, 2024년 6월 18일; 이슬기, 「전교 1등 모친 살해범, 13년 만의 인터뷰 "엄마의 트
     루먼쇼, 살고 싶었다"(이말꼭)[어제TV]」, 『뉴스엔』, 2024년 6월 18일.

204 최민섭, 「집은 당신에게 무엇인가?」, 최민섭 외, 『주거 신분사회: 타워팰리스에서 공공
     임대주택까지』(창비, 2010), 27~28쪽.

205 최민섭, 「집은 당신에게 무엇인가?」, 최민섭 외, 『주거 신분사회: 타워팰리스에서 공공
     임대주택까지』(창비, 2010), 60쪽.

206 최민섭, 「집은 당신에게 무엇인가?」, 최민섭 외, 『주거 신분사회: 타워팰리스에서 공공
     임대주택까지』(창비, 2010), 31~32쪽.

207 경향신문 특별취재팀, 『어디 사세요?: 부동산에 저당잡힌 우리 시대 집 이야기』(사계
     절, 2010), 28쪽.

208 손낙구, 『부동산 계급사회』(후마니타스, 2008), 97쪽; 박철수, 『아파트: 공적 냉소와
     사적 정열이 지배하는 사회』(마티, 2013), 312쪽.

209 최민섭 외, 『주거 신분사회: 타워팰리스에서 공공임대주택까지』(창비, 2010), 224쪽.

210 정원오, 『도시의 역설, 젠트리피케이션』(후마니타스, 2016), 63쪽.

211 통계청의 분석에 따르면, 지난 20년간 매매 가격이 높은 지역일수록 집은 살기 위한 목적보다 사고파는 상품으로서 특성이 강해지는 것으로 나타났다. 이율, 「서울 1인 청년 가구 37% '지옥고'서 산다…"주거빈곤 역주행"」, 『연합뉴스』, 2018년 6월 28일.

212 함인선, 「정부 스스로 만든 '헤테로토피아 강남'」, 『중앙일보』, 2018년 3월 22일.

213 「강남은 '황족' 강북은 '노비'…부동산 계급표 화제」, 『경향신문』, 2011년 2월 13일; 장인철, 「수도권 계급표」, 『한국일보』, 2011년 2월 18일.

214 장인철, 「수도권 계급표」, 『한국일보』, 2011년 2월 18일.

215 「[보도자료] 재미로 보는 부동산 계급표, 내용은 장난이 아니네!」, 『동아닷컴』, 2011년 8월 12일.

216 김의겸, 「왜 아직도 박정희인가?」, 『한겨레』, 2011년 3월 16일.

217 김정훈·심나리·김항기, 『386 세대 유감: 386 세대에게 헬조선의 미필적 고의를 묻다』(웅진지식하우스, 2019), 217~218쪽.

218 김덕영, 『논쟁의 역사를 통해 본 사회학: 자연과학·정신과학 논쟁에서 하버마스·루만 논쟁까지』(한울아카데미, 2003), 125쪽.

219 마루야마 겐지, 김난주 옮김, 『인생 따위 엿이나 먹어라: 인생이란 멋대로 살아도 좋은 것이다』(바다출판사, 2012/2013), 178쪽.

220 유하룡, 「서울시 강남구 땅값, 부산시 전체와 비슷」, 『조선일보』, 2011년 9월 19일.

221 리처드 코니프, 이상근 옮김, 『부자』(까치, 2002/2003), 172쪽.

222 박현진, 「반(反)월가 시위의 진원지를 가다」, 『관훈저널』, 통권 121호(2011년 겨울), 131~137쪽.

223 리처드 리브스, 김승진 옮김, 『20 VS 80의 사회: 상위 20%는 어떻게 불평등을 유지하는가』(민음사, 2017/2019), 46쪽; 배문규, 「다 1% 탓?…20%의 '위선'을 벗기다」, 『경향신문』, 2019년 8월 31일, 17면.

224 정철운, 「CJ엔 있고 지상파·종편엔 없는 결정적인 다섯 가지」, 『미디어오늘』, 2016년 6월 29일.

225 남지은, 「'슈퍼스타K' 따라하기?…오디션 프로 줄줄이」, 『한겨레』, 2011년 1월 28일.

226 황정현, 「'나는 가수다' 그저 즐기기엔 불편한 현실: 대한민국 현실 반영하는 생존 게임의 정점」, 『미디어오늘』, 2011년 3월 15일.

227 김고은, 「'나는 가수다'를 비판 혹은 지지한다」, 『피디저널』, 2011년 3월 15일.

228 남지은, 「'진짜' 가수 띄우긴가…가수 모독 프로인가」, 『한겨레』, 2011년 3월 15일.

229 고창남, 「'나는 가수다 현상'과 생활 정치」, 『한겨레』, 2011년 5월 31일.

230 남지은, 「음원 다운로드 2800만 건·광고 수익 3배↑ '나가수 효과'」, 『한겨레』, 2011년 6월 17일.

231 김상만, 「'나가수' 수혜자는 가수 아닌 대기업이라는 역설」, 『미디어오늘』, 2011년 6월 8일.

232 남지은, 「음원 다운로드 2800만 건·광고 수익 3배↑ '나가수 효과'」, 『한겨레』, 2011년 6월 17일.

233 김상만, 「'나가수' 수혜자는 가수 아닌 대기업이라는 역설」, 『미디어오늘』, 2011년 6월 8일.

234 권석, 『아이디어는 엉덩이에서 나온다: 잘 마른 멸치 권석 PD의 방송일기 세상 읽기』 (새녘, 2012), 211~212쪽.

235 「후생가외(後生可畏)」, 『네이버 지식백과』.

236 김홍수, 「"공연 연장" 시위까지…K팝(한국 가요) 유럽 열풍 왜?」, 『조선일보』, 2011년 5월 3일.

237 양성희, 「'K팝 바이러스' 삽시간에 패션마저 장악」, 『중앙일보』, 2011년 5월 13일.

238 김홍수, 「"공연 연장" 시위까지…K팝(한국 가요) 유럽 열풍 왜?」, 『조선일보』, 2011년 5월 3일; 유니 홍(Euny Hong), 정미현 옮김, 『코리안 쿨: 세계를 사로잡은 대중문화 강국 '코리아' 탄생기』(원더박스, 2014/2015), 259쪽.

239 최승현, 「"이제는 유럽 韓流…10년 전부터 오늘을 준비해왔다"」, 『조선일보』, 2011년 6월 7일.

240 이가영, 「이수만 "한국 가요로 세계 대장정…14년 전 꿈 이뤘다"」, 『중앙일보』, 2011년 6월 13일, 16면.

241 이종훈, 「"3단계 완벽 현지화 전략…다음 타깃은 13억 中 시장" 이수만 SM 회장의 야심」, 『동아일보』, 2011년 6월 13일.

242 유니 홍(Euny Hong), 정미현 옮김, 『코리안 쿨: 세계를 사로잡은 대중문화 강국 '코리아' 탄생기』(원더박스, 2014/2015), 257~261쪽.

243 강수진, 「프랑스 '르몽드' '르피가로', 한류 집중 소개!」, 『경향신문』, 2011년 6월 10일.

244 유재혁, 「유럽 달군 K팝…글로벌·유튜브·맞춤 전략으로 '대박'」, 『한국경제』, 2011년 6월 13일.

245 김회권, 「유럽의 심장에서 폭발한 한류 '세계 순회 공연' 큰 막 올랐나」, 『시사저널』, 제1130호(2011년 6월 15일).

246 박수호, 「[CEO lounge] 이수만 SM엔터테인먼트 프로듀서: 공연산업에서 차세대 성장 동력 찾는다」, 『매경이코노미』, 제1585호(2010년 12월 15일).

247 김원겸, 「SM타운, 한국 첫 '페이스북 셀러브리티'」, 『동아일보』, 2011년 6월 11일.

248 권해주·조윤주, 「김범수 카카오 이사회 의장」, 『파이낸셜뉴스』, 2011년 7월 27일.

249 장세훈·황비웅, 「朴 '카톡' 선택과 집중 vs 文 '트위터+카톡' 시너지」, 『서울신문』,

2012년 12월 4일, 6면; 김영태, 「투표율 일등 공신은 '카카오톡': 지인들에 투표 독려…인증샷 등 분위기 북돋아」, 『경북매일』, 2012년 12월 20일.

250 임희윤, 「K팝 유럽 한류, '팬덤' 넘어 '인베이전' 될까…이수만 SM엔터 회장의 성공 신화」, 『헤럴드경제』, 2011년 6월 13일; 김회권, 「유럽의 심장에서 폭발한 한류 '세계 순회 공연' 큰 막 올랐나」, 『시사저널』, 제1130호(2011년 6월 15일); 김환표, 「전 세계에 SM 공동체 건설을 꿈꾼다: SM 엔터테인먼트 회장 이수만」, 『월간 인물과사상』, 2013년 4월, 134쪽에서 재인용.

251 이형섭, 「외신들 'K-POP의 그늘'에도 눈길」, 『한겨레』, 2011년 6월 16일.

252 이형섭, 「외신들 'K-POP의 그늘'에도 눈길」, 『한겨레』, 2011년 6월 16일; 송성훈, 「해외 언론의 한류 보도」, 『관훈저널』, 통권 123호(2012년 여름), 45쪽.

253 김준현 외, 「이노패스트2011 ⑤ SM엔터테인먼트」, 『중앙일보』, 2011년 2월 21일.

254 박은석·이승한·최지선, 「[논쟁] 아이돌 육성 시스템 이대로 좋은가?」, 『한겨레』, 2011년 6월 17일.

255 금토일, 「유럽발 한류 '노예 계약' 원조 이수만 면죄부?: 수출 역군이라고 다 사면?…유럽발 환호에 묻혀지는 것들」, 『미디어오늘』, 2011년 6월 21일.

256 최석영, 「한류의 교과서 '쟈니즈'를 만들다: 자니 기타가와」, 『월간 인물과사상』, 2012년 6월, 89~108쪽.

257 이희열, 「이수만 SM엔터테인먼트 회장」, 『연합뉴스』, 2011년 7월 11일.

258 유니 홍(Euny Hong), 정미현 옮김, 『코리안 쿨: 세계를 사로잡은 대중문화 강국 '코리아' 탄생기』(원더박스, 2014/2015), 153~156쪽.

259 매일경제 기획취재팀, 「문화가 앞장서고 경제가 뒤따르는 시대 올 것 新 한류 설계자 이수만 SM 프로듀서 겸 회장」, 『매일경제』, 2011년 8월 17일.

260 이지훈, 「이수만 SM엔터테인먼트 회장 문화산업 비법은?…소녀시대 '노예 계약' 논란에 입 열어」, 『조선일보』, 2011년 10월 15일.

261 심재우, 「"공짜 티켓 요구 사라져야 한국서도 잡스 나온다"」, 『중앙일보』, 2011년 10월 21일.

262 원용진, 「동아시아 정체성 형성과 '한류'」, 『문화와정치』, 2권 2호(2015년 11월), 3쪽; 원용진·김지만, 「연성국가주의에 편승한 연예기획사와 한류의 미래」, 『한국언론학회 심포지엄 및 세미나 논문집』, 2011년 8월, 27~51쪽 참고.

263 정호재, 「케이팝 인더스트리⑦ 음악평론가 강헌 "워크맨 시대에는 J팝, 유튜브 시대에는 K팝"」, 『동아일보』, 2011년 1월 7일.

264 김환표, 「전 세계에 SM 공동체 건설을 꿈꾼다: SM 엔터테인먼트 회장 이수만」, 『월간 인물과사상』, 2013년 4월, 131~132쪽.

265 유재혁,「유럽 달군 K팝…글로벌·유튜브·맞춤 전략으로 '대박'」,『한국경제』, 2011년 6월 13일; 정호재,「케이팝 인더스트리⑦ 음악평론가 강헌 "워크맨 시대에는 J팝, 유튜브 시대에는 K팝"」,『동아일보』, 2011년 1월 7일; 김환표,「전 세계에 SM 공동체 건설을 꿈꾼다: SM 엔터테인먼트 회장 이수만」,『월간 인물과사상』, 2013년 4월, 132쪽에서 재인용.

266 정재민·구진욱,「이재명 '노무현 불량품' 막말 논란 양문석에 "표현의 자유"」,『뉴스1』, 2024년 3월 16일.

267 김진표,『대한민국은 무엇을 축적해왔는가: 1961-2024, 이 나라의 열 정권을 돌아보며』(사이드웨이, 2024), 202~203쪽.

268 이명박,『대통령의 시간 2008-2013』(알에이치코리아, 2015), 234쪽.

269 김윤덕,「[김윤덕이 만난 사람] "후쿠시마 선동한 이재명과 86그룹, 한국 정치사상 지적 능력 가장 떨어져": '민주화운동 동지회' 민경우」,『조선일보』, 2023년 9월 11일.

270 박광무,「이제는 '정책 한류'다」,『국민일보』, 2012년 4월 19일.

271 이규탁,「해외에서의 케이팝(K-Pop) 학술 연구」,『한류비즈니스연구』, 2호(2014년 6월), 14쪽.

272 조현호,「MBC "북한, 김정일 사망 1년은 감출 수 있어"」,『미디어오늘』, 2011년 12월 19일.

273 오경희,「TV조선 북한 주민 인터뷰, 국보법 위반 아냐?」,『미디어오늘』, 2011년 12월 21일.

274 김규항,「88만원 세대와 88억 세대」,『경향신문』, 2015년 2월 17일.

275 엄기호,「추천사: 꿈은 이 시대 청춘의 덫이다」, 한윤형·최태섭·김정근,『열정은 어떻게 노동이 되는가: 한국 사회를 움직이는 새로운 명령』(웅진지식하우스, 2011), 5쪽.

한국 현대사 산책 2010년대편 1권

ⓒ 강준만, 2024

초판 1쇄 2024년 11월 29일 찍음
초판 1쇄 2024년 12월 10일 펴냄

지은이 | 강준만
펴낸이 | 강준우
인쇄·제본 | 지경사문화

펴낸곳 | 인물과사상사
출판등록 | 제17-204호 1998년 3월 11일

주소 | (04037) 서울시 마포구 양화로7길 6-16 서교제일빌딩 3층
전화 | 02-325-6364
팩스 | 02-474-1413

www.inmul.co.kr | insa@inmul.co.kr

ISBN 978-89-5906-779-4 04900
　　　 978-89-5906-778-7 (세트)

값 22,000원